Zhong-Xiao Wuliuqiye Lianmeng
Fazhan Jingyan yu Tansuo

中小物流企业联盟
发展经验与探索

交通运输部运输服务司 审定
长安大学区域与城市运输经济研究所 编著

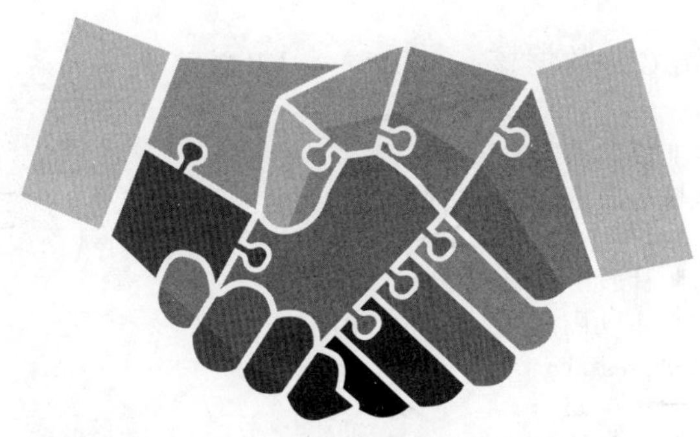

内　容　提　要

本书分上下两篇,上篇对中小物流企业联盟的基础理论进行了阐述;下篇整理了中国和德国共27个中小物流企业联盟案例。国内案例分为网络集成型、平台主导型、资源整合型、业务协作型4部分内容,详尽地展示了国内中小物流企业联盟的发展情况,包括联盟概况、发展历程、体系构成、成效以及进一步举措等内容,并通过案例的评析进一步加强对我国中小物流企业联盟现状的认识。同时还选编了德国10个中小物流企业联盟典型案例,提炼了联盟发展经验与启示,供我国中小物流企业学习、借鉴。

本书可供道路运输管理机构管理人员、货运与物流企业管理人员、运输与物流研究人员和相关专业大中专师生学习参考。

图书在版编目(CIP)数据

中小物流企业联盟发展经验与探索 / 长安大学区域与城市运输经济研究所编著. —北京 : 人民交通出版社股份有限公司, 2015.6

ISBN 978-7-114-12318-4

Ⅰ. ①中…　Ⅱ. ①长…　Ⅲ. ①中小企业 – 物资企业 – 企业管理　Ⅳ. ①F253

中国版本图书馆 CIP 数据核字(2015)第125882号

书　　名: 中小物流企业联盟发展经验与探索
著 作 者: 长安大学区域与城市运输经济研究所
责任编辑: 智景安
出版发行: 人民交通出版社股份有限公司
地　　址: (100011)北京市朝阳区安定门外外馆斜街3号
网　　址: http://www.ccpress.com.cn
销售电话: (010)59757973
总 经 销: 人民交通出版社股份有限公司发行部
经　　销: 各地新华书店
印　　刷: 北京市密东印刷有限公司
开　　本: 720×960　1/16
印　　张: 22.25
字　　数: 378千
版　　次: 2015年6月　第1版
印　　次: 2015年6月　第1次印刷
书　　号: ISBN 978-7-114-12318-4
印　　数: 0001~3000册
定　　价: 46.00元
(有印刷、装订质量问题的图书由本公司负责调换)

审定委员会

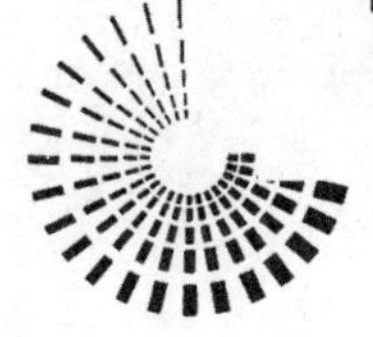

徐亚华　战榆林　顾敬岩　陶绪林　胡奕军　龚全武

邵　迈　赵铁牛　晏远春　洪　淼　曾繁智

编 写 组

主　　编： 王建伟

副 主 编： 颜　飞

主要成员： 郝新军　甘家华　黄泽滨　吴廖杰　折　锴

陈海蓉　张文彬　白鹏霞　陈　卓　张岩昆

侯向辉

近年来，各级交通运输主管部门和物流运输企业深入贯彻落实国务院、交通运输部关于发展现代物流业的有关要求，在推动行业管理方式创新、促进企业组织创新和技术创新方面，取得了显著成效，涌现出了许多成功经验和典型案例。深入分析、总结、归纳和推广这些成功探索和实践经验，发挥其示范引领和典型带动作用，对于促进行业进步具有积极的借鉴意义。为此，2013 年 4 月，交通运输部运输司提出了“深入开展典型案例研究，服务行业发展”的工作目标。在交通运输部运输服务司的组织指导下，长安大学课题组开展了道路货物运输与物流领域系列主题的典型企业案例研究工作，第一本著作——《货运与物流企业转型发展典型案例》已于 2014 年完成并出版发行，得到了行业管理部门、企业、科研机构及从业人员的一致认可。

国务院印发的《物流业发展中长期规划(2014 ~ 2020 年)》明确指出：物流业是融合运输、仓储、货运代理、信息等产业的复合型服务业，是支撑国民经济发展的基础性、战略性产业。加快发展现代物流业，对于促进产业结构调整、转变发展方式、提高国民经济竞争力和建设生态文明具有重要意义。同时，我国物流业产业规模不断增长，2014 年社会物流总额已超过 210 万亿元，同比增长 8% 左右；服务能力显著提升，物流企业资产重组和资源整合步伐进一步加快，形成了一批所有制多元化、服务网络化和管理现代化的物流企业；技术装备明显改善，信息技术广泛应用，大多数物流企业建立了管理信息系统，物流信息平台建设快速推进;基础设施网络日趋完善;发展环境不断优化。虽然,我国物流业已经步入转型发展的新阶段,但仍然面临总体水平不高、发展方式比较粗放的问题。主要表现在物流成本高、效率低,条块分割严重,基础设施建设相对滞后,政策法规体系不完善,市场秩序不规范以及信用体系建设滞后几个方面。

毋庸置疑,“十三五”期间将成为我国物流业实现进一步转型发展的关键时期,更加有效地降低物流成本、提升物流企业规模化和集约化水平、加强物流基础设施网络建设,将成为“十三五”期间物流业发展的重中之重。

为把握物流业发展趋势,强化行业管理部门与企业对我国物流业发展新阶段的认识,深入促进物流行业转型发展,按照交通运输部运输服务司要求,我们以国务院印发的《物流业发展中长期规划(2014~2020年)》中提出的“鼓励物流企业通过协作联盟方式做大做强,形成一批技术水平先进、主营业务突出、核心竞争力强的大型现代物流企业集团”,以及交通运输部印发的《交通运输推进物流业健康发展的指导意见》中提出的“鼓励中小企业联盟发展”为主题,编写了《中小物流企业联盟发展经验与探索》。

中小物流企业联盟是由多家中小型物流企业以自身的发展需求和各方的共同利益为基础,为达到优势互补、风险共担、利益共享的战略目标,通过股权参与或契约联合,结成较为稳定的物流合作组织。发展中小物流企业联盟是整合物流资源、提高物流效率和提升物流服务的重要手段,也是提高企业经济效益的有效途径。近年来,国内外物流企业在全国范围内加快战略布局,物流业整合成为趋势,物流资源加速向大型优势物流企业集聚。同时,传统产业的转型升级和电子商务的快速发展对物流服务提出了信息化、网络化、智能化、柔性化等更高要求。在市场竞争日益激烈、客户需求不断变化的环境下,中小物流企业的生存空间被进一步压缩。从企业角度出发,加快推动中小物流企业联盟发展,成为缓解企业生存压力的必然选择,也是加快转变发展方式、发展现代物流业的迫切需要。从行业主管部门角度出发,中小物流企业联盟的快速发展,有利于实现运输资源的有效整合、提升物流企业规模化和集约化水平、促进物流运输效率的提升，更是改变当前物流业“多、小、散、弱”市场格局的可靠抓手。我们欣喜地看到，部分省份行业主管部门和物流运输企业积极应对市场变化，顺应市场需求，自发开展了企业联盟的探索和实践，积累了许多好的经验做法，形成了一些典型联盟模式，取得了良好的经济和社会效益。

本书系统梳理、分析了当前我国中小物流企业联盟发展的探索经验，挖掘和提炼出它们独特的联盟经营举措。其中国内部分选取了具有代表性、在探索发展联盟中具有示范意义的 17 家联盟，细分为网络集成型、平台主导型、资源整合型、业务协作型等不同类型的联盟。详尽分析了联盟发展背景、发展理念、联盟方式、治理机制、运作模式、先进技术应用等情况，并对每个案例逐一进行了评析。同时，为了学习国际先进经验，我们还专门选编了物流企业联盟发展最为成熟的 10 家德国中小物流企业联盟案例，对它们悠久的发展历程、成熟的联盟运作模式、显著的联盟特色做了较为系统的介绍。

希望本书能为我国中小物流企业提供联盟实践与发展的经验，提升中小物流企业组织、建立联盟的效率，提高中小物流企业的业务能力和市场竞争力，实现企业发展模式的创新；同时，为交通运输部门有效把握行业动态，进一步完善政策措施，切实满足市场需求提供参考依据，以达到规范竞争秩序、提升行业集中度的效果。

作者

2015 年 3 月

上篇　基础理论

下篇　探索实践

上篇

Jichu Lilun

基础理论

面对激烈的市场竞争和迅速变化的市场需求，为客户提供日益完善的增值服务，满足客户日益复杂的个性化需求是现代物流企业生存和发展的关键。作为我国物流行业重要力量的中小物流企业，在实践中所暴露出的不足日益明显，问题日益突出，主要表现为服务能力低，市场辐射范围小；服务功能单一，竞争力低；各自为政，布局不合理；运营效率低，运营成本高；信息化程度低等。中小物流企业亟待创新服务模式，以谋求长远发展。

企业联盟作为一种有效的竞争合作方式，早已被世界各个国家和地区的企业所接受。欧美发达国家的物流企业之间通过联盟的方式建立合作伙伴关系，尤其是中小物流企业通过组建物流联盟的形式共担风险、共享收益、共谋发展，为我国中小物流企业的发展提供了新的借鉴。中小物流企业通过联盟这种跨越组织界限的联合，可以有效改善中小物流企业在物流市场中的竞争弱势地位；可以实现各中小物流企业功能的合理分配，从而形成利益上的共同体；可以合理配置联盟各企业成员的资源，并使这些资源得到最合理的应用；可以实现利益共享，经营风险共担；可以更好地满足顾客多样化、个性化的物流需求。

作为一种全新的发展模式，物流企业联盟虽然已成为发展趋势，但在实践中常常因为各种原因不能达到预期效果，在促进现代物流发展与供应链整合方面还有很大的提升空间。我国中小物流企业联盟的发展需要一系列与之相适应的理论研究作为支撑，但目前此领域的研究未能很好地解决中小物流企业联盟的科学决策和关键技术等一系列问题。因此，对中小物流企业联盟发展理论进行深入的研究具有重要的意义。本书基础理论部分分为三章，第一章介绍中小物流企业联盟的内涵、特征及类型；第二章探讨中小物流企业联盟形成动因和发展阶段，并论述联盟的作用；第三章主要从联盟管理的六个核心环节完整地介绍中小物流企业联盟管理的核心问题。

第一章　中小物流企业联盟概论

第一节　中小物流企业联盟的内涵

一、中小物流企业的界定

一般而言，中小物流企业是一个规模的概念，在我国，中小物流企业占据了物流市场的主体，相比大型物流企业，中小物流企业无论是人员规模、资产规模还是经营规模都比较小。我国一般以独立核算的生产单位为对象来划分企业规模，通常分为特大型、大型、中型、小型企业。

2011 年 6 月工业和信息化部、国家统计局、国家发展和改革委员会、财政部等四部委出台的《关于印发中小企业划型标准规定的通知》(工信部联企业〔2011〕300 号)从企业的从业人员、营业收入、资产总额等指标，结合不同行业特点给出了划分标准。以作为物流行业中占主体的交通运输业和仓储业为例，其划分标准为：

(1)交通运输业，从业人员 1000 人以下或营业收入 30000 万元以下的为中小微型企业。其中，从业人员 300 人及以上，且营业收入 3000 万元及以上的为中型企业；从业人员 20 人及以上，且营业收入 200 万元及以上的为小型企业；从业人员 20 人以下或营业收入 200 万元以下的为微型企业。

(2)仓储业，从业人员 200 人以下或营业收入 30000 万元以下的为中小微型企业。其中，从业人员 100 人及以上，且营业收入 1000 万元及以上的为中型企业；从业人员 20 人及以上，且营业收入 100 万元及以上的为小型企业；从业人员 20 人以下或营业收入 100 万元以下的为微型企业。

按照这一标准划分，我国 90% 以上物流企业均为中小微企业。以道路运输业为例，截至 2012 年年底全国共有道路货运经营业户 751 万户，且平均每年仍以 4% 左右的速度在增长，道路货运业从业人员已超过 2000 万人，占整个道路运输从业人员总数的73%，道路货运市场中91%以上均为个体运输业户，其中企业仅有68万户，平均每个个体货运经营业户拥有货车仅1.7辆，平均每个货运企业拥有营运货车仅8.6辆。因此，中小物流企业是我国物流业的主体和基础，加快发展中小物流企业是我国传统物流业向现代物流业转型的关键。

二、中小物流企业联盟的概念

(一)企业联盟的概念

企业联盟也被称为企业战略联盟、战略合作、战略协同等名称，其概念最早是在20世纪90年代由美国企业家简·霍普兰德和管理学家罗杰·内格尔提出来的。

企业联盟的概念目前主要有两种具有代表性的观点。一种观点认为企业联盟是由实力强大的、平时是竞争对手的公司组成的企业或伙伴关系，是竞争性联盟。有学者指出实践中的多数联盟涉及经营过程众多阶段的联合行动，如联合生产、联合采购、联合研究开发等。这些联合经常是规模实力大致相等，且都从事国际经营的公司之间的联合，双方做出的贡献是类似的而不是互补的。上述定义，强调企业联盟是规模实力相当的竞争公司之间的合作。另一种观点如迈克尔·波特认为，“联盟是指企业之间进行长期合作，它超越了正常的市场交易，但又未达到合并的程度。无须扩大企业规模而可以扩大企业市场边界”。也就是说，联盟是超越了正常的市场交易但又不是直接合并的一种长期协议关系，是一种介于一般市场关系与企业一体化之间的一种特殊的中间组织。企业通过联盟的长期协议关系，可以在不扩大企业规模的情况下，达到扩大市场边界的目标。

一般来说：企业联盟是两个或两个以上的企业，为实现某种共同的目标，在投资、科研、生产和开拓市场等方面建立较为稳定的合作伙伴关系，在保持自身独立性的同时通过公司协议或联合组织等方式而结成的一种联合体；是那些欲结盟的企业在自愿互利的原则下，出于降低交易费用、减少不确定性、实现优势互补等目的，以契约方式结合起来的共同提高企业市场竞争力的合作模式。广义的联盟还包括合资等股权参与形式在内的、任何形式的企业间正式或非正式的联合。

(二)中小物流企业联盟的概念

物流企业联盟是一种双方共担风险、共享利益，为了满足各自需求，并能为共同目标进行长久合作的企业战略关系。相对于普通物流服务关系来说，物流战略联盟是长期的互利关系，它是物流提供方为物流需求方量身订制的，具有多种功能的物流服务。虽然联盟建立之初物流合作范围可能很窄,但是对于广泛的价值增值活动,比如简单装配、再包装、供应链集成等,存在合作潜力。

中小物流企业联盟是指由多家中小物流企业出于对整体市场预期和企业自身经营目标、经营风险考虑,为达到优势互补、收益共享、风险共担的战略目标,通过股权或者契约等方式结成的一种较为稳定的网络化物流运作的合作组织。

这个定义中包含了四层含义,第一,中小物流企业联盟组建的动机是从战略层面进行考虑,具有较为明确的目的,而非为了局部利益或谋取短期收益。第二,联盟企业成员之间是一种长期合作关系,它不同于组建企业集团(一体化),也不同于普通的市场关系,是介于市场和一体化之间的中间组织,相互在开展合作的同时,仍保持自己独立性。第三,联盟企业成员之间所进行的合作可能只在某些物流环节和领域内进行,不一定是全方位的合作。第四,联盟要取得“1 +1 >2”的效果,实现共赢效应,通过相互合作获取大于自身独立开展经营的收益。

三、中小物流企业联盟的内涵

为了更加直观地反映中小物流企业联盟的内涵,可以按照企业间合作参与程度将企业间的合作分为市场交易、中小物流企业联盟、一体化(企业集团)三种类型,并从以下五个方面来进行比较。如表 1-1 所示:

企业联盟与市场交易以及一体化的区别　　表 1-1

企业间合作关系	关系紧密程度	信息交流	资产所有权	交易成本	风险与收益
市场交易	通过一次性的、单个的契约建立关系	仅限于当前交易的信息	各自独立	完全按照市场交易,成本较大	各自控制风险,按交易合同结算
中小物流企业联盟	多项契约、组织间不同层级之间有往来	涉及企业之间的计划、生产、技术等多方面信息	部分共享	联盟核心业务交易内部化,成本较小	共同管理风险、按照内部结算体系分享收益
一体化(企业集团)	组织内部的合作	完全共享	完全控制	交易完全内部化,成本最小	内部控制风险、按股权分享收益

从关系紧密程度方面来看,中小物流企业联盟的合作企业之间通过多项契约建立合作关系,企业成员之间就联盟共同业务有往来。从信息交流方面来看,中小物流企业联盟的企业成员之间一般只涉及联盟合作业务的计划、生产、技术等方面的信息交流。从资产所有权方面来看,中小物流企业联盟边界范围较大,企业成员的资产所有权关系类型较多,有不涉及资产关系的完全契约型联盟,也有"相互持股"与"合资企业"等形式的以资产为纽带的股权型联盟。从交易成本方面来看,市场交易关系完全按照市场规则进行交易,成本较大;一体化关系交易完全内部化;成本最小;联盟关系将核心业务交易内部化,成本适中。从风险与收益方面来看,联盟关系企业成员共同管理风险,按照既定的利益分配方式和内部结算体系分享收益。

通过建立中小物流企业之间联盟,可以实现以下功能:

1. 有利于物流管理与运作的统一

中小物流企业通过联盟的方式,能够实现物流资源的有效互补、共享和统一调配,通过集约化的运作提升整体物流效率。一方面,组建联盟是企业拓展服务网络、提高服务能力的有效方式。对于个体企业而言,利用联盟成员的物流网络的互补性和资源的共享性,可以用比自建网络更少的时间和更低的成本实现运营网络广度和深度的拓展,使企业快速延伸物流服务链条,实现跨区域范围经营,以及同步匹配供应链上相关企业的供需资源。另一方面,企业联盟能够对原本分散于多个企业的设施设备、人员甚至货源进行整合,对各项物流资源实行统一调度和管理,从整体上对取货、分拣、包装、运输、配送等业务流程进行优化,提高了物流的组织化程度,实现了供应链企业和物流企业之间的密切合作和服务标准的定制化,大大减少了企业多头应对不同物流企业的交易成本和协调环节,降低了物流成本。

2. 有利于物流资源的优化配置和集约利用

现代物流业作为经济与社会分工发展到一定阶段的产物,凭借其在流通中的调节作用,能够影响现有资源的优化与配置,促进相关产业的发展以及产业结构的调整。当前物流企业在发展中面临的突出矛盾是,一方面资源日益短缺,尤其是当前土地资源对于物流企业发展的瓶颈制约日益凸显,随着我国城镇化建设步伐的加快,土地资源将变得更为紧缺;而另一方面众多的闲散资源由于受到单个企业经营范围、管理水平等方面的限制难以得到充分的利用。中小企业发展中上述矛盾更为突出。联盟的核心优势在于资源互补和集约利用。通过联盟方式能够有效整合货源信息、运力资源、物流装备与仓储设施等要素资源,减少资源闲置,避免经营网点和场站设施重复建设。特别是在土地资源的集约利用方面,不仅能够提高土地利用效率,而且可以节省土地,使土地资源在最大范围内得以充分利用,实现资源的优化配置。

3. 有利于提高企业核心竞争力

中小物流企业为了满足客户对物流服务深度、广度日益提高的要求,需要在新的领域进行拓展,但是面对经营实力和经营风险的压力,将承受较大风险,通过联盟,可以把这些本企业的非核心业务交给熟悉的企业去做,各企业只需要把原有的核心业务做精做细。中小企业联盟内部通过信息共享、加强合作,彼此可以为对方带来更多的客户,并扩大企业规模,建立统一品牌,增加知名度。通过结盟,使用统一的品牌,增加了客户对中小企业的信任度。同时,对各物流企业而言,可以选择在各地经营网点减少投入,有效降低风险。

第二节　中小物流企业联盟的特征

中小物流企业联盟作为企业联盟的一种特殊类型,具有独特的属性。

1. 多边性

根据成员数量的不同,战略联盟可以分为由两家企业缔结的双边联盟以及由三家及以上企业缔结的多边联盟。多边联盟是指三家或以上企业为了实现自身的战略目标而达成的资源共享、风险分担的合作协议。

中小物流企业规模小、功能单一、管理水平较低,根据中小物流企业组建联盟的目的和建立联盟后能够实现的功能,中小物流企业联盟要实现规模化、组织化、集约化、网络化发展,绝不是两家或者极少数企业结盟就能够实现的,联盟的成员数量上一定是由较多家企业组成的,如德国的中小物流企业联盟均是由十几家至上百家不等的企业组建而成。

2. 复杂性

中小物流企业联盟相比一般企业联盟而言,其复杂性主要体现在两个方面。

一方面是联盟成员数量的增加而导致的一系列复杂化问题。与双边联盟相比,中小物流企业联盟的复杂性体现在:①成员之间并不一定存在直接的互惠性,多边联盟成员更有可能采取搭便车行为。②多边联盟成员数量增加,导致成员间合作行为的不确定性加剧,从而加大了成员间的协调难度。③由于多边联盟面临更多的机会主义威胁和协调困难,因此,多边联盟更需要成员之间的彼此信任和合作。

另一方面,中小物流企业联盟的复杂性体现在由这些中小企业构成的物流网络本身及其关系的复杂性。区域物流网络本身就是一个复杂的集合体,其中含有许多物流结点和物流网络,涉及物资流、资金流、信息流、工作流和价值流等几个网络流,也涉及区域内的企业、供应链组织、物流节点、物流园区、物流中心等。

3. 网络化

网络理论的观点认为,企业都处在一个或者多个网络中,相互之间通过资源、信息共享协同,可以创造出新的价值。网络的基本特征就是网络成员间相互依存和促进,同时并不要求形成严格的层级结构,这种关系放大了网络中所有个体的效率及其存在价值。

中小物流企业联盟也具有一般网络的组织优势,具有很强的并行性,能够充分实现基础设施资源、信息资源共享的组织结构,对于整个物流系统具有更强的放大效果和更深远的影响。这种网络规模的收益远远高于单个物流企业节点产生的规模经济收益。

4. 平等性

中小物流企业联盟是在自愿互利的原则下,参与各方出于降低交易费用、减少经营风险、实现优势互补等战略目的,在相互信任、相互独立的基础上通过事先协议或股权参与等形式结合起来,共同提高企业市场竞争力的一种合作模式。它不同于企业集团中的行政隶属关系,也不同于市场化或组织与组织之间的市场交易关系。联盟中各成员保持独立的经营自主权,可按自己的发展需要运营,各成员通过协商确定在联盟中的权利与义务。另外,互利的关系是联盟中一个必须考虑的因素,每个成员都拥有自己独特的核心竞争力,根据各自贡献大小获得相应的收益。若一方总想从其他方获得较多收益,自己不想付出太多,这种联盟也不会长久。

5. 合作与竞争共存性

中小物流企业联盟的目的是通过企业之间的合作,使每个企业将主要精力放在自身的关键业务上,保持长远领先地位的优势,提高企业的竞争能力。联盟是企业在相对独立的前提下的合作,参与联盟的各企业之间一般不存在任何隶属关系,各联盟成员在联合范围内合作,而在其他领域则可能是竞争对手。联盟是为赢得更大的竞争优势而合作,而合作又将产生新的竞争,竞争中的合作与合作中的竞争并存不悖。此外,联盟企业成员之间的关系在创造财富时主要表现为合作,在分配财富时主要表现为竞争。企业间建立的这种伙伴关系可以产生 1 +1 >2 的效果。同时,企业间的合作也存在着丧失核心能力、合作企业违约等风险。可见,企业间的合作,特别是与竞争对手的合作常常是不稳定的,竞争中需要合作,合作中存在竞争。

6. 动态稳定性

联盟可以发生在两个或两个以上的各个活动领域,也可以局限于某一个具体的活动领域。同一联盟的企业可能分布在全国甚至世界各地。联盟可以是横向的,也可以是纵向的或者混合的。联盟合作的目标指向从一个方面、一个环节的合作开始,在合作中不断增强、互补互动,通过联盟网络分享信息,实现能力互补,提高战略柔性,开辟资源整合的更大范围和更深层次,进而深化合作内容。使合作产生于价值链的各个环节,范围广泛,形式多样,从而使中小物流企业联盟具备较强的客户反应能力和风险控制能力。

对于物流企业来说,物流服务平台的互动和对接,有利于物流企业实现跨区域、跨平台的网络化运作,物流运作风险和市场需求风险都会明显降低。对于客户来说,物流环节将不再是制约企业核心业务发展和供应链整合的因素,因为通过联盟构建的物流服务平台足以支撑起满足企业物流需求的社会化物流服务体系。协同运作的中小物流企业联盟关系,是物流企业实现跨区域合作的保障和运作基础,具有较强的动态稳定性。

第三节　中小物流企业联盟的类型

按照不同的划分标准,中小物流企业联盟可以划分为不同的类型,主要有以下三种分类方法:

(一)按照在价值链中的位置划分

中小物流企业联盟运作模式主要表现为在“和而不同”的战略目标下物流资源的整合与分享。根据联盟企业成员在不同业务环节、不同位置的互动关系,将中小物流企业联盟分为横向业务联盟、纵向业务联盟与混合业务联盟三种模式。

1. 横向业务联盟模式

横向业务联盟模式即水平一体化联盟,是指由价值链各环节中处于平行位置或服务范围相同的两个或两个以上的中小物流企业之间所结成的联盟。本书涉及的中小物流企业联盟重点指由中小物流企业结成的联盟,即横向业务联盟模式。

2. 纵向业务联盟模式

纵向业务联盟模式即垂直一体化联盟，是指由价值链各环节中处于上下游位置的中小物流企业，发挥各自的核心能力优势，相互协调，从原材料采购到产品销售的全过程实施一体化合作所形成的中小物流企业战略联盟。

3. 混合业务联盟模式

混合业务联盟是指以第三方物流企业为核心，既有处于上下游位置的中小物流企业，也有处于平行位置的中小物流企业所组成的联盟。其中第三方物流企业即为盟主，加盟的中小物流企业即为盟员。参与联盟的盟员通过签订联盟协议或契约，由盟主统筹规划、统一指挥，盟员共同采购、共同配送、共同构筑物流市场，形成相互信任、共担风险、共享收益的集约化物流伙伴关系。

（二）按照联盟组织模式划分

根据战略目标集成、资源共享、知识产权保护约束原则，以联盟组织模式为划分标准，通常将中小物流企业联盟划分为盟主联盟模式、联合组织模式和联邦组织模式三种联盟模式。

1. 盟主联盟模式

盟主联盟模式是以实力相对较强的企业为盟主企业，以资源具有互补性的企业为成员，由盟主负责组建，制定运作规则，负责各合作伙伴之间的关系协调和冲突仲裁。企业成员向盟主企业提供各自的资源信息，盟主企业根据生产需要对联盟内的资源进行统一的计划和调度。企业成员之间的信息可通过盟主企业的信息网络实现共享。这种模式适用于垂直供应链型的企业。

2. 联合组织模式

联合组织模式是由多个实力较强且较均衡的优势互补企业或同类企业依据一定的市场机制共同组建，所有企业没有明显的主从关系。企业成员共同制定运作规则，共同寻求市场，各企业有高度的自主权，合作伙伴地位平等、独立，各企业成员共同参与决策，共享联盟内的各种资源和利益，共担风险，通过自发性协调机制共同完成任务。

3. 联邦组织模式

联邦组织模式是在联合组织的基础上，建立联合协调委员会，负责制定运作规则，协调各合作伙伴的关系。外围伙伴与核心层伙伴间的关系一般是技术外包或标准件供应的关系。

(三)按照股权参与程度划分

按照是否涉及企业股权投资,即股权参与程度的标准进行划分,可以将联盟模式分为契约式联盟和股权式联盟。一般而言,股权式联盟企业间合作关系较为紧密,契约式联盟合作关系较为松散。

1. 契约式联盟

契约式联盟是指企业间通过协议而非筹措股本的方式建立的合作关系,联盟参与方之间没有股权交换和共享,而仅仅借助于契约来维系关系,一般不会形成独立的法律实体。

这种联盟方式既能保证高品质的物流服务水平,又能保持较低的物流成本,具有良好的灵活性;但也存在不足,比如联盟对企业的控制力较差,缺乏稳定性,组织效率较低等。

2. 股权式联盟

股权式联盟是指联盟企业成员以产权共享方式将各自的能力结合起来,并组建了由合作企业共同所有和经营的新经济实体,因此是涉及股权参与的紧密合作形式。

在这种联盟方式下,双方关系非常牢靠,联盟对企业成员有一定的控制权,效率较高、稳定性较强;但这种联盟方式也存有缺陷,组建和治理的成本较高。

股权式联盟又包括交叉持股和合资企业两种形式。①交叉持股式联盟,又称为参股式联盟,通常是联盟成员之间通过交换彼此的股份而建立起的一种长期的相互合作的关系。与合资企业不同,这种合作不需要将彼此的设备和人员加以合并,这种持股方式仅持有对方的少量股份,联盟企业之间仍保持着相对独立性。②合资企业是联盟各方将各自不同的资产组合在一起,组成新的股份企业进行生产。为保证联盟双方各自的相对独立性和平等地位,通常追求股权对等或稍有不等。

(四)按照核心业务环节划分

本书根据我国中小物流企业联盟发展的具体情况和联盟发展的核心业务环节等,分为网络集成型、平台主导型、资源整合型及业务协作型四种模式。由于联盟之间存在较大共性,上述各联盟模式不是孤立存在的,联盟运作中大多数具有多重模式和属性。实际情况中不能绝对地将联盟归为上述某一种模式,成功的联盟更多的是多种模式的整合。

1. 网络集成型

网络集成型是以物流网络资源为核心的联盟形式。通过跨区域网络的集成,实现物流业务的协同运作，着重发挥企业成员在各自网络中的核心业务能力，不断扩展联盟服务网络的广度和深度。

2. 平台主导型

平台主导型是以平台为核心的联盟形式。依托联盟建立的平台全面整合分散的物流供需资源，利用信息技术、物流管理技术统筹调配物流资源，优化业务流程，为需求方提供增值服务。

3. 资源整合型

资源整合型是以重组企业成员的资源为核心的联盟形式，基于市场方式或行政手段，重组区域内闲置的资源或未得到最优配置的资源，使资源的二次配置能够带来效益，同时可以促进区域经济的快速增长。

4. 业务协作型

业务协作型是以先进运输组织方式的应用为核心的联盟形式。以提高物流运输效率为目标，通过企业成员间服务规范、作业流程、信息资源和设施设备技术标准之间的有效衔接，实现多式联运、甩挂运输等先进运输组织方式的推广应用，降低物流成本，提高整体效益。

第二章　中小物流企业联盟的形成与发展

第一节　中小物流企业联盟的形成动因

一、物流行业的发展是中小物流企业联盟形成的主要推力

目前我国的物流行业发展还处在较低的阶段，与物流发达国家的物流水平还存在一定的差距。随着我国整体经济结构的调整，对物流业的发展已经提出了更高的要求，物流业必须走服务化物流、协作物流、第四方物流、绿色物流、智慧物流的道路才能适应新的要求。中小物流企业规模小、实力弱，如果不能通过结盟来形成合力，必然很快淹没在行业发展的大潮中。

(一) 服务化物流

服务化物流就是以满足消费者的需求为目标，组织货物的合理流动。具体而言就是把商品的采购、运输、仓储、加工、整理、配送、销售和信息等方面有机结合起来，选择最佳的方式与路径，以最低的费用和最小的风险，保质、保量、适时地将货物从供方运到需方，为消费者提供多功能、一体化的综合性服务。这是一系列的协调活动，这些协调活动与“物”并无联系，它们的目的是以尽可能高的成本效益和服务效率来完成顾客的服务请求。服务化物流的活动包括：预测需求、规划企业服务能力、分析顾客要求、确定服务传递方案、组织服务网络能力、协调传递过程。

目前我国的中小物流企业普遍存在规模偏小、运营不规范、信息化程度不高的问题，因而无法适应服务化物流的发展趋势。中小物流企业联盟的组建，能够突破中小物流企业的发展困境，有效提升企业的供给能力，提供多功能、一体化的综合性物流服务。

(二) 协作物流

协作物流，从企业内部来讲，它是对信息、运输、仓储管理、物料供应、搬运、包

装、实物配送等分散的物流作业领域的综合协调管理。从供应链战略管理的角度出发,现代物流管理指挥着跨企业组织的物流作业,实现供应链的协调。协作物流通过综合供应者到消费者的供应链运作,使物流、信息流和资金流的流动达到最优化,并追求全面、系统的综合效果,成为当前国际上提高对客户需求反应能力十分有效的手段,是现代物流发展的新趋势。

协作物流的发展,要求物流企业具有较强的供应链服务能力,这正是现阶段我国中小物流企业所缺乏的。因此,迫切需要中小物流企业通过联盟的形式实现物流上下游企业的协作发展,快速提升其供应链服务能力,有效满足物流市场的新需求。

(三)第四方物流

第四方物流是指专门为第一方、第二方和第三方提供物流规划、咨询、物流信息系统、供应链管理等活动。第四方并不实际承担具体的物流运作活动,它是一个供应链的集成商,是供需双方及第三方物流的领导力量。它不是物流的利益方,而是通过拥有的信息技术、整合能力以及其他资源提供一套完整的供应链解决方案,以此获取一定的利润。它是帮助企业降低成本和有效整合资源,并且依靠优秀的第三方物流供应商、技术供应商、管理咨询以及其他增值服务商,为客户提供独特、广泛的供应链解决方案。

中小物流企业联盟的成立,有助于实现中小物流企业的规模化经营、信息化管理。通过联盟的资源整合和共享,能够极大地提升物流解决方案的品质,为中小物流企业开拓第四方物流市场提供了便利。

(四)绿色物流

绿色物流是指在物流过程中抑制物流对环境造成危害的同时,使物流资源得到最充分的利用。它包括物流作业环节和物流管理全过程的绿色化。从物流作业环节来看,包括绿色运输、绿色包装、绿色流通加工等。从物流管理过程来看,主要是从环境保护和节约资源的目标出发,改进物流体系,既要考虑正向物流环节的绿色化,又要考虑供应链上的逆向物流体系的绿色化。绿色物流是物流发展的新方向,是 21 世纪物流管理的一种新思路和新理念。同时,绿色物流是可持续发展的一个重要环节,它与绿色制造、绿色消费共同构成了一个节约资源、保护环境的绿色经济循环系统。

绿色物流的发展必然给物流企业带来额外的成本支出,这是现阶段我国中小物流企业难以承受的。为了适应绿色物流的发展趋势,以联盟的形式共担额外成本,并通过提升中小物流企业的获利能力,进一步压缩绿色成本的影响,是中小物流企业的有效发展方式。

(五)智慧物流

近几年许多企业和学者提出了智慧城市的概念,将人与人之间的P2P通信扩展到了机器与机器之间的M2M通信;由通信网+互联网+物联网构成了智慧城市基础通信网络,并在通信网络上增加城市信息化应用。智慧物流将是未来几十年发展的趋势,智慧物流将逐渐减少人在物流环节中的作用,实现物流过程的自动化、信息化和网络化。智慧物流发展将有效促进企业生产、采购和销售系统的智能融合,降低物流成本,提高企业利润。未来智慧物流的发展将进一步改变人们的消费方式,让购物变得更加轻松、便捷。

智慧物流需要强大的信息系统作为支撑,而这正是中小物流企业联盟的基石。联盟的成立往往以信息平台的发展为契机,并且有效带动联盟企业成员的信息化、自动化和网络化发展水平,提升物流服务的方便性和快捷性,有效满足消费者的服务需求。

总的来说,中小物流企业通过联盟的形式,实现物流网络的衔接、资源的共享以及风险的共担,不仅仅有利于提升中小物流企业自身的服务能力和市场竞争力,更能够促进物流行业朝着市场发展趋势的方向转型升级。中小物流企业联盟是企业自我发展、扩张的需要,更是市场管理者规范市场秩序、引导行业转型的有效选择。

二、企业成长的需要是中小物流企业联盟形成的内在动力

根据企业生命周期理论,一个企业的发展可以分为初创期、成长期、成熟期、重组期。图2-1描绘出企业在不同的发展阶段,企业经营与管理中的各要素产品、市场开拓、流程、成本、利润等项目之间的变化关系。企业的成长阶段,也是行业发展从初创到成熟的阶段。物流行业在我国是一个新兴的行业,发展历史还不超过30年,中小物流企业的历史大多数集中在10~20年,最早的物流企业大多数还处在从成长期向成熟期过渡的阶段。

(一)初创期

企业在初创期的主要目标是摸索、创建一个可行的、有竞争能力的产品——市场战略,并生存下来。在这个阶段,创业者领导大家热情工作,具有活力、创造性和冒险精神。这时组织系统还不完善,没有明确的职责分工,决策基本上是由创业者

独立决定;不会召开过多的会议,有事情大家只是很随意地聚在一起商讨,没有会议室也没有正式的会议记录;创业者之间能够团结一致,凝聚力强;企业资本实力弱,盈利水平很低,但需要的资金却很多;在产品或服务方面有较多重大的创新,但这种创新易被淘汰;企业努力寻找市场空隙,并将资源集中于所选择的少数几个产品与市场上,这时的企业形象尚未树立。

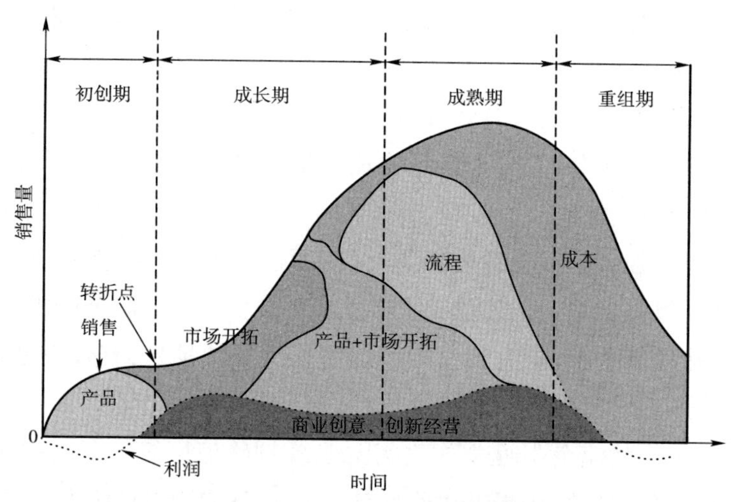

图 2-1 企业的生命周期曲线

(二)成长期

在成长期,企业的主要目标是发展壮大和差异化。企业盈利增长得很快,企业规模变大,就需要相关的制度,这时企业开始制定了一些规范的制度;经济增长使领导者们看到了希望,企业的组织活力、创造性和凝聚力不减;盈利增长使得领导者们开始有了新的想法——多元化,企业的未来发展有一定的风险。企业的产品线开始拓宽,但是往往更侧重在某个细分市场上产品的系列化,这时还没有跨行业的市场差异化;比较注重改进产品以适应市场的需求而非创造全新的产品。市场开始细分,以更好地满足不同顾客群的需求,随着产品和市场的范围越来越宽,利基战略的使用程度变低;决策比较程序化,决策者不冒险也不保守。企业由于差异化可能会面临资金不足的问题,盈利虽然仍不多,但增长很快,企业开始设法树立其自身的形象。

(三)成熟期

在成熟期,企业的目标是巩固和提升已有的地位,延缓衰退期的到来。企业设立完整的组织部门,各种制度得以规范;创业者之间开始产生矛盾,组织系统凝聚力削弱;决策程序化,但做决策的时间增长且趋向于规避风险;守成思想开始出现,企业创造力和冒险精神减退,组织活力显得不足。盈利水平达到高峰,增长速度很慢或是没有增长;资金足够,出现闲置现金流,开始对外投资;企业注意力集中在增加利润,提高效率(注重成本控制,销售量的维持)。产品的范围比成长期阶段更宽一些,开始跨行业多元化发展;对市场空隙的关注不再重要;开始注重企业联合,企业的形象得以树立。

(四)重组期

在重组期,主要目标是采用各种手段创新。企业的规章制度虽多但组织矛盾突出;部门之间推诿责任,士气低落;走过场的会议过多;决策极端保守。企业资本虽多但资本负债率高;盈利下降甚至亏损。产品品种虽多但可能亏损严重;由于对市场需求反应迟钝而处于不利的境地。企业主要的工作是在应付、处理不断来临的危机。

我国物流行业中,能对行业发展起到关键作用的大型企业尚未出现。即便是规模较大的物流企业,也还是处在从成熟期向重组期过度的阶段。而规模更小的中小型物流企业已经遭遇企业发展的瓶颈,很多企业甚至是遇到成长的“天花板”。在一个有较多大型企业的行业中,小企业或者被兼并重组,或者成为大企业价值链的部分环节,成为大企业的业务分包商。但是在缺乏大型企业的物流行业中,面对白热化的价格竞争和利润空间的不断压缩,中小企业的选择会自然倾向于联合组成联盟。抱团取暖是小型物流企业联合的主要目的,通过联合缓解当地物流市场的过度竞争,整合当地物流资源,在促进运价回归的同时,降低物流成本,提高企业效益。物流企业在进入成长期后的主要任务也转变为市场开拓。对于中型物流企业而言,由于资金等实力有限,管理水平限制,内部扩张和并购难度相对较大,而联盟最大的优势在于具有较大的灵活性和相对松散性。中型物流企业组建联盟,所强调的是合作和共赢,这种方式最容易达成,即使失败了要承担的损失也比前两者小。

三、物流产品的生命周期更迭是中小物流企业联盟形成的关键契机

产品生命周期就是产品的市场寿命,即一种新产品从开始进入市场到被市场淘汰的整个过程。产品和人的生命一样,要经历形成、成长、成熟、衰退的周期。一种物流产品,一旦进入衰退期,利润率就会降低,甚至接近零利润。当大多数企业的产

品都处于衰退期,没有能力更新产品的时候,就会出现价格竞争,最终是整个行业走向衰退。

(一)一般产品的生命周期曲线

一般产品的生命周期可细分为引入期、成长期、成熟期和衰退期,其生命周期曲线如图2-2所示。

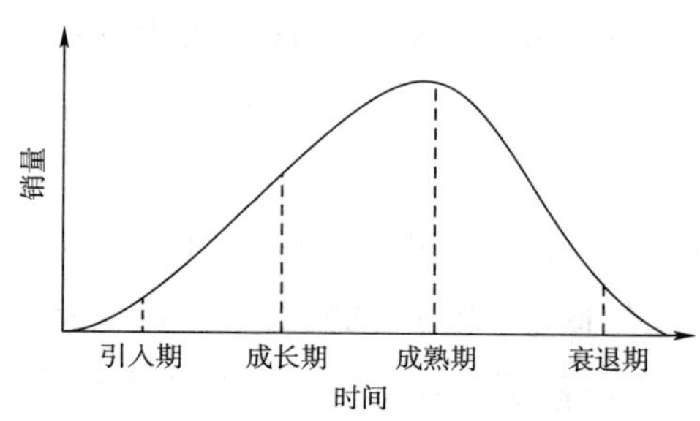

图2-2　一般产品的生命周期曲线

1. 引入期

是指产品从设计投产直到投入市场进入测试阶段。新产品投入市场,便进入了引入期。此时产品品种少,顾客对产品还不了解,除少数追求新奇的顾客外,几乎无人实际购买该产品。生产者为了扩大销路,不得不投入大量的促销费用,对产品进行宣传推广。该阶段由于生产技术方面的限制,产品生产批量小,制造成本高,广告费用大,产品销售价格偏高,销售量极为有限,企业通常不能获利,反而可能亏损。

2. 成长期

当产品经过引入期,销售取得成功之后,便进入了成长期。成长期是指产品试销效果良好,购买者逐渐接受该产品,产品在市场上站住脚并且打开了销路。成长期是需求增长阶段,需求量和销售额迅速上升。生产成本大幅度下降,利润迅速增长。与此同时,竞争者看到有利可图,纷纷进入市场参与竞争,同类产品供给量增加,价格随之下降,企业利润增长速度逐步减慢,最后达到生命周期利润的最高点。

3. 成熟期

是指产品大批量生产并稳定地进入市场销售的阶段,经过成长期之后,随着购买产品的人数增多,市场需求趋于饱和。此时,产品普及并日趋标准化,成本低而产量大。销售增长速度缓慢直至转而下降,由于竞争加剧,导致同类产品生产企业不得不在产品品质、花色、规格、包装服务等方面加大投入,在一定程度上增加了成本。

4. 衰退期

是指产品进入了淘汰阶段。随着科技的发展以及消费习惯的改变等原因,产品的销售量和利润持续下降,产品在市场上已经老化,不能适应市场需求,市场上已经有其他性能更好、价格更低的新产品,满足消费者的需求。此时成本较高的企业就会由于无利可图而陆续停止生产,该类产品的生命周期也就陆续结束,最后完全撤出市场。

(二)物流产品的生命周期曲线

物流产品是指为了满足顾客需要,从供应地到接收地提供运输、库存、装卸、搬运及包装储存的服务,并不是有形的实体,而是一种无形的服务,是一个过程。物流产品具有无形性、不可分离性、过程性、不可储藏性、高附加值性等特征。物流产品作为一种服务,有着自身的特点,在物流行业发展的过程中,物流产品不断升级换代,到目前为止,我们可以将物流服务划分为三代产品。第一代物流产品以核心产品为主,第二代则升级为以形式产品为主,第三代进一步升级为以附加产品为主。

1. 第一代——核心产品

即向客户提供的产品基本效用和根本利益,也是客户真正要购买的利益。如运输产品的核心内容是实现货物或旅客的特定位移要求。物流企业营销人员的一个重要职责就是把隐藏在每一种物流产品内的核心利益揭示出来,利用核心服务展示企业的产品特色和经营优势,以此吸引客户。同时核心服务也是增强企业竞争力的关键所在。

2. 第二代——形式产品

核心产品必须借助于一些有形的东西才能提供给客户。这些有形服务包括物流服务人员、物流服务品质、耗费的时间以及物流服务设备等,表现为客户对物流产品的安全、舒适、方便、迅速、声誉、服务特色等方面的需求。它们是企业核心产品的外在表现形式,客户在选择和评价物流企业时,常常使用这些可感觉到的服务形式作为依据。所以,除了要突出核心产品利益之外,还要用优秀的物流服务人员、一流的物流服务设施和快速有效的物流服务等一系列有形服务策略,去吸引和满足更多的潜在客户。

3. 第三代——附加产品

附加产品是物流客户在获得满意的物流产品的前提下,对物流产品提供者在服务上进一步延伸的要求，是物流产品提供者提供的额外服务或者是通过超常规的方法提供的服务，例如各种优惠、折扣、保险以及承诺等。物流附加产品的提供实际上是物流企业促销活动的核心，也是物流企业进行市场竞争的重要手段。

物流服务也是一种产品，同样也有产品生命周期。从我们的基本认识来讲，物流服务属于派生需求，物流产品实际上是其他实体产品的衍生。而且随着社会经济的发展和市场边界的扩大，以及电子商务的飞速发展，物流服务的总体需求在未来很长一段时间内都将呈现上升趋势，所以物流产品的总生命周期曲线也应该是一条上升的曲线。随着物流需求的不断变化，物流服务产品也从简单的运输、仓储等业务向差异化、准时化、服务化等增值产品以及绿色物流、智能物流等更高层次转变，然而每一代物流产品基本都符合一般产品的生命周期曲线。结合一般产品的生命周期曲线以及物流产品更新换代的特点，物流产品的生命周期曲线如图2-3所示。

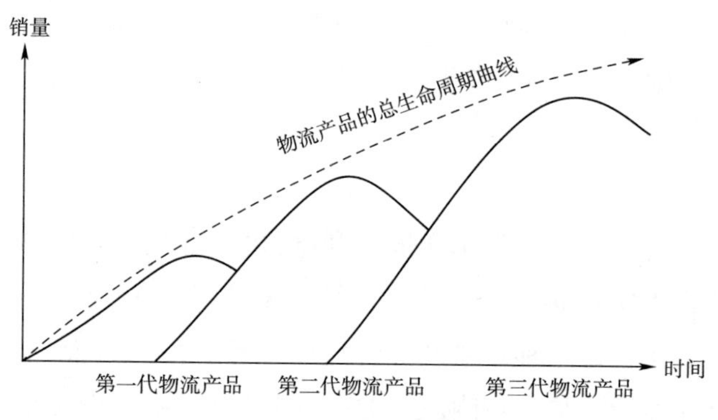

图2-3　物流产品的生命周期曲线

当前我国已经进入中等发达国家行列，很多城市、城市群的经济发展水平已经接近中等发达国家的较高水平。特别是长三角、珠三角已经成为“世界工厂”。我国经济社会的发展对物流产品早已提出了更高的要求，而从总体供给上看，由于我国中小型物流企业自身规模、资金的限制，所提供的物流产品还非常原始，仍然停留在提供最简单、最原始的第一代物流产品，导致中小物流企业的市场竞争力薄弱、获利能力严重缺失。虽然中小物流企业有强烈的发展动机和创新意识，但是苦于实力较弱，缺乏创新的条件。中小物流企业早就意识到，依靠现有的原始、简单的物流产品已经不能适应经济社会的发展需要，更不可能获得发展空间。为此，联合起来，走网络化、集约化的创新发展道路，谋求产品的更新换代，以充分适应市场的新需求，提升企业的获利能力，是中小物流企业联盟发展的重要契机。

第二节　中小物流企业联盟的发展阶段

一、物流市场发展阶段

物流市场的发展包括初创、成长、成熟和衰退 4 个阶段，如图 2-4 所示。在初创阶段，市场从政府垄断到开放阶段，竞争激烈程度比较低；随着放松管制，市场开始分散，竞争激烈，经过这一过程之后，市场开始整合，市场集中度增加，随后大竞争者开始联盟。我国货运物流市场当前正处于成长阶段，由市场分散向整合发展，整合方向主要是市场资源整合，如物流联盟、运营组织联盟以及企业间的兼并重组，这些市场行为将在一定程度上提高组织化、规模化和网络化水平，导致市场结构在一定层面上的改善，即市场集中度提高，逐步进入有效竞争的局面。

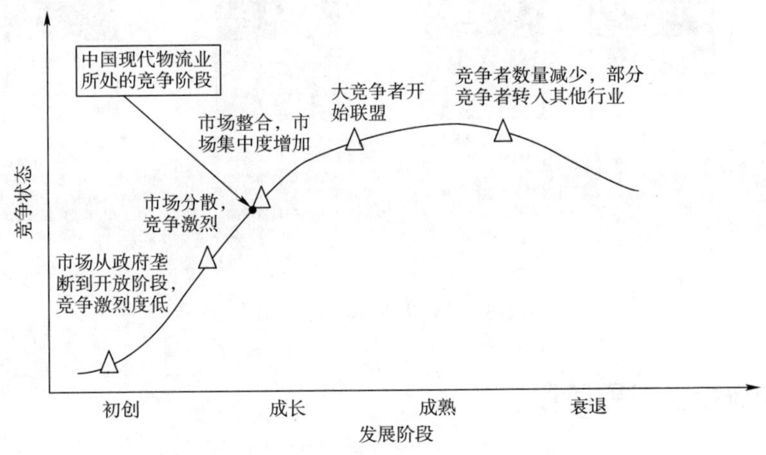

图 2-4　物流市场发展阶段曲线

当前我国公路货运市场正处于积累阶段，市场由分散向整合发展。在市场资源整合中，龙头企业的网络扩张、中小企业联盟的组建以及企业间兼并重组等形式将不断出现。而德国、美国等发达国家货运市场已经进入了集中阶段或大竞争者联盟阶段。德国的中小企业联盟模式最为成熟，它起步于 20 世纪 80 年代，成长于 20 世纪 90 年代，发展于 21 世纪，我国中小企业联盟的发展阶段相当于德国的 20 世纪 80 ~ 90年代。我国的公路货运市场成熟度与欧洲、美国比较如图 2-5 所示。

通过对物流产品生命周期、物流企业生命周期以及我国市场发展阶段的论述可以得出结论,现阶段我国物流市场的特征是市场分散、竞争激烈;我国中小物流企业正处于企业生命之中的初创期,面临着巨大的生存压力,所提供的物流产品也处于较为低端的第一类物流产品。面对激烈的市场竞争和中小物流企业亟待进行企业转型和产品升级的需要,中小物流企业组建联盟成为现实需求,通过自建联盟以实现抱团取暖、协同发展,快速实现企业转型和物流产品的升级,是现阶段市场环境下中小物流企业的必然选择。

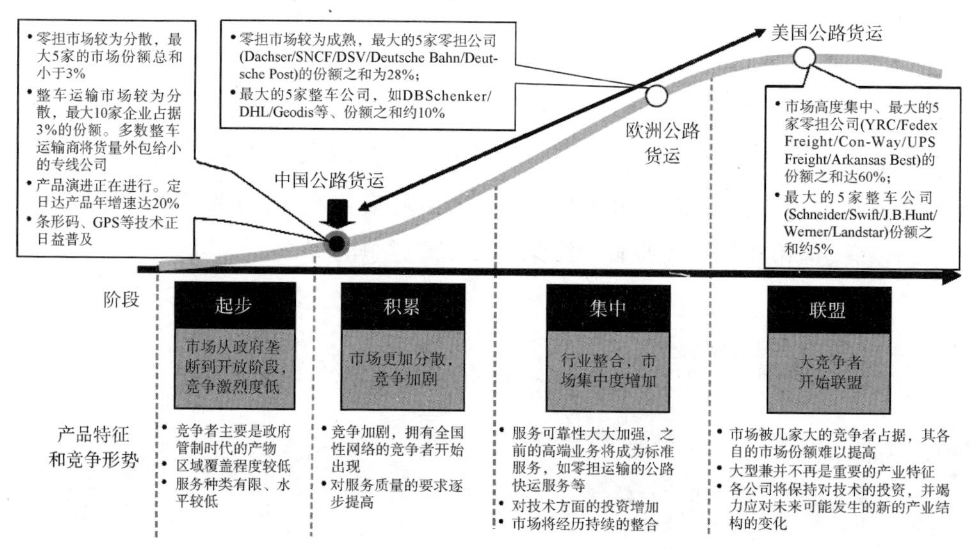

图 2-5　公路货运市场成熟度比较

二、物流企业发展阶段

在企业发展的初创期,企业的主要任务是销售自己的物流服务,企业专注于物流服务提供的数量,而在物流服务的广度和深度上没有太多投入。企业在进入成长期后,开始注重物流服务的广度,进行市场开拓,通过对物流服务产品的推广,争取物流客户。在经历较快的增长期之后,物流企业开始重视市场细分以及物流产品服务的升级,在提升效益的前提下实现发展。

小微物流企业,一般都处于初创期,公司规模小,资金实力弱。小微企业的主要任务是销售产品,也就是寻找货源,主要矛盾是解决生存问题。面对白热化的价格竞争和利润空间的不断压缩,小企业只有两个选择:要么联合发展,要么被大企业吞并。抱团取暖是小型物流企业联合的主要目的,德国最早的物流企业联盟也都是几十个甚至上百个小型物流企业联合发展起来的。我国的众多小型物流企业也在开始积极探索联盟发展模式,如浙江的陆通物流、江苏的众盟都是众多小型物流企业组建的联盟,并取得了良好的效果。这类联盟的成员伙伴一般都是当地物流企业,以小型物流企业为主。联盟的主要目的是抱团取暖:即通过联合缓解当地物流市场的过度竞争,整合当地物流资源,在促进运价回归的同时,降低物流成本,提高企业效益。另外,抱团还能有效解决单个物流企业议价能力偏低、融资能力不足等问题,降低物流企业的采购成本,大型物流设施、完善的物流信息系统等耗资巨大的建设项目对小型物流企业来说也不再是可望而不可即的。

中型物流企业基本都走过了初创期,进入了成长期。物流企业进入成长期后的主要任务也转变为市场开拓。企业开始关注服务的广度,战略重点转向物流服务网络的扩张,具体表现为:增开营业网点、增加业务线路。企业的成长和扩张,主要有三种方式:一是内部扩张,二是实施并购,三是组建联盟。对于中型物流企业而言,由于资金实力和管理水平的限制,内部扩张和并购难度相对较大,而联盟最大的优势在于具有较大的灵活性和相对松散性。一旦外部市场发生变化,这种联盟关系会随时改变,联盟改变了传统的兼并、收购等,以消失竞争对手为目标的、对抗性极强的竞争方式。企业间除了竞争关系外,还可能存在合作关系。联盟双方都有自己的目的,以对方之长补己之短,防御性地分配市场和进攻性地开辟市场。联盟所强调的是合作和共赢,所以这种方式最容易达成,即使失败了要承担的损失也比前两者小。中型物流企业组建联盟,主要关注物流服务网络的互补性,选择联盟合作伙伴时其出发点不再是小型物流企业联盟那样区域内的抱团取暖,而是跨区域的物流服务网络的扩展,其联盟合作伙伴一般是不同区域实力相对较强的优秀的物流企业。

三、物流产品发展阶段

随着社会经济的发展和市场边界的扩大,以及电子商务的飞速发展,物流服务的总体需求在未来很长一段时间内都将呈现上升趋势,所以物流产品的总生命周期曲线也应该是一条上升的曲线。但是物流产品并不是一成不变的,随着物流需求的不断变化,物流服务产品也从简单的运输、仓储等业务向差异化、准时化、服务化等增值产品以及绿色物流、智能物流等更高层次转变。

目前我国的大多数物流企业,尤其是中小物流企业,所提供的还是最简单的运输、仓储等物流产品。可以把这类最基本物流服务产品定义为第一代物流产品，这一类物流产品市场的进入门槛较低。目前物流市场上90%都是以提供第一代物流产品为主的中小微型物流企业，市场竞争激烈，价格竞争白热化。第一类物流产品整体上已进入成熟期，并逐步过渡到衰退期。

面对激烈的市场竞争和第一代物流产品利润空间不断压缩的困境，许多物流企业开始创新，将物流产品从核心产品向形式产品和附加产品延伸，开始专注差异化物流产品和服务化物流。这类物流产品除了标准物流服务外，形式上还有“24～48h内快速送达”、“指定日期与时间的准时送达”、“高质量、高安全、低损失送达”，以及物流全程透明化等其他服务。我们可以把这一类物流产品定义为第二代物流产品。我国目前正处于第一代物流产品向第二代物流产品的过渡期。物流服务产品的升级需要物流基础设施网络、组织网络和信息网络的全面升级，对于企业资金实力、融资实力、运营实力较弱的中小物流企业来说，很多事情也是可望而不可即的。价格战或许也只是企业生存压力之下的无奈之举，只是这条路很快也将走到尽头，当降价比拼到低于成本、利润空间为负值时，大企业还有底气砸钱做市场。

物流产品的更新换代是物流市场发展的主流，目前欧美等发达国家物流市场上的产品已经由服务化物流转向绿色物流、智能物流等新领域，我们可以将这类物流产品定义为第三代物流产品，这也是未来物流的发展趋势。我国地域广博，东西部经济发展差距明显，在物流需求上也存在一定的差异，虽然总体上处于第一代产品向第二代产品的过渡期。但是北京、上海、广东等发达地区，随着环境压力的加剧和信息技术的发展，绿色物流、智能物流等第三代物流产品也开始萌芽。

第三节　中小物流企业联盟的作用

任何一种企业组织模式都是适应当时社会、经济发展和科技进步的产物，中小物流企业联盟也不例外。本书将从满足市场需求和调节企业供给两个角度阐述中小物流企业联盟的作用。

一、满足市场需求

（一）满足客户需求的变化

随着人们生活水平的不断提高，消费特征也在发生变化，消费水准日益提高，消费者对物流服务的响应速度、业务操作准确性和送达实效性的要求均有所提高。同时,在这个“速食时代”,人们的耐心受到很大的挑战,对缺乏创新的产品和服务越来越没有信心。组建中小物流企业联盟,能够更好地为客户定制个性化的物流服务,有效地提升物流服务的品质,是消费者成为物流企业忠实拥护者的有效手段。改变现有的不适合当前市场发展要求的组织管理模式,借助不同物流公司的联合,将物流效益最大化,提高物流企业的灵敏性,让企业在多变的市场发展过程中发现机遇,并紧抓机遇,才能创造出具备更高价值的产品和服务,才能转变物流企业处于卖方市场的劣势,增强企业的话语权。

(二)降低企业风险

联盟的形成是制约风险需要的结果。无论是物流企业还是其他行业中的企业,如果仅仅依赖于自身资源和能力,所承担的风险会越来越大。因为其所有的新价值都要在最终产品的一次“销售”上得到实现,一旦这“惊险的一跳”由于对新市场的不熟悉等因素而受阻,可能使企业面临危机。如果是对于一个联盟伙伴而言,共同承担此项目的风险,要远远小于一个企业独立承担的风险。同时,由于联盟中的各个企业都有各自的专长,在一定程度上本身就能够降低企业风险。

(三)提高行业地位

中小物流企业通过组建联盟,取得了比自身单独从事物流活动更好的效果。综合化的物流服务、一体化的物流运作、效率和价格优势、个性化需求的满足以及对市场的快速反应都使物流联盟受到顾客的青睐,这样的联盟一旦形成就会在市场中具备较强的竞争优势。联盟中物流企业在同其他成员合作运营中,企业自身的实力不断加强,企业的信誉度以及市场份额逐渐提升,从而提高了中小物流企业在整个行业中的地位。

(四)发展低碳经济

低碳经济是指在可持续发展理念的指导下,通过技术创新、制度创新、产业转型、新能源开发等多种手段,尽可能地减少煤炭石油等高碳能源的消耗,减少温室气体排放,达到经济社会发展与生态环境保护双赢的一种经济发展形态。发展低碳经济,一方面是积极承担环境保护责任,完成国家节能降耗指标的要求;另一方面是调整经济结构,提高能源利用效益,发展新兴工业,建设生态文明。通过组建联盟,提高物流企业产能,有效地降低空载率,提高能源利用效率,从而达到节能减排的目的,并最终将我国物流业导向低碳经济的科学发展轨道。

二、调节企业供给

(一)保障企业有效供给

随着我国第三方物流市场的迅猛发展,物流的市场需求和市场供给均处于上升期。而且随着经济的不断发展,我国物流市场的不断开放,供给能力空前增长,客户即需求方对物流服务的需求结构也不断发生变化,除传统运输需求下,客户更希望得到的物流服务功能是物流系统管理、物流的总体设计。目前我国物流市场存在有效供给不足的问题,即现有传统物流供给能力大于市场的物流需求,而满足中高端物流需求的供给不足。所以物流供给主体的能力对于推动物流市场的发展,具有非常重要的作用。目前物流企业必须改变一成不变的经营模式和管理方式,不断探索新的发展模式。这种模式应该更加灵活、更富弹性、更能满足客户多变的需求、更能适应市场的变化。

(二)缓解物流市场竞争

物流行业准入门槛低,物流市场供过于求,物流企业为了生存,相互之间压价竞争,不利于物流市场的健康发展,影响物流企业的盈利水平。所以很多中小物流企业为了生存,转变思维模式,从对立竞争走向合作竞争。理顺物流市场竞争关系,能起到维护物流企业合法权益的作用,减少因激烈竞争而支付的高额费用。在同竞争对手的合作中,加强各自的实力,共同应对其他竞争者或潜在竞争者。

(三)提高物流服务品质

我国物流市场上的众多中小型物流企业,虽然发展迅猛,为我国物流市场的由供给不足到供给充足做出了很大贡献。但由于发展时间比较短,服务功能较为单一,物流服务中的增值服务功能没有得到充分发挥,直接影响其盈利能力。从目前的情况看,其供给能力还没有跟上市场的步伐,尤其是在高品质服务方面;其次,物流企业有效供给还取决于完善的物流网络体系,而中小物流企业由于缺乏资金,企业人才供给不充足,造成信息化程度普遍偏低,这些都成为中小物流企业提供有效供给的瓶颈,发展中小物流企业联盟成为解决这种困境的一种有效方法。

(四)促进企业规模扩张

所有的物流企业都希望自己能为消费者提供一应俱全的商品和服务,但是,现实情况往往事与愿违,当然也不可能出现每一个环节都做得滴水不漏的企业,总有一些资源是这个企业所不具备而其他企业擅长的。尤其对于中小物流企业来说,由于受到资本约束的影响和自身经营规模的限制，其筹资困难，承担风险能力弱，企业单独依靠自己的力量，很难提供有效的物流供给，企业规模的扩大无法满足市场边界扩大的需求。面对有效供给不足的市场机遇，中小物流企业往往也是心有余而力不足。而物流联盟的建立，可以使得企业资源运筹的范围迅速从企业内部扩大至企业外围，社会资源配置更加优化，资源得以循环利用，企业也因此得到了获取资源的有效途径，为其提供有效供给奠定了资源基础。

三、推动市场转型

(一)强化跨区域整合

随着联盟的发展，其企业成员逐步从同一区域向不同区域扩展，网络覆盖范围不断拓展，联盟将更为分散的物流资源整合为高效的物流网络，提升物流服务能力，实现企业成员间物流组织网络、功能网络、信息网络的有效融合和设施设备的共建共享。

(二)促进网络化运营

跨区域的资源整合后，联盟要实现高效的网络化运营，需要建立联盟资源高效协同机制，物流运作不再以单个节点为中心，而是分散到多个节点实现协同业务处理。以低成本、高品质、多样化的物流服务及时满足客户需求。

(三)完善标准化服务

联盟要建立标准化的物流服务体系，各企业成员在联盟框架内遵循统一的服务规范，对外提供统一、标准的物流服务。联盟可在原有公司品牌的基础上创建新的统一的联盟品牌，树立品牌管理意识，加强品牌的宣传和保护。

(四)提升信息化水平

联盟要将企业成员纳入集成、统一的信息化管理体系中，实现业务协同运作、物流全过程的可控化管理和透明化服务。推进联盟信息系统与国家交通运输物流公共信息平台的对接，通过行业数据交换标准接口，实现企业成员构架基础资料信息、货物交接单与货物托运单信息、电子对账单及杂费等信息的实时共享与快捷交换。

(五)实现规范化管理

联盟要具有中长远战略目标、步骤和措施等发展战略，科学严格的企业加盟准入条件，公平、合理、共赢的利益分配方案，及企业成员自有知识产权与品牌资源的保护机制。构建有利于联盟健康稳定发展的治理结构，明确各方的权利和义务，引导形成紧密结合的长效机制。

第三章　中小物流企业联盟管理核心问题

第一节　联盟伙伴选择

在诸多导致联盟失败的原因中,选择了错误的伙伴是最根本、也是最重要的一个原因。正确地选择伙伴是联盟取得成功的第一步,有效的联盟管理开始于选择正确的联盟伙伴,许多失败原因都能通过适当的伙伴选择过程而避免。联盟伙伴选择要有充分的准备时间,联盟伙伴要在很多方面做到匹配,合理选择联盟伙伴是联盟顺利发展的基础,缺乏对联盟伙伴的了解则会导致联盟伙伴选择不当。联盟伙伴的匹配性在很大程度上影响联盟伙伴间的合作。

一、联盟伙伴选择的考虑因素

联盟伙伴的选择要从战略目标、资源互补、市场相似程度和文化差异等方面进行综合考虑。

(一)战略目标的一致性

物流联盟是由多个不同的独立公司通过股权或契约的形式结成的,参加联盟的目标不一致,就会在战略目标上存在冲突。目标不一致还会使联盟伙伴在合作性竞争中产生冲突,并导致联盟失败,这是因为企业是将战略联盟看作贯彻战略和实现战略目标的手段,联盟的合作必须要源于企业的经营战略并确保企业经营战略的实现。对战略目标的评价在企业选择联盟伙伴时十分重要,每个企业都要对联盟能满足联盟伙伴目标的程度进行评估。联盟要想获得成功,联盟伙伴企业的战略目标必须具有互补性,联盟伙伴的目标必须相互支持而不是相互竞争,联盟伙伴拥有相互竞争的战略目标会导致联盟失败,互补的目标则会帮助联盟伙伴获得成功。

联盟伙伴战略目标间的关系有三种可能:冲突、兼容和相同。相同的战略目标使联盟伙伴彼此联系密切,能够同时实现目标;兼容的战略目标不一定能够同时实现;而战略目标冲突会使得联盟伙伴的目标不可能同时实现。

(二)资源的匹配性

根据资源基础理论,企业是一个由特有的有形和无形资源与能力组合的实体。单一企业要想获得保持竞争优势的所有资源是不可能的。企业通常是在寻找那些拥有它们所缺少资源的企业,特别是那些拥有别的企业所不具有的专有资源的企业。企业成员的资源构成对于物流联盟的形成起到重要的作用。

联盟失败的一个重要原因是合伙人不能向对方提供所期望的资源和能力。如果所有的合伙人都能够提供互补性资源,联盟的稳定性将会极大地提高。战略的资源基础理论是将联盟等跨组织关系看作是提供资源共享和转移的资源纽带,这需要组织间的资源具有互补性或相似性。资源的不匹配会导致资源的浪费和剩余。根据资源的互补性、相似性和资源的实用性,联盟企业的资源组合可以有四种形式:①资源扩充型:扩大资源总量,资源类型相似;②资源补充型:不同类型的资源,互补性较强;③资源剩余型:资源类型相似、资源闲置;④资源浪费型:资源类型不同、资源匹配和协调不良。如图3-1所示,资源的实用性是指投入资源被使用从而实现联盟目标的程度,前两种资源组合与联盟绩效正相关,后两种资源组合与联盟绩效负相关。

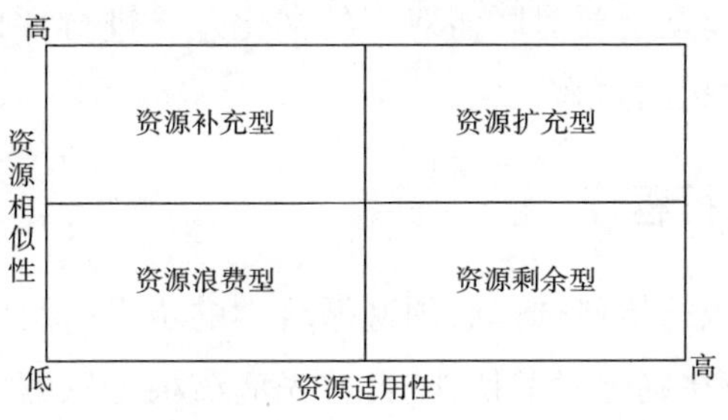

图3-1　联盟伙伴间资源互补性

(三)市场的相似性

两个企业不能成为竞争对手的一个主要原因是由于目标市场不同,如果两个企业的市场相似性很低,那么两个企业进行竞争的动力也就不大。如果两个企业拥有相同的市场,并且是市场上主要的供应商,那么两个企业就会成为针锋相对的对手,竞争也会十分激烈。这主要是因为市场的高度重合给了企业间进行竞争的动机,市场的相似性能够直接和有效地预测企业间的竞争,市场相似性可以理解为合作伙伴在目标市场上的重合程度。

在建立战略联盟时,企业可以通过对市场相似性和资源互补性的分析、了解,确定适合与之建立联盟的对象,管理者可以通过资源和市场两个维度对企业进行重新定位。特别是当企业的合作伙伴可能是那些有威胁性的潜在竞争者时,对联盟伙伴进行有效评估非常必要,因为这种情况下选择不合适的伙伴带来的风险将会非常高。市场的重合会导致联盟伙伴间的竞争,由于市场的重合使得伙伴间的利益相互冲突,一方的获利往往是以另一方的损失为代价的。即便联盟各方有一个共同的目标,但由于市场的重合仍有潜在的竞争可能。

(四)文化的差异性

联盟失败的第四个原因是合伙人之间文化的差异性。企业文化差异意味着联盟伙伴间存在不同的经营价值观和不同的管理行为模式。文化因素中最重要的前提条件是对基本价值的认同,对共同观点和理念的认同有助于联盟合作的增强,即使是表面上两个看似完全不同的企业,如果有着共同的价值观,仍有可能形成合作。

在联盟组建阶段,企业需要判断伙伴之间的企业文化和国家文化的兼容性。两个组织间文化的兼容性与它们的文化相似性有一定的关系。文化的差异对于联盟伙伴的合作和有效交流至关重要,文化差异越大,联盟伙伴间进行合作的程度就越低。所以不仅在联盟建立上要对联盟双方的文化差异进行评估,还要在联盟过程中不断加强交流,促进文化的兼容。

二、联盟伙伴选择程序

中小物流企业联盟的伙伴选择必须遵循科学的步骤,保证选出的合作伙伴是最佳的。因此,物流企业在确定联盟伙伴时,首先应该根据联盟的战略目标,确定伙伴的选择范围和候选伙伴;其次,根据以上四个方面的因素综合考虑,建立科学的评价指标体系;然后根据联盟的类型和特征等因素,选择合适的评价方法;接着,根据确定的指标体系和评价方法选择伙伴;最后,对评价选择的结果进行检验,看是否符合联盟要求,如符合则伙伴选择结束;不符合就扩大选择范围,再进行选择,直到选出满意的合作伙伴为止。联盟伙伴选择过程如图 3-2 所示。

(一)确定候选联盟伙伴

在选择联盟伙伴之前,首先要根据物流联盟的类型特征和需求,确定所需合作伙伴的选择范围。在明确联盟所需的合作伙伴之后,就要从众多的物流企业中,选择确定能够满足联盟需求,可以帮助联盟实现目标的候选联盟伙伴。评价小组首要通过各种途径如:互联网、业内推荐、其他合作伙伴的介绍等,获得合作伙伴的信息。然后根据联盟需要,选择一定数量的合格合作伙伴,并与初步选定的合作伙伴取得联系,以确认它们是否有联盟合作的意向。最终确定候选联盟伙伴,并让它们尽早地参与到联盟评价设计中来。

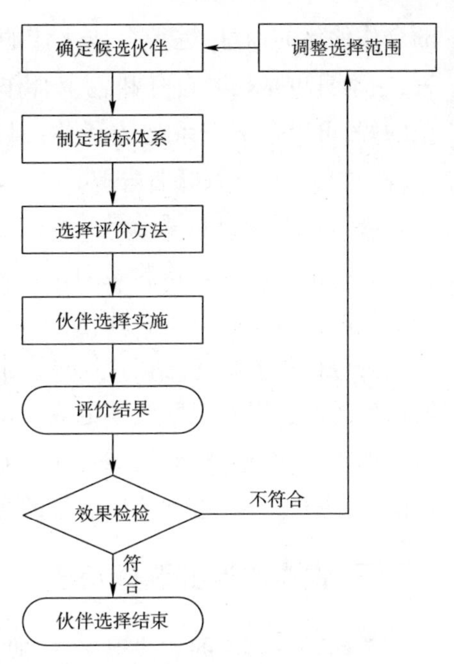

图 3-2　物流企业联盟伙伴选择流程图

(二)制定伙伴选择指标体系

合作伙伴评价的指标体系是对联盟伙伴进行综合评价的依据和标准,合作伙伴的评价体系是否合理全面,直接关系到合作伙伴选择的品质。从硬件方面看,伙伴企业是否拥有联盟开拓市场所需要的优势资源,是决定该企业是否被选择为联盟成员候选伙伴的必要条件。但为了确保联盟成功,还要求各合作伙伴企业有一定的适应性及在战略和文化方面的协调一致性。从这两方面可以看出伙伴选择的评价指标有很多,很难把每一个指标都考虑到。硬件方面通过对企业实力评价,很容易判断出伙伴企业是否满足这一要求,但企业的战略文化等方面就很难评价。因此要根据联盟的类型、需求,以及物流企业所拥有的资源、优势及其特征,在众多指标中根据侧重点的不同选择一部分影响较大的指标,制定联盟伙伴评价的指标体系。

(三)选择合适的评价方法

由于对合作伙伴的定性和定量的选择方法很多,目前最常见的方法有直观判断法、招标法、协商选择法、层次分析法等。但中小物流企业联盟成员的选择较为复杂,且含有大量的主观与客观因素,应在分析各种方法的优缺点之后,根据联盟合作的目标以及联盟的类型和特征,来科学合理地选择合适的评价方法。

(四)联盟伙伴选择的实施

进行联盟合作伙伴选择的一个主要工作是调查和收集有关联盟合作伙伴的业务、财务、物流能力等与评价体系相关的各种信息。在收集合作伙伴信息的基础上,就可以利用建立的评价体系和选择的评价方法,确定评价指标的权重,利用收集到的合作伙伴的信息,进行合作伙伴的选择。这不仅仅只是一个简单的评价、选择过程,它本身也是联盟自身和各个合作企业之间的一次业务流程的重构过程,如果实施的好,可以带来一系列的利益;但如果实施的不好,就可能给联盟带来巨大的损失,甚至有可能导致联盟失败。

(五)联盟伙伴效果检验

联盟伙伴的效果检验是对选出的联盟合作伙伴进行合作效果的检验。通过使用选择的评价方法确定合作伙伴,并吸纳其进入联盟作为联盟预备成员,开始在联盟中进行初步的合作。在合作过程中先设置一到两年的考察期,考察其进入联盟后所产生的效益以及对联盟其他成员带来的利益,根据效果确定是否吸收其为正式成员。如该企业符合联盟发展要求,且效果良好则选优结束;如不符合就再扩大选择范围,再进行选择,直到选出满意的合作伙伴为止。

三、联盟伙伴的选择方法

选择联盟伙伴的方法很多,一般要根据物流联盟的不同类型和特征对联盟成员的具体要求来确定。主要分为两大类:第一类是定性的分析选择方法,主要根据以往的经验,凭借以前的关系来选择联盟伙伴;第二类是定量的选择方法,对联盟合作伙伴各方面做出具体的量化评价,通过评价结果来选择联盟伙伴。下面是在联盟合作伙伴选择中几种常用的方法。

1. 直观判断法

根据征询和调查所得到的资料并结合主观的分析判断,对合作伙伴进行分析评价,这种方法主要是倾听和采纳有经验的管理人员的意见,或者直接由管理人员凭借经验作出判断。相对来说,这种方法显得有些草率,常用于选择联盟非主要的合作伙伴,即联盟的外围成员。

2. 招标法

当合作伙伴数量多、竞争激烈时,可以采用这种方法来选择适当的合作伙伴。它是由联盟提出招标条件,各招标合作伙伴进行竞标,然后由联盟决标,与提出最有利条件的合作伙伴签订合同或协议。招标法竞争性强,联盟能够在更广泛的范围内选择适当的成员伙伴;但招标手续较为复杂,时间长,并且双方未能够充分协商,会造成双方对业务项目的理解产生差异。

3. 协商选择法

在可供选择的伙伴较多、企业难以抉择时,也可以采用协商选择的方法,即由联盟先选出条件较为有利的几个合作伙伴,同它们分别进行协商,再确定适当的合作伙伴。与招标法相比,协商方法由于双方能够进行充分的协商,在业务、服务、关系协调等方面较有保证,可以确保合作伙伴进入联盟之后可以很快适应。

4. 层次分析法(AHP)

这是一种多目标、多准则的决策分析方法。由于层次分析法是让评价者对照重要性函数表,给出因素两两比较的重要性等级,因而可靠性高、误差小。可以很好地解决其他方法对定性和定量的偏重,是一种定性和定量相结合的方法。特别是它将决策者的经验判断给予量化,在目标结构复杂且缺少必要的数据情况下更为实用。

此外,还有很多其他的方法可以用来进行联盟伙伴的选择,如模糊综合评判法(FCE)、数据包络法(DEA)、人工神经网络算法(ANN)、合作伙伴评价分类法、标重法等。

第二节　联盟治理结构

一、联盟治理结构的定义

广义的联盟治理结构是指有关联盟决策控制权和收益权配置的一整套制度安排,这些制度安排主要涉及联盟目标的确立、剩余控制权的分配(契约中没有事前明确规定的行为进行控制的权利)、控制方式选择以及联盟成员在风险和收益上的分配等,通过这种制度安排可以有效地协调联盟参与方的责任、权力和利益,减少合作伙伴之间的矛盾和冲突,降低合作伙伴机会主义行为和道德风险。狭义的联盟治理结构是指介于市场和一体化之间所表现出的中长期合作、单边或双边持股以及合资等一系列中间组织形式,它是对联盟治理结构的具体化描述。

二、联盟治理结构的分类

联盟的治理结构主要分为契约型和股权型两种,当然也存在股权和契约并存的混合型结构。

契约型结构是物流企业通过协议和非筹措资本的方式建立的合作关系,联盟参与方之间没有股权的交换和共享,而仅仅借助于契约来维持关系,因此没有形成独立的法律实体。

股权型结构是指联盟伙伴以产权共享方式将各自的能力结合起来,是涉及股权参与的紧密合作形式。股权型结构的高级形式是组建了由合作企业共同所有和经营的新经济实体。

契约型结构和股权型结构还可以进一步细分为不同的形式,如图3-3所示。

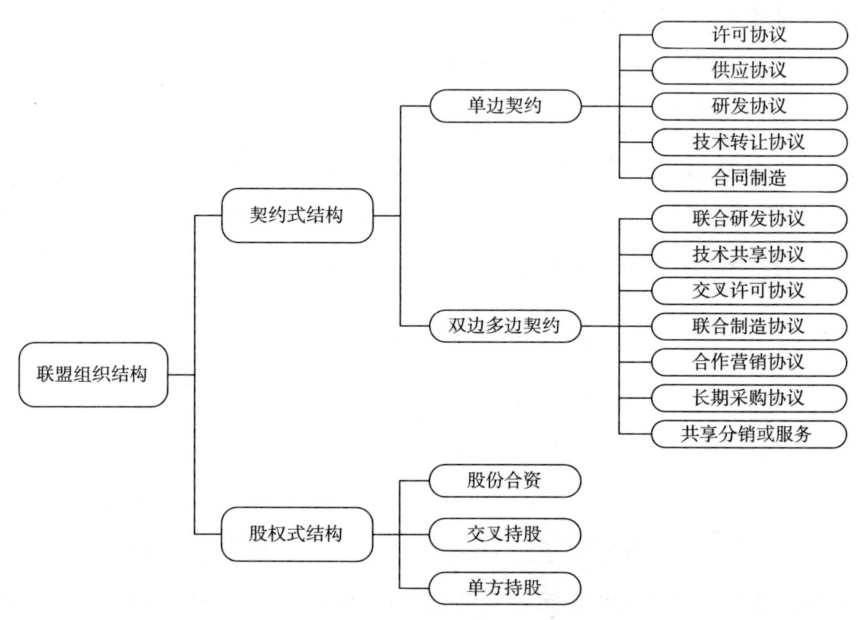

图3-3 联盟组织结构的表现形式

从图3-3可以看出,联盟的组织结构多种多样,就中小物流企业联盟而言,在联盟组建时,需要依据自身的发展需要以及联盟成员企业的特性和组成情况,选取具有针对性的组织结构,以提升联盟管理的效率,促进联盟的健康、可持续发展。

三、股权型结构和契约型结构特征的比较

为了进一步揭示股权型和契约型结构的特征,还要对两种结构在成本和效益上进行比较。表3-1显示了股权型结构和契约型结构的主要差异。

第一,在管理和决策方面:股权型联盟治理结构通常面临更高的成本(包括组建联盟需要的对特定设备、技术、流程进行的专门投资成本,为管理控制建立相应的运行规则所带来的管理和协调成本,以及由于层级化水平的提高而引发的官僚成本)。而且股权型联盟的经营决策更加集权,对各方的资源配置、出资比例、经营责任和利益分配都有严格的界定。相反,契约型联盟中各参与方相对独立、地位平等,所以联

盟集权程度低，各参与方在经营决策以及利益分配等方面具有很大的自主权。

第二，在监督和风险控制方面：股权型结构比契约型结构具有更大的风险控制能力。一方面，股权型投资被看成是伙伴之间的相互抵押，并在某种程度上充当了对联盟合作的承诺，股权联系不仅增加了企业之间的相互依赖性和相互协调意愿，而且更高水平的协调和控制有利于监督伙伴机会主义行为，从而缓解了与不确定性有关的许多缔约问题。另一方面，股权型结构相对稳定、持久的合作关系为监督与控制伙伴行为提供基础，未来影响效果降低了股权联盟中任何一方机会主义的可能性，进而各方也有更强的动机来诚实地行动并自觉限制机会主义行为。

第三，在协调适应性方面：由于股权联盟的所有权共享合作特征，使各方形成利益共同体并且以目标一致性的方式行事，所以股权型联盟能更好地实现联盟活动的协调一致，而且股权联盟共同的决策平台和一致性的联盟活动控制，使得伙伴间增加更多的信息沟通成本，从而减少了伙伴之间的冲突，并且增加了伙伴达成战略决策一致性的机会。

第四，在自发适应性方面：股权型联盟的市场适应性较低，因为股权型联盟通常因涉及大量专用性资产而缺乏柔性，所以难以对外部环境的变化迅速做出反应。而契约型联盟通过协调与默契而建立的伙伴关系使得组织间的相互依赖性降低，因此契约型结构能够使参与方迅速地适应外部环境的变化，并且灵活地进入和退出联盟。

股权型结构和契约型结构的比较 表3-1

项　　目	联盟组织结构	
	股权型结构	契约型结构
一体化程度	准层级	准市场
资产所有权	股权分享	独立所有
组建和治理成本	高	低
退出难度	难以退出	灵活进退
决策集中度	集权化决策	半独立决策
管理控制	广泛	狭窄
监督协调	容易	困难
协调适应性	高	低
自发适应性	低	高

四、联盟治理结构的选择

联盟治理的目标在于选择恰当的治理结构来有效地控制联盟风险和管理不确定性。由于联盟治理结构通常涵盖了介于市场交易和一体化组织之间的整个组织频谱(见图3-4),随着联盟治理结构频谱从左向右移动,联盟中的交易在逐渐趋于内部化的同时,其复杂性渐增,因而治理结构也更加复杂。至于联盟的参与方究竟是应该选择更接近与市场还是更接近与层级的联盟治理结构,一方面取决于不同治理结构的效率和成本,另一方面取决于交易特性,因此最终的联盟治理结构选择需要在联盟交易特征和各种联盟治理结构效能之间进行综合权衡。

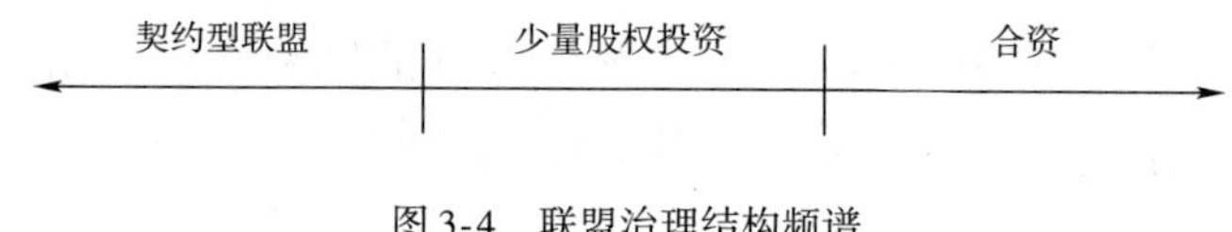

图3-4 联盟治理结构频谱

联盟交易的特征包括资产专用性、不确定性和交易频率。其中资产专用性和不确定性是决定联盟治理结构的关键变量。资产专用性不仅引起事前的激励反应(如投资不足),更重要的是它还引起复杂的事后治理问题(包括机会主义行为和敲竹杠问题、关系破裂等),而且当资产专用性、不确定性和有限理性混合在一起时,联盟关系尤为脆弱。一方面,有限理性的存在导致契约的不完全,常常需要事后谈判来处理不可预见的事项;另一方面,专用性资产投资极易引发根本性的转换,即产生双边依赖,而导致市场失灵,以致联盟各方无法通过市场机制来约束机会主义行为。而且联盟中资产专用性越高,双边依赖也越高,这样为联盟提供专用资产的一方被伙伴敲竹杠或者机会主义侵占的风险越大。

联盟中的不确定性是指联盟中因无法预测环境变化而改变交易条件的程度。根据交易中不确定性的根源,可以把不确定性进一步区分为行为的不确定性和技术的不确定性。其中技术的不确定性是指技术不可预测的程度,而行为的不确定性是指难以观察和度量伙伴对契约性协议的忠诚度,并且联盟中交易的不确定性越大,在合同中完整地描述交易越困难,就越需要利用谈判来适应不可预见的环境;其次不确定性将引发无法察觉的逃避责任的成本,由于行为的不确定性导致衡量单个企业活动及其贡献的难度增加,这又进一步增加了伙伴逃避责任的可能性,所以对联盟伙伴的监督成本会上升;此外,不确定性还可能引发协调的成本,因为不确定性的存在常常导致伙伴之间激励相容水平下降和冲突增加，为了减少因利益冲突导致的诸多问题，常常需要更多的协调和控制，这又会引起联盟交易成本的增加。

联盟中伙伴机会主义风险随着资产专用性和不确定性的增加而上升，为了有效抑制联盟中的机会主义风险，交易各方需要在契约设计和组织设计中加入某些保护措施，而在成本和效能上与交易特征相互匹配的联盟治理结构可以看成是应对伙伴机会主义和不确定性的有效治理。股权型联盟结构对机会主义行为有更好的抑制作用，通常比契约型结构能提供更多的保护措施。一方面，股权型结构实际上是将专用资产内部化，通过股权分享和相互抵押可以将伙伴的利益联系起来，并且使联盟成员达到激励相容，从而削弱伙伴的机会主义动机；另一方面，股权型具有更高的集中命令、监督、控制的能力，这不仅提高联盟的适应性和一致性，也便于对伙伴行为观察和伙伴绩效的评估，因此降低了不确定性因素对联盟的影响。

总之，最优的联盟治理结构可以看成是交易特征的函数，当联盟涉及较多的专用资产或者涉及较大的不确定性时，采用具有产权共享特征的股权型联盟治理结构可以抑制机会主义行为的发生；相反，当联盟涉及较少的专用性资产投资或者涉及较低的不确定性时，则更可能选择没有股权参与的契约型联盟。图 3-5 显示了联盟组织结构与交易特征之间的关系。

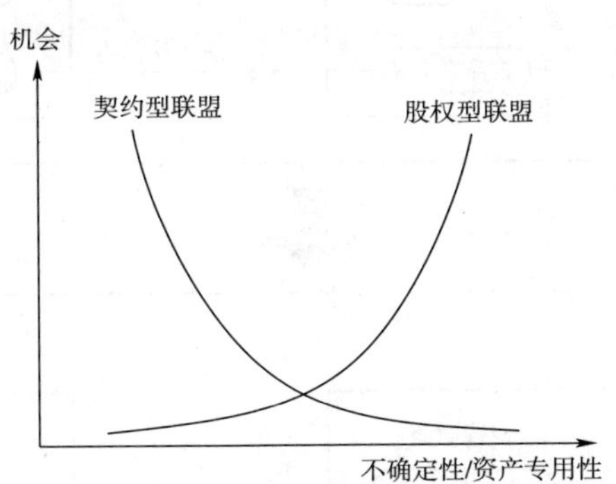

图 3-5　联盟组织结构与交易特征之间的关系

第三节　联盟业务整合

物流联盟的发展关键在于资源整合，联盟资源整合主要涉及物流业务整合、硬件设备整合、人力资源整合、信息系统整合以及企业文化、市场声誉、客户关系等软资源的整合。而联盟资源整合的关键又在于物流业务整合，开展物流企业联盟首先要解决的问题必然是多个物流企业之间的业务如何有效整合。本书主要针对零担专线联盟、区域配送联盟、甩挂运输联盟、多式联运联盟、小件快运联盟五种中小物流企业联盟典型模式的业务整合方式进行具体探讨。

一、零担专线联盟

零担专线联盟是指以从事零担专线运输的物流企业为合作主体,以节约运输成本为目标,将起讫点相同或者相近的物流专线业务进行有效整合的联盟模式。

专线联盟从专线内各地区的资源禀赋和比较优势出发,整合专线内的客户资源、运输资源、仓储资源、人才资源、信息资源,发挥协作与专业化作用。通过专线组织和协调,把企业成员整合成一个为客户服务的系统,根据专线内企业的发展战略和市场需求,对相关资源进行重新配置,以凸显企业的核心竞争力。

专线联盟的联盟方式如图3-6所示。

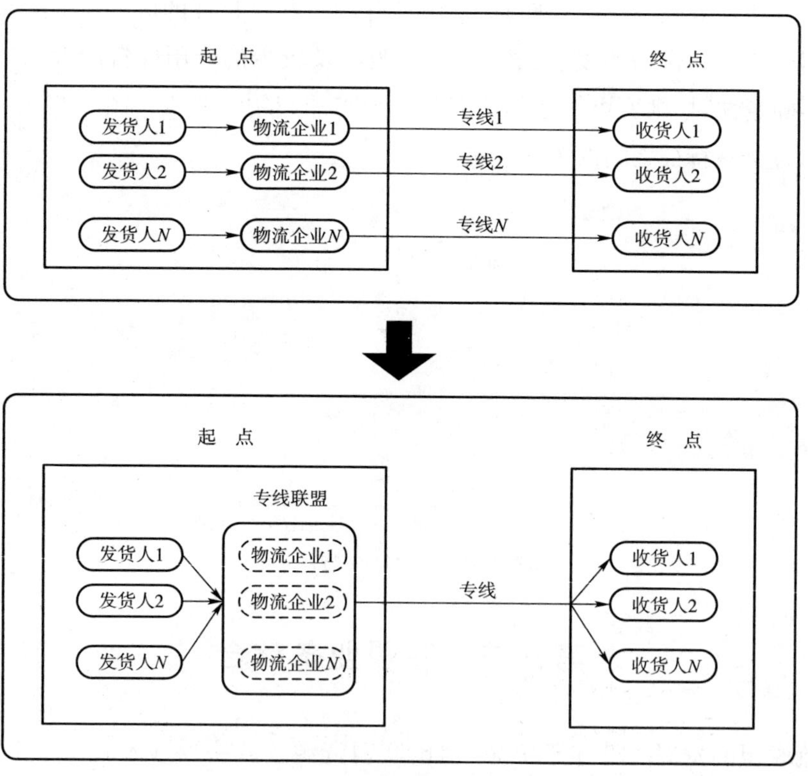

图3-6 专线联盟方式

专线联盟的方式相对比较简单，中小物流企业相对比较容易开展。专线联盟是中小物流企业应对当前“业务疲软、成本上升”的较好的一种选择，国内也已经有了不少成功的案例，如上海专线联盟、浙江陆通等。从图3-6可以直观地看到，原来N个物流企业都在做同一条线路上的专线业务，它们之间的竞争关系是很明显的。如果这N个企业结成联盟，将竞争关系转变为合作关系，N个专线整合为一个，将节省大量的人力、物力成本，而且实载率也将大幅提高，那么运输成本的下降将是不言而喻的。

专线联盟的业务整合方式如图3-7所示。

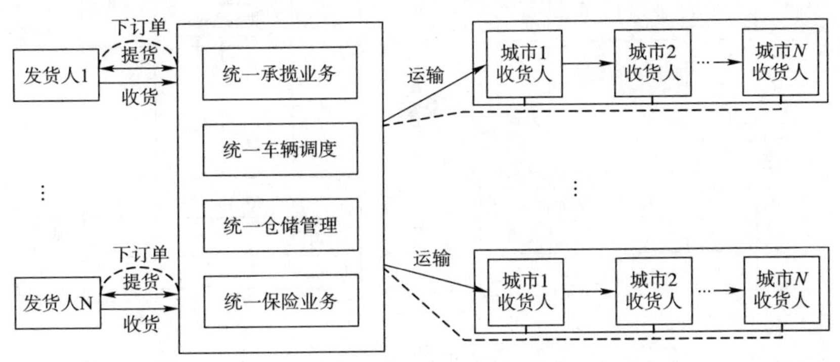

图3-7 专线联盟业务整合方式

根据我国的地域特征，可以将以国内某一省或市为起点的专线整合为6个大区域，分别为华北、华南、华中、华西、华东和国际。可以将通往这些区域内城市的专线再次进行整合，进一步节约运输成本。从图3-7中我们可以看到，专线联盟的核心就体现在方框内的统一承揽业务、统一车辆调度、统一仓储管理以及统一保险业务上。从国内专线联盟的成功经验上看，组建物流专线联盟一种较好的方式就是原先有一定的货源和运输业务的企业，以交出全部经营权，带量入股的方式组建联盟，并形成统一的联盟实体，进行统一管理。

二、区域配送联盟

区域配送联盟是指以不同区域的运输型物流企业为合作主体，以延伸运输服务、节约配送成本为目标，将各自不擅长的异地配送业务委托给异地合作伙伴的联盟模式。

配送联盟和城市物流配送企业的共同配送联盟是有区别的，共同配送联盟主要是指同一区域内的配送资源整合,类似于小范围的专线联盟。而这里的配送联盟是指区域间的配送联盟,指不同区域间的运输型物流企业配送业务的相互委托代理关系。区域配送联盟是拓展物流企业市场网络的最有效手段,许多中型物流企业组成的联盟其实质都是区域配送联盟,我国目前也有不少省份的物流企业正在探索这种物流联盟的模式。

配送联盟的联盟方式如图 3-8 所示。

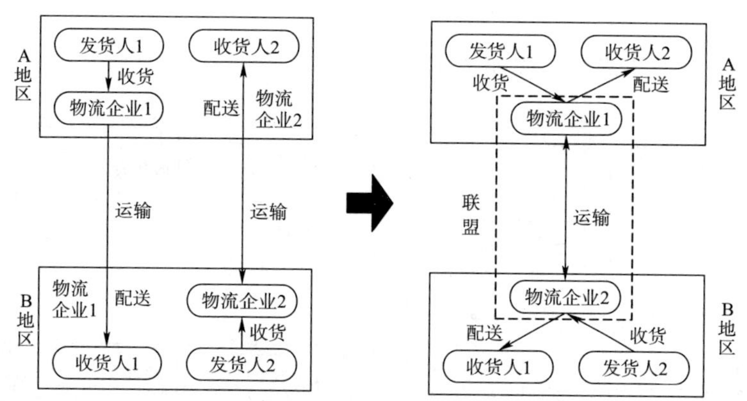

图 3-8　配送联盟的联盟方式

如图 3-8 所示,区域间配送联盟的合作主体是不同区域的物流企业。如果没有联盟,那么这两个物流企业都需要自己来做异地的配送业务,而异地的配送业务,对物流企业来说都是不擅长的。但是如果两个企业开展合作,相互将异地配送业务委托给对方,这样每个企业都在做最擅长的业务,物流成本将不断下降,同时客户体验和满意度也将明显上升。组建配送联盟后企业在进一步承揽需要异地配送的业务同时,本地的配送业务量也将迅速上升。与不同城市的多个物流企业结成配送联盟,是物流企业迅速扩大服务范围的有效途径。

配送联盟的业务整合方式如图 3-9 所示。

从图 3-9 可以看到配送联盟和专线联盟的最大区别是业务受理、仓储管理、车辆调度等这些业务环节都不是统一的,原因就是这类联盟的企业成员是异地的。所以这种类型的联盟比较适用相对松散的契约型联盟治理结构,联盟建立后也不一定需要统一的联盟实体机构,其本质就是合作企业间的委托代理关系。每个物流企业所从事的都只是本地的收货与配送业务,以及干线运输环节。配送联盟发展到后期,随着联盟成员的增加,联盟企业需要进一步考虑干线运输环节的资源整合,合理配置干线运输资源，提高实载率，降低运输成本。

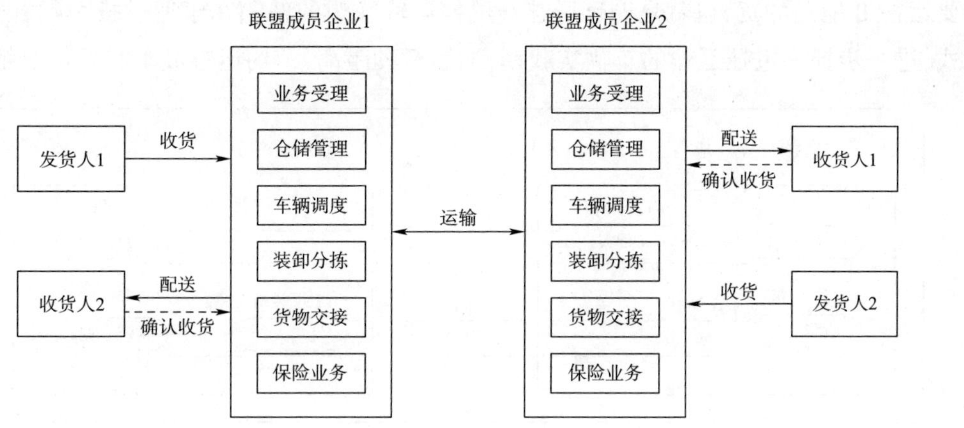

图 3-9　配送联盟业务整合方式

三、甩挂运输联盟

甩挂运输是一种高效率的运输方式，是欧美等发达国家的主流运输方式。目前交通运输部、各省市交通运输主管部门也都在大力地开展促进我国甩挂运输发展的试点项目。

甩挂运输联盟是指以开展甩挂运输的物流企业为合作主体，以进一步提高车辆实载率、降低运输成本、提高运输效率为目标，以先进的运输组织和货源互补的方式开展合作的联盟模式。

甩挂运输联盟的联盟方式如图 3-10 所示。

甩挂运输联盟可以有滚装甩挂、智能甩挂、循环甩挂、双重甩挂等多种运输组织方式，此处以其中的一种方式为例："交换挂车或货箱"。

假设 A 地的物流企业 1 在 B 地的货源较少或没有货源，B 地的物流企业 2 在 A 地也是同样的情况。那么两个物流企业的车辆在从异地返回的时候，都会有一段很长距离的空箱行驶，车辆的实载率将大幅下降。如果两个企业组建联盟，开展合作。如图 3-10 所示，两个企业商定一个位于两地中间的位置，双方都将货物拉到这个地点，然后进行挂车或者货箱的交换，这样两个企业的运输车辆在来回的过程中都是重箱的状态，而且总的行驶距离也将大幅缩短，运输成本将大大降低。当然甩挂运输联盟还有很多其他可行的运输组织方式，比如，企业 1 的车到 B 地卸货后，可以拉上企业2需要往A地送的货；企业2的车到了A地之后，同样也可以拉上企业1需要运往B地送的货，也就是循环甩挂。甩挂运输联盟的精髓在于通过货源互补的方式，进一步提高甩挂运输的车辆实载率，缩短行驶距离，节约运输成本。

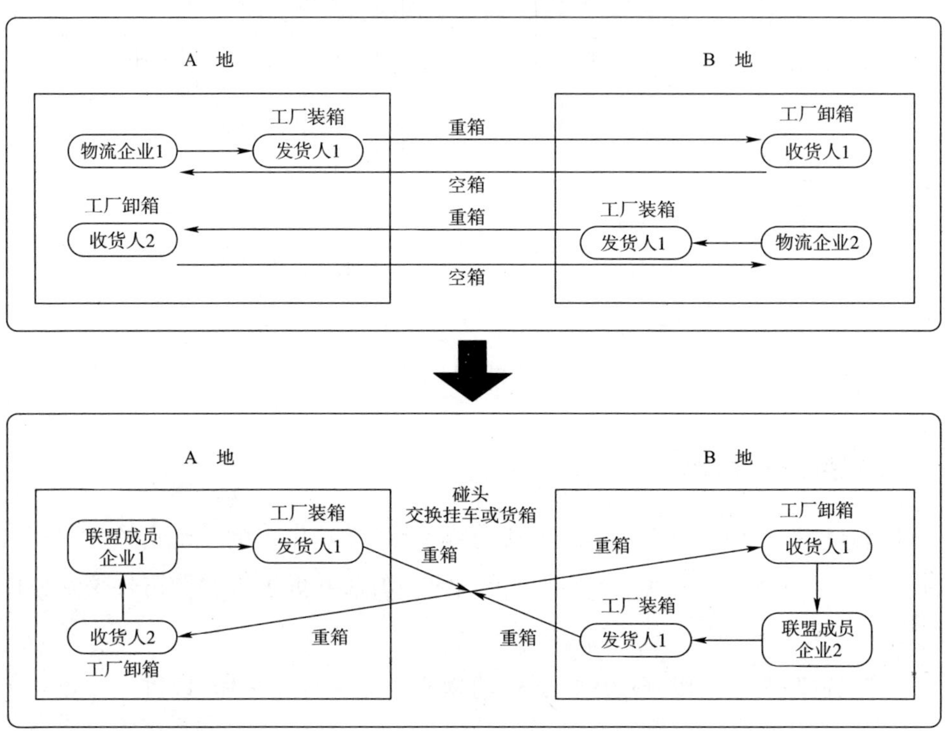

图3-10 甩挂运输联盟方式

甩挂运输联盟的业务整合方式如图3-11所示。

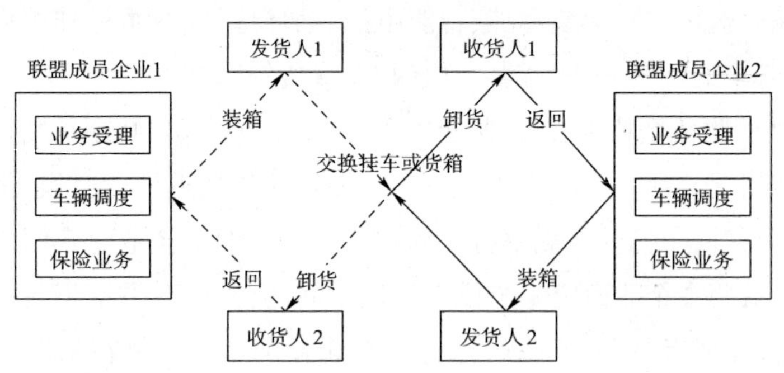

图3-11 甩挂运输联盟业务整合方式

图 3-11 就是甩挂运输联盟的“交换挂车或货箱”方式的业务流程。虚线表示企业 1 车辆的行车路线，实线表示企业 2 车辆的行车路线，我们可以看到每个企业的车都只有在装箱和返回的路程上是空箱行驶的，而且这两段路程也几乎都是在本地完成的，空箱行驶的路线很短。另外甩挂运输联盟和配送联盟一样，业务受理和车辆调度等这些环节都不是统一的，由每个企业成员独立完成，只是在运输环节上开展合作。当然这类联盟还有个关键问题，就是车辆技术标准的统一，否则挂车的交换和货箱的交换都是无法实现的。

四、多式联运联盟

多式联运是指由公路、铁路、水运、航空多种交通工具相互衔接、转运而共同完成的运输过程，运输全程中使用两种及以上运输方式，而且是不同方式的连续运输。

多式联运联盟指以掌握不同运输方式资源的物流企业为合作主体，以节约运输成本、节省运输时间、降低交易费用为目的，充分发挥各种运输方式的技术经济优势和各企业成员的核心运输业务能力，在整个物流运输环节中采用多种运输方式相结合的联盟模式。多式联运联盟的方式如图 3-12 所示。

多式联运联盟的方式，也是比较容易理解的，其核心就是一体化的综合运输。就是擅长不同运输方式的物流企业之间的合作，在支线上充分利用公路运输的“门到门”服务优势，在干线上使用运输成本较低的铁路、水路，或者速度较快的航空运输。

多式联运联盟的业务整合方式如图 3-13 所示。

如图 3-13 所示，多式联运联盟需要组建一个实体的或者虚拟的联盟组织机构，负责承揽业务和车辆调度。整个业务过程首先是，发货人向联盟下订单，并确认运输方式；第二步，联盟向公路运输企业成员下取货通知；公路运输企业上门取货，并将货物清点入库；然后是分拣装车，将不同运输方式需求的货物分别运送到对应运输方式的企业；最后由这三个不同方式的运输企业负责将各自的货物运送至收货人处。如果运输末端需要配送服务，那么最后 1km 的配送服务，还需要另外一个联盟公路运输企业成员来完成。

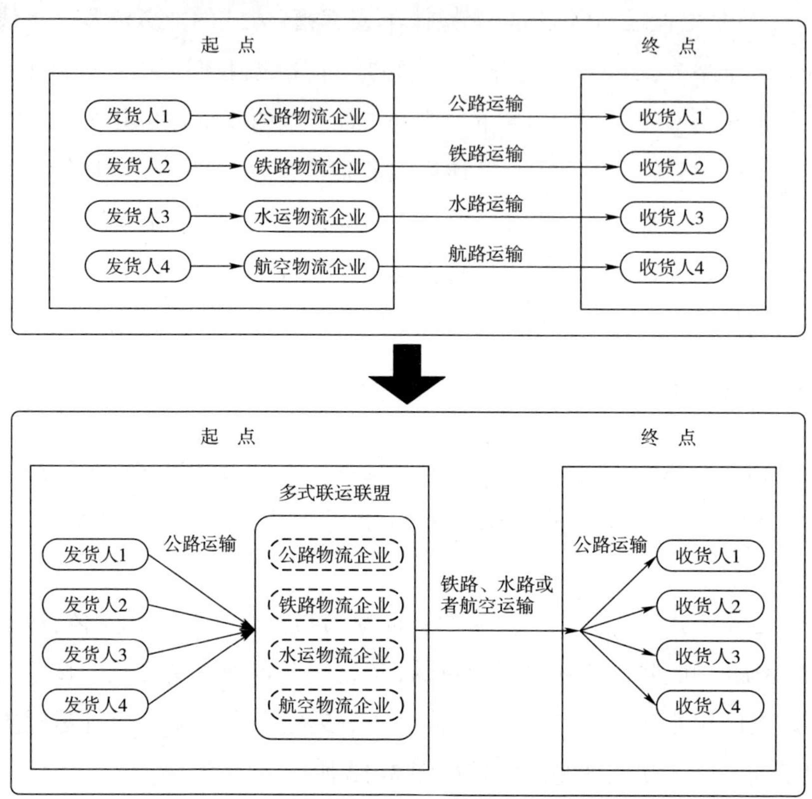

图 3-12 多式联运联盟方式

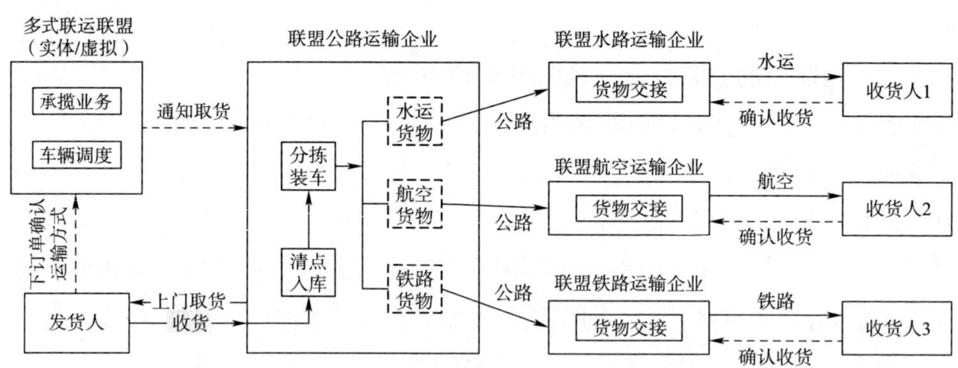

图 3-13 多式联运联盟业务整合方式

五、小件快运联盟

小件快运是指道路客运快件经营企业按照有关规定和要求，将托运人委托的小件物品，通过客运班车的行李舱，随同客运班车的始发和抵达将物品快速移位交付收件人的延伸服务。最后1km的配送和集货是小件快运的绝对劣势，虽然国内已有不少小件快运联盟的案例，但是很少有联盟能将服务向两端延伸，将最后1km的服务做好。但是小件快运联盟如果要实现更长远的发展，开拓更大的市场，必须要走出这一步，而最后1km"门到门"的运输服务，由客运企业自己来做难度较大，成本也较高，所以可以选择将最后1km的服务委托给配送企业、快递企业，甚至可以考虑将优秀的城市配送企业直接整合到联盟中。

所以小件快运联盟可以定义为以客运站为节点、客运企业为连接、配送企业为末端的实体网络和完善的信息网络相结合，真正实现小件货物"门到门"运输服务的企业网络联盟模式。随着小件快运联盟的发展，联盟所需要的不仅仅是传统的客运站到配送公司之间的联盟，不仅仅是要实现客运站到客运站之间的"点对点"的运输，而是要将服务向两端延伸，实现真正的"门到门"的运输，要将城市配送企业整合到联盟中，真正实现"上门取货，送货上门"。小件快运联盟的联盟方式如图3-14所示。

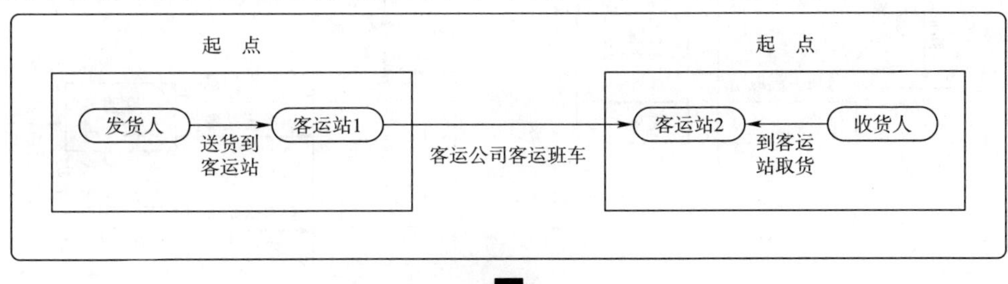

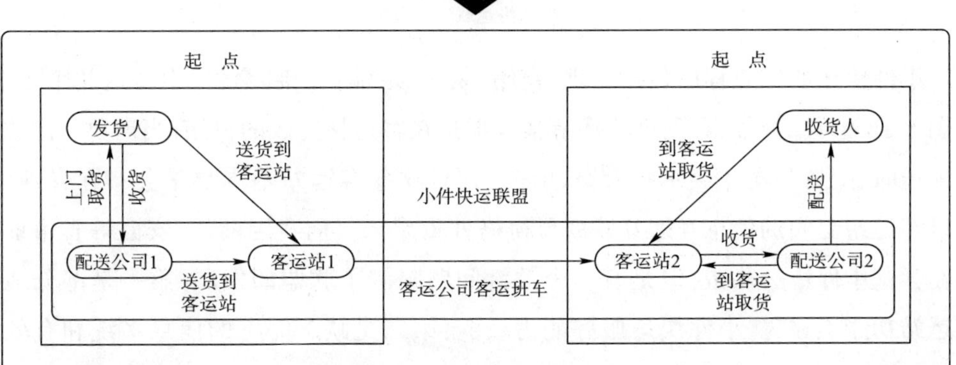

图3-14　小件快运联盟方式

如图 3-14 所示,传统的小件快运的服务模式,因为客运站不具备上门收货和配送功能,所以只能是在客运站被动地等待托运,小件快运业务的开展,主要依靠大量的、充足的货源。但是随着社会经济发展,人们对于从出发地到目的地的“完整运输产品”的要求越来越高,传统“点到点”的运输组织方式已不能满足需要。为此,在更大范围的小件快运市场组织运输已成为当前需要解决的重要问题。在这样的背景下,整合配送业务的小件快运联盟服务模式就应运而生了。这种联盟方式,可以迅速拓展小件快运的服务范围,托运人既可以选择上门取货业务,也可以选择自己送货到客运站;收货人既可以选择配送到家,也可以选择自己到站取货。小件快运的服务模式更加多样化。小件快运联盟的业务整合方式如图 3-15 所示。

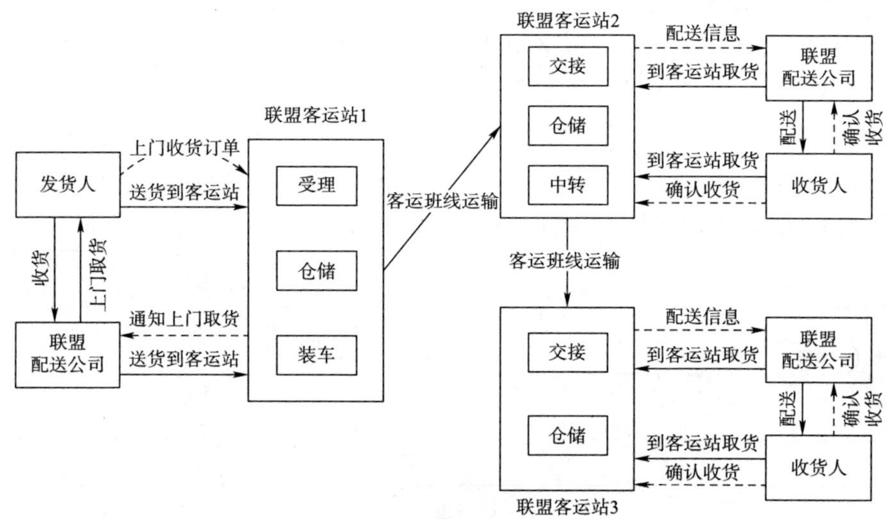

图 3-15　小件快运联盟业务整合方式

小件快运的作业程序包括受理、仓储、装车、运输、交接、交付、中转这几个环节。从图 3-15 中我们可以看到这些环节基本都是在客运站完成的,只有当需要上门取货和配送时,配送公司才会承担部分功能。而且这些客运站基本都是分布在异地的,所以客运站之间的信息互通互联就显得格外重要。目前我国浙江、安徽等省市地区正在尝试小件快运联盟,但是有三个关键问题限制了联盟的发展,第一是部分地区客运站功能不完善、小件快运服务能力较弱;第二是缺乏完善的信息系统和有效的信息平台,信息交流不畅;第三是配送能力较弱,服务网络扩展受限。

第四节 联盟利益分配

对物流联盟而言,良好的伙伴关系是组建联盟的前提和重要保障,而维系伙伴关系的动力就是公平、合理的利益分配机制。利益产生的双重效应,即使合作各方产生合作的要求,又会因为利益分配的多少、偏向而影响动态物流联盟的健康和稳定运行。由于物流联盟各企业成员均为独立的法人,它们之间的财务又是各自独立的,面对众多伙伴企业,如何设计合理的利益分配方案,以确保联盟运行的通畅和目标的达成,是物流联盟成功组建、运行的又一关键问题。物流联盟利益分配的关键在于选择合理的利益分配模式以及采用科学的利益分配方法。

一、物流联盟利益分配的原则

(一)利益分配的基本原则

1. 公平性原则

利益分配的公平性原则是指物流联盟各企业成员的收益分配应与其对联盟所做的贡献、所承担的风险、参与联盟的投入相匹配、对等。对参与该物流联盟的每个企业成员来说,物流联盟的利益分配应保证它在联盟运作过程中所获得的价值与其为联盟运作而支付的价值相匹配,即企业成员为物流联盟项目贡献力量,并由此而获得相应的回报,这就是公平分配的体现。物流联盟是一种优势互补,风险分担,利益共享的网络型组织,其利益分配与风险分担息息相关,因此利益分配方法应建立在合理的风险分担的基础上。一般来讲,企业成员所承担的风险越大,所得的利益也应增加。物流联盟利益分配的公平性,还应强调联盟分配中信息公开,组织以正当的方式,确立一种分配原则,该原则的执行结果应使每个企业成员的得失恰当,各成员的分配标准一致,总体分配结果合理。

2. 互惠互利与民主决策原则

互惠互利原则是指物流联盟各企业成员的自主利益应该充分保证,否则就会影响企业成员的积极性,甚至导致合作的失败或破裂。

民主决策原则是指在物流联盟利益分配方案制定过程中,每个企业成员的参与性与决策的民主性。物流联盟利益分配方案的制定过程是一个由全体企业成员共同参与的群体决策过程。在决策过程中,各企业成员可以从自身的角度提出利益分配建议,全体企业成员再在此基础上进行协商讨论,确定最后的分配方案。这种分配方案的群体决策过程充分体现了利益分配决策的民主性。

3. 分配结构最优与满意度决策原则

利益分配结构最优原则是指在物流联盟利益分配过程中应充分考虑贡献的各种影响因素,合理确定收益分配的最优比例结构,促使各企业成员积极合作、协调发展。

满意度决策是通过冲突成员之间相互让步,不断改变满意度寻找最佳的利益分配方案的决策。物流联盟的利益分配方案制定的过程是一个由众多企业成员群体决策的过程,企业成员可以从自身的角度提出初始的利益分配方案,而盟主企业或联盟管理实体则引导企业成员对所有初始方案进行选择或修改,使得最后制定的利益分配方案更合理,更容易让企业成员接受,对企业成员更具有激励性,保障物流联盟运行的动态稳定性和运营的效率与效益。

(二)利益分配基本原则的具体化要求

为使利益分配基本原则在利益分配方案制定过程中更具操作性,物流联盟利益分配应以基本原则为指导思想,构建一套具有较强操作性的具体化要求。

1. 个体理性和集体理性相一致

公平、合理的分配要求处理好企业成员追求自身的个体理性与实现物流联盟集体理性之间的关系。个体理性是指:对于单个企业成员应该保证结盟后的利润至少等于不参加物流联盟时的利润——即它的机会成本。集体理性是指:以联盟整体利益为出发点的追求效用最大化的行动,它追求的目标是高效率、内部稳定和成员间的公平。通过生产和配置努力提高各企业成员的效率,即以尽可能小的代价获得尽可能多的效用,是集体理性的基本行为。

个体理性和集体理性相一致就是要保证两者的和谐统一,个体理性必须以集体理性为前提,集体理性必须以个体理性为基础。也就是联盟合理的利益分配方案要在保证各企业成员收益大于其机会成本的基础上,要求联盟整体效用最大化以及内部的公平和稳定。

2. 协商原则

物流联盟的利润分配经常表现为企业成员间的协商过程,这在某种意义上保证了分配的公平和公正,有助于物流联盟的稳定。物流联盟利润分配的协商过程也是企业成员讨价还价、相互让步、不断改变满意度的过程。利润分配方法与具体方案的制定也都要经过协商谈判来确定。在决策过程中企业成员可以从自身的角度提出初始的利润分配方案,而盟主企业或联盟管理实体则引导企业成员对所有初始方案进行选择或修改。

3. 与贡献一致原则

物流联盟企业成员得到的收益应随其做出的贡献的增大而增大,即多劳多得。如果分配方案无法体现多劳多得,就无法充分调动企业成员的积极性,并且极易导致成员伙伴“搭便车”等机会主义行为的出现,最终影响联盟的整体效益和稳定性,甚至导致联盟解体。

4. 与投入成正比原则

物流联盟企业成员的投入除了有形的物流设施外,还包括人力资源、管理经验等无形资产的投入。因此,在进行利润分配时应该对企业成员投入的无形资产进行科学的评估,更好地激励企业成员为联盟贡献优势资源,并以此作为利润分配的依据。投入的设备按折旧折算成资金,投入的人力资源按其薪金折算成资金,这样所有投入的资源就有了可比性。

5. 与风险相匹配原则

物流联盟在运营过程中伴随着许多不确定性因素和潜在风险,因此在制定利润分配方案时,如果不考虑物流联盟成员获得的利润与承担的风险之间的关系,企业成员就不会有积极性来承担有风险的任务。各种基于风险的利润分配原则不尽相同。例如,可以按风险承担大小分配利润、按风险控制能力分配利润、按某物流环节风险实际发生的损失分配利润。

6. 综合优化原则

综合优化原则,是指根据上述第 2 ~ 5 条原则的不同重要性,对每条原则给予不同的权重而加以综合考虑,来制定和优化物流联盟的收益分配方案。同时通过综合考虑前面这 4 条原则,制定出的分配方案要体现企业成员的个体合理性,对每个企业成员将产生较大的激励效应,促使各企业成员积极加入物流联盟项目并努力贡献,以实现企业成员个体收益尽可能地最大化;还将体现集体合理性,保证物流联盟运作的稳定性和高效率,实现动态物流联盟的总收益尽可能地最大化。

动态物流联盟在利益分配方案制定过程中,应遵循这些原则,使得最后的利益分配方案更加公平合理,各企业成员更容易接受,提高成员伙伴企业在合作过程中的稳定性和积极性。

二、动态物流联盟利益分配的要素

讨论利益分配问题时,首先都要确定利益分配的要素问题。所谓利益分配的要素是指能对利益的产生起贡献作用的因素。物流联盟利益分配问题的主要因素如下:

(1)总收益(可分配的收益)的大小。物流联盟的全部收益应由伙伴分享,其总收益(可分配的收益)的大小是联盟利益分配的基础,没有收益就没有利益分配,企业成员参与联盟的根本目的是获得比它的投入更大的经济收益。

(2)合作伙伴的投入。这里的投入应包括资金、物流设施、人力资源、管理经验、时间以及品牌知名度等,既有有形资本也有无形资产,应该对无形资产进行科学的评估,作为利益分配的依据。动态物流联盟合作伙伴的利益分配应与资源投入成正比,这是投资的一般规则。

(3)合作伙伴企业在联盟中所承担的风险。一般而言,企业成员所承担的风险越大,其所获取的利益也应该越多,如果不考虑利益与风险的相关性,企业将会缺乏动力去承担风险。这里的风险包括联盟目标达成的风险、市场的风险以及合作的风险、技术风险等。目前,有学者采用模糊综合评判方法来进行合作伙伴市场、技术、合作等各类风险系数的测算,据此求出伙伴总的风险系数,并在计算各伙伴的总投资额的基础上,利用风险系数来确定各伙伴的收益分配比例。物流联盟合作得到的收益应随伙伴承担风险的增大而递增。

(4)在联盟中各个伙伴企业的贡献。合作伙伴对联盟整体所做的贡献反映了其在联盟中的重要性程度。这里的贡献可用伙伴企业对联盟所做的边际贡献大小来衡量。如果贡献大,则所得的分配也多,反之则少,体现了多劳多得、少劳少得的分配原则。

当然还有其他一些影响物流联盟利益分配的因素,比如伙伴企业之间的关系问题,各企业在联盟中的地位问题等都会对利益分配产生影响。物流联盟在进行利益分配的时候,应根据实际情况充分考虑这些影响因素,尽量做到利益分配的合理与公平,只有这样才能保证各个伙伴企业始终保持积极的合作态度,保证合作目标的迅速实现,不会贻误市场机会,以应对市场的迅速变化。

三、物流联盟利益分配模式分类

分配模式是一种习惯性的、反映经济主体偏好的方式,它是一种经过实践证明是有效的适应性选择。不同的联盟，由于经济性质、不确定性、企业成员的市场势力、法律与政策环境等因素的影响，最终形成了一些相对固定的分配模式。在实际应用中，利益分配模式的具体选用视联盟运营过程中市场机遇的性质、获利把握性、企业成员规模的大小、伙伴关系、发展战略、经营能力与运作情况和风险态度等因素谈判而决定。

物流联盟各成员在分配利益时，常见的收益分配模式有三种：

(1)产出分享模式：是指参与合作的所有盟员按一定的分配比例系数从合作最终的总收益中分得自己应得的一份收益，这是一种利益共享、风险共担的分配模式，也是股权型联盟常用的一种利润分配模式。

(2)固定支付模式：是指联盟企业成员的双边业务合作中，一方根据另一方所承担的物流任务和风险按事先协商好的酬金，从最终的总收益中提取固定的报酬支付给对方(可以一次性支付，也可以分次支付)。同时第一方享有合作的其余全部剩余收益，并承担全部风险。这种分配模式接近市场交易模式，多适用于契约型联盟。

(3)混合模式：是前两种模式的结合，指联盟的盟主或联盟实体公司既向其他企业成员支付固定的酬金，同时也从总收益中按一定比例向其支付报酬。

一般来说，在物流联盟的利益分配中，不同类型的合作伙伴，利益分配模式也应有所不同。由于物流联盟中紧密型合作伙伴(如联盟股东企业成员)是由各物流环节上拥有绝对竞争优势的合作伙伴所构成的，这些成员相互之间联系非常紧密，且任何一个成员经营业绩的好坏都与物流联盟的成功运行息息相关。因此，物流联盟紧密型合作伙伴风险和利益共享程度很高，为了充分体现这种“收益共享、风险共担”的合作关系，物流联盟紧密型合作伙伴的收益分配模式应采用产出分享模式，在保证各合作伙伴“有利可图”的基础上，按照伙伴的投入、承担的风险以及对联盟的贡献等因素公平分配联盟的收益；而对于半紧密型合作伙伴(如国外物流联盟普遍采用的特许加盟模式中的加盟商)，由于其经营业绩的好坏直接会影响某一物流子任务的顺利进行，因此为了激发这类合作伙伴的积极性，提高合作意愿，可选择混合模式，既采用固定支付，又根据一定比例参与分红；就物流联盟中的松散型合作伙伴而言，由于它们在物流联盟运行过程中仅发挥辅助功能，因此，对于这类型合作伙伴，采用支付固定报酬的方法比较适宜。

第五节　联盟风险控制

一、联盟风险的分类

(一)外部环境风险

外部环境风险主要是由社会环境和自然环境所造成的,例如市场政策变化的影响、金融危机的影响和自然灾害的影响等所引起的风险,这些风险具有一定的客观性和不可避免性,所以不予以考虑。

(二)联盟层面的风险

主要是指企业联盟生命周期中遇到的风险,这类风险可能是阶段性风险,也可能是全程性风险,阶段性风险是指在联盟周期的某一阶段出现的风险,下一阶段到来时可能会消失或者转为别的风险,例如伙伴选择风险,当伙伴选择结束后,其他候选联盟伙伴的信息不对称风险就会消失。而全程性风险是指伴随着企业联盟的整个周期的风险,这类风险与联盟阶段性风险相对应,时刻影响着联盟生命周期的各个阶段,而且其发生的可能性与作用的结果会随着时间和环境的变化有所改变,主要有信任风险和沟通协调风险等。

(三)联盟企业成员的风险

联盟企业成员的风险是指联盟企业成员将联盟作为自己企业获得市场份额或者技术的一种手段,或者是企业成员自身处理风险的能力太弱,将自己的风险传递给联盟等,这类风险主要有市场丧失风险、核心技术流失风险、传递风险和被收购与兼并风险等。

二、联盟风险的特性

(一)风险连带性比较高

我国中小物流企业大多数是从原有运输业和仓储转型而来的,在运输和仓储这些具体的功能上是很有优势的,但是整合起来转型成物流企业后,在运营中还是以传统运输和仓储业务为主,缺乏提供物流的增值服务和全方位一体化的物流服务能力,无法满足现代物流的多样化需求。所以需要通过建立联盟,实现资源共享,完善物流业务流程,以提高物流服务水平,这样联盟企业成员之间就会有很强的相互依赖性,无论哪个企业成员出现风险都会对其他企业成员有很大的影响,联盟风险的连带性就会比较高。

(二)风险具有随机性

物流企业联盟风险的影响因素各种各样,大多风险因素自身就有不确定的特点,再加上联盟决策者获取信息的能力有限,所以只能在不完全反映客观事物情况的信息下做决策,而信息的不完整性伴随着联盟的整个发展阶段,由于信息的可扩充性、转换性、传递性和实效性等特点,决定了由信息的不完整性所引起的联盟风险具有不可测度性,因此物流企业联盟风险具有随机性的特征。

(三)风险的主客观交互性

在中小物流企业联盟中,联盟风险会损害企业的利益,与企业的经营意愿相违背,企业是承受联盟风险的主体。显然,联盟风险不是企业主观追求的结果,而是一种独立于企业之外的自发事件。对企业来说,联盟的风险具有客观性。但是,这种客观性中有"主观渗透",这表明联盟风险中含有企业决策者的认识和决策失误,联盟风险是主客观交互作用的结果。

三、物流联盟风险的控制机制

物流联盟的风险存在于联盟发展的每一个阶段,制定联盟的风险控制机制也需要从联盟的各个发展阶段入手。

(一)联盟建立初始阶段的风险控制

1.合理设计联盟组织结构

组织设计是建立联盟的关键环节,联盟组织结构的设计和规章制度的建立应该在合作伙伴的共同协商和充分沟通的前提下完成;同时联盟组织设计以及规章制度的建立应以合作伙伴权、责、利对等为原则,只有这样才能使各成员间产生平衡心理,有助于成员间关系的健康发展,保证联盟的稳定性;合理的联盟组织应该包括各种完善的规章制度,一般有激励机制、约束机制以及在日常运营与管理规章制度的基础上辅助的检查机制和反馈机制。

2.完善信任机制

信任是物流企业联盟的基础,只有建立在信任基础上的联盟才能进一步发展,提升自身的竞争力,能够避免联盟成员之间的机会主义风险,伙伴间的信任可以通过以下方式建立起来:

(1)建立相互信任的产生机制。在联盟成立前,企业成员对彼此的信息掌握要充分,并且有建立联盟的真实意愿,这是建立信任产生机制的基础,而信任机制是联盟进一步发展的基础。

(2)建立联盟内部信任评审体系。建立信任评审体系,对合作伙伴的结盟动机、行为和信誉程度等进行考核,尽量使双方获得的信息符合真实的情况,而且不仅要在伙伴企业高层主管之间建立互利互信关系,还要培养中层和基层管理人员的信任与合作意识。

(3)规范性机制。单纯的评审体系无法构建完善的信任体系,所以还需要相关规范性机制来硬性执行信任体系,规范机制的重点包括两个方面:一是提高欺骗的成本;二是增加合作的收益。首先,在联盟组建之初,可以通过提高非正常退出的壁垒,进而提高企业成员欺骗的代价。如果某联盟企业成员单方面终止或者放弃联盟关系,那么它的某些资产会受到很大的损失,以此来扼制机会主义行为的发生。其次,联盟可以加大合作企业的不可撤回性投资力度,并实施严厉的奖罚措施,从而不仅可以有效提高联盟企业合作的积极性,而且能将企业自身的命运同联盟整体紧密联系起来。除此之外,联盟企业成员还需要签订合法的契约,加强对败德行为和违约行为惩罚的力度,进而防范联盟成员的机会主义行为。

(4)加强联盟内部成员之间的沟通和交流。信任关系不仅仅是通过前期的伙伴选择而建立起来的,还通过联盟在建立后多方的投入和培养发展起来的,而交流是培养信任的重要方式,有效的交流机制对群体的内聚力具有十分重要的意义,处于零交流状态下的伙伴会产生更多的猜疑,对合作更不满意;而处于交流网络中伙伴彼此更信任,对合作更满意。

3. 制定合理的资源配置方案和利益分配机制

联盟出现风险的很大原因是利益分配不合理,满意的利益分配必然会使联盟顺利进行,也是联盟得以持久生存的基础。而利益分配机制,在很大程度上是由联盟的资源配置方案决定的,合理的资源配置方案和利益分配机制有:

(1)根据联盟成员的具体情况,确定资源配置方案,伙伴间互补性资源的投入比例、使用办法、资源管理制度等问题。

(2)资源投入决定利益分配,确保投入与所得相匹配,由于中小物流企业联盟的企业成员之间的资源是互补关系,要做合理判断这些互补性资源对联盟的贡献大小,然后确定利益分配的标准。

(3)风险与利润匹配原则,风险越大获得的利润也就应该越多。

(4)个体理性原则,各伙伴企业所获得的利润应该大于联盟前所获得的利润,这样才能保证联盟成员不会中途背离。

(二)联盟运作阶段的风险防范对策

在中小物流企业联盟的运作阶段,联盟风险主要表现为控制权丧失的风险、市场丧失的风险、不合作行为的风险和服务品质连带风险,这些风险都可以归结为合作风险,原因是联盟中伙伴间存在着竞争和合作的关系,对于合作风险的防范关键在于实现竞争与合作的平衡,这需要从联盟的产品和运营活动两个方面来分析,以制定合理的防范对策。

合理设计服务品质标准。通过合理设计联盟的服务品质标准,采取严格的监管措施监督企业成员的物流服务,并由联盟相关机构进行检查,对出现的服务品质问题迅速找出原因,并进行纠正或者用备选伙伴替换无能力完成服务品质标准的企业成员;对于有能力按照服务品质标准完成联盟任务的企业成员,要防止其因机会主义和败德行为而产生的服务品质问题。

加强对物流活动的控制。中小物流企业联盟在实现资源共享、风险共担、利益共享的同时,会失去对自身资源和关键物流活动的部分控制权。成功组建联盟的关键就是核心企业必须具备的主导整个联盟关键活动的能力。比如,核心企业通过控制关键物流活动,结合联盟的风险识别体系、预控体系以及外部防范体系,可以有效地防止控制权丧失、市场丧失、不合作行为等情况的发生。

(三)联盟评价调整阶段的风险防范对策

联盟评价调整阶段是联盟一个经营周期的结束,同时又是联盟另一个循环经营周期开始的基础环节,在联盟评价调整阶段,企业成员会根据联盟绩效和联盟利益分配的情况来决定是否会进行进一步合作,在此阶段联盟风险属于长远计划的风险,风险防范重点在于长期利益与短期利益的平衡。

合理评价联盟绩效。联盟绩效的评价是基于联盟成员的前期投入情况、运营情况、联盟的盈利情况以及各成员的责任分担等方面而做出的合理评价,这些评价必须是真实合理的,各个联盟企业成员都要参与,并对评价结果进行合理客观的总结,达到一致性。合理的联盟绩效评价结果是利润分配的依据,同时将会影响到联盟以后的运行情况。

公平合理分配联盟利益。利益分配是联盟最主要的环节,联盟的组建就是以利益作为驱动的,所以公平合理的利益分配机制是联盟能否继续循环运作的关键。利益分配最重要的是根据各个联盟成员的投资比例进行分配,要求公平合理,制止机会主义行为的发生。

总之,在物流企业联盟的不同阶段,企业会面临不同的问题,联盟成功的关键在于如何解决这些问题,降低风险,确保联盟目标的实现。

第六节　联盟绩效评价

绩效是指企业或组织达成特定目标的程度,绩效应包括效能、效率及组织成员的满意度。一般经营绩效的指标分为两大类:第一类为非财务绩效(如士气、工作满足、整合、发展及适应力);第二类为财务绩效(如获利率、成长率、生产力、市场占有率等)。物流联盟运作的绩效如何,可以通过绩效评价来检验,管理者通过评价结果来对物流联盟运作情况正常与否做出判断,并以此为依据提出将要采取的修正行动方案。因此,正确评价联盟绩效是实现企业间长期优势互补,提高联盟的整体发展水平,保证联盟稳定运行的重要条件。

但是,联盟绩效的度量是个非常困难的问题,通常需要基于物流联盟的科学内涵、组织结构和组建模式,构建物流联盟绩效评价指标体系,并运用模糊综合评判等方法研究联盟绩效评价问题。物流联盟绩效评价总体框架包括评价原则、评价流程、评价体系和评价方法。

一、评价原则

物流联盟管理中存在着大量的数据,绩效评价时应该选取哪些数据或者多少数据,对这些数据又如何进行加工组织,这些问题的解决都需要遵循一定的原则和思路。

(1)系统性原则。物流联盟中企业的绩效受企业人、财、物、信息、服务水平等各种因素及其组合效果的影响,因此,对物流联盟绩效的评价不能只考虑某一单项因素,必须采取系统设计、系统评价的原则,才能全面、客观地做出对联盟绩效做出评价。

(2)定性和定量结合原则。企业的经营管理状况是一个抽象的概念,在综合评价物流联盟的绩效水平时应该考虑将定性和定量指标相结合。对于定性指标要明确其含义,使其能够恰如其分地反映出指标的性质。

(3)目的性原则。目的性原则是指联盟绩效评价指标体系的设计具有一定的目的性,并且进行绩效评价的目的必须同构建联盟的目的保持一致。构建联盟绩效评价指标体系的最终目标是为了增强联盟的整体竞争力,通过对联盟整体的运营状况进行分析,找出联盟管理中存在的主要问题,从而提出改善联盟整体管理水平的意见和方法。

(4)可获得性与可操作性原则。可获得性与可操作性是指在构建物流联盟绩效评价指标体系时,尽量选择简单易懂、信息量大、易于获得数据的指标,即保证数据收集的可行性。方便使用、便于统计和量化的数据分析,能够有效地保证指标值的获取,从而促进物流联盟绩效评价的正常运行。离开了可获得性或者可操作性,再科学、系统的评价指标体系也是徒劳。

二、评价流程

物流联盟绩效评价是一个循环过程,包括六个步骤:制定物流联盟战略目标;确定绩效评价指标;执行与监控绩效评价;对比分析评价结果;激励与指导;修正或重新制定评价方案。评价系统的各个环节(步骤)形成一个循环回路,以引导物流联盟保持一个有利的循环态势。物流联盟绩效评价模型如图 3-16 所示,绩效评价起点源于物流联盟的战略目标制定。

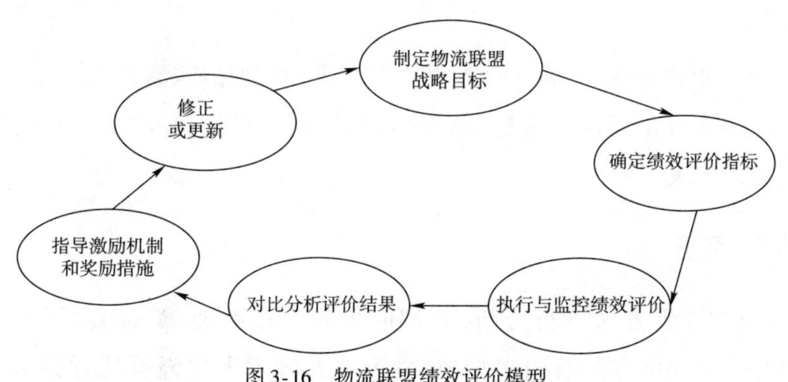

图 3-16　物流联盟绩效评价模型

三、评价指标体系框架设计

根据物流联盟的组织结构和运行模式,对联盟绩效的评价可从以下三个方面来度量:

（1）联盟整体绩效评价。主要是从联盟整体运行绩效方面测量，如联盟整体的运行成本、客户的满意度、订单的完成时间等。

（2）联盟内部绩效评价。主要对构成联盟的核心企业和各类不同类型的企业成员的绩效评价，从联盟运行角度突出核心企业成员和其他企业成员的配合关系。

（3）联盟协作关系评价。主要针对各企业成员之间的协作关系，分析相互协作关系之间存在的因果关系，从不同的角度评价协调运行绩效。

四、评价指标的构成

（一）整体性绩效评价指标

联盟的整体性评价必须以客户的反映为主要依据，同时兼顾联盟的整体运行成本指标。具体说来，整体性绩效评价指标包括成本指标、时间指标和客户满意指标三大类，其中成本指标包括协调成本、运营成本和成本利润率；时间指标包括准时完成率、响应速度和完成时间柔性；客户满意指标包括信息传递准时性、服务品质抱怨率和作业完成准确度。

（二）联盟内部企业绩效评价指标

（1）核心组织企业评价指标：业务组织效率指标、团队合作指标、决策执行效率指标、公正管理指标。

（2）运输企业评价指标：货物运输量指标、运输效率指标、运输品质指标、运输成本与效益指标。

（3）仓储企业评价指标：仓储设施设备利用率、货物品质、客户满意度。

（4）信息服务提供商评价指标：信息传递频率、信息传递及时率、信息传递准确率、担心信息交流成本。

五、评价方法

选择恰当的评价方法进行分析、处理能得到比较准确、符合实际的评价结果。目前，常用的绩效评价方法有很多种，定性方法有管理人员经验法、德尔菲法等；定量方法有模糊数学法、模拟退火算法、灰色关联评价法、模糊层次分析法、粗糙集法、线性规划方法、DEA、熵技术方法等。由于物流联盟评价体系框架既包含对联盟整体绩效的评价，也包含对不同类型的企业成员的评价，同时还包含诊断性指标的测量。因此，选择合理的评价方法是物流联盟评价的关键。考虑到指标体系中既有定量指标,也有难于精确描述的定性指标,为此通常采用模糊综合评判来对联盟绩效进行综合评价。

模糊综合评价法首先通过隶属度函数确定单因素的影响,然后综合各个因素对评价对象做出科学判断。其具体步骤如下:

(1)建立评价因素集。确定影响物流联盟实现的特征因素,建立评价因素集合。

(2)确定因素权重系数。各评价因素对物流联盟的影响是不同的,用权重系数表示各个评价因素对总体影响程度的不一致性。权重系数可用专家法确定,若系统结构是多层次的则可结合利用层次分析法确定。

(3)确定评价水平(等级)集。评价水平是指最后一级评价指标的等级界定,可以利用专家法对其进行评定,每个指标各个等级的评定人数比率构成评价水平集。

(4)确定因素评价矩阵。每一个评价因素对应有一个评价子集合,然后由子集合构成因素评价矩阵。

(5)模糊综合评价。模糊综合评价就是一个模糊变换问题,利用模糊变换进行合成计算。

在实际应用中,将评价指标的相应数据代入模糊综合评价公式中,即可得到物流联盟的绩效水平。

六、对比分析评价结果

通过对比分析可以确定实际工作绩效与衡量标准之间的偏差。一旦偏差超过一定的范围,就要引起联盟管理者的注意。在对比分析阶段,管理者应该特别注意偏差的大小和方向。偏差包括物流联盟战略目标、资源配置效率、协同运作能力等与顾客物流需求的差距,以及主要物流运作模块包括订单处理、运输、库存、仓储和设施网络五个子系统在协同运作中所暴露出来的问题。

通过差距分析,有助于管理者更深入地了解差距产生的原因,分析导致这些差距的瓶颈因素是什么,采取什么样的策略可以解决这些问题。评价结果的对比分析过程,不仅要寻找物流联盟运作过程中存在的问题,提出解决问题的方案,而且还应该通过结果分析,检查物流联盟运作实际情况与战略目标的差距,以便及时修订联盟战略目标。

绩效评价的主要目的之一是能够发挥指导作用,指导物流联盟管理者制定有效的激励机制以及相应的奖励措施,旨在鼓励物流联盟各个子系统采取正确的行为,激励个体目标服从整体目标以追求整体利益最大化。同时,对物流联盟中出现的问题进行及时的指导和纠正,可以促进联盟整体不断进步。更为重要的是,指导激励环节的运作通过不断地肯定合作伙伴的协同行为以及对于不利于联盟协同行为的负激励,有助于大家更深刻地认识联盟的使命、愿景以及协同运作的意义,从而提升合作伙伴的团队意识,激励团队成员的创新精神,为联盟战略目标的实现努力献计献策。

对评价结果进行比较分析以后,如果发现运作中的偏差来自于不现实的标准,即物流联盟的战略目标脱离环境与企业的实际,在这种情况下,联盟管理者就得注意标准的合理性而不是工作绩效。标准定得太高或太低都不利于联盟的运作。标准定得太低将会使企业的资源闲置和得不到充分利用而造成物流资源的极大浪费,而且由于部门和员工很容易就能够实现他们的目标,致使人们没有去追求更高效的联盟运作机制的欲望,久而久之联盟将会失去市场竞争力。标准定得太高照样不利于企业资源的充分利用,如果人们发现无论怎样努力都完成不了目标,就会转而去责备标准而不是寻找自身工作中的不足,到处充斥的抱怨,侵蚀人们的工作意志。所以,当发现是先前制定的物流联盟目标与联盟环境、企业的资源以及能力相去甚远时,必须对联盟战略目标进行修正或更新。

下篇

Tansuo Shijian

探索实践

在基础理论篇,我们对中小物流企业联盟的发展理论进行了介绍。分别从中小物流企业联盟的内涵、特征及类型,中小物流企业联盟的形成动因、发展阶段和联盟的作用,以及联盟管理的六个核心问题三个方面进行了深入的理论研究。在探究实践篇,我们系统梳理并分析了当前国内外中小物流企业联盟发展的探索经验,并挖掘和提炼出它们独特的联盟经营举措。

探索实践篇分为国内探索和国外实践两部分,共编著了27个企业案例。其中国内探索部分选取了具有代表性、在探索发展联盟中具有示范意义的17家联盟,详尽分析了网络集成型、平台主导型、资源整合型、业务协作型等不同类型的联盟发展背景、发展理念、联盟方式、治理机制、运作模式、先进技术应用等情况,并对每个案例进行了逐一评析。同时,为了学习国际先进经验,在国外实践部分我们专门选编了物流企业联盟发展最为成熟的10家德国中小物流企业联盟案例,对它们悠久的发展历程、成熟的联盟运作模式、显著的联盟特色做了较为系统的介绍。

第一部分　国内探索与实践

中国经济的高速发展,给中国的物流行业带来了巨大的机遇,同时也带来了挑战。目前国内物流市场的竞争越来越激烈,竞争格局和形势也发生了巨大的变化。面对白热化的市场竞争和不断变化的市场环境,我国中小物流企业开始逐步尝试组建物流企业联盟,将物流业务联合起来,共享各方物流资源,以降低物流成本、提高企业竞争优势和市场应变能力,改善中小物流企业长期以来在物流市场中的弱势地位,从而取得更好的经济效益和社会效益。

目前,我国部分中小物流企业已开始进行物流联盟的探索和尝试,相继出现了多种模式的物流企业联盟,并取得了初步的成效,为我国中小物流企业的发展提供了新思路。另外,各级政府主管部门在组建中小物流企业联盟这一物流发展新模式上起到了很好的引导作用,相继出台了一系列政策支持文件,其中有部分中小物流企业联盟的组建正是在政府主管部门的倡议下形成的。我国物流联盟的发展大致可以分为资源整合型联盟和网络化合作型联盟两个阶段。资源整合型联盟的特点是一定区域内的物流企业资源共享,涌现出了以杭州传化、玉环路通、温州泰利、宁波四方等10余个资源整合型联盟示范型企业,提升了市场主体的竞争力和规范化程度。但区域内的资源整合只能在一定程度上缓解竞争压力,节约成本;无法在服务上满足电商供应链物流网络化、准时化的要求;无法随社会经济转型,从根本上实现物流业务的快速增长。目前,我国中小物流企业联盟正处于资源整合型联盟稳步发展、网络化合作型联盟迅速形成的阶段。

总体来讲,物流企业联盟在我国的发展仍然处于探索期,已有的物流联盟与发达国家相比还不成熟。在行业诚信方面,仍有欠缺,由于联盟成立的时间较短,企业成员间缺少信任,有些企业出于自我保护和规避风险的需要,开展合作十分困难;而作为物流企业联盟发展的重要支撑,先进的信息网络平台依然是我国物流联盟发展的弱点，由于信息系统不完善，我国物流企业联盟在运输、仓储、装卸等环节之间存在脱节，制约物流联盟效率的提高；我国物流联盟的利益分配机制不完善，使得联盟企业成员之间的利益冲突时有发生，导致联盟无法尽快步入正轨。我国中小物流企业联盟依然处在模式探索、机制完善阶段。在本篇，我们选取了 17 个国内中小物流企业探索组建联盟的实例，入选联盟在组建模式以及运作模式等方面进行了一系列的尝试。其中，苏盟物流联盟是国内最先开始探索网络化甩挂运输的联盟，信息技术的应用是一大亮点；浙江万联供应链联盟是对集装箱无车承运的初步尝试，在甩挂运输的经营模式和盈利模式上有很大创新；中通物流胜速快运联盟以公路网络快运为主，整合跨区域资源，实现企业成员物流组织网络、功能网络、信息网络的有效融合和设施设备的共建共享；千一物流企业网络联盟通过集成企业成员物流网络，形成完善的物流服务网络，为客户提供优质的物流整合服务；专线宝联盟是以杭州网阔信息技术有限公司研发运营的专线宝——零担专线物流服务平台为核心组建的电子商务联盟；义联物流联盟以货运代理企业为主要整合对象，开创了“抱团”发展的新模式；苏浙沪集装箱(上海)联盟依托苏浙沪良好的经济区位优势，开展特点鲜明的集装箱甩挂运输模式；中中物流联盟(中国中部地区物流联盟)采取的混合型体系结构和一体化经营发展模式，是现代物流发展的新模式；华中大道快运联盟是整合成员物流资源的零担快运联盟；众盟物流联盟的“股份 + 加盟”型企业联盟新模式值得推荐；陆通物流联盟是联盟组建模式上的独特创新，并已形成“陆通模式”；卡行天下针对我国货运市场的散乱现象，借鉴德国先进的市场组织模式和经验，与小微物流企业携手并进，创新开拓出引领全国的卡行模式；安能物流作为公路零担运输企业，提出打造全开放经营平台理念，以加盟模式带动企业跨越式发展；浙江物流场站企业网络联盟是以物流网络化运作为基本特征的联盟模式；上海物流专线联盟运作模式独特；好友汇物流拥有健全完善的加盟合作方式，为物流企业联盟的合作方式提供了一个新的思路；粤港澳—东盟甩挂联盟借助区位优势，沿粤港澳—东盟运输通道开展跨境甩挂运输。这些联盟都是对我国中小物流企业联盟的初步尝试，也是目前国内中小物流企业联盟的典型案例。

第四章　网络集成型联盟

在区域经济学中,网络是由节点(Node)和线路(Link)构成,节点是网络的核心部分,线路则是连接各个节点,构成节点之间、节点与域面、域面与域面之间功能联系的通道。网络集成型的物流联盟是指以物流网络资源为核心的联盟形式,通过跨区域网络的集成,实现物流业务的协同运作,着重发挥联盟企业成员在各自网络中的核心业务能力,不断扩展联盟服务网络的广度和深度。

网络集成型物流联盟充分体现了联盟的物流资源整合特点,通过联盟企业成员的资源共享,联合企业的核心业务,拓展联盟业务范围,以提高运输与物流的组织化程度,实现集约化经营,并且能够促进网络化运输,提高运输效率,降低综合运输成本。目前,我国众多中小物流企业由于服务单一、协作能力弱、不能有效利用资源等原因,处于岌岌可危的境地。然而,也有一部分物流企业通过广泛共享网点和资源,形成网络集成型物流联盟,共同应对来自大中型物流企业的竞争压力。

本章案例中介绍的中中物流联盟,在广泛共享网络资源的基础上,逐步实现车辆资源共享。随着联盟的合作逐步走向深入,无障碍互换挂车将在七省之间畅行;华中大道快运联盟联合优质中小物流企业建立全国零担快运网络,企业成员专线专营、同线合营、整合发展,共享平台和运力资源,实现运仓、运配一体化运作;浙江物流场站企业网络联盟则是以联盟企业自有的物流中心、场站为重要资源组建而成,以物流网络化运作模式为基本特征,致力于通过企业成员的物流网络共享来提供优质、高效的物流服务,以提升整体的核心竞争力;中通物流胜速快运联盟是以公路网络快运为主,整合跨区域资源,实现企业成员物流组织网络、功能网络、信息网络的有效融合和设施设备的共建共享;千一物流企业网络联盟通过区域的物流网络集成,扩大联盟的服务范围,提升业务量。以上五个联盟都是典型的网络集成型联盟。

案例1：中中物流联盟——覆盖中部、辐射全国的区域物流合作平台

中中物流联盟以现代物流园区为重点建设基础设施网络，以行业龙头企业为主导建设物流组织网络，以行业门户网站和电子商务平台为引领建设物流信息网络，形成覆盖中部7省的物流服务网络体系，是以对接郑州航空港为目标的陆运"物流航母"。

一、联盟的发展概况

（一）联盟简介

2013年5月26日，由河南长通物流有限公司（简称长通物流）倡议并发起，山东佳怡物流有限公司、安徽大中原物流有限公司、湖北大道物流有限公司、河北鑫磊物流有限公司、山西天和旺物流有限公司、陕西明亨物流有限公司等6省重点物流企业响应，在河南郑州正式组建成立国内首家跨省域物流企业联盟——中国中部地区物流联盟（简称中中物流联盟）。

中中物流联盟有员工1.8万人，货运车辆8000辆，年资金流300亿元，年货物吞吐量1200万t，固定会员数20多万家。能够形成以郑州为中心的服务范围500km、12h直达所辖县城的一级配送圈。以郑州为中心、7省省会为中转配送节点的服务范围1000km、36h直达所辖县城的二级配送圈。最终实现7省所有县城无盲点的、约占我国大陆面积1/3的物流覆盖区域。中中物流联盟标识如图4-1所示。

图4-1　中中物流联盟及长通物流标识

（二）联盟产生的背景

中中物流联盟是在借鉴德国中小物流企业联盟经验的基础上，结合我国中部地区物流业的实际情况而形成的。2012年11月，国务院批准《中原经济区规划》，明确将中原经济区建成全国重要的现代综合交通枢纽和物流中心。2013年3月，国务院

又批准了《郑州航空港经济综合实验区发展规划》,郑州成为国内首个航空港经济发展先行区,这直接加速了中中物流联盟的成立。

中中物流联盟企业成员规模相对较小、商业模式相似、发展经历相似、区域影响力较大、未来发展诉求相近、在物流服务链条中地位平等、权利和义务相同、易于形成共同的目标和追求,这是联盟形成的基础。

行业发展和市场需求方面也存在着建立联盟的基础,第一,随着商户对客户(B2C)电子商务模式的快速发展,多频次小批量的购买特点导致其对物流要求越来越高,商品流通的范围进一步扩大,跨省域的商品流通会大幅增加。第二,郑州航空港综合试验区的陆空联运体系、郑欧国际铁路货运班列的公铁联运体系、郑州跨境电子商务的集散和配送体系的建设,需要一个以郑州为中心辐射全国的公路联运体系。郑州航空港经济综合实验区未来不仅需要航空货运的快速发展,更需要与之配套的地面运输的辅助,实现货物在机场周边24h不间断快速集疏,这给机场周边半径1000km范围内物流企业发展提供了巨大机遇。第三,现代物流发展要求通过集约化、产品化、标准化、网络化和信息化,实现服务水平的提高和全社会物流成本的降低,但单个物流企业的跨区域扩张往往会受到投资大、风险大的限制。第四,目前物流企业之间的跨省域合作缺乏统一的业务标准和规范,缺乏统一的信息化标准和平台,导致不同信息系统之间的信息交换困难,给物流企业的跨区域发展带来严重制约。第五,针对物流业小散乱、市场秩序不规范、恶性价格竞争等状况,要求培育物流市场主体以规范行业的发展,实现物流资源的优化整合,助推道路货运业向现代物流业转型升级。

二、联盟的体系构成

(一)联盟的组建体系

中中物流联盟借鉴德国物流企业联盟形式,结合中国中部地区物流业发展实际,形成战略型、开放型、伙伴型等形式相结合的区域物流联盟体,是结合星形模式、平行模式、联邦模式、垂直模式四种模式特点构建的混合型体系结构,采取一体化的经营发展模式。

联邦模式即在平行模式的基础上,建立一个共同的类似联盟指挥委员会形式的协调机构,对联盟内的资源和技术力量实行统一计划和管理,从而实现联盟内资源的优化调度。基于联邦模式的联盟是由多家核心企业伙伴和多家外围企业伙伴组成,其委员会成员由各核心伙伴企业的主要领导和业务骨干组成。

中中物流联盟有两层组织体系,即核心层和外围层,核心层是由7家区域龙头物流企业组成,外围层由外围伙伴企业组成。外围伙伴企业可以是核心企业在各地的分公司,也可以是新加入的物流企业(图4-2)。中中物流联盟没有成立联盟实体运作机构,而是成立联盟轮值主席,由7家核心企业成员轮值担任。下设协调联盟办公室,用以沟通、协调、处理各企业成员之间合作的相关事宜。长通物流作为联盟的发起企业,在一定程度上承担联盟龙头企业的角色,但又并非是完全的联盟盟主,7家核心伙伴企业在合作模式上采取平行对等的原则,保留法律上的独立性和核心网络的自主性,形成核心网络外的资源互补,譬如作为联盟牵头企业的长通物流主动在企业成员所处的省份内撤销部分配送网点。

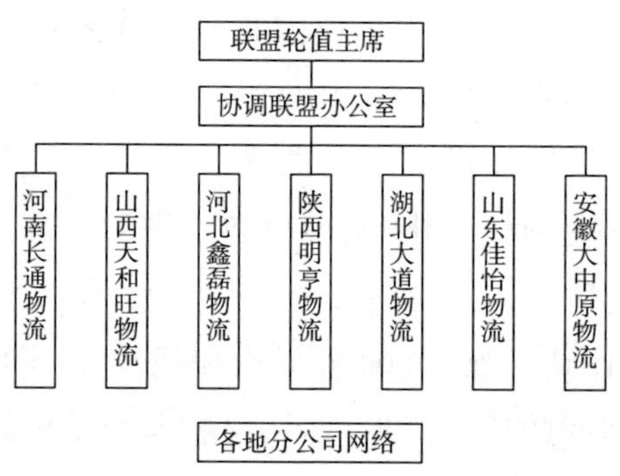

图4-2　中中物流联盟组织架构

这种多模式组成的联盟组织体系,吸收各模式的优势,又不完全束缚于各类模式特征,这是中中物流联盟在组建时就体现出的一大创新之处。

(二)联盟的运作体系

联盟作为一种特殊的组织结构,拥有众多的组织成员,这些成员的财务状况、规模和业务水平都可能存在差异,这使得其内部关系存在很大的复杂性,这就需要对其中的业务流程和资源配置等一系列活动进行有效的管理,合理的运营管理是提高联盟运营效率的根本方法。鉴于此,必须制定与联盟情况相适应的运行机制,对联盟企业和业务流程进行有效的管理,这样才能达到提升联盟整体竞争力和联盟企业成员经济效益的效果。

在运作模式上,中中联盟各企业成员保留法律上的独立性和核心网络的自主性,形成核心网络外的资源互补,进而实现区域网络的规模化,属于为占有市场而形成的战略型物流服务联盟。中中物流联盟设定共同的战略目标,坚持开放的心态,对联盟外企业合作没有约束,各企业成员共同努力,不断扩大市场占有率,在服务上形成优势互补。

中中物流联盟在共享网点和资源的基础上,还将逐步实现车辆的共享。早期,以甩挂运输试点为依托,试行企业间无障碍互换挂车。牵引车和挂车都归各自企业所有,甩挂车辆只需在省界处与对开的甩挂车辆进行挂车互换。随着联盟合作的逐步深入,无障碍互换挂车将在7省之间畅行。这一做法既节省燃油成本,也可节约人力成本,具有推广价值。未来,联盟内部还将逐步实现尾板等设备的共享。一旦企业间的挂车互换在联盟内成功运作,将突破长期制约甩挂运输发展的瓶颈,让甩挂运输真正在全国范围内"甩起来"。

在业务管理上,中中物流联盟组建推动联盟合作运营的组织机构,负责沟通、协调业务协作过程,贯彻"合作共赢、共同发展"的管理理念,严格按照联盟章程,打造统一的信息应用平台,发展创新型服务,加强区域市场化,以提升联盟成员间运输、中转、仓储的资源配置效率,提高物流服务的品质。

在班线管理中,中中物流联盟制定基于按照时间表发车的班线运输网络协作机制,旨在通过对辐射郑州方圆1000km直线配送圈内物流力量的发掘与整合,借助企业成员的既有优势,充分发挥联盟协同效应,形成"1 + 1 + 1 + 1 + 1 + 1 + 1 > 7"的独特竞争优势,以保持和提升各联盟企业成员的核心竞争力。

对联盟而言,显著的规模效益和集聚效应是联盟存在和发展的根本动因。对联盟企业成员而言,健康的可持续发展前景和经济效益则是支撑联盟成员留在联盟内并积极促进联盟发展的核心动力。中中物流联盟成立以来,对于区域物流发展的推动作用已经显现出来,对于提高联盟企业成员的运输效率和经济效益更是有目共睹,得到了政府各职能部门以及业内的高度关注,吸引物流同行以及行业媒体组织到中中物流联盟进行交流学习,也取得了超预期的经济效益,这些成效已经成为联盟进一步发展的重要支撑条件。

三、联盟的成效

中中物流联盟成立后,得到了政府各职能部门以及业内的高度关注,各级领导多次到联盟调研指导。四川金桥、江苏金陵交运等多家物流企业,以及《中国交通报》、《货运中国》的行业媒体组织多家重点物流企业到中中物流联盟交流学习,联盟模式获得了业界的广泛认同和积极响应,众多单位表现出了较强的合作意向。

经过近半年的运作,中中物流联盟取得了超过预期的经济效益。通过对安徽大中原物流加入联盟前后的经济效益对比,可以明确看出中中物流联盟产生的经济效益(图4-3、图4-4)。安徽合肥分公司成立于2004年4月,到2006年6月前自主经营合肥—河南境内物流往返业务。当时的每月到货量价值为8万元左右,返程货运量价值为每月5万元左右。到2006年6月以后与安徽中原快运建立初步松散式合作联盟,此时每月到货量价值为16万元左右,返程每月货运量价值为13万元左右。2013年6月正式签约后,双方共同发展业务,依托合作方安徽的网络优势,截至2013年10月每月到货量价值为30万元左右,返程货运量价值为每月28万元左右,业绩继续保持上升态势。

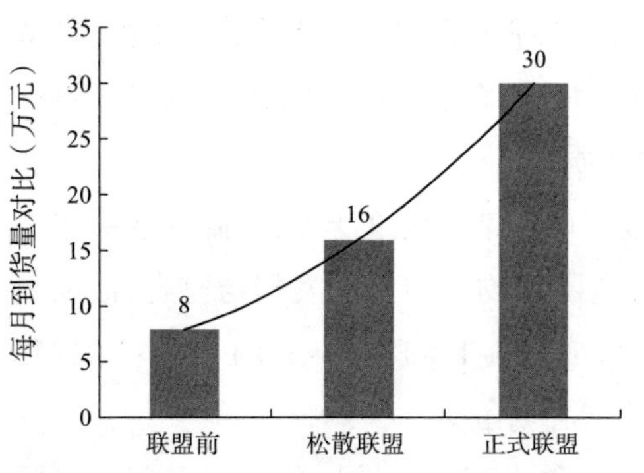

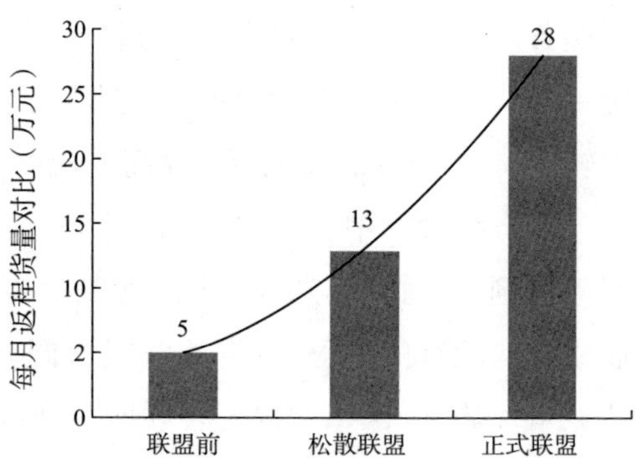

图4-3　安徽大中原物流加入联盟前后“合肥—河南线路”货运量对比

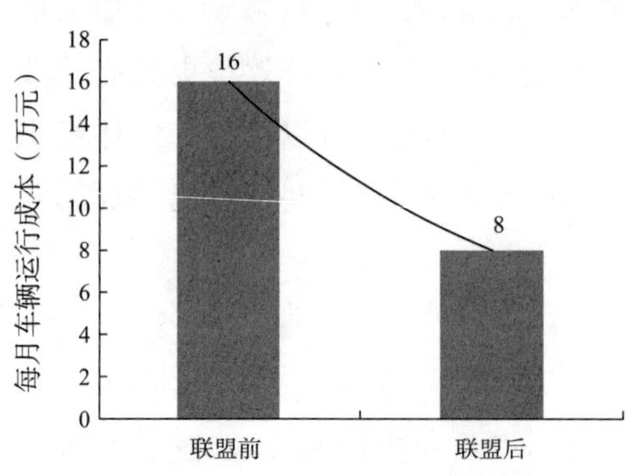

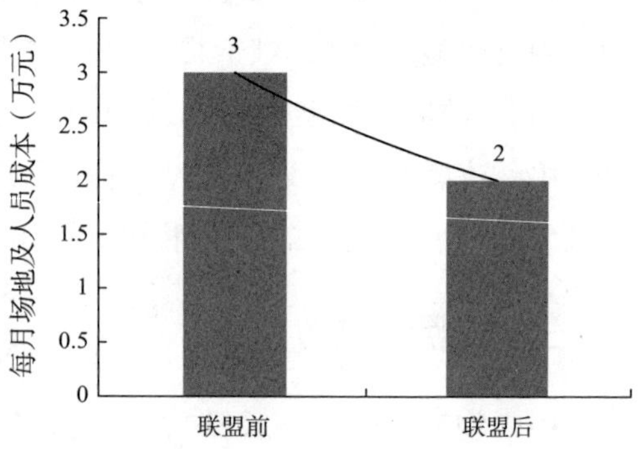

图4-4　安徽大中原物流加入联盟前后“合肥—河南线路”成本对比

双方物流企业合作前,安徽大中原物流车辆运行费用为每月 16 万元,场地人工费用为 3 万元左右;联盟合作后,车辆运行费用为每月 8 万元,场地人工费用为 2 万元左右。由此可见,联盟成立后,在为企业成员节约成本、增加收益方面的成效显著。

四、联盟进一步举措

中中物流联盟未来的总体发展步骤为,继续横向吸引物流企业加入,纵向集聚省内中小物流企业,打造"中中物流网"和"中中畅通网上商城",帮助联盟企业成员拓展线上销售业务。

1. 集聚联盟企业省内中小物流企业

为了充分发挥甩挂运输的优势,同时通过建设"中中物流网"整合引领中部地区各中小物流企业。联盟拟开发设计一套适合本区域内各中小物流企业的 SAAS 平台,通过该信息平台实现对订单的集成处理,并且最终实现甩挂运输车辆统一配送。该模式致力于解决物流管理中运输环节成本高、效率低的问题,也将为商贸物流行业标准化建设提供平台支撑。

2. 开发统一的数据交换平台

联盟企业成员的信息化系统均有各自的信息化发展历程和业务地域特色,运输单据、操作流程、财务结算方式也不尽相同。零担物流行业缺乏统一的业务标准和规范,以及统一的信息化标准和平台,导致不同信息系统之间的数据交换困难,联盟企业间缺乏有效的信息共融、共享。在没有完善的行业标准的情况下,短时间内开发并实施统一的信息化系统是不可能的,而且分别开发 2 个系统之间的数据接口的工作量过大,因此标准化、通用性较强、统一的电子数据交换(EDI)平台的设计和开发成为现阶段中中物流联盟的主要工作任务。

3. 帮助联盟企业成员拓展线上销售业务

随着信息技术的发展和互联网的普及,在世界范围内,电子商务已经成为全球的主要贸易来源之一。对中中物流联盟而言,联盟企业成员 20 年来积累了几十万余家稳定的会员客户,这些客户拥有稳定的货源渠道,在这样的大背景之下,中中物流联盟提出了以联盟积累的稳定会员客户为基础,开发自己的电商平台——"中中畅通网上商城"。该平台是对传统物流的创新改造,是将物流业与电商相融合的大胆尝试。

4. 探寻推进商贸物流行业标准化建设

中中物流联盟成立后,为了进一步发展,将在联盟内推行物流管理、物流业务、物流网络、物流信息等标准化管理,如在车辆、托盘、信息系统、运作流程、场站建设等方面实施标准化管理。这些标准将逐步发展成为联盟标准,进而发展成为我国行业标准。

评　　析

中中物流联盟的物流网络以国家级物流骨干枢纽郑州市为核心,通过中小物流企业结盟方式向毗邻省份拓展物流网络空间,生成具有跨区域及稳定合作的联盟型物流网络。中中物流联盟主要特征表现在以下三方面:一是对合作企业网络信息资源、设备设施资源和业务资源按照章程约定方式进行整合,有效地降低了企业成员的物流运作成本,提高了运作效率和抗风险能力;二是中中物流联盟采取联盟轮值主席制度,联盟合作伙伴企业保留法律上的独立性和核心网络的自主性,这样有效地实现了联盟伙伴企业在中原地区物流网络全方位互补,能充分发挥联盟区域网络规模经济与范围经济;三是中中物流联盟成立运作协调组织机构,共享联盟企业的车辆资源,基于公平和整体最优原则,合理安排物流线路,创新物流服务产品,全面提升联盟企业成员间甩挂运输、中转、仓储的资源配置效率,有效提高物流服务能力与水平。

虽然处于磨合与成长阶段的中中物流联盟发展势头良好,但需进一步关注的问题是:随着各联盟企业发展壮大,企业物流网络快速扩张,各联盟企业在中原地区物流网络业务量占比会发生动态变化,企业联盟的稳定性会面临一定的挑战。因此,中中物流联盟需要建立长效动态治理机制,各企业成员需进一步包容和磨合,为联盟深度协同发展而共同努力。

未来发展趋势是:随着中中物流联盟的成功运作和企业成员竞争力的增强,更多符合条件的中小物流企业加入该联盟组织,形成包括已有中原物流网络在内的更大范围的物流网络,企业资源和相关信息进一步共享,届时可为客户提供更加周到及时的服务;在应对复杂多变的市场竞争环境方面,中中物流联盟将通过联盟内部协同机制、信息共享机制和创新机制保障企业成员发挥最大的竞争效应,实现 1 +1 >2 的联盟效果,共同促进中中物流联盟的可持续发展。

传统运输与甩挂运输效益对比

传统货物运输主要采用的是牵引车与挂车不分离运输,存在很多不足之处,如:装卸等待时间太长;经常会发生车辆空驶和无效运输现象。甩挂运输是指有动力的牵引车拖带挂车至目的地,将挂车甩下后,换上新的挂车运往另一目的地的运输方式。甩挂运输使牵引车和挂车能够自由分离,减少货物装卸的等待时间,加速牵引车周转,提高牵引车生产效率。同时,挂车独特的厢体车轴,使得承载能力与容积明显要比货车厢体大得多。

另外,在每辆车平均运输能耗上,甩挂运输比传统运输能耗大大减少。甩挂运输模式每车百公里油耗为31.2L/100km,比传统模式减少0.8L/100km;甩挂运输模式每车百吨公里油耗为1.89L/100t·km,比传统模式减少0.35L/100t·km。

中中物流联盟将实现的7省无障碍甩挂运输模式,不仅能够实现联盟辐射区域内运输网络的有效整合,而且能够大大提高联盟企业的运输效率,减少联盟企业运输的服务时间,增加运输效益,从而使得联盟企业获得巨大的时间效益和规模经济效应。在提升运输效率的基础上,联盟企业开展的甩挂运输模式能够加速其业务的转型发展。同时,甩挂运输的能耗优势和经济优势,能够促进联盟企业绿色、低碳运输模式的形成,提升联盟在区域运输市场的核心竞争力和可持续发展能力。

案例2:华中大道快运联盟——专注公路“零担”领域的快运联盟

华中大道快运联盟的建立,是为了进一步整合中小企业物流资源,最大限度地发挥各企业服务优势,打造信息化、标准化、集团化的现代物流网络,推动中小物流企业联盟发展,致力于为客户提供更加安全、快捷、优质的服务,助力湖北现代物流快速发展。

一、联盟的发展概况

(一)联盟简介

华中大道快运联盟于2014年1月18日成立,联盟发起单位是湖北省本土零担运输领军企业武汉大道物流有限公司。联盟以武汉大道物流品牌为依托，通过联合优质中小物流企业，将实现湖北省内大中城市直达全国省会城市，辐射全国县市和乡镇区域，建立运营高效、服务优质的全国快运网络，打造全国快运联盟第一品牌。华中大道快运联盟标识如图4-5所示。

图4-5　华中大道快运联盟标识

华中大道快运联盟的牵头企业武汉大道物流有限公司，是湖北最大的零担物流企业，在快速发展中，专注公路“零担”物流领域，应对市场需求，探索物流供应链的解决方案，率先实现了干线运输班车化、代收货款电子化、保价运输常态化、货物配送快递化、信息管理平台化，奠定了在湖北零担物流业界的领军地位。其他14家联盟企业成员，以零担专线运输业务为主，均为业界精英，在其经营线路、运营区域积累了丰厚的经验和人脉，经营专线时效快、口碑好。联盟成立后，华中大道快运联盟拥有经营场地面积20万m^2，员工2300余人，货运车辆700余辆，服务网点85个，精品线路20条，年产值超过4.8亿元。

联盟经营专线可以覆盖到全国20个省(自治区、直辖市)，联盟成员各司其职，能够满足客户配送全国的需求，提供一站式服务，让客户体验全方位便利、快捷的服务。联盟服务越做越好，利润也越来越丰厚，实现互利多赢。目前已有两家联盟企业成员入驻武汉大道物流有限公司总部，且共用其信息平台，联盟之间已初步开展业务合作。

(二)联盟产生的背景

1.产业政策积极扶持

2013年，交通运输部印发的《关于交通运输推进物流业健康发展的指导意见》明确要求，要支持中小企业联盟发展，鼓励中小企业通过联盟、联合、兼并等方式实现资源整合。成立华中大道快运联盟是湖北省落实交通运输部构建便捷高效、安全绿色交通物流服务体系的重要举措。

2013年，武汉市先后制定出台《建设国家物流中心的意见》、《扶持物流企业做大做强实施办法》等多个文件，不断推动物流产业做大做强。

2. 区位优势得天独厚

武汉市是国家物流一级节点城市。武汉大道物流有限公司位于国家级临空港开发区内，紧邻武汉市三、四环线、绕城公路、107 国道、316 国道、318 国道、京珠高速、泸蓉高速、武荆高速公路，距离汉江水运码头、舵落口铁路集装箱编组站均在 10km 以内，距离天河国际机场 20km，以武汉大道物流有限公司为中心，半径 1000km 以内，高速公路可直达中国东西南北所有的发达经济圈。

3. 抱团合作大势所趋

传统物流行业处于小、散、乱、弱的局面，绝大多数中小物流企业场地狭小，操作方式落后，面对快速上涨的用工成本、日益激烈的市场竞争、不断提升的物流服务要求，生存空间逐渐缩减，长期处于弱势地位。很多中小物流企业在发展中总结出，如果将自身的优势与其他物流企业的优势相互结合，既能以最低的成本为客户提供一站式配送全国的服务，又能掌握议价话语权，从而达到互利多赢的效果。

4. 资源整合实现多赢

随着城镇化建设速度加快，土地成为越来越稀缺的资源，专线物流公司扩大经营场地，存在资金不足、用地困难等难题。只有建立企业联盟，集中资金，联合发展，共同征地建造物流园区，才能顺利扩大经营规模，平台、运力资源整合共享，实现运仓、运配一体化运作。建立联盟，联盟企业成员专线专营、同线合营、整合发展，统一服务规范，更有利于提高物流效率、降低物流成本、发挥市场配置物流资源的决定作用，是零担快运物流业业态走出单打独斗与恶性竞争困境，合作共赢与抱团发展的必由之路。

5. 突破自身发展瓶颈

当前，武汉大道物流有限公司正面临自身发展的瓶颈期。经过多年的苦心经营，企业的省内零担及省际专线物流业务取得了一定程度的发展，并且积累了一定的优势，主要体现为：省内零担运输的标准化、网络化程度较高，企业自身的资金管理能力、抗风险能力较强，信息化程度、人才培养机制也达到了较高水准；省际专线业务拥有稳定的客户群，能够提供个性化服务，具有较强的成本控制和价格控制能力。然而与此同时，企业依然存在不少的劣势和挑战，主要体现为：省内零担业务的开发力度不足，服务内容单一，成本偏高以及机制呆板导致的效率低下；省际专线业务的产品过于单一，资金压力显著，信息化程度不足，人才缺失。面临业务开展的种种困境，武汉大道物流有限公司从促进自身发展的角度出发，也认识到企业已经到了必须走联盟化发展道路的关键时期。

二、联盟的体系构成

(一)联盟的组建体系

1. 联盟的目标和宗旨

华中大道快运联盟的目标:通过联盟联合优质中小物流企业,实现湖北省内大中城市直达全国省会城市,辐射全国县(市)和乡镇区域,建立运营高效、服务优质的全国快运网络,打造全国快运联盟第一品牌。

华中大道快运联盟的宗旨是:以大道品牌为依托,以标准服务为基石,以网络扩张为支撑,通过资源共享,促进服务管理转型升级,立足华中、直达全国,共同打造中国快运联盟第一品牌。

2. 联盟的组织架构

为有效提升华中大道快运联盟的运作效率、管理的科学性和管理指挥的统一性,华中大道快运联盟在充分考虑联盟的战略目标、成长性、稳定性,以及组织架构的弹性和均衡性的基础之上,设置如图4-6所示的组织架构。

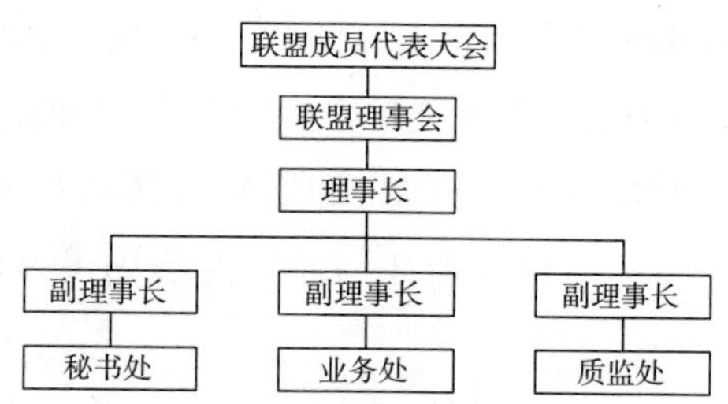

图4-6 华中大道快运联盟组织构架图

华中大道快运联盟的最高权力机构是联盟成员代表大会,联盟成员代表大会下设联盟理事会,是联盟成员代表大会的常务机构,联盟理事会由各联盟企业理事组成,设理事长一名、副理事长三名,下设秘书处、业务处、质监处,由三名副理事长进行分管,三个处均有明确的职责要求。

秘书处负责处理联盟理事会的财务管理、会议召开、档案管理、资料收集、后勤保障等会务行政工作。

业务处负责为各联盟企业提供业务开发、客户管理、资源共享等业务协作工作。

质监处负责对各联盟企业进行服务品质监督、标准化服务提升、数据抽查、综合考评等品质监督工作。

(二)联盟的管理体系

1. 人、车、货一体化管理

华中大道快运联盟整合了多家运输企业,各企业管理水平参差不齐,不统一管理,很难使联盟成为一个整体。所以,对人、车、货的一体化管理是非常重要的。

(1)人,主要是对工作人员的管理。联盟能否正常运作的一个关键因素就是员工的素质。员工是与客户接触的直接对象,是企业形象的代表。高素质的员工会给客户留下良好的印象,有利于联盟的发展。

对员工的管理从以下两个方面进行:首先,通过培训提高员工素质,提升员工的服务意识,强化相应的专业技能。其次,建立档案,包括用户投诉、准时情况、出勤率等,以此作为计算员工薪金的一个标准。

(2)车,是运输的载体,也是不容忽视的因素。它一方面是企业形象的一个部分,另一方面是因为车辆在中途出现任何问题或差错都会导致货物运送延迟,给联盟和货主造成巨大的损失。

对车的管理从以下两个方面采取措施:首先,车身统一标志、统一颜色并保持洁净,给客户留下整洁、良好的印象。其次,成立安检小组,对车辆进行安全例检、维修,建立技术档案,确保车况良好。

(3)货,是联盟服务的间接客户。如出现货物短缺、包装破损,客户不会正常签收,因此在整个运输过程中需要关注货物和包装是否完好,最好能轻重搭配,保持车辆的平衡;对易损坏物品做相应的二次包装防护等。

对货物的管理从以下几个方面入手:制定统一的服务标准、采用称重的方式来制定货物运价、采用统一的信息平台、制定一的操作规范、采用统一的联盟品牌。通过这五个统一,给客户留下规范标准的印象,可以放心地把货物交给华中大道快运联盟,联盟也能够保证客户货物运输的安全与时效性。

2. 控制机制

华中大道快运联盟中的控制主要是通过治理结构、合同细则、管理安排等以契约为基础的正式控制和企业文化、价值观等以信任为基础的非正式控制机制来实现的。

首先,根据联盟企业的目标和投入的资源做好事先控制,即制定科学、合理、可行的规章制度和工作流程,把长期的经营目标分解为具体的计划,尽可能做到详细、全面,为执行提供依据,以提高工作效率。

其次,对联盟的运作进行过程控制,这是将具体的规定运用于联盟日常管理的行为。过程控制是整个控制机制的最重要组成部分,它的重点是正在进行的实施过程,标准来自于计划工作所确定的活动目标与政策、规范和制度。

最后,对联盟的运营结果做出事后反馈控制。联盟通过设定的标准对执行的最终成果进行准确的评价,这样可以及时发现联盟组织在经营管理中的不足并加以改正,如此循环反复,有助于降低联盟的运行风险。

(三)联盟的运作体系

1. 联盟运作模式

华中大道快运联盟启动了"统一信息系统"专项行动,进一步完善"联盟服务规范",统一为企业成员安装 400 全国免费服务电话,并在部分成员间试推行"统一信息平台"。

华中大道快运联盟还提前启动"统一操作平台"行动,临时租用大型仓储园区作为联盟过渡物流园区,从 2014 年 3 月 1 日起在联盟企业间正式运行"业务共享"模式。为进一步提升联盟成员合作理念,华中大道快运联盟专门组织成员到北京等地物流企业及园区考察学习。

华中大道快运联盟通过推行落实"五统一",经过 5 年的长足发展,预计到 2018 年,联盟成员达到 200 家,年产值将达到 220 亿元,成为中国快运联盟第一品牌。

(1)统一服务标准,通过联盟成员之间共享客户资源,促进联盟企业成员之间相互学习、取长补短,不断提高员工素质,不断提升服务水平,持续改善服务环境,使各联盟成员尽快实现服务标准化,加强联盟整体市场竞争能力。

(2)统一服务价格,扩大服务范围,增加服务品种,提升客户满意度,实现优质优价,提高利润率。联盟成员中的每个服务流程,都有清晰、公平的结算标准,确保联盟中每个成员的利益,促进联盟成员不断提升服务水平,实现"专而美"、"专而强"。

(3)统一信息平台,联盟成员使用共同的物流信息系统后,实现一票到底,客户查询、货物追踪、成本核算、收入结算等都达到自动化、智能化,做到信息公开、透明,便于流程控制、服务品质控制,这是联盟做大做强的保证。

(4)统一操作平台,共建物流园区,升级作业方式,通过集体装卸、仓储、甩挂运输、市内配送,实现集约化、规模化经营,从而降低成本,这是联盟发展的基础。

(5)统一联盟品牌,共同注资,实体运作,提升产业价值,打造全国快运联盟第一品牌,实现联盟的阶段性目标。

2. 利益分配机制

良好的伙伴关系是华中大道快运联盟健康发展的前提和重要保障,而维系伙伴关系的动力就是公平、合理的利润分配机制。不同的联盟,由于经济性质、企业成员的市场占有份额、法律与政策环境等因素的影响,最终形成了一些相对固定的分配方式,即分配模式。在实际应用中,利益分配模式的具体选用视联盟运营过程中市场机遇、获利把握性、企业成员规模的大小、伙伴关系、发展战略、经营能力与运作情况和承担风险的能力等因素谈判而决定。

华中大道快运联盟是以市场为导向运作,联盟成员具有高度紧密性,企业成员间风险和利益共享程度较高;同时考虑到华中大道快运联盟成立初期市场不稳定,存在绩效风险,为了充分体现这种"收益共享、风险共担"的联盟关系,调动各联盟企业成员的积极性,在保证各联盟成员有利可图的基础上,按照成员的投入、承担的风险以及对联盟的贡献等因素公平分配联盟的收益。华中大道快运联盟成员的收益分配模式可采用产出分享模式,即按一定的分配比例系数从合作最终的总收入中分得各自应得的收入。

分配比例系数的确定,是在计算各联盟企业成员的成本费用的基础上,综合考虑不同阶段各自承担的风险和做出的贡献,以及成员各方所应获得的合理利润率,最终由各联盟企业成员协商制定相应阶段的收益分配比例。随着华中大道快运联盟的不断成熟,市场份额逐渐增大,各企业成员对华中大道快运联盟的贡献率及风险的承担情况也在不断发生变化,因而利益分配比例也要随之改变,以保证联盟稳定健康地发展。

华中大道快运联盟采取统一运营管理、统一服务标准、统一作业流程、统一操作平台、统一服务价格、统一资金结算、统一利益分配、统一考核办法、统一信息系统、统一品牌形象来运作。在华中大道快运联盟发展的不同阶段,需要结合各方的成本费用,根据不同货运量及营收状况,制定相应合理的利益分配比例。为了华中大道快运联盟健康稳定运转,保持各方参与积极性,联盟的利益分配既要使得联盟各方的利润率合理化,又要使各方所得利润不低于联盟前的利润。具体实践中,联盟各方因投入线路里程、运量、设施设备等不同而有所变化,不同线路分配比例不同。

利益分配方案最终由联盟各企业成员根据具体情况协商达成一致,这在某种意义上保证了分配的公平和公正,有助于华中大道快运联盟的稳定发展。华中大道快运联盟利润分配的协商过程也是企业成员间讨价还价、相互让步、不断改变满意度的过程；利润分配方法与具体方案的制订也都要经过协商谈判来确定。在决策过程中企业成员可以从自身的角度提出初始的利润分配方案，而盟主企业则引导企业成员对所有初始方案进行选择或修改。

三、联盟的成效

虽然华中大道快运联盟成立仅仅半年，但是在各项政策的指导下以及全体联盟企业成员的共同努力之下，依托联盟科学合理的运作模式，已经取得了一系列可喜的经营成果。

首先，通过联盟的组织形式，整合各联盟成员的物流网络资源，华中大道快运联盟的物流网络已经辐射全国。与此同时，联盟的经营成本由于运作的集约化而降低了10%～15%。

其次，通过半年的实践，联盟这种组织形式的优势已经有所显现。半年来，华中大道快运联盟无论是业务量还是营业额都较2013年同一时期有了较大幅度的提升。2014年上半年业务量较2013年增长17.6%，营业额较2013年增长20%。

最后，联盟的发展对各联盟企业成员的促进作用也是显而易见的。半年来，不仅联盟的总体盈利水平得到了有效提升，各联盟企业成员也在联盟中获利，各自得到了一定程度的发展壮大，具体经营指标见表4-1。

华中大道快运联盟成员效益水平提升状况 表4-1

联盟成员	亨运大道物流	恒通物流	通宝物流
营业额同比增幅	23%	32%	20%
货运量同比增幅	30%	25%	15%

四、联盟进一步举措

1. 总体目标

力争到2018年，联盟成员达到200家，年产值达到220亿元，成为中国快运联盟第一品牌。

2. 分阶段目标

2015年发展目标：整合联盟资金，投资共建33.33万m^2(500亩)物流园区，打造运作平台,全面推行甩挂运输、同城配送等先进运输方式,实现高效发展。

2016 年发展目标:标准化管理,标准化服务,打造定日、定时、落地配运产品,实现规范发展。

2017 年发展目标:线网结合,三级网络覆盖全国所有市(县),提供一体化服务,实现网络化发展。

2018 年发展目标:共同投资,持股经营,实体运作,联盟企业成员达到 200 家,湖北省内线路 100 条,跨省线路 600 条,日发 2300 车次,年运量 2500 万 t,年产值达到 220 亿元,成为中国快运联盟第一品牌,实现联盟企业成员共同发展。

评　　析

华中大道快运联盟的发起人在组建联盟的时候,重点关注企业间的业务联系与合作空间,选择的联盟企业成员都能依托武汉的甩挂运输试点线路,并能与场站建立起业务联系,有共同的业务基础。加盟的企业都在某条干线上具有领先优势,成员间可以优势互补、合作共赢。为了保证联盟企业成员间利益分配公平,华中大道快运联盟的利益分配方案由企业成员协商达成一致,联盟采用产出分享模式,即按照企业成员的投入、承担风险的大小、对联盟的贡献等因素分配收益。协商的过程中既能够加强企业成员间的沟通,又有助于联盟发展的稳定性。

华中大道快运联盟虽然取得了一定的成功,但是因为还处于起步阶段,尚有许多工作要做。比如因为物流园区场地还没有完善,盟员没有全部入驻;服务标准、货物运价、操作规范、操作平台以及联盟品牌还没有完全统一,这些都会影响联盟的快速发展,制约联盟做大做强。因此,联盟应抓紧时间完善内部的运作机制,然后在运输量稳定的线路上开展甩挂运输,未来联盟规模扩大之后,建立中转中心并开展其他业务。

随着华中大道快运联盟软、硬件系统的完善,其运作模式的十个"统一"都将实现,届时联盟会成为一个整体,产生联盟的品牌效应,其营业额和业务量将不断增加,而且在发展联盟的同时,联盟企业成员各自也不断发展壮大,使联盟的服务更加周到及时,最终实现快运联盟国内第一品牌目标。

华中大道快运联盟公约

华中大道快运联盟是湖北省优质快运物流企业联合发展的紧密组织，其宗旨是：以大道品牌为依托，以标准服务为基石，以网络扩张为支撑，通过资源共享，促进服务管理转型升级，实现立足华中、直达全国，共同打造中国快运联盟第一品牌。本公约代表联盟成员的共同意愿，联盟成员承诺严格遵守本公约。

一、遵守法律法规，依法开展各项经营活动。

二、联盟成员间互相尊重、互相扶持、密切协作，全力促进华中大道快运联盟发展壮大。

三、经营场所干净、整洁，醒目位置悬挂联盟统一标识。

四、前台接待文明用语、礼貌服务。

五、理货操作规范，文明装卸，为客户最大限度减少货损货差。

六、车辆严格安全管理，货到及时装卸，中转配送零库存，确保安全、准点到货。

七、严格执行联盟内统一货运价格，不恶意相互杀价。

八、统一运单，一票到底，货物查询网络化，回单管理、结算信息化。

华中大道快运联盟服务规范

项目	类别	时限要求及收费标准	说明
回单	省会、直辖市	5天	回单以签收之日起开始计时。如果到某县的货物，客户8日签收，18日须返回到发货人，有效回单交给发货人时，承运人必须要求发货人签字，并存档备查
	地(市)	7天	
	县(市)	10天	
时效	500km以内	48h	以上运输时效以货物交接开始计算：省内一次中转的货物在现有基础上增加1天时间，二次中转的货物增加3天时间；新疆、黑龙江、吉林、辽宁、西藏、云南等边远地区根据季节特性，以盟员之间签订的合同为准
	500～1000km	72小时	
	1000km以上	5天	

续上表

项目	类别	时限要求及收费标准	说明
代收款	单票最高代收5万元	收取3‰手续费	手续费不足5元的。按5元/票收取手续费
保价	按货物实际价值	收取5‰保价费	针对单票单件3000元以上高附加值货物统一收取保险费
配送货	北京、上海、广州、天津、重庆	50元/t	60元/票起,200元/票封顶
	其他省会城市	40元/t	50元/票起,150元/票封顶
	地(市)	30元/t	40元/票起,120元/票封顶
	县(市)	30元/t	30元/票起,100元/票封顶
理赔	保价货物	按实际损失全额赔付	事故发生后,应在30个工作日内赔付完毕
	未保价货物	根据运输合同约定赔偿,单笔事故最高赔付额不得超过50万元	
干线运输	北京、上海、广州	0.30元/t·km	(1)以上价格起点为武汉。 (2)个别线路、特殊时段、市场环境发生重大变化时,联盟成员开会确定后再行调整。 (3)单件起步价按10元/件计
	其他省会城市	0.35元/t·km	
中转	省内中转	0.50元/t·km	100元/t起步,单件起步价按5元/件计
备注	轻泡货按每3m^{3}折合1t计算。		

案例3:浙江物流场站企业网络联盟——物流网络化运作模式

目前,国内很少有以场站为核心的物流联盟,而浙江物流场站企业网络联盟则是以联盟企业自有的物流中心、场站为重要资源组建联盟。联盟首创了研究机构、物流信息运营商与物流企业形成战略联盟的先例,以物流网络化运作模式为基本特征,由多家中小型物流企业根据自身的发展需求和各方的共同利益为基础,达到优势互补、风险共担、利益共享的战略目标,通过股权参与或契约式联合,结成较为稳定的物流合作组织。

一、联盟的发展概况

(一)联盟简介

浙江物流场站企业网络联盟由7家场站经营企业组建,是浙江省目前实力、品牌和物流理念较先进的联盟机构,7家发起单位都是市级以上物流协会的副会长、会长单位。它们为浙江省物流业发展做出极大的贡献,这些企业也一直走在行业发展的前列,成为浙江省物流发展的标杆,起到示范作用。柳丰物流公司的"新欧亚大陆桥架构"、"衢州城乡物流集结"、"长江水道汽车甩挂运输"等项目创造了我国物流业转型发展中的奇迹,湖州华安物流创立的"航空式运输"、"物流与供应链资源整合"方式一直到目前还是国内物流运作模式的经典案例,浙江天啸物流公司首创的"物流与制造业战略联盟"模式一直领先行业潮流。

浙江物流场站企业网络联盟以浙江省内注册登记的民营中小物流企业为加盟主体,以浙江天盟物流有限公司为联盟经营实体,以联盟企业自有的物流中心、场站为重要资源,通过自愿原则,以契约式和核心资源组合相互参股的方式实现联盟企业成员之间的业务、品牌、服务标准、财务结算、物流资源共享统一,从而达到资源共用、责任共担、利益共享的目的。

浙江物流场站企业网络联盟以研究机构、物流信息运营商与物流企业形成战略联盟,彻底解决中小物流企业不懂信息、规划、设计、研发的问题,而物流信息运营商不懂物流实务的矛盾,以及双方信息不对称和不平衡的问题,建设了三位一体、血肉相连的物流运作框架,为联盟下一步发展打下了坚实的IT、DT和技术基础。同时吸引规划设计和政策研究机构的加盟,解决了物流企业发展过程中凭感觉、拍脑袋的决策方式,减少了因决策选择失误而造成的损失,也能对物流实务进行系统性、理论性和归纳性地提炼升华。

浙江物流场站企业网络联盟所依托的物流信息系统——衢州物流网(WWW.QZ56.COM)已与国家交通物流信息平台对接,是目前国家平台物流信息接入最活跃、最正常的互联平台之一,每天接入的有效数据超千条,正常传输时间超过3年。

浙江物流场站企业网络联盟内现有博士5人,硕士12人,高级物流师7人,道路运输设计师2人,规划师2人,具有高级职称人员27人,物流技术研究所人员37人,法务、商务、安全评估、精算师多人。浙江物流场站企业网络联盟已成为浙江省规模较大的机构之一,所拥有的资金、土地、仓储设施、物流工具及物流产值、纳税贡献率均位居浙江省前列。

(二)联盟产生的背景

1.创新发展模式的需要

1984 年交通部开放道路运输业,提出"有路大家行、有车大家开"的战略思路后,使得行业兴旺,经营主体繁杂,30 年过去了,道路货运业正逐步从传统运输业向现代物流业转型。但转型的路子不多、方法单一,理念缺失,价值观有待提高。物流企业一边承受转型期的阵痛,一边却延续传统的盈利模式和运行方法,三分不甘,七分无奈。通过分析,发现问题关键点在于行业参与者与作业管理者暂时未找到物流企业转型升级的着力点和切入点,绝大部分行业管理者和企业经营者还是把发展的思路定位在增加运力、拓展业务、扩大企业规模等原始手段上,造成行业管理部门有劲使不上,管理难见成效,物流企业四处寻找突破点却到处碰壁,边际收益逐年下降,各项成本开支逐年增加,生存发展比较艰难。

2014 年 6 月浙江省道路运输管理局出台了《关于印发〈推动中小物流企业网络联盟发展的指导意见〉》和《中小物流企业网络联盟试点工作方案的通知》(浙运〔2014〕14 号),首次提出中小物流企业网络联盟的发展思路。在浙江省中小物流企业普遍陷入发展"瓶颈"和"直布罗迷宫"的困惑迷惘期,为中小物流企业指明了发展方向和发展目标。在现阶段,中小物流企业的盈利水平和能力已到了山穷水尽的地步已经探索、尝试并应用了各种能提高企业效益、维持企业生存的方法,能够提高效益、减少开支的技术手段、工具也基本使用到位,但经营状况却还是每况愈下,经营者疲于奔命,用生命换取生存,苦不堪言。从理论与实践经验教训分析,中小物流企业生存发展的希望最后只能寄托于同行同质企业间网络联盟这条路。

中小物流企业联盟合作并不是新鲜话题,从 1984 年道路运输业开放起,各种形式的联盟就已存在,有以地缘为单位的联盟,如最早进入个体、私营货运业的开化县下田坞车队、温州永嘉汽车运输队等;也有以血缘为纽带的联盟,如现在安徽阜阳运输企业,大都是一个宗族,一个家族,10 多辆汽车成立一家物流公司;也有以业务组成的联盟,如道路危险品运输禁止个体户经营后,3 ~5 个同行个体户凑 5 辆汽车成立一家危险品物流企业,各干各的,独立经营;至于汽车销售公司为保证购车款及时到位,暂时保留车籍而形成的物流公司,本质上不属于运输行业,虽然车辆数多则上千,少则数十辆,因质的原因不列入运输业。近几年来也有资产重组、合约式联盟体的出现,但运营结果并不理想,且大多无疾而终。关键的因素是联盟体的着力点没找到,发展方向偏差,导致联盟全盘皆输。

2. 网络化运营的需要

中小物流企业网络联盟的重点是网络,这个网络既不是企业和车辆,也不是狭义上理解的信息化网络。根据物流业,特别是道路货物运输业的行业特性,中小物流企业网络应该是在不同区域间设立尽可能多的运作节点,然后通过运输路线和业务关系进行联结,形成网格,达到货物运行过程的优化,满足现代物流高服务品质的需求。以渔网为形象比喻,物流中心(场站)是渔网上的结节,运输线路和物流功能是联通网络的网线,表现形式是有许多种类的网格,俗称"目",对渔网起决定作用的是围绕在网络外的网绳,俗称"纲",也就是成语"纲举目张"的由来。引申到中小物流企业网络联盟,联盟企业成员将自有的物流中心(场站)改造成网络中的节点,将各自服务的功能、线路作为网线,依托节点,编织成网格,随着节点的设立,"目"也随之增多,形成覆盖全省的一张物流服务网,而在经营过程中起决定作用,并能保证"网"起作用的系统是"纲",也就是联盟的执行、决策服务咨询机构。

在商业活动中,将这种运营结构称作销售网络,将零售服务点称作网点,将批发经销称作"渠道"。这种经营架构在互联网管理思维中被称作扁平化网络管理模式。在物流业,特别是道路货运业中价值的体现不是企业有多少车,有多少资金,有多大的实力,业务量有多大,其实这些都无足轻重,甚至可以忽略不计。物流组织的价值是看物流企业的网络铺设是否足够大,足够多。外资进入中国物流业后,首先收购的不是运输企业,不是场站服务企业,而是网络型经营企业,如华宇收购案,TNT 看重的是"华宇"680 家服务节点,而不是那 800 辆自有汽车和挂靠的设备,没有看上华宇的经营模式、盈利模式,更谈不上核心竞争力。中国互联网络大佬阿里巴巴进入物流业花了几百亿元,做了两件事,第一个项目投资海尔物流,注重的是海尔物流服务网络,阿里巴巴的本意是打造一张很大的物流网络,这张网络将铺遍全国,然后再覆盖地球,届时阿里巴巴将成为全球最大的信息流、资金流、物流合一的霸主,成为产业链的链主。马云没有在物流上做他最熟悉的信息化,也没有做所谓的云数据,反而是在编织网络,收购土地,建设物流仓储配套场站。

截至 2014 年 6 月底,浙江省在建和投入使用的物流中心、货运场站共有 853 个(不包括物流枢纽、服务区、农村货运站)。其中国有或国资入股的社会化物流中心、货运场站197个，占总数的23%，商贸制造业投资用于满足自身物流需求的物流中心为241个，占总数的28%，与道路运输业关联度不高的物流中心（场站），如水运码头、货场、铁路货场、机场货运站等有309个，占总数36%。剩下的107个物流中心（场站）全部为民营企业自有自投，占全省物流中心总数的13%，也就是此次浙江物流场站企业网络联盟的主体。

3. 市场转型升级的需要

随着制造、商贸业的转型升级和电子商务的快速发展，新的产业形态和盈利模式对传统道路运输业提出了更高要求的挑战，客户对信息化、网络化、智能化、柔性化和个性化的需求越来越高，国外物流企业攻城略地，央企、国企在全国范围内加快战略布局，物流高端资源和发展要素加速向大型与优势物流企业聚集，中小物流企业的生存发展空间正在逐步缩小，已到了生死存亡的关键时期。

中小物流企业对联合联盟抱团发展的要求和呼声越来越大，从前几年的启发、动员和引导中小物流企业联盟到现在已出现中小物流企业积极自发地寻找探索联合，各种形态模式的合作联盟组织如雨后春笋般出现就是最好的证明，理论分析和实践证明，发展中小物流企业网络联盟的时机已经成熟，经营者的思想观念已发生改变，要求合作、联盟的想法已从被动、推动向自发性需求转变，道路货物运输市场的特性、特质和格局也适应企业的联盟生产方式，因此组建浙江中小物流场站企业网络联盟的天时、地利、人和要素都已具备。

二、联盟的体系构成

（一）联盟的组建体系

1. 联盟组建指导意见

（1）《交通运输部关于交通运输推进物流业健康发展的指导意见》（交规划发〔2013〕349号）。

（2）《关于印发2013—2017年全省大物流建设指导意见的通知》（浙交〔2013〕72号）。

（3）《关于印发〈浙江省交通大物流建设三年（2013—2015）行动计划〉的通知》（浙交〔225〕号）

（4）《推动中小物流企业网络联盟发展的指导意见》和《中小物流企业网络联盟试点工作方案》（浙运〔2014〕14号）

2. 联盟组建原则

中小物流企业加入联盟以自愿为前提,服从联盟的自律、自为、自赎、自治、自决的方针,各加盟企业在商务运作和物流经营中具有相对的独立性,独立自主经营,独立核算,自负盈亏,浙江物流场站企业网络联盟企业成员在发展初期主要由物流中心(场站)经营者组成,配套吸收三至五家物流技术研究机构及物流信息运营机构,中后期吸收物流其他环节运营机构,如运输、装卸、保险等,原则上每个县区级行政区域只发展1家企业成员,目的是为了防止恶性竞争,留足生存空间和便于联盟组织管理。

3. 组织架构

浙江物流场站企业网络联盟组织架构以联盟决策执行机构为顶层,该机构是联盟第一层次,由全体企业成员以选举方式产生,负责联盟的"五自"方针落实,同时也是联盟的决策、服务、设计、执行机构。在决策层下面设有地市级二级机构层次,该机构并不以行政级别作区分,也就是说该层次并不一定是地市级行政区域内的物流企业,也不是资产品牌占有优势的企业成员,而是通过决策层的推荐,同区域的联盟企业成员选举产生的,是负责二级机构工作的主要联盟企业成员,该企业成员必须具备家殷德厚的条件,也就是有一定能力为联盟实务运作付出时间和钱财,同时在同行中有一定的威望,愿意做出一定的奉献,承担维护公众利益的责任。因此即使企业注册地在县域也同样能担任地市级机构组织者的重任,甚至可以成为联盟核心机构的组成人员。浙江物流场站企业网络联盟组织架构如图4-7所示。

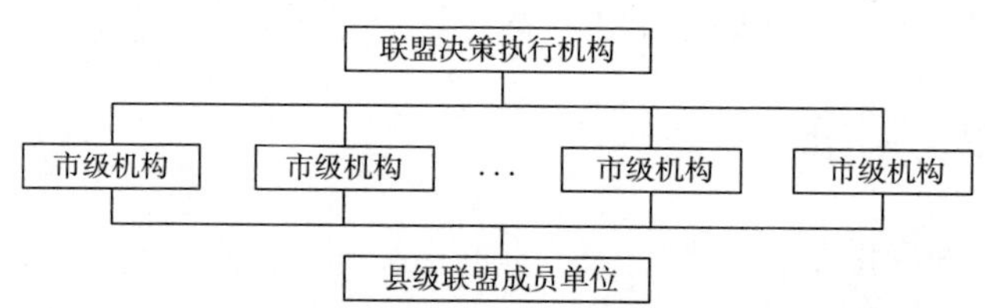

图4-7　浙江物流场站企业网络联盟组织架构图

(二)联盟的运作体系

1. 联盟运作模式

浙江物流场站企业网络联盟商务运作主要由三种模式组成:一是联盟企业成员全体行为,由联盟企业全体成员共同执行完成,如统一运作方式,市场资源统筹团购行为,诉求传输表达行为,新技术新盈利模式应用协同行为等。二是联盟企业成员之间业务协同合作模式,主要表现为相关业务协调配套的合作行为,费用结算,当地关系协助,代管托管行为等。三是联盟一定层次的沟通协调,联盟企业成员之间的基础信息资料查询联系工作,纠纷的调处等,浙江物流场站企业网络联盟的商务运作模式如图 4-8 所示。

图 4-8 表示的是网络内有关企业成员按照自身企业的经营实际，在网格内纵横组合，形成“网目”；联盟的决策、设计、执行、服务机构在网格外串联组合形成“网纲”。依据商务项目的要求、目标、运作方式不同，进行点、线、面三种应对操作。

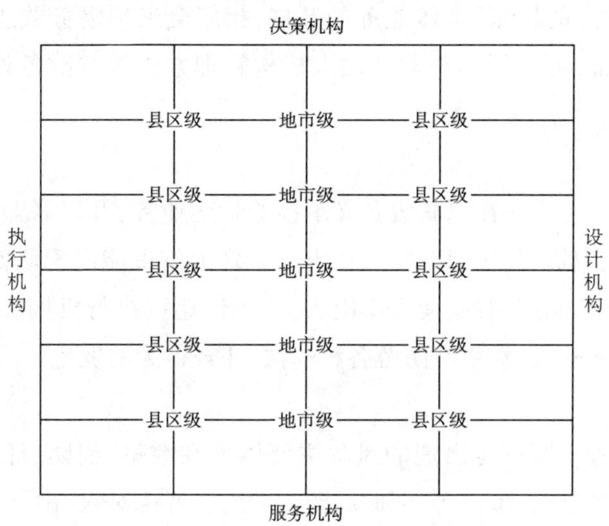

图 4-8　浙江物流场站企业网络联盟商务运作图

2. 风险及化解方案

1）政治风险

由于联盟是以合作、组团方式形成，并具有详细组织纲领、章程和管理机构，且在运行过程中有许多维护合法权益，惩处违约成员等行为。对事由、实务的处置行为很容易让人联想到“涉黑”帮会、垄断等。因此，联盟必须界定操作边际，明确哪些事可干、哪些事不可干的原则，将联盟定为行业自我发展的促进者，并加速将联盟合作向股份合作制转型，依法经营，服从行业管理部门领导和遵从各项法律法规，在政策的框架内依法获得生存空间和发展途径。

2）政策风险

物流业是一个新兴行业，从政府部门到实务企业都是在探索中前行，可能会与新出台的限制或鼓励行业走新路、过新桥、树墙壁和禁行为的规定相悖。联盟必须依托政策研究部门、行业管理部门和对行业有行政执法权的部门建立协调对话机制，充分掌握第一手资料，找出合理、合法、有效的解决方案以满足因政策行政原因而出现经营困难的企业成员诉求，切实维护企业成员的合法权益。

3)财务风险

一切经营活动都涉及财务和税务,具有一定颠覆性风险,浙江物流场站企业网络联盟在发展初期不向成员单位收取任何费用,所需活动经费由发起人筹措、分摊,不建立会计账目,不发生经营性收支情况。因此对财务风险具有一定的可控性和可防范性,但随着联盟的扩张,全体业务的开展,相应会出现财务收支状况,此时联盟就要做好应对准备,可以用非经营性法人机构管理办法进行财务处理,也可以同步推进股份化改造。

4)经营风险

联盟在经营中主要存在以联盟名义承揽的货运业务,及以联盟方式具体执行中出现的差错,例如骗货、骗保、骗品牌,在内部管理上有可能出现联盟成员不讲信用,不珍惜品牌,不服从制度制约,建立小山头,小团体违抗执行机构决策等。建议在初始阶段就制定各项制度,约束和防范各种违法、违规行为的发生。

5)安全风险

联盟运作过程中有可能出现的风险主要体现在政策、消防、环保、税务、信息和经营过程中出现的过错、事故等,因此联盟初始阶段要选对人,做好“三预”(预测、预警、预案)。

6)金融风险

联盟为了解决企业成员的临时性、突发性安全风险,或以联盟自有资金,或以联盟企业互助自救的方式来化解风险,要确保不违反现行的法规政策,以免被追究法律责任。联盟应在该项服务开展前就找到法规依据,保护好自己,如《国务院关于加强道路交通安全工作的意见》(国发〔2012〕30号)第二条第四款“鼓励运输企业采用交通安全统筹等形式加强行业互助,提高企业抗风险能力”等条文。

三、联盟的成效

浙江物流场站企业网络联盟以联盟为载体,共同发展建设LNG(天然气)加气站,为联盟所属车辆提供“油改气”环保节能支撑,同时增加联盟成员的经营性收益;制订合作经营方案,优化资源配置,实现共享多赢格局,实现业务量扩张,经营成本下降,经营区域完善,网点布局合理,企业规模增强,服务能力提高的目的;为联盟成员的物流场站资源利用提供全方位资源信息支撑,减少场所空置、闲置和招商成本。

构建联盟专用物流信息平台,不仅为联盟提供了统筹化的物流资源调配功能,同时提供物流操作流程优化,车辆、货物的跟踪检索,电子对账及杂费结算和合作过程中产生的利益分配结果计算等服务。该平台的数据和信息与国家交通运输物流公共信息平台实现对接。

四、联盟进一步举措

1. 联盟发展主要目标

初期:搭建浙江物流场站企业网络联盟决策、咨询、服务和执行机构,建立有效的决策与执行机制,明确联盟对外承担责任的方式;选举机构组织人,配备专职人员,负责有关日常事务;开发探索联盟合作项目,夯实联盟基本盈利项目基础,确保联盟人力、物力、财力的自收自支;开发建设各企业成员间物流业务网络化运作的较为完善的联盟信息平台,并实现与国家交通运输物流公共信息平台的信息交换对接。

中期:完成覆盖全省的浙江物流场站企业网络联盟的经营网络,联盟企业成员达到 80 家以上,其他类型物流企业加盟 200 家以上,实现物流年产值 500 亿元。

远期:完成覆盖全国主要物流节点城市的物流中心经营网络,并将网络触伸到 30 个以上的国家和地区,搭建物流场站节点 1000 个,配套服务物流企业 5000 家,物流年产值突破 1000 亿元,成为全国最大的民营物流股份制企业,并争取在国内或海外资本市场上市。

2. 目标实现期限

初期目标时限为 2014 ~ 2015 年;

中期目标时限为 2015 ~ 2017 年;

远期目标时限为 2017 ~ 2020 年。

3. 具体措施

初期:以浙江物流场站企业网络联盟名义与相关单位合作,向管理部门申请,在各联盟成员的场所建设柴油及 LNG 加气站,一方面解决联盟组织的活动经费,提升凝聚力;另一方面为联盟成员下一步的运输车辆"油改气"打下有气可加的基础支撑,实现加盟成员车辆在全省范围内都能及时加到燃料,并提供增值税发票,价格相对便宜,使加盟成员的市场竞争力和利润率相对提高,同时也为国家推广节能环保,使用清洁燃料车辆提供基础保障。初步建立业务合作利益共享机制,以契约合同方式明确合作双方的权利、义务、责任及分担方式,切实推进合作事项的开展,达到为企业成员赚钱,为客户省钱的功效。同时在扩大联盟体上下功夫,以情吸引,以利吸引,以预期希望吸引更多具有相似经营理念的企业加盟。

中期:完善物流信息化系统,通过信息化建设为企业成员降低成本,达到省时省力、防隐患风险的效果,建立健全联盟的组织执行、决策、服务机构,完备各项制度约定,初步建立紧密型决策执行机构,半紧密型运行服务网络,松散合作型生产经营模式的股份制多层次的联盟组织;扩大联盟的体积,增加联盟体容积,理清联盟体的运作方式、便捷路线和服务项目,实现联盟成员共赢互利的格局。

远期:快速有效地铺设网络后,建设关键性的运行主体,按国际化企业管理运行办法,形成具有法人性质的组织机构,为下一步上市进行资本运作做好探索和准备。建立联盟体内运行的安全统筹,因为物流企业的消亡不全是因为业务量少、政策变化、市场萎缩等原因造成的,许多时候是因为交通事故、资金周转等不可测因素形成的,所以联盟将建立风险安全统筹服务,提高联盟企业成员的抗风险能力。

评　　析

浙江物流场站企业网络联盟联合了一批浙江省内优秀的物流场站经营企业,拥有完善的物流场站网络体系以及优秀的物流人才。联盟致力于通过成员的物流网络共享来提供优质、高效的物流服务,以提升整体的核心竞争力。浙江物流场站企业联盟采用网状商业运作模式,联盟企业成员既要成为一个整体进行运作,也要保证各自的业务量,相互之间保持友好健康的联盟关系,形成纵横组合的网状运作模式,企业成员需要根据商务项目的要求、目标、运作方式的不同,进行合作、竞争、协商三种应对操作。

浙江物流场站企业网络联盟在运营模式中提出的主要合作内容为集中采购、合作完成相关业务、共同开发应用先进技术软件等,但未明确提出具体合作业务的内容。该联盟的核心企业都拥有自有的物流场站,但是在联盟的运作模式中却并没有突出场站的作用。浙江地区土地资源十分稀缺,很多企业都没有场站。因此作为以场站为核心结盟资源的联盟,联盟应该多关注场站资源的开发利用,统筹各企业场站资源,集中利用,统筹管理调配,实现场站价值最大化。

随着浙江物流场站企业网络联盟的发展,入盟企业数量不断增加,涉及的地区不断扩大,将来的服务范围会由浙江省扩大到全国范围;而且在国内很少有以场站为核心的物流联盟,随着浙江物流场站企业网络联盟的壮大,将来必将在国内场站服务方面有很大的影响。

浙江物流场站企业网络联盟合约

浙江物流场站企业网络联盟(以下简称联盟)是以物流网络化运作作为基本特征的联盟模式,主要由多家中小型物流企业以自身的发展需求和各方的共同利益为基础,为达到优势互补、风险共担、利益共享的战略目标,通过股权参与或契约联合,结成较为稳定的物流合作组织。

本联盟参与主体为浙江省内注册的民营物流企业,主营业务为道路货物运输服务,同时具有自有的物流中心、物流场站(仓储)土地、仓库、堆场、加工场所、车辆、信息化资源。联盟企业成员完全赞同中小企业之间的联合合作,并愿意以该联盟组织作为企业自身发展、业务开拓和同行之间的合作平台,愿意接受联盟的管理制度、约定和规定并按此执行。

一、联盟形式

通过自愿、共享的原则,整合各种分布于不同区域的仓储、物流场站资源,实现物流中心(场站)网络、运输网络和配送网络的有效衔接和协同运作,提高场站资源的利用率;增加联盟企业的经营效益,降低运行成本,为社会提供高效的仓储、运输、配送、信息、配套一体化的物流服务,满足生产和商贸企业分散化、个性化、及时性的物流需求。

二、联盟内容

(1)跨区域资源整合:本联盟为浙江省内已注册的物流企业,原则上一个市(县、区)只吸纳一家联盟企业,以防止恶性竞争、内耗互损的行为,通过联盟所制定的盈利合作模式将各自分离的物流资源整合成为高效的物流网络资源,形成集聚优势,拓展业务网络覆盖范围,提升物流服务能力,实现企业成员物流组织网络、功能网络、信息网络的有效融合和设施设备的共建共享。

(2)联盟协同运营:联盟各企业间实行高效协同机制,物流运作不再以单个节点为中心,而是联盟体内各个节点实现协同业务处理,以低成本、高质量和多样化的物流服务功能及时满足客户需求。

(3)建立标准化体系:根据联盟企业的经营实际,建立标准化的物流服务体系,在联盟框架内遵循统一的服务规范,对外提供统一的服务标准。

(4)物流信息资源集成:将自有的物流信息资源纳入统一的信息化管理体系中,实现业务流程协同运作、物流全过程的可控化管理和透明化服务;利用已有的企业信息系统,改造、优化、集成专业性的信息平台;充分保证信息系统能满足联盟体的各项必备需求,同时将联盟信息系统与国家交通运输物流公共信息平台进行对接,通过行业数据交换标准接口实现企业成员的公司架构、基础资料信息、货物交接单与货物托运单信息、电子对账单及杂费等信息的实时共享与交换。

(5)管理规范准则:遵守执行联盟的目标、步骤和措施等发展战略,符合并达到加盟企业的准入条件,履行表决通过的利益分配方案、权利和义务,做好联盟企业自有知识产权保护和联盟体品牌资源的维护,形成各企业间紧密结合的长效机制。

三、联盟发展目标

根据联盟成立的资源条件、近期发展目标、国家政策因素及行业发展趋势,联盟发展目标分近、中、远三个阶段性目标,具体项目为:

(1)近期目标:首先以联盟为载体,共同发展建设LNG(天然气)加气站,为联盟体所属车辆"油改气"环保节能项目提供支撑,同时增加联盟成员的经营性收益;二是制订合作经营方案,优化资源配置,实现共享多赢格局,从而达到业务量扩张、经营成本下降、经营区域完善、网点布局合理、企业规模增强、服务能力提高的目的;三是为联盟成员的物流场站资源利用提供全方位资源信息支撑,减少场所空置、闲置和招商成本。

(2)中期目标,建设联盟体的专用物流信息平台,该系统除了为联盟体实现统筹化的物流资源调配功能,更多的是具有物流操作流程优化,车辆、货物的跟踪检索,电子对账及杂费结算和合作过程中产生的利益分配结果计算等功能。同时该平台的数据和信息与国家交通运输物流公共信息平台实现对接。

(3)远期目标。通过3~4年的运作,在自愿的原则下,联盟从契约型联合向股份制企业型提升,成为国内最大最强的民营物流企业之一,并通过资本运作和企业架构改造,在国内或海外上市。

(4)目标实现时限。近期目标在2015年年底实现,中期目标在2018年年前实现,远期目标在2020年实现。

四、基本责权划分

(1)联盟各企业成员在商务运作和物流经营中具有相对的独立性,独立自主经营,独立核算,自负盈亏,承担相应的法律责任。

(2)联盟各企业成员在合作业务中按联盟的章程、制度分配各自的利益,承担亏损。在责任义务相对应的原则下,进行具体的实质性运作。

(3)联盟全体成员都是联盟整体不可分割的一部分,具有相应的投票表决权,也是联盟工作的实际执行者,无论企业规模大小、经营状况优劣,只要是成员单位都享有平等的权利并承担相应的义务。

(4)经联盟各成员表决,设立决策、咨询和执行机构,建立符合联盟实际的决策与执行机制,明确对外承担责任的方式,同时执行机构视业务进展配备专职工作人员,负责有关日常事务、调处纠纷和执行行业自律协同。

以上约定和经营战略观念,与本企业的经营思路相吻合,并符合行业发展趋势,所以本企业愿意成为该联盟的成员,遵守联盟制度,享受联盟所产生的红利,也愿承担联盟的共同约定。

案例4:中通物流胜速快运联盟——打造浙江省内公路(零担)运输联盟第一品牌

中通物流胜速快运联盟以公路网络快运为主,整合跨区域资源,实现企业成员间物流组织网络、功能网络、信息网络的有效融合和设施设备的共建共享;实行网络化运营,以低成本、高品质、多样化的物流服务及时满足客户的多项个性化物流服务需求;统一信息化标准,实现业务协同运作、物流全过程的可控化管理和透明化服务;创建统一联盟品牌,实现品牌效应。最终走向浙江省内公路(零担)运输联盟第一品牌。

一、联盟的发展概况

(一)联盟简介

为加快物流快运网络布局、增强物流网络服务能力、提升物流服务品质和水平,宁波中通物流集团在原有公路快运业务资源的基础上,联合首批浙江省内10家物流企业，于 2014 年 7 月 1 日在宁波成立了“中通物流胜速快运联盟”（以下简称联盟）。联盟的注册资金为3000 万元，其资产总额可达14072.53 万元，以公路（零担）运输企业为主体，以普通货运、货运站（场）和经营（货运配载、货运代理、仓储代理等）为主要经营范围，致力打造浙江省内公路（零担）运输联盟第一品牌，进入中国物流业的第一阵营。

联盟由首批 10 家物流企业（以上物流企业均为独立法人，在商务运作和物流经营中具有相对的独立性，独立自主经营、独立核算、自负盈亏），以自身的发展需求和各方的共同利益为基础，为达到资源共享、风险共担、利益共赢的战略目标，通过契约联合，结成较为稳定的物流合作组织；联盟采用网络集成型的发展形式，即以物流网络资源为核心的联盟形式，通过集成中通物流集团原有服务网络和其他成员单位各自所在地的服务网络，实现物流业务的协同运作，着重发挥联盟企业成员在各自网络中的分拨配送业务能力，不断扩展联盟服务网络的广度和深度。

联盟成立后，联盟企业成员已实现统一服务标准、统一服务价格、统一信息平台、统一操作平台、统一联盟品牌，联盟内实现运力资源共享，区域配送实现一体化运作，初步建成一个覆盖宁波、舟山、杭州、嘉兴、湖州、绍兴、温州、台州、衢州等地区绝大部分乡镇的物流服务网络。中通物流胜速快运联盟标识如图 4-9 所示。

图 4-9　中通物流胜速快运联盟标识

（二）联盟产生的背景

市场经济体制刺激市场向多元化、个性化发展，市场需求的迅速变化和市场竞争，使得为需求者提供日益完善的增值服务，满足需求者日益复杂的个性化需求成为现代物流企业生存和发展的关键。同时，随着电子商务和信息技术发展与普及，现代物流正在向一体化、专业化和第三方物流方向发展。这样的发展趋势决定了物流业信息化、自动化、网络化、知识化、弹性化和高效化的行业特点。然而相比现代物流的发展形势,浙江省物流行业完全不合格,由于全省的中小物流企业居多,信息化基础薄弱,在观念、人才、经验等方面差距较大,浙江省物流资源的利用率都比较低,尤其是以公路货物运输为主营业务的物流企业,据中国道路运输协会2013年对70万家货运企业最新调查显示,我国道路货运企业真正在运营的车辆只有约60%,空驶率达到40%以上,车辆停车配货的间隔时间平均长达72h,造成资源的极大浪费和无效益的汽车尾气排放。此外,由于物流系统比较复杂,物流服务所面对的是跨行业、跨地区、众多的供需方,物流企业经营管理模式复杂多样,使得一些当前国内外较为先进的管理模式难以适合具有区域性特征的浙江物流企业发展的实际需求。

同时有数据显示,中国市场前6家快递企业占据了超过80%的市场份额,而前10家公路零担物流企业所占市场份额仅为1.28%,市场规模却是快递企业运量的7~8倍,充分说明零担物流发展潜力巨大。

数据表明,浙江省物流行业一方面随着网络经济的发展,市场对现代物流企业的实体网络和技术资源提出了更高的要求;另一方面却是大量物流资源的闲置和浪费。鉴于此,浙江物流市场已经开始呼唤那些依托管理和网络技术的物流企业联盟的出现与发展,更进一步的整合并优化社会资源,提高资源利用率,加快物流快运网络布局,增强物流网络服务能力,提升物流服务品质,给生产企业提供更加便捷、即时的物流服务。

同时联盟的盟主中通物流集团对公路快运线路进行产品升级,将传统的、不确定的、低端的快运模式转变为定时、定点、定线、定车次、定价格的"客运化"班车方式,为客户提供更加高端的公路快运服务,推出了物流创新品牌——胜速物流,让客户享受"航空速度、公路价格"的超值服务,胜速物流将以"准时、安全、承诺"作为核心价值,致力于以高度的时效性和安全性成为浙江物流业的领先品牌,争创浙江"精准物流的创导者"。新品牌的推出既为联盟转型升级以及进军电子商务物流等高附加值业务铺平了道路,也为公路(零担)运输联盟创造了良好的基础条件。

二、联盟的体系构成

(一)联盟的组建体系

中通物流胜速快运联盟是由中通物流集团牵头,联合省内10家物流企业组建而成。联盟在成立之初,确定了联盟企业成员将统一服务标准、统一服务价格、统一信息平台、统一操作平台、统一联盟品牌,共享运力资源,实现区域配送一体化运作,最终建成网络化、标准化、信息化的现代物流网络,打造浙江快运联盟的第一品牌,进入中国物流业的第一阵营。

1. 联盟类型

中通物流胜速快运联盟以宁波中通物流集团为盟主,首批成员为省内10家物流企业,通过集成中通物流集团原有服务网络和其他成员单位各自所在地的服务网络,将分离的物流资源整合为高效的物流网络,拓展物流服务网络覆盖范围,提升了物流服务能力,实现企业成员间物流组织网络、功能网络、信息网络的有效融合和设施设备的共建共享。

中通物流胜速快运联盟确定以盟主单位宁波中通物流集团已建立的成熟运营服务体系(即单据信息、运营操作、服务标准等物流服务标准化体系)为联盟的标准,各企业成员在联盟框架内遵循统一的服务规范,对外提供统一的、标准的物流服务。联盟将创建统一的联盟品牌,树立品牌管理意识,在省市各级行业主管部门的指导下,通过新闻媒体、对话论坛等渠道加强联盟品牌的宣传和保护。

在跨区域整合资源和标准化服务的基础上,中通物流胜速快运联盟的企业成员以契约的形式联合,将省内不同区域的物流企业整合为标准化服务的物流联盟,既能保证高品质的物流服务水平,又能保持较低的物流成本,具有良好的灵活性,可提高物流服务效率。

2. 联盟组建模式

中通物流胜速快运联盟既有纵向一体化的物流联盟模式,也有横向一体化的物流联盟模式。

1)纵向合作形式

(1)以产业链为导向的纵向合作模式。中通物流集团依托制造业开展上下游物流合作联盟,与汽车行业的汽配制造商紧密联盟,如为华翔集团提供原材料入库管理、库存控制,采购管理等;也提供生产线、配料供应、成品管理、成品运输、整车厂配送等一体化全程物流服务。为固体化工制造企业提供原材料供应服务,装卸、搬运、仓储、公路运输、海运代理、铁路代理、仓储服务等一揽子物流解决方案。

(2)以供应链服务为导向的纵向一体化物流联盟。为固体化工贸易商提供进口货物的报关报检、保税仓服务、集装箱运输、包装加工、仓储管理、运输配送、物流金融、仓单质押、代收货款等供应链管理。

2)横向合作形式

中通物流集团下属全资子公司浙江胜速物流股份有限公司依托在国内公路快运上的品牌、网络、运营优势开展横向一体化物流联盟。

(1)依托资源的横向一体化物流联盟。胜速物流股份有限公司借助中通集团的品牌影响和在浙江省内的四大物流基地和7个区域分拨中心资源,整合小微物流企业,形成公路干线运输网络,在统一品牌的前提下,通过专线专营的组织模式划分出至全国各地的快运线路,以线路专营下的多种经营体制,通过专线股份化、经营权买断、承包等形式引进物流企业开展联盟。形成一个基地型物流干线运输平台,统一经营,规范服务标准,共享物流信息平台。目前胜速物流已在宁波、杭州、台州等地建立了物流基地,在绍兴、金华、温州等全省各地区建立了区域分拨中心,开通国内200多条专线,长三角地区定点货运班车46条,直达国内460多个网络站点。

(2)网络化的横向一体化物流联盟。按照统一品牌、统一服务标准、统一运营流程、统一信息系统,在全省各地通过连锁加盟或股份化的形式吸引当地中小物流企业加盟,整合资源,将小微型物流企业作为自身的网络站点,网络站点为基地平台提供货源,基地平台通过资源整合将货物运输到全国各地。目前通过物流联盟形成300余家物流网点,其中在浙江省内有146家,宁波市内有近60家,公路快运直达网络覆盖全国省会城市及重要的二级城市,区域配送深度覆盖浙江省各地级市、县城及重要乡镇,逐步形成了以品牌为纽带,基地平台为依托,网络为支撑,信息化为引领的物流网络独特业态。

(3)不同服务类型间开展互补型的横向一体化合作。通过与不同运输方式企业间的联运,实现互补。中通物流集团与铁路杭州货运中心、铁路宁波北站开展公铁联运,门到门、站到门、门到站等服务合作。与宁波港船运货代企业开展海公、海铁联运,实现运输方式的紧密合作,达到多式联运的无缝联结。与电子商务(阿里巴巴)等电商企业结盟,实现信息共享,线上线下同步协同。同时,考虑到信息化、网络化的需求,又与物流软件企业结盟,给客户提供更深、更广的一体化物流信息服务。

3.联盟组建原则

物流企业联盟已成为现代物流企业强化其竞争优势的重要手段,中通物流胜速快运联盟成立之后,各企业成员之间应遵循增进互信,加强沟通,获取成员单位之间的互补性资源的原则,以实现资源信息互补和共享,扩大各企业成员利用外部资源的范围，促进并提高各企业成员的经营管理水平，使联盟内各成员利益共享，共创规模经济效应，提高双方的市场核心竞争力为目的。

4. 联盟企业成员的权利和义务

1)联盟盟主的权利

(1)为确保联盟的统一性和产品服务品质的一致性，中通物流胜速快运联盟盟主有权对其他联盟企业成员的经营活动进行指导和监督。

(2)联盟盟主有权对其他联盟企业成员违反本协议条款采取相应的措施。

2)联盟盟主的义务

(1)联盟盟主向其他联盟企业成员输出与其有关的公路快运的标准、服务规范，包括但不限于向其他联盟企业成员提供《中通物流胜速联盟服务手册》和《中通物流网点操作手册》、《中通物流网络运价定价规则》、《中通物流货损事故处理规则》、《中通物流客户服务标准和投诉处理办法》。

(2)联盟盟主帮助对其他联盟企业成员的市场调查、行业概况分析、投诉处理及员工招聘培训等方面的经营指导。

(3)联盟盟主指导其他联盟企业成员根据联盟的行业特点装修店铺，包括符合联盟要求的门面设计、货运车外貌设计等。

(4)联盟盟主将不定期安排专业人员进行巡视指导，随时为其他联盟企业成员在经营过程中遇到的问题提供协助，并有偿提供专用的网络运营管理信息系统和网络支持。

(5)其他联盟企业成员的货物达到一定的整车运输量时，联盟盟主将提供各基地与其他联盟企业成员之间相应的有偿驳运服务车辆，不足整车装运的须另行协商解决。联盟盟主只负责其他联盟企业成员交由联盟盟主承运的货物在承运过程中发生延误、损差等事项的处理并按规定进行补偿(处理办法根据《中通物流货损事故处理规则》)。

(6)联盟盟主以内部网络的网络优惠价(参照协议附件《中通物流网络运价定价规则》)与其他联盟企业成员进行结算，并可针对其他联盟企业成员当地市场情况做出网络结算价格调整。

(7)联盟盟主运达其他联盟企业成员的货物以5元/t(轻泡货物按4m^3折合1t计算)的理货费结算给其他联盟企业成员。

3)其他联盟企业成员的权利

(1)其他联盟企业成员在联盟约定的期限和核准地点可使用联盟标识经营公路快运业务。

(2)其他联盟企业成员在联盟约定的期限内可获得联盟盟主提供的经营指导和培训。

(3)其他联盟企业成员在联盟约定的期限内可获得联盟盟主提供的授权业务所需的相关帮助和相关费用结算的办法。

4)其他联盟企业成员的义务

(1)联盟企业成员营业场所外观。其他联盟企业成员需依本协议的约定对其未来营业的联盟企业成员营业场所进行必要的翻修或重新装修。

(2)营业场所招牌。其他联盟企业成员应在经营地装设一个或多个联盟 LOGO 标牌。该招牌的式样及规格、美工设计、字形排列、彩色设计、大小尺码、结构及整体外观由联盟理事会核准。

(3)业务所需的相关设备和办公用品。其他联盟企业成员应购置足够数量办公用品(包括电脑、传真、电话、打印机、空调等)及必需的运输工具、装卸工具、托运单、标签、确认单、名片等。

(4)营业记录。其他联盟企业成员同意建立并保管本协议所规定的营业记录,以及在协议期限内所发的联盟文件中规定的相关记录。

(5)免责条款。联盟盟主不因其他联盟企业成员的经营或与其他联盟企业成员的经营有关的争议而承担任何费用(包括但不限于诉讼费用、律师费用),如果联盟盟主因其他联盟企业成员经营纠纷或与其他联盟企业成员经营有关事宜导致发生上述费用,则由其他联盟企业成员予以承担。本条款规定的应由其他联盟企业成员履行的义务于本协议期满或终止后继续有效。

(6)与服务的品质及商誉有关的义务。其他联盟企业成员要认识作为联盟企业成员的社会使命,忠实的为顾客服务,树立以客户为中心的服务理念,严格按照联盟的各项服务标准执行。其他联盟企业成员承诺努力提高与联盟有关的声望与商誉。

(7)营运管理手册。其他联盟企业成员同意遵守联盟盟主作为联盟理事长单位所作出的各项联盟内规定。其他联盟企业成员确认,联盟盟主有权在其认为对联盟企业成员的持续成功与发展有重大影响时,对《中通物流胜速快运联盟操作手册》、《中通物流胜速快运联盟网络运价定价规则》、《中通物流胜速快运联盟货损事故处理规则》作合理的修改和补充。因此,其他联盟企业成员同意联盟盟主可以随时以合理方式变更或补充《中通物流胜速快运联盟操作手册》、《中通物流胜速快运联盟网络运价定价规则》、《中通物流胜速快运联盟货损事故处理规则》规定的标准与条款。其他联盟企业成员同意自行担负并于收到上述修改和补充事项 7 日内予以修改。上述修改和补充应被视为是签订本协议时的《中通物流胜速快运联盟操作手册》、《中通物流胜速快运联盟网络运价定价规则》、《中通物流胜速快运联盟货损事故处理规则》中的一部分。联盟盟主应以书面传真或信件方式通知其他联盟企业成员关于《中通物流胜速快运联盟操作手册》、《中通物流胜速快运联盟网络运价定价规则》、《中通物流胜速快运联盟货损事故处理规则》的修改和补充或联盟管理结构变化及其他变更事项。

(8)商业秘密。其他联盟企业成员承诺,由联盟盟主提供给其他联盟企业成员的《中通物流胜速快运联盟操作手册》、《中通物流胜速快运联盟网络运价定价规则》、《中通物流胜速快运联盟货损事故处理规则》的内容以及联盟盟主的经营和业务知识,其中包括但不限于在会议、研讨会、培训课程、会谈中随时透露的信息和资料是联盟盟主或联盟其他企业成员的商业秘密。其他联盟企业成员同意其将在本协议有效期内和之后对所有这些资料保守绝对机密,并同意不在联盟盟主没有特别书面授权或批准的任何其他业务中或以任何其他方式使用这些资料。其他联盟企业成员除了为依据联盟盟主在本协议中对已设置的限制行使其本协议项下的权利或履行本协议项下的义务所必须外,不应当将这些资料泄露给其他人员。

(9)客户关系与商誉的保护。其他联盟企业成员同意,当客户与其他联盟企业成员发生争议,而向联盟服务平台投诉时,联盟盟主可以就该投诉事项进行调查,并有权从其他联盟企业成员、投诉当事人以及相关证人处获得各方对相关事实的意见。其他联盟企业成员同意在此类调查过程中与联盟盟主充分配合。联盟盟主收到一项客户投诉后,将设法于 7 日内完成调查。完成调查后(且其他联盟企业成员仍未解决争议时),若联盟盟主根据其获得的事实资料足以认定该项争议是由其他联盟企业成员提供的服务不符合标准要求,或在该项交易中以重大不当方式处理事务时,联盟盟主将以书面告知其他联盟企业成员该项调查结论,并将联盟盟主做出的指导原则提供其他联盟企业成员,规定其他联盟企业成员正确解决该项争议的方法。如果联盟盟主直接收到投诉当事人的反映或了解到涉及其他联盟企业成员的有关某项业务的投诉,且依本款的规定认定其他联盟企业成员或其代理人不能于 10 天内与投诉当事人满意的方式解决该项争议时,联盟盟主可对其他联盟企业成员采取相应的处罚措施，甚至选择终止协议。

(10)第三方侵权的处理。其他联盟企业成员发现第三方对联盟内各成员单位的侵权行为后，应立即告知作为联盟理事长的联盟盟主，并对联盟盟主针对侵权行为所采取的措施进行配合。

(二)联盟的运作体系

1. 联盟运作模式

中通物流胜速快运联盟以契约形式联合，形成物流联盟组织，并采用网络集成形发展模式，通过集成中通物流集团原有服务网络和其他企业成员各自所在地的服务网络，实现物流业务的协同运作，着重发挥联盟企业成员在各自网络中的分拨配送业务能力，不断扩展联盟服务网络的广度和深度。联盟成立后，主张“五个统一”，即统一服务标准、统一服务价格、统一信息平台、统一操作平台、统一联盟品牌，实现运力资源的共享，区域配送的一体化运作，最终形成网络化、标准化、信息化的现代物流网络，打造浙江快运联盟的第一品牌，进入中国物流业的第一阵营。

中通物流胜速快运联盟使联盟企业成员形成资源高效协同机制，物流运作不再以单个节点为中心，而是分散到多个节点实现协同业务处理，联盟将以低成本、高品质、多样化的物流服务及时满足客户的多项个性化物流服务需求。

2. 联盟运作机制

1)跨区域整合

中通物流胜速快运联盟由宁波中通物流集团为盟主，首批成员为省内10家物流企业，通过集成中通物流原有服务网络和其他成员单位各自所在地的服务网络，将分离的物流资源整合为高效的物流网络，拓展物流服务网络覆盖范围，提升了物流服务能力，实现企业成员间物流组织网络、功能网络、信息网络的有效融合和设施设备的共建共享。

2)网络化运营

通过建立联盟，形成了资源高效协同机制，使得物流运作不再以单个节点为中心，而是分散到多个节点实现协同业务处理，联盟将以低成本、高品质、多样化的物流服务及时满足客户的多项个性化物流服务需求。

3)标准化服务

联盟确定以盟主单位宁波中通物流集团已建立的成熟运营服务体系(即单据信息、运营操作、服务标准等物流服务标准化体系)为联盟的标准，各企业成员在联盟框架内遵循统一的服务规范,对外提供统一、标准的物流服务。联盟将创建统一的联盟品牌,树立品牌管理意识,在省市各级行业主管部门的指导下,通过新闻媒体、对话论坛等渠道加强联盟品牌的宣传和保护。

4)信息化运作

根据各成员单位的信息化水平,联盟将以盟主单位宁波中通物流集团已建立的物流信息系统为标准,所有企业成员统一纳入集成、统一的信息化管理体系中,实现业务协同运作、物流全过程的可控化管理和透明化服务。同时通过中通物流信息系统与国家交通运输物流公共信息平台完成的对接,通过行业数据交换标准接口,实现企业成员间构建基础资料信息、货物交接单与货物托运单信息、电子对账单及杂费等信息的实时共享与快捷交换。

5)规范化管理

联盟将以致力打造浙江省内公路(零担)快运联盟第一品牌,进入中国物流业的第一阵营为战略目标,确定了分布计划实施的内容;同时确定科学严格的加盟企业准入条件,公平、合理、共赢的利益分配方案,及企业成员自有知识产权与品牌资源的保护机制。构建有利于联盟健康稳定发展的治理结构,明确各方的权利和义务,引导形成紧密结合的长效机制。

三、联盟的成效

1. 服务范围扩大、服务能力提升

通过中通物流胜速快运联盟工作的开展,使得各企业成员之间的区域服务能力能得到共享,在企业成员不需要花费更多投入的情况下,增强了自身的网络服务能力,随着更多联盟成员的加入,联盟的网络化成效愈发显著。

2. 物流费用降低、竞争能力提高

联盟使得企业成员在物流设备、技术、信息、管理、资金等各方面互通有无,优势互补,减少了重复劳动、降低了成本;同时通过企业成员之间的经常沟通与合作,互通信息,建立起来的相互信任和承诺,减少了履约风险;即使在服务过程中产生冲突,也可通过协商加以解决,从而避免无休止讨价还价,甚至提出法律诉讼产生的费用,帮助企业成员之间在交易过程中减少相关交易成本。通过降低整体物流费用,提高了各企业成员及联盟整体的竞争能力。

3. 优化资源利用、有效节能减排

通过联盟工作的开展,各企业成员之间可共享所拥有的物流资源,这使得企业成员不需要到处自己设点来浪费资源，资源的共享提高了车辆运营的效益，减少了单位货物的汽车尾气排放量，同时各企业成员之间的货源共享也为扩大干线甩挂运输奠定基础，甩挂运输能有效提高节能减排水平，促进绿色物流的发展。

4. 提高信息能力、改变行业形象

通过联盟工作的开展，使得企业成员之间一方面实现互通有无，优势互补，减少信息化建设方面的重复劳动，提升企业信息化能力；另一方面通过联盟盟主企业强大的信息技术引领，用很小的投入直接应用企业成员已有的成熟技术，提升了企业信息化能力。物流新技术的应用有效改善了联盟企业整体服务品质，降低了物流运营成本，同时使得传统的人力运作向自动化、机械化、信息化的转变，提升了整个浙江物流业的服务水平。

四、联盟进一步举措

中通物流胜速快运联盟的目标是达到浙江省内公路(零担)运输联盟第一品牌及进入中国物流业第一阵营的战略目标，为达到这一目标，联盟对未来的发展定制了详细的规划，具体分为三个阶段：

1. 深耕省内网络、完善省内线路

在联盟发展的第一阶段(2014～2016年)，联盟将深耕省内网络、完善省内线路作为主要工作内容：

(1)把联盟企业成员的服务网络和区域配送深度覆盖到浙江省11个地级市、5个地辖区，22个县级市、36个县，建立近100家一级物流服务网点和近200家二级物流服务网点，基本形成覆盖浙江全省的物流服务网；

(2)对省内的公路快运线路进行完善，一方面将原来传统的、不确定的、低端的所有线路运营模式，全部转变为定时、定点、定线、定车次、定价的"客运化"班车模式；另一方面通过联盟企业成员的不断加入，将开通省内一级服务网点与各区域分中心之间运行的班车线路，使所有一级网点都有班车相连，同时对开通的班车亦实行"客运化"班车模式，使中通物流成为浙江省内公路(零担)运输联盟第一品牌。

2. 省际联盟试点、整合干线网络

在联盟发展的第二阶段(2015～2017年)，联盟将尝试与其他省份的物流联盟或区域龙头企业进行区域联盟试点，联盟将通过实地考察和综合论证，在其他省份选定一个联盟或企业尝试进行区域网络与区域网络之间的联盟试运行，将区域之间相互往来的干线进行整合优化，对区域联盟产生的运营流程差异、服务品质差异、信息水平差异、战略目标差异、地域文化差异进行磨合总结，为下一阶段全国范围内的联盟复制做好充足的准备。

3. 推进联盟复制、完成全国布局

通过第二阶段的工作，联盟将快速在全国推进省份之间的区域联盟复制，使联盟内的公路快运直达物流网络覆盖全国省会城市及重要的二级城市，区域配送深度覆盖到各省市、县城及重要乡镇近600多个城市，使得联盟在全国范围内完成网络布局，达到进入中国物流业第一阵营的战略目标。

评　　析

联盟可根据不同标准划分为不同的类别，其中根据联盟企业成员在价值链中的位置不同，可将联盟划分为横向业务联盟模式、纵向业务联盟模式和混合业务联盟模式。一般物流联盟都是由中小物流企业组建而成，属于横向业务联盟模式。而中通物流胜速联盟则涉及三种物流联盟模式，实现纵向一体化联盟模式，横向一体化联盟模式和纵横向相结合的联盟模式共同发展，创新联盟组建模式，推动联盟的发展，为联盟的经营模式发展提供更好的借鉴经验。中通物流胜速快运联盟这种具有特色的组建模式为联盟的稳定发展提供了有利的条件。

中通物流胜速联盟还有许多问题亟待解决，比如联盟的信息化推进缓慢、战略目标无法快速统一等。所以需要建立健全的联盟体制，加强联盟企业成员间的沟通协作，实现联盟企业从省内—省际—全国的发展目标。

中通胜速快运联盟的不断发展，将使其逐步扩大联盟的服务范围，提升联盟的服务品质。其纵横一体化组建模式的不断完善，使联盟的发展面更广，涉及的领域更多，进一步完善集约化和信息化经营优势，降低联盟的运作成本。

案例5：千一物流企业网络联盟——网络集成型物流整合服务机构

千一物流网络联盟是在大力发展中小物流企业联盟的政策引导下，突破当前中小物流企业发展桎梏的迫切需求下成立的。联盟通过集成企业成员物流网络，形成完善的、覆盖全国的物流服务网络，依托物流信息平台，立足于实现物流供应链服务的整体优化，为客户提供优质的物流整合服务。联盟通过优势互补、风险共担以及利益共享，实现契约型联盟的长效、稳定和健康发展。

一、联盟的发展概况

（一）联盟简介

千一物流企业网络联盟是在杭州千一运输有限公司的倡导和组织下，由杭州千一运输有限公司、浙江绍广物流有限公司和杭州速达运输有限公司等企业发起，于2014年8月正式成立。联盟以物流网络化运作为基本特征，以自身的发展需求和各方的共同利益为基础，为实现优势互补、风险共担、利益共享的战略目标，通过契约联合，结成较为稳定的物流合作组织。

目前联盟已经在浙江省内拥有企业成员18家，预计未来将有更多的中小型物流企业加入，联盟将持续发展和壮大。联盟企业成员的网点采用网络式的运营布局，各个中小物流企业进行物流服务的业务领域与功能组合，可以更好地发挥物流联盟一体化、物流服务最优化的优势，使得联盟企业成员的服务范围得到扩大，增加了物流业务量；充分利用了各个企业间的车辆空间，降低了物流的运营成本，为联盟进行物流服务优化创造了条件，为更好地给客户提供高品质的物流服务打下良好的基础。

依托千一物流企业网络联盟旗下的各企业成员业务，以杭州千一运输有限公司勾庄基地及柯桥绍广物流园区和义乌分拨中心为中转站场，省内设有80多个物流网点，物流网络覆盖整个浙江省及长三角苏浙沪皖地区。联盟还在广东省，北京市、河南省、湖南省、四川省、云南省等地建立了多个分支机构即物流集散点，大多数分支机构均采用合股经营，进行统一管理、统一运作。联盟旗下目前拥有众多运输线路，像杭州—郑州、杭州—西安，杭州—广州，杭州—株洲，杭州—北京，杭州—天津，杭州—昆明，杭州—贵阳，杭州—成都等多条省外成熟的运输专线，物流网络已覆盖全国主要城市。主要运输小商品、农产品、电子器材、通信设备、服装、面料、皮鞋和日用百货。

千一物流企业网络联盟的宗旨是坚持以社会导向、市场导向和顾客需求导向为基本出发点，以做大做强联盟品牌，提高联盟企业核心竞争力为根本；整合联盟企业各种分布于不同区域的仓储资源、物流设备资源、实体场站资源、物流干线资源、物流网络资源等，实现仓储网络、运输网络和配送网络的有效衔接和协同运作，提高场站资源的利用率，以增加联盟企业的经济效益，降低运营成本，强化新知识和新技术应用为手段，构建一个有竞争力的、运营完善的物流网络体系。

联盟的目标是做浙江优秀的物流整合服务机构，物流网络覆盖浙江省全境及全国所有一级及部分二级城市，最终实现股份制改造，建立股权式联盟。

联盟的发展理念是推进联盟信息系统与国家交通运输物流公共信息平台的对接，通过行业数据交换标准接口，实现企业成员构架基础资料信息、货物交接单与货物托运单信息、电子对账单及杂费等信息的实时共享与快捷交换；秉承公平，合理，共赢的原则，实现业务协同运作，物流全程的可控化和透明化管理。

（二）联盟产生的背景

1. 政策的正确导向

浙江省交通大物流建设以转变发展方式为主线，以促进中小物流企业发展、提升物流效率和服务水平为目标，鼓励和指导中小物流企业网络联盟进行跨区域合作，加快资源整合，完善物流网络，规范服务标准，实施信息共享，实现物流企业之间，物流企业与制造、商贸企业及银行、保险等其他机构的业务信息有效结合。

立足于中小物流企业的内在要求和合作各方的共同利益，充分发挥其在组建和发展联盟中的主体作用，坚持市场导向，运用市场机制优化资源配置。发挥政府在指导、服务、规范联盟发展等方面的重要作用，创造有利于推进联盟发展的良好环境，引导和推进物流企业联盟的建设。抓住联盟发展的重点，推动资源的共享互补和业务协同，推动各种运输方式有效融合，以及不同行业之间联动发展，更有效发挥现代物流运作的特点和优势，更好地实现物流网络化运作，提高物流运作效率和产业链协同效率，促进供应链一体化进程。

引导联盟建立有效的运行管理机制，规范的服务标准体系，可控的监督考核制度，完善的信息交换平台，不断提升核心竞争力和可持续发展能力。

2. 企业发展的自身需求

近年来，传统产业的转型升级和电子商务的快速发展对物流服务提出了信息化、网络化、智能化、柔性化的新要求。物流企业在全国范围内加快战略布局，物流资源加速向大型优势物流企业集聚。中小物流企业目前规模小、技术力量薄弱、管理落后、运作中业务量低、资产利用率不高，生存发展空间面临挑战。

由于中小物流企业往往是两点间的线段式运营，导致各中小型物流企业的服务比较单一，使得大量的物流客户不得不去选择更加大型的物流企业，中小物流企业业务量较少,车辆的空间和实载率资源浪费严重,物流的运营成本较高,生存难以维持。

随着物流业务的深入和专一化发展,物流企业之间通过联盟的方式建立合作伙伴关系,共同承担物流业务成为目前绝大多数物流企业,尤其是中小物流企业的发展战略。

中小物流企业联盟能够有效整合物流资源、提高物流效率、提升物流网络服务、缓解企业生存压力,是提高物流企业经济效益的有效途径。有利于增强物流服务能力,提升物流服务品质,促进物流产业结构调整;有利于土地资源和能源的集约利用,提高节能减排水平,促进绿色物流的发展;有利于维护行业的和谐稳定,营造诚信经营、规范竞争的健康发展环境。

在政策的导向作用以及中小物流企业迫切期望完成自我提升的双重动因下,中小物流企业联盟成为指导我国中小物流企业合作的新方向。千一物流网络联盟正是希望通过联盟的形式,借助良好的政策环境,有效改善中小物流企业在物流市场中的竞争弱势地位,突破中小物流企业自身发展所遇到的瓶颈。

二、联盟的体系构成

(一)联盟的组建体系

千一物流企业网络联盟的最高权力机构是联盟全体成员大会,其职责是制定、修改联盟章程,审批联盟内部的规则、标准、规范等;审查联盟成员的资格,决定联盟成员加入、退出或取消资格;协调处理联盟成员间的关系和纠纷。

联盟的常务管理机构是联盟执行委员会,其职责是执行联盟最高权力机构的决定;制定联盟内部业务运作流程;组建、管理相关职能部门;接受加入联盟的成员申请;协调、组织联盟业务的开展(招投标、谈判、业务运营等);随时掌握联盟企业成员的业务动态,向联盟企业成员提供最新的市场信息及与经营相关的各类资源;组织联盟企业成员学习培训;接受、处理客户投诉等。

各企业成员在联盟合作业务的活动中按联盟的章程和制度进行各自的利益分配和亏损承担;在责任义务相对等的原则下,进行具体的实务运作。

全体成员都是联盟整体不可分割的一部分,无论企业规模大小、经营状况如何,都是联盟工作的实际执行者,具有相应的投票表决权,都可享受平等的权利,同时也承担相应的义务。

(二)联盟的治理体系

千一物流企业网络联盟秉承公平,合理,共赢的原则,实现企业成员之间的业务协同运作,以物流全程的可控化和透明化管理为目标。联盟成立了专门的联盟管理机构,机构下设物流业务联系部门、理赔部门、投诉部门、车辆调度部门等机构。该机构负责管理联盟企业成员,处理联盟中发生的各种突发情况。联盟管理机构有权对联盟中的各个企业成员进行管理和整合。

在联盟管理结构的协调统一下,联盟内部各企业成员统一服务品质、统一服务价格、统一服务时间,为客户提供统一、标准、可靠、诚信的物流服务。为打造千一物流企业网络联盟的良好口碑,联盟管理机构对各企业成员的服务品质严格把关。为联盟车辆统一装配 GPS 定位系统、车载监控系统及平台网络监控系统,以此保障联盟物流服务的诚信度,同时提升联盟品牌价值。

各企业成员必须服从联盟管理机构的调度,依照管理机构下发的业务内容,负责各自物流服务范围的管理及具体运输工作。同时,必须向联盟管理机构汇报物流服务开展情况,如遇无法处理的突发情况,企业成员应交由联盟管理机构处理。

为营造有利于联盟发展的良好环境,促进联盟健康、快速、可持续发展,联盟营业收入将由财务部代为保管,按月根据联盟企业成员的物流服务完成情况以及合同规定的原则进行分配。

(三)联盟的运作体系

千一物流企业网络联盟通过跨区域网络的集成,实现物流业务的协作运营,大力发展联盟企业成员各自服务网络的核心业务能力,不断扩展联盟服务网络的广度和深度。利用企业成员遍布全省的区域分布优势,实现不同区域内业务的合作,将分离的物流资源整合成高效、快速、便捷的物流网络体系,拓展网络覆盖范围,提升物流服务能力,实现企业成员之间组织网络、服务网络、功能网络、信息网络的有效融合和车辆、设备的共享。使得原来分散、单一的运输体系得到扩展,局限于各自区域内的信息服务得到跨区域发展。

通过跨区域的物流网络集成,联盟的服务范围明显扩大,业务量大幅提升。通过企业成员之间设备的共享,充分利用了各企业成员车辆资源,降低物流运营成本,为联盟进行物流服务优化创造了条件。通过对联盟企业成员物流服务的业务领域、资源与功能组合,更好地发挥联盟创造的一体化、最优化物流服务的优势,为联盟更好地给客户提供高品质的物流服务打下良好的基础。

千一物流企业网络联盟服务的业务处理过程是向客户提供物流服务的过程,客户的需求大多是通过订单的形式提出的,各个联盟企业成员采用联盟统一的订单及标签，联盟接受客户的订单后，将统一的标签贴到物品上，然后将订单信息录入联盟的信息平台，货物送到联盟统一的物流操作平台，然后联盟在完成服务方案的设计后，明确各个联盟企业成员负责的物流服务范围，根据每个联盟企业成员的具体情况，分配具体的物流任务。联盟在向客户提供完物流服务之后，客户按照事先与联盟约定的运费支付方式支付运费，此运费暂时由联盟的核心企业代为保管，各联盟企业成员具体的分配，则按照签订合同时各方所承担的物流工作量进行分配。

联盟采用标准化的流程统一对外服务，根据客户的需求形成订单，在联盟的平台完成信息集成，通过联盟的信息平台进行统筹，将联盟内部的运输能力跟外部的客户需求进行运能匹配，然后形成执行运单；通过运单执行，货物送达，将反馈信息输入到联盟信息平台进行统计结算，最后进行分配。这一切都将依托信息平台来完成。千一物流企业网络联盟物流配送流程图如图4-10所示。

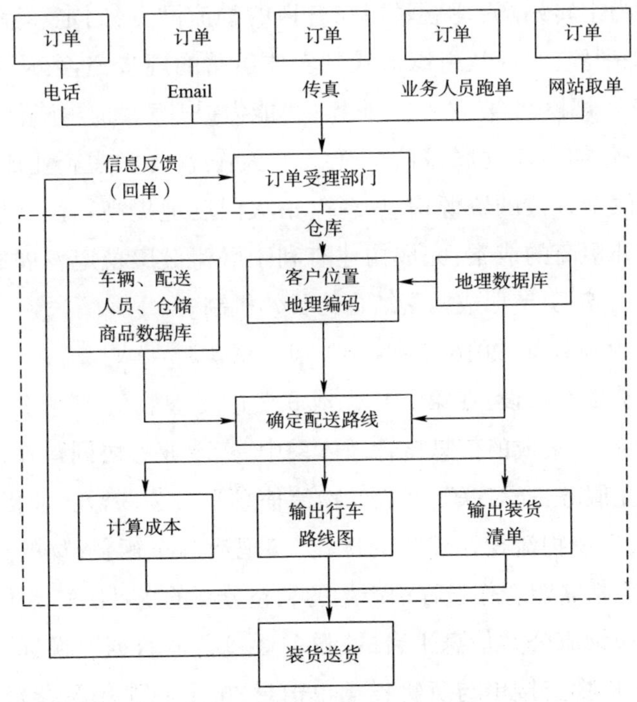

图4-10　联盟物流配送流程图

三、联盟的成效

千一物流企业网络联盟通过跨区域网络的集成，实现了物流业务的协作运营，极大地提升了联盟企业成员各自服务网络的核心业务能力，扩展了联盟服务网络的广度和深度。千一物流企业网络联盟在浙江省内的各个城市中都拥有企业成员，从而实现了不同区域内的业务协作，将分离的物流资源整合成高效、快速、便捷的物流网络体系，拓展网络覆盖范围，提升物流服务能力，实现了物流企业间的组织网络、服务网络、功能网络、信息网络的有效融合和车辆等设备的共享。使得原来中小物流企业单一的运输体系得到有效扩展，局限于各自区域内的信息服务得到跨区域发展。

四、联盟进一步举措

(一)联盟的近期目标(联盟成立至2015年年底)

千一物流企业网络联盟以杭州千一运输有限公司勾庄基地、柯桥绍广物流园区和义乌分拨中心为中转站场，建立联盟在各地的物流网点；制定和完善联盟合作经营方案，优化资源配置，实现从组织形式到实体运营的逐步完善，从而实现"区域融合"、"网点共享"、"规模联合"、"扩大业务"、"能力提升"、"成本降低"、"合作共赢"的新局面；在第一年初步建立联盟信息资源共享平台，为联盟企业成员物流场站资源的充分利用提供全方位的资源信息支撑，最大限度地提高物流站场的利用率，减少站场闲置和对外招商的成本；完成构建有利于联盟健康稳定发展的治理结构，明确各方的权利和义务，引导形成紧密结合的长效机制。

(二)联盟的中期目标(2016年到2017年年底)

通过一年的基础性建设，在第二年完成联盟的专业物流信息平台的建设，将联盟企业成员纳入统一、集成的信息化管理体系中，实现业务协同运作、物流全过程可控化管理和透明化服务；通过联盟专业的物流信息平台为联盟企业提供统筹化的物流资源调配功能，以及物流操作流程的优化，实现运输车辆、货物的跟踪检索，网络对账，费用结算，包括联盟合作过程中产生的利益分配的统计结算；推进联盟信息系统与国家交通运输物流公共信息平台的对接，通过行业数据交换标准接口，实现联盟基础资料信息、货物交接单与货物托运单信息、电子对账单及杂费等信息的实时共享与快捷交换。

(三)联盟的远期目标(2018年到2020年年底)

联盟力争用3~4年的时间，用自身的发展做模板，进一步拓展物流网络覆盖范围，提升物流服务能力，实现联盟组织网络、功能网络、信息网络的有效融合和设施设备的共建共享；建立联盟资源高效协同机制，以低成本、高品质、多样化的物流服务及时满足客户需求，建立标准化的物流服务体系，在联盟框架内遵循统一的服务规范，对外提供统一、标准的物流服务；创建新的统一的联盟品牌，树立品牌管理意识，加强品牌的宣传和保护；联盟力争用4～6年的时间，在自愿组织、共赢发展的原则基础上，从"契约合作型组织"向"股份制企业"过度和提升，将联盟打造成国内具有发展潜力和独特运营模式的民营物流运营实体，并通过资本运作和企业架构改造，在国内或国外资本市场上市。

联盟秉承不进则退的发展思路，将信息化、网络化发展作为下一阶段主要的工作，未来联盟企业成员将扩展至浙江省全境的各个地方，致力于打造浙江省最大的物流企业联盟，使联盟的物流服务范围在覆盖整个浙江省的同时，进一步辐射长三角，面向全中国。

联盟将不断提升网络化管理，联盟已经拥有属于自己的专属物流网站，将网络信息和物流服务相结合，未来联盟将会研发联盟专属的APP手机软件应用及公众微信平台，使联盟客户可在手机及电脑上及时查询货物动态，了解联盟的物流相关信息，确保客户物流服务安全到位，进一步提升联盟的品牌价值。

评　　析

杭州千一物流网络联盟起源于突破当前中小物流业发展瓶颈的迫切愿望。联盟的主要特征表现为：(1)成立专门的联盟管理机构，该机构负责管理联盟企业成员的物流经营，协调企业成员处理经营中各种突发情况，有助于联盟的稳定发展；(2)千一物流网络联盟重视信息化，建立联盟信息平台，其运作都依托该信息平台，为充分利用联盟资源提供信息支撑，最大程度的提高联盟的资源利用率。

千一物流网络联盟成立的时间较短，信息化并不完善，而联盟运作都是依靠联盟的信息平台完成，所以需要尽快完善千一物流网络联盟的信息平台，提高联盟的运作效率。

千一物流网络联盟非常重视信息化的发展，在联盟成立之初就建立联盟的信息平台，为联盟的高效运作打下基础。在信息化理念下，联盟以后将不断完善信息系统，使其成为联盟企业信息资源共享平台，实现信息公开化、透明化，将网络信息与物流服务更好的结合在一起。

第五章　平台主导型联盟

信息平台主导型是以信息平台为核心的联盟形式。联盟依托信息平台全面整合分散的物流供需资源,利用信息技术、物流管理技术统筹调配物流资源,优化业务流程,为需求方提供增值服务。

信息平台联盟是由若干个企业组建,对外作为一个信息平台,对于客户来说是由一个企业进行营销。通过信息平台统一接单,信息平台的后台为数据库,存有市场、客户和各个企业资源的数据,数据库由各个企业共享。对内,根据既定规则分配完成客户物流订单的参与企业,并统一配置车辆设备、原材料和人力等资源。联盟中的各个企业仍为独立的企业法人,仍然独立核算,仍然能够独立的开展各自的传统业务和营销活动。

本章以专线宝联盟、卡行天下、浙江万联供应链联盟、安能物流、好友汇物流联盟为例,阐述信息平台对物流联盟带来的效益。专线宝联盟所依托的核心就是为专线物流企业精心研发的管理软件。在经过长时间的市场调研分析,了解了上百家专运公司的业务及管理需求后,专线宝综合运用 GPS 定位、手机定位、GIS 应用、条形码等信息化技术,集运单、配载、财务核算等核心内容为一体,形成了一套完整的专线物流管理体制;卡行天下的"卡行直通车智能管理平台"成功上线,这是我国唯一一套实现道路运输整合和运输节点管理的智能信息管理平台,在此基础上,卡行天下还开发"卡行掌上通",实现直通车智能管理平台系统与手机信息的同步,客户可在手机上轻松查找运费和货物状态等;浙江万联供应链联盟以集装箱甩挂运输为主营业务,依托客户业务资源等七大基础资源,凭借其对无车承运人项目经营思想、运营体系、市场定位的准确把握以及对业务流程的精确掌控,创造了集装箱甩挂运输盈利的新模式;安能物流作为公路零担运输企业,提出打造全开放经营平台理念,以加盟模式带动企业跨越式发展;好友汇物流联盟并不是单纯的联盟企业,它拥有独立的运作模式、全国标准化网络的互换平台,实现其一站式发货的运作模式,而且物流全程信息透明化,可提升服务品质。

案例6:专线宝联盟——零担专线物流服务平台联盟

专线宝联盟是以杭州网阔信息技术有限公司研发运营的专线宝——零担专线物流服务平台为核心所组建的电子商务联盟。其以大票零担物流为切入点,基于互联网的开放性、共享性原则,整合全国优质专线物流资源形成联盟,打造线上物流资源对接交易,线下物流全程服务的零担物流服务新模式。

一、联盟的发展概况

(一)联盟简介

专线宝联盟(大票零担物流服务平台)于2013年11月成立,是一个连接供货方(生产企业、贸易公司、电商平台、第三方仓储等)与专线物流企业的一体化服务平台。联盟以传统零担专线物流市场所存在"小散乱差"等问题为切入点,一方面,以货源为吸引点,通过标准运营服务体系的建立,规范传统专线物流企业的经营行为;另一方面,通过联合众多专线物流企业,形成发货到全国的运输力量支持,并结合专业的运营服务体系为货方提供标准化物流服务,进一步凝聚和吸引客户货源。

"专线宝"是连接零担物流需求方(上游发货方)与供应方(下游专线物流商),并引进第三方担保支付、货运保险的一体化零担物流服务平台。其以Online To Offline电子商务模式作为设计核心思想,为物流需、供双方建立物流资源的快速对接、互选成交的通道,全程参与从物流需求方发布货源信息、专线物流商报价、双方选择交易到跟踪收货的整个物流服务全过程,为物流需、供双方提供安全、便捷、高效的物流体验。专线宝联盟标识如图5-1所示。

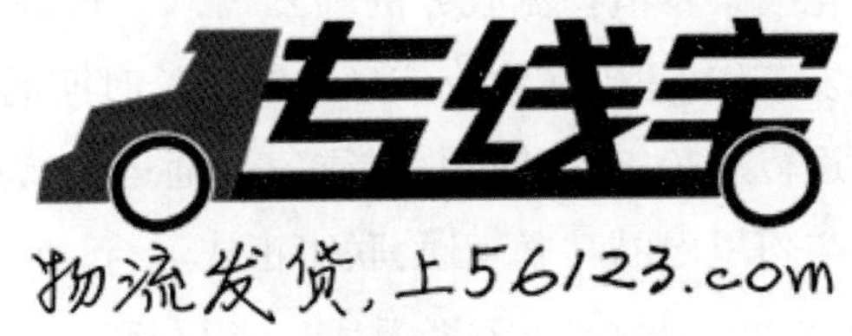

图5-1 专线宝联盟标识

通过物流资源匹配、信用评级、运费竞价、担保支付等体系设计,"专线宝"将极大提高发货方寻找优质物流服务的效率,同时依托专业的供应商采购团队及严格的供应商准入机制,帮助众多优质中小专线物流企业拓展业务来源,提升服务水平,引领它们做大做精、共同发展。

(二)联盟产生的背景

1. 专线物流市场背景

10 多年来,电子商务理念已深入我国大部分产业,也直接推动了物流业中快递、小件快运的高速发展。但起源于 20 世纪 90 年代并占我国零担物流运输运费总额 80% 以上的专线物流仍停留在原始发展阶段,企业规模小、线路单一、信息化程度低、服务能力差等问题仍是普遍现象,导致发货方在选择专线物流时"既喜又忧"。

但不可忽视的是,庞大的专线物流群体正是组成我国公路零担运输网络的坚实生力军主体。在此情况下,于一般企业来说采取自投资金自建干线运输网络的方式既无可行性也无必要性:其一,所需资金量大、人才队伍组织难度高、建设周期长;其二,重复建设干线网络,造成资源浪费,同时面临众多专线物流企业的恶性市场竞争。

专线宝联盟创始团队在 2009 年就已开始关注专线物流企业这个行业群体,经过大量的市场调查,发现专线物流难以匹配发货方市场需求的现状并不是不可以改变的。按照物流市场"发货权为王"的规则,如果掌握有丰富货源基础,专线物流企业愿意按照规范行事。但如果要掌握发货权,又必须要解决发货方货发全国、全网一家对接解决物流业务,并同时享有媲美快递的服务理念。

2011 年,联盟创始团队推出专线宝——专线企业运输管理软件,意在通过软件推广使用的方式实现专线物流资源有效组织。经过近 1 年多的市场实践,大部分专线企业从经营成本、人员构成等方面考虑,主动接受信息化的意识并不强烈;另一方面,专线企业对信息软件需求的差异性很大,软件维护成本居高不下。

2013 年,阿里巴巴"5・6 物流节大会"召开,联盟创始团队感受到电子商务对标准化大票零担物流服务的强烈需求。创始团队成员决定提前启动联盟互联网平台研发工作,凭借在物流信息化领域长时期的积淀,2013 年 9 月,专线宝联盟平台上线试运行。2013 年 11 月,在国家交通运输物流公共信息平台(Logink)大力支持下,实现与阿里巴巴互联互通,联盟正式运行。

2. 专线物流资源联盟式整合分析

专线物流企业具有线路固定、配货能力强、时效保障、运价低等优势特点,但因为单个的专线物流企业经营范围比较单一,只运营几条线路,难以满足发货方货发全国的需求。绝大部分物质生产企业等货源单位基于自身发货量情况、人员投入、物流管理考虑,未必会自建物流部门负责与市场中的专线企业直接对接,大多选择了将物流外包给第三方物流公司操作。因此,传统专线物流企业缺乏开发物质生产企业客户的动力，从而沦为第三方物流企业的业务转包对象，利润空间小。

从20世纪90年代初诞生至今，专线物流发展已历经20多年。据不完全统计，截至2014年年底，全国已有60多万家专线物流企业。如将它们的线路一一在地图上标出，俨然已形成一张覆盖全国地级市乃至部分延伸到县级市或乡镇的运输网络。目前形势下，投入大量资金建设专线运输网络进而品牌化、规模化经营的思路已不具备可行性和必要性。这就需要寻找到一条和全国众多专线物流企业联合共赢而不是竞争的发展之路。

专线宝开始借用“携程网”的成功经验，基于互联网的开放性、共享性理念打造一个整合专线物流企业的联盟平台。对于传统专线物流企业来说，加入此类联盟平台，一者可弥补自身线路不足的缺陷；二者对自身企业也起到宣传推广作用进而增加接单量。对于直接发货方来说，此类平台的出现，第一，充当企业自身物流部门的作用，比如专线采购、发货对接等；第二，减少了企业对第三方物流公司的依赖，减少物流中间成本，降低物流费用；第三，平台所提供的标准化价格体系、服务体系更有利于企业自身的物流成本测算和控制，有利于物流异常情况下的维权。在长期的市场竞争中，有一批重时效、重服务、定价能力强的优质专线物流企业已脱颖而出，分散在全国物流市场中，为联盟平台提供了坚实的运力保障。为保障联盟平台的服务品质，势必需要将这些专线物流企业纳入到平台中。但因为这类优质专线企业已历经长期经营、发展，在一定区域范围内已具备品牌优势，对它们的联盟整合不能泯灭企业自身的品牌，并且还需要保持它们经营的独立性，在确保服务前提下，线路的物流价格不能低于企业以往的经营价格。

二、联盟的体系构成

（一）联盟的组建体系

由于专线物流准入门槛低、经营模式简单，市场中从业企业已有百万家之众，同一地区经营线路相同的企业甚至有数十家之多，竞争尤为激烈。在此情况下，“抱团取暖、资源互补、提升服务”等理念也逐渐被大多数专线物流企业所接纳，这为专线宝联盟的建立和发展提供了极大的运力资源支撑基础。

物流是一个提供地面运输服务的工作，实现网络化格局也是现代物流发展的必要基础。专线宝联盟的进一步发展同样需要依托大量网点的建设，由地区网点联合当地具有相同合作发展理念的专线资源形成该地区“货发全国”的运输服务格局。

对于地区网点建立，联盟首先考虑的是通过与当地资源方合作伙伴采用共同出资按比率占股方式设立。

专线宝基于合作共赢的思路，同地区合作伙伴采用双方共同出资按比率占股（专线宝控股并主导经营、管理）的形式设立当地子公司作为专线宝网点。网点主要负责专线宝在当地市场的推广、运营、服务工作。网点的供应商即采购部门将负责当地物流市场的专线线路采购工作，并与专线物流企业以契约型模式（合作协议 + 保证金）建立联盟，专线物流企业入驻专线宝平台，共同服务于当地或周边地区的上游发货企业。

如果当地线路资源无法满足货发全国需求，在成本可控、服务可控的前提下，由当地网点组织货源集中后，统一调配到线路资源丰富地区进行物流分拨操作，优化运输服务。

（二）联盟的运作体系

1. 联盟管理模式

专线宝联盟在总部所在地杭州市设立“专线宝运营中心”，作为联盟管理常设机构。地区网点设立之初，运营中心将派遣人员入驻网点负责网点职能部门筹建工作，包括但不限于部门建设、人员招聘培训、管理规范与考核机制的贯彻与实施。网点工作逐步进入正轨后，撤回派驻人员，但仍需负责网点后续工作的指导和巡视考核。

专线物流企业加入联盟前需提出申请，由运营中心供应商采购人员到经营场地进行考察，并了解企业经营线路、运价、班车班次、目前网点覆盖区域等，审核通过后双方签署《专线宝联盟合作协议》、《专线宝联盟操作要求》等文件，以法律文件形式明确双方权利和义务。联盟运行过程中，供应商采购部门将安排人员不定期上门对专线物流企业进行工作指导、巡视检查，如发现不规范行为将约谈专线物流企业负责人或相关责任人限期改正或处罚。每季度，运营中心组织一次联盟交流会，邀约网点负责人和专线物流企业参加，将就季度内所发现的问题或现象进行分析并会商解决方案。

联盟鼓励有条件的企业成员使用信息化软件系统并通过国家交通运输物流公共信息平台（Logink）与联盟平台互联互通，实现报价接单、运单节点跟踪、费用结算等信息数据对接，降低联盟运营服务成本，提升响应效率。

2. 联盟运作机制

发货方有发货需求时可通过联盟官网、手机 APP、服务热线（400-711-0056）、QQ

等多种方式下单。对于标准货物,联盟官网对各线路运价、时效等均有公示;对非标准货物由联盟运营中心报价。

联盟运营中心客服人员与发货方确认订单后,对有上门提货需求的运单,运营中心将安排车辆上门提货并运输到就近集货点,或委托专线物流企业上门提货直接运输到企业经营场站。集货点收货后,工作人员会将货物按承运线路进行分类并制定发货清单,至当日下午 5 点前,视发货量情况及时安排车辆将当日装车运输的货物派发到具体专线物流企业经营场地。

专线物流依据货物装车情况向联盟运营中心上报发货清单,如有当日未装车货物,专线物流企业需说明原因和处理方案。货物运抵目的地后,由专线物流企业目的地网点通知收货方上门收货或与收货方协调送货时间,货物交付收货方后,专线物流企业需及时将签收情况反馈到联盟运营中心,并将回单寄送到运营中心。运营中心在收到回单或与收货方确认收货后,将及时与专线物流企业结算运费。

全过程中,运营中心客服人员负责发货方咨询和查询、节点跟踪、异常协调和处理、保险跟进等工作。

3. 联盟服务模式

1)发货方的专业物流部门

发货方可登录平台网址(www.56123.com)发货下单,也可通过 400 电话、QQ、手机专线宝下单。

专线宝接单并核对信息后,将与发货方协商装货时间和地点,在指定时间范围内安排车辆上门提货。

车辆提货后,货物需粘贴专线宝专用面单、标签,信息汇报给专线宝运营中心,并根据运营中心指令将货物运抵专线物流企业装货场地。

专线物流企业签收接货后,负责安排货物装车运输。运输过程中,专线物流企业可通过专线宝提供的免费《专线物流企业管理软件》或其他与 logink 平台互联互通的第三方软件上报货运跟踪信息或节点信息。

运抵目的地后,专线物流企业目的地网点上报到货信息,由专线宝运营中心以短信形式通知发货方和收货方。

收货方签收后,专线物流企业目的地网点上报签收信息,由专线宝运营中心以短信形式通知发货方。

服务过程中,如果产生货损并且发货方已投保情况,专线宝将积极代表发货方向保险公司理赔。如果承诺时效内没有送达货物,将按承诺进行赔偿。

2)专线物流企业的专业市场部门、接单部门、客服部门

专线物流企业加入联盟后,专线物流企业的网点、运输线路、时效、阶梯价格将在平台进行公布。

发货方签订物流订单后,由专线宝平台客服人员统一接单并核对信息、安排提货。

运输过程中,统一由专线宝客服团队对客户提供咨询、物流跟踪、保险理赔、异常处理服务。

运营过程中,专线宝将根据专线物流企业的接货量、货损率、时效、价格、配合度等进行考核评级,考核优异者将在平台的优势线路、星际线路栏目进行公布,不合格专线物流企业将清退出联盟。

(三)联盟的信息体系

专线宝联盟所依托的核心就是为专线物流企业精心研发的管理软件。在经过长时间的市场调研分析,了解了上百家专运物流公司的业务及管理需求后,专线宝综合运用GPS定位、手机定位、GIS应用、条形码等信息化技术,集运单、配载、财务核算等核心内容为一体,形成了一套完整的专线物流管理体制。

专线宝的操作简单、功能强大,由业务管理、财务管理、库存管理、数据统计等四大功能模块组成,能轻松实现开单、配载、发货、途中跟踪、到达派送、回单控制、承运单及货运合同打印、应收应付核算、客户/供应商对账单、每日营收、成本分析等功能,能帮助专线物流企业合理优化业务流程,对公司业务进行全面的跟踪和管理,是专线物流企业有效提高运营水平,减少成本,提升市场竞争力的有力帮手。

1.系统组成

1)基础信息管理

功能模块:网点管理,站点管理,托运方管理,收货方管理,支出类别管理,收入类别管理。

功能简介:各模块基础信息的维护和管理,用户可以自主设置,以适应不同物流企业的个性化需求。

2)人员管理

功能模块:部门管理,人员管理,账号管理,岗位管理。

功能简介:管理员可以根据物流企业的实际组织架构和管理模式,制定不同的权限和分组,以满足企业的人员管理,考核相关的工作。

3）运力管理

模块功能：车辆管理，运输方管理。

功能简介：主要针对物流企业内部的车辆和车队进行管理，以方便对货物的跟踪和后期的统计工作。

4）业务管理

模块功能：运单管理，配载管理，自提管理，送货管理，中转管理，自提管理，回单管理，货物跟踪。

功能简介：主要实现货运过程中的信息化管理，可以全程监管整个货物的运输过程。

5）库存管理

模块功能：货物打包，货物入库，货物出库，库存货物，货损登记。

功能简介：实现企业基本的仓库库存管理，包括虚拟库存和实体库存。

6）财务管理

模块功能：资金账户，账户充值，财务管理，统计报表。

功能简介：能够满足物流企业在实际运输过程中的基本财务管理，包括财务核销以及相关报表等。

7）短信服务

模块功能：发送短信，短信管理，短信模板，到站短信模板设置。

功能简介：物流企业可以通过短信功能，给用户发送货物送达短信或者其他友情提示短信等，以提高企业的服务品质。

2. 软件特色

1）功能强大

为广大专线物流企业建立起强大的信息化管理系统，包括了内部基础信息、用户、客户、车辆等的管理，同时还对业务流程进行了规范，主要是运单、配载、出入库的相关过程进行软件规范。

2）操作简洁

专线宝经过不断的开发完善，形成了自己特有的风格，符合广大用户的操作习惯，操作界面美观大方，丰富的个性化设置功能，能满足不同要求的用户需求。界面布局合理，整洁大方，鲜明的区分不同数据的显示。帮助向导能帮助用户快速上手，提高工作效率，实现办公信息化。

3)模式先进

专线宝在吸收了多家物流企业提供的丰富实践经验的基础上进行开发,不断的提炼优化,精简业务流程,以适应不同规模的物流专线企业的业务特征和需求,能在不增加额外操作和成本的前提下,实现对物流企业业务的全程跟踪和管理。对客户的友好提示,提升了企业的运营水平和企业的服务形象,减少了管理成本。

4)安装快捷

专线宝采用客户端软件及服务器应用交互模式,免除了企业的服务器硬件、网络安全设备、软件升级等方面的支出,只需个人电脑和互联网就可以完成所有的业务操作和其他的软件服务,节省了企业的信息化开支,缩短了企业信息化管理的建设周期。

5)安全可靠

专线宝采用数据集中存储、权限管理、敏感数据加密处理等一系列手段,保证用户信息存储安全可靠。哪怕客户端软件损坏,电脑重装等,都能保证业务数据的恢复。同时,服务器采用双机热备,确保用户数据的安全可靠。

三、联盟的成效

联盟成立至今,承接业务运单量月均保持20%以上增长,并在杭州石大路货运市场和传化货运市场设立集货点,负责杭州市内和周边的临安、富阳、萧山等地货源的集中和分流,基本形成杭州地区货发全国的运输服务能力。2014年8月,与合作伙伴采用共同出资按比率占股模式,专线宝联盟商业模式成功在绍兴嵊州市复制落地,成立嵊州市专线宝物流科技有限公司。截至2014年10月,嵊州专线宝已取得当地仿古家具产业物流运输25%市场占有率。

专线宝联盟成立后,整合市场中优质的专线物流线路,集中资金、资源及人员投入到物流服务中,有效提升了品牌的认知度。联盟依托专线自有货源组织生产,不需要担忧单条线路货量少而不能准时发车,最大限度地保障了运输的时效性。

四、联盟进一步举措

1. 网点建设

立足于推广、运营、服务考虑,专线宝联盟将在全国范围内与地区合作方依据“合作共建、专线宝主导”的思路,首阶段完成浙江省内至少30家网点建设目标。

2. 提派体系建设

一方面,借鉴德邦物流的成功模式和发展历程,专线宝联盟作为大票零担物流领域的服务性平台,为树立联盟品牌,实现与客户的"零距离接触"至关重要;另一方面,为弥补专线物流提派服务短板需要,专线宝联盟从项目启动之初即有考虑与之配套的提派体系建设。提派体系建设将依托于专线宝联盟区域网点开展,采用合作经营方式完善提派货运力建设。

3. 优化运输建设

专线物流资源往往集中于大城市周边,由此导致区县级城市形成物流企业一家独大或者更具话语权的业态形式。要破除此单边市场格局,需要引入市场竞争机制,专线宝联盟的介入可实现区县级城市货源集中后(借用第三方经营的中转仓储)统一调配到中心城市后进行物流分拨操作,优化运输,从而降低区县级城市发货方的物流成本,带动区县级城市整体物流服务能力的提升。

4. 物流金融建设

专线宝联盟将视业务发展及网点建设情况,联合银行或其他金融信贷主体,适时开展月结或回单结等物流垫付资金信贷服务,同时将整合有需求的生产企业提供供应链物流金融服务。

评　　析

专线宝联盟以零担专线物流服务平台为核心,整合市场中优质专线物流线路,不需要投入大量资金到物流线路建设中。利用互联网,联盟消除了传统物流企业发展过程中所遇到的区域限制障碍,操作更为便捷,推广手段更为多样,更具发展空间。专线宝联盟有其独特的管理模式,专线宝联盟地区网点是联盟当地企业成员采用共同出资占股的形式设立当地子公司。网点成立之初,联盟运营中心会派遣专业人员到网点指导筹建工作、技术支持,等到网点正常运营,就将特派人员撤回。这样的管理模式,能使专线宝联盟地区网点快速有效的投入使用。

专线宝联盟是借助信息平台发展而成,提供一个平台连接发货方与专线物流企业,需要注意的是随着联盟的发展和企业成员的增加,联盟的稳定性会受到很大的影响,所以需要加强联盟的统一管理,实现联盟规范化运营。

专线宝联盟发展势头良好,顺应互联网时代的发展,随着设置的网点不断增加,网络覆盖范围也将不断扩大;专线宝联盟的信息管理软件逐渐完善,尽可能的整合优质的专线物流线路,提升了联盟品牌的知名度,在专线运输市场中将会处于不可替代的位置。

案例7:卡行天下——“只做标准物流”的平台型物流联盟

我国公路运输的市场巨大,然而公路运输的主体由中小运输企业组成,企业所占市场份额普遍偏小。针对我国货运市场的散乱现象,卡行天下借鉴德国先进的市场组织模式和经验,采取拾珠穿线、聚沙成塔的理论,与小微物流企业携手并进,创新开拓出引领全国的卡行天下模式,引领公路货运向标准化、产品化、信息化方向发展。

一、联盟的发展概况

(一)联盟简介

2010年成立的卡行天下供应链管理有限公司(以下简称卡行天下)是一家由国际、国内多家知名物流企业共同发起成立的创新型综合供应链服务提供商和网络平台型公司,是我国首家具备全方位、多功能的货运车辆服务专业机构。卡行天下专注于以公路枢纽中心为基础,通过标准化、产品化、信息化实现公路运输的集约化整合;致力于带动优质中小物流企业共同发展,为物流需求者打造高性价比的零担物流网络,为中小物流企业提供更好的生存发展空间,建设成为中国最大的物流网络交易平台。卡行天下的商业模式如图5-2所示。

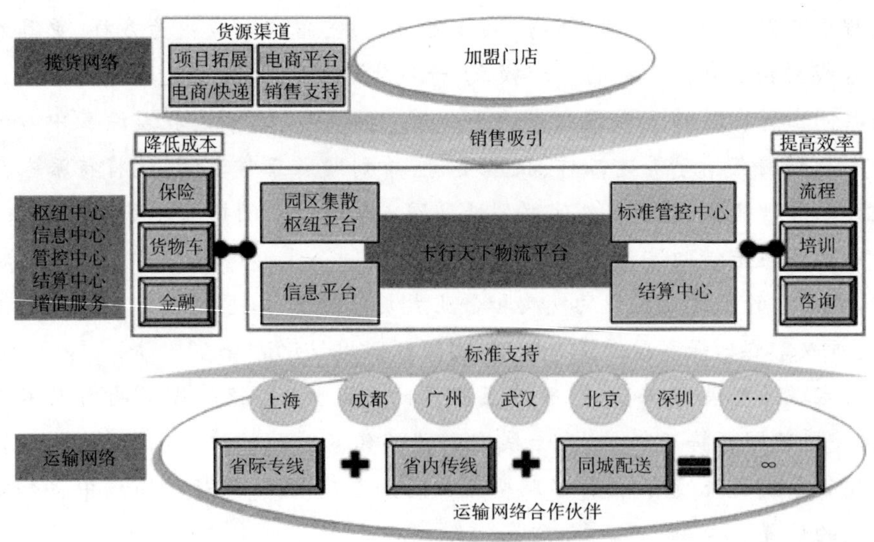

图5-2　卡行天下的商业模式

卡行天下做的是物流整合平台，平台的创建理念是开放、共享、共赢；其精髓在于打造一个共赢互利的物流联盟。卡行天下一方面在抓网络建设、统一服务标准、保障营运品质，帮客户做性价比更高的产品；另一方面通过各个渠道和措施向平台引入更多货源，帮专线物流企业赚钱。

卡行天下的经营理念是：打造中国最快、最稳、最透明的公路运输网络，为物流需求者提供标准化、可视化、高性价比的运输服务产品。

卡行天下的服务范围包括：

（1）流物交易。卡行天下建立统一结算体系，作为中间结算平台成为链接客户、物流企业、货运代理的重要枢纽，实现统一标准的提货、卸货、分流和发货的物流操作。卡行天下通过引入联盟企业成员，由企业成员完成物流操作。

（2）资源整合。卡行天下用信息系统把供应链不同的物流企业整合到一个平台内，组建优质的物流运输网络，使之成为更具市场竞争力的物流联盟。

（3）增值服务。卡行天下还为企业成员提供出行保障、保险服务、团购服务、企业管理咨询、融资贷款等服务。

（4）运营保障。卡行天下利用行业的先进经验制定标准的作业流程，制定统一的运作标准和 KPI 考核标准，对物流品质进行监督、协调和管理，对企业成员进行辅导和培训，提升管理和服务的能力。

（5）信息系统。卡行天下运用互联网技术将供应链执行环节上所有的节点、人员和设备进行链接，形成完整的数据链，使全程货物运输的节点透明化，货物运输的价格信息透明化。

（6）电子商务。卡行天下运用先进的平台网络技术，通过线上电商网络与线下物流网络的有效结合，形成完善的 O2O 电商物流体系，为客户提供便捷的一站式服务体验。

（7）覆盖能力。卡行天下凭借近千个物流网点和近万条物流线路的强大网络，为客户提供运输、配送、货代、金融等一揽子现代物流解决方案，还能根据客户实际情况提供物流整体方案策划和咨询，让客户尽享更快捷、更具经济效益的物流服务。

（二）联盟产生的背景

卡行天下的成立，与我国道路运输行业的现状密不可分。目前，我国道路运输行业的现状包括以下四个方面：

1. 道路运输市场份额巨大

2010 年全国累计完成货运量 351.34 亿 t，其中道路运输量 242.53 亿 t，占全社会货运总量的76.91%;到2013年,全国累计完成货运量403.37亿t,其中道路运输量307.66亿t,占全社会货运总量的76.27%。在综合运输体系中,道路运输是最主要的货物运输方式。

2.行业内竞争异常激烈,服务水平普遍较低

道路运输行业是我国竞争最为激烈的行业之一,2012年全国共有道路货物运输经营业户751.5万户,其中个体运输户683.2万户,个体运输户所占比例为90.91%,经营主体的分散导致了行业内激烈的市场竞争。同时,行业内个体运输户数量庞大,造成行业整体技术装备差、管理水平低,在竞争过程中大打“价格战”,使得行业发展陷入恶性循环。

道路运输是我国运输业的薄弱环节,根据相关数据显示,道路物流的到货准时率仅为50%,远远落后于发达国家的90%。

3.道路运输主体呈现“小、散、弱”的特点

我国大约有80万家道路运输企业,这些企业普遍规模不大、竞争力不强、抗风险能力弱、市场份额有限。数据显示,排名前100的道路运输企业市场份额的总和只占到整个市场份额的5%。

4.专线物流运输快速崛起

由于道路运输主体普遍规模偏小,又都面向全国发展网络,造成单一线路运输能力偏弱,因此发展专线物流运输成为许多运输企业的选择。许多专线物流运输企业在某些线路上的运输能力已经得到了一定的发展,并在这些线路上的运输价格方面具备了一定的话语权。

随着专线物流运输的崛起,专线物流运输企业也面临着不小的发展困境。第一,业务模式的问题。在一条线路上的单打独斗不具备承接发往全国多条线路的业务能力,无法扩大自身的客户群,无法将企业和线路做大做强。第二,产品的问题。营销包装的匮乏,导致专线物流产品和服务同质化严重,只能采取价格战,导致市场的价格混乱,无法保障物流企业持续的发展和盈利。第三,人才的问题。专线物流运输企业普遍面临人才匮乏,对人才的吸引力不足,更难以留住人才。第四,终端服务的问题。很多物流企业的到货难解决,中转无保障。难以保证一线一面,甚至一线两面的效率,使得物流货物中转效率低下,服务品质无保障。第五,资金的问题。物流企业垫资情况严重,资金周转速率慢,严重影响物流企业业务的开展。

在我国道路运输市场还存在很大缺陷,且专线物流运输开始崛起并面临众多发

展困境的背景之下,以实现道路运输集约化整合、提供高品质运输服务为已任的卡行天下应运而生。

(三)联盟形成的主要历程

卡行天下模式在中国为数不多,但发展迅速。2010 年卡行天下供应链管理有限公司诞生,并开始市场调研和系统研发工作。到 2011 年,卡行天下的智能管理平台 1.0 发布。2012 年卡行天下的枢纽节点为 2 个,拥有企业成员 160 家,联盟企业物流收入达到 3 亿元。到 2013 年,卡行天下的枢纽数量发展至 9 个,企业成员精简至 150 家,联盟企业物流收入猛增至 35 亿元。2013 年卡行天下发展迅速,枢纽数量达 22 个,专线物流运输企业成员数量为 3200 家,联盟企业物流收入更是提高到 150 亿元。

2012 年 8 月 16 日,卡行天下第一个成都物流枢纽启动,到 2013 年 10 月 12 日第二个广州物流枢纽启动时,只用了 1 年时间。紧接着 2013 年 11 月 9 日启动北京物流枢纽时,时间跨度已不足 1 个月。

2013 年 11 月 20 日,卡行天下与九州通医药集团正式成立合资公司。2014 年 1 月6 日,双方在武汉九州通总部签署全面合作备忘录。

在 2013 年 11 月 21 日举办的第十届中国国际物流节上,卡行天下一举囊括"2013 年中国最佳物流信息化服务企业"、"2013 年最具投资价值物流企业"、"2013 年中国物流业品牌价值百强企业"三项大奖。卡行天下总经理则获得"2013 年中国物流年度人物"大奖。这些荣誉标志着卡行天下模式已成为物流行业未来发展趋势,随着国内物流业的发展,卡行天下模式也将被更多的人所熟知和支持,其发展势不可挡。

2013 年 12 月 15 日,卡行天下实现全国五大区域互通并网。并网后,卡行天下直通车物流线路近万条,直达全国数百个城市。

2014 年 1 月 17 日,卡行天下总经理在北京给国务院和国家发改委领导做汇报。本次会议上,卡行天下是唯一一家新型而年轻的公司。

2014 年伊始,卡行天下即宣布正式与深圳市深国际物流发展有限公司签署合作协议。双方将在物流管理模式、物流业务以及供应链金融 3 个方面开展深度合作。

2014 年 2 月 28 日,武汉卡行天下网络启动暨新闻发布会在武汉欧亚会展国际酒店举行,标志着公路运输集约化、标准化、信息化的新型整合模式正式落地武汉。

2014 年 5 月 4 日,菜鸟网络完成对卡行天下供应链管理有限公司的投资,并成为其第二大股东。

二、联盟的体系构成

(一)联盟的组建体系

1.联盟的组建模式

作为一家创新型物流平台企业,卡行天下坚持"只做标准物流",秉承打造"科技物流园区"的理念,创建了基于网络的平台化公路运输集约模式。

对于卡行天下的模式,不是物流园区房东,而是一个体系的塑造者。卡行天下并不以房租为盈利点,园区对于卡行天下来说则完全是一个物流节点、一个枢纽,为实现物流的无缝链接做辅助。以四川省内的业务为例,拓展揽货网络,集货至成都枢纽结点,出港货物由省际直通车运输网络完成运输;全国返川的回程货,集货至成都枢纽结点,到港货物由省内直通车运输网络完成运输。

卡行天下的整合方法是信息系统+物流园区+标准化打造+产品化营销。卡行天下的管理者认为只有拥有信息系统,通过物流园区的运输节点建设,才会有标准,才能够形成可视化、有效的监督。在此基础上,才能帮助专线物流企业完成高端的物流运输。同时,通过数据的分析,帮助企业成员提升管理能力、运作能力、竞争能力。在卡行天下的模式中,同一园区不单单是为了一个信息的交流,更多的是方便了成员之间货物的一站式交换,减少传统专线物流运输在节点处的无序和资源浪费。

卡行天下的组建通过加盟实现,包括有专线物流合作伙伴加盟和物流网点加盟两种形式。在加盟过程中,卡行天下对合作伙伴的资质进行严格的控制和把关,明确各合作伙伴的具体职责,固定与合作伙伴的合作模式,同时,合作伙伴的回报也得到明确的保证。加盟过程的严谨性,不仅有利于卡行天下自身的发展,而且保障了合作伙伴的权益,提升了伙伴的发展空间。这种互惠互利的合作模式,是卡行天下得以发展壮大至今天的有效保障。

卡行天下专线物流合作伙伴加盟合作流程:

(1)合作条件:合作伙伴必须是具备独立法人资格的物流公司。该企业需要具备固定经营场地,每天一班次以上的零担班车线路,以及具备专门的配送团队及自主经营的配送车辆。加盟以后企业必须使用卡行天下直通车智能管理系统,并且必须维护卡行天下供应链管理有限公司的统一形象和接受卡行天下的统一管理,严格遵守卡行天下所制定的价格体系和相关规定,并积极配合卡行天下经营战略的规划和策略执行。

(2)合作职责:积极宣传和维护卡行天下的品牌及其产品形象;积极配合并贯彻执行卡行天下整体营销方案,开展市场开拓和产品推广工作;严格按照卡行天下《网络管理公约》及相关管理规定开展日常经营活动;承担区域配送的干线合作伙伴、加盟网点必须按照卡行天下《网络管理公约》及相关管理规定完成经营区域内的配送业务;在经营活动和市场推广中遵纪守法,严格遵守双方约定的有关商业机密;严格按照卡行天下结算公约进行财务结算。

(3)合作模式:第一,卡行天下采取合作经营的模式,各加盟企业成员需按照合同的约定提供运输服务,并且按照合同约定进行物流网络的运营和货物的组织;第二,合作伙伴必须直接与卡行天下签订加盟经营合同,未经卡行天下允许,不得向第三方转让加盟经营权;第三,合作伙伴有权使用卡行天下的商标、商号以及广告宣传;第四,合作伙伴有权使用卡行天下直通车智能管理系统;第五,合作伙伴有权使用卡行天下印制的统一运单、胶带等物料。

(4)合作回报:加盟卡行天下之后,遍布全国的卡行天下物流网络都将成为企业成员的“业务员”,帮助企业成员在全国业务的扩张与发展;卡行天下省内网络班车将为企业成员提供通达全国的货物运输,有效提升企业成员的货运能力,扩大专线物流的货源组织能力;同时,卡行天下省内网络班车能够为企业成员提供最后1km的配送服务,准点发车,时效保障;卡行天下为企业成员量身定制合适的培训体系,打造优秀的业务管理团队;卡行天下智能管理平台,能够使得企业成员轻松掌控所有物流货物运输动态,快捷、方便、及时地发现问题;卡行天下智能管理平台通过数据分析生成,让伙伴企业对货款结算、动态利润、财务状况等一目了然;卡行天下的手机终端应用技术,可使企业成员的管理与掌控变得更快捷、更方便、更轻松;卡行天下的金融、保险服务,为企业成员不断做大、做强提供强大的资金帮助和保障;卡行天下客服中心是伙伴企业的“公仆”,为其货物提供全程管家式服务;卡行天下质控中心能够协助企业成员提升服务品质。

2. 联盟组织模式

“组织扁平化”成为近些年学术会议及管理培训中被频繁提到的热门词汇。特别是一些国内外的大型企业,如通用、海尔都在探索推进这项改革。组织模式扁平化企业的好处是决策快、反应快,能够适应市场变化,无须层层申报的流程,员工的积极性高。鉴于扁平化组织结构的优势,卡行天下紧跟时代的潮流,在其管理体系的设置过程中,遵循组织扁平化的原则。卡行天下的组织结构如图5-3所示。

相对于最多18层的组织管理体系,卡行天下的组织结构的扁平化趋势明显,只有4级,而总部作为服务支持部门,层级更少。由于层级少,所以卡行天下的权力能够更多地下放,民主积极性较高,员工都能积极参与到企业事务中来,而优秀的人才也更容易得到展露才华的机会。

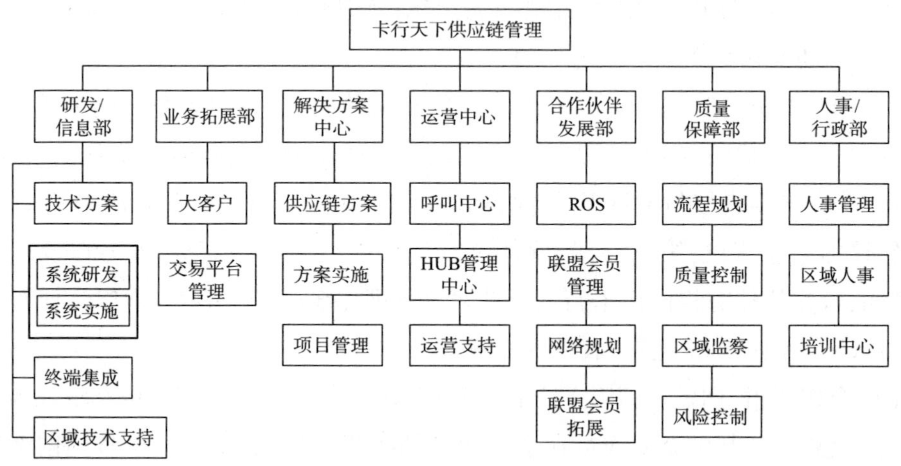

图5-3 卡行天下的组织结构图

(二)联盟的运作体系

1.联盟商业模式

卡行天下的商业模式可以通过“客户价值+企业独特的资源/能力”两个方面来呈现

1)客户价值

卡行天下作为一个平台,前提是要为平台里的专线物流企业成员、加盟网点、物流需求者创造价值,才能实现共赢。

专线物流企业成员:卡行天下平台选择的专线物流企业成员必须是每天有货发车,有一定的物流经营基础。实际上当一家专线物流企业每月发车达到60车次以上时,以下问题会越来越突出:内部管理难,到货控制难、物流业务做大难。卡行天下做的就是帮助这些专线物流企业,为它们提供专线物流最想要的货源、管理、服务品质控制、增值支持等。

加盟网点:信息化时代是一个英雄辈出,人人都想做老板的时代。卡行天下要给这些人创造机会。他们多数是物流经营者,有一定的经验或客户源,他们创业需要的是:品牌+运营能力+价格+资金与增值支持等。

物流需求者:对于很多有公路零担运输需求的客户,存在这样的烦恼:为了控制成本跟N家物流专线企业合作,不管是彼此的对接、在途查询还是对物流的服务标准管理都非常不便,如果打包出去又觉得性价比不高。这归根到底其实是因为物流行业经营的散乱,导致了客户无法实现物流资源的最有效利用。

2)独特的资源/能力

商业模式中必须要有独特的资源或能力,可以成为这个企业模式的核心竞争力。对于卡行天下模式而言,卡行天下团队自上而下具有“平台思维”的“资源管控能力”,并且横向融入企业成员,这成为卡行天下模式区别于一般模式的独特资源/能力,是卡行天下模式的核心竞争力所在。

自2010年创办成立以来,短短4年间,卡行天下得到了迅速的发展。目前拥有全国加盟网点500多家左右,平台专线物流企业成员400多家,并且有多家三方物流公司入驻平台,进行运力采购、交易和管理,月均经营收入数亿元。

卡行天下以货运车辆资源为根本,以增强国内运输市场凝聚力为己任,以引领中国道路运输行业整合与素质提升为目标。

卡行天下采用会员制服务模式,致力于为物流企业成员提供一体化的车辆管理、燃油、轮胎、维修、保险和金融租赁等服务,降低企业运营成本,提升物流企业管理水平;为货主提供专业的供应链解决方案设计,有效控制物流及采购成本,协助客户改善和优化全球供应链能力,提升客户服务水平,增强核心竞争力。

卡行天下拥有在信息技术和物流供应链领域的资深行业专家组成的核心团队,建立了完善的、系统的企业成员及合作伙伴认证体系,自行研发了智能化管理运营平台、呼叫中心和一体化智能终端。联盟的服务理念和发展战略,得到全国道路运输行业及上海市相关行业主管部门资深专家的热情推崇和支持。

卡行天下通过面向服务架构(SOA)和软件服务模式,建立以需求为导向的快速响应机制,选择各种服务产品组合,以专业的服务管理能力和企业成员协作服务平台,帮助企业成员提高效益,降低成本。

2. 联盟运作模式

在联盟的信息网络上,卡行天下自主研发的智能管理平台将运输链条上的所有信息通过云架构方式,在一个信息平台上汇集后集中处理。该平台集成结算、金融、监控等众多功能为一体,将信息数据跨企业流转于整个运营体系,最终形成互联互通的信息网络。

线下,卡行天下建设公路枢纽中心,将小而散的省际、省内专线企业与配送企业集结在一个节点枢纽内,通过节点之间的连接,形成物流设施和设备实体网络,覆盖全部一线城市和较大的二线城市。

卡行天下把不同的专线物流企业整合到一个物流园区,为它们提供标准化的培训,提高它们的服务品质和货运车辆的利用效率。其一,可以提高专线物流企业的运输价格,这是专线物流企业乐意看到的;其二,为上游的客户提供了更省心、更快捷的物流服务,这是越来越注重服务品质的客户需求。卡行天下致力于以公路物流园区枢纽平台为基础,通过组织集合众多中小物流企业,实现中小物流企业运营信息化与标准化管控,编织建设覆盖全国的公路物流集约化运输网络,为货主提供中国最快、最稳、最透明的高性价比公路物流运输服务。

3.联盟盈利模式

卡行天下的盈利主要来自两个方面,一是基于交换平台的收入;二是基于交易平台的收入。

其中交换平台的收入来自于以下几个方面:中转费;到港车辆卸车费;贴单费;系统使用、维护和实施费;基于内部结算价格的管理费(按照交易金额计算);基于运输货物的保险费(按照货值计算);RSO加盟费;散货包装费。

交易平台的收入主要来自:保险代理费;GPS终端使用费;团购折扣收入;广告收入。卡行天下的盈利模式如图5-4所示。

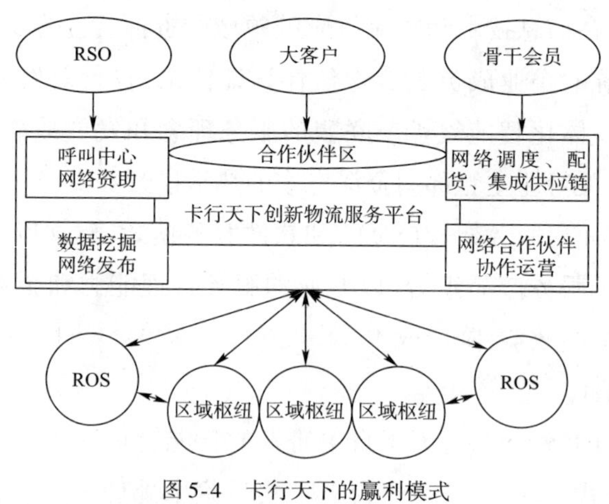

图5-4 卡行天下的赢利模式

(三)联盟的信息体系

卡行天下自创立以来,就一直把信息系统摆在了无比重要的位置。卡行天下成立之初,就利用1年时间研发自己的信息系统,然后才出手在成都建立其第一个区域网络。

在卡行天下的理念中,物流服务要做到理想状态,服务标准能落地可行,必须是线上线下一体化的整合方式,也就是说信息网和物流设施服务网都要具备。而线下和线上这两张网变成一张网的过程中,信息系统是关键。所以在后来的招商中,卡行天下也把信息系统作为一个关键指标去衡量,其最低的门槛就是加盟的专线物流企业必须有自己的信息系统。

2014年初,卡行天下的"卡行直通车智能管理平台"成功上线,这是联盟实现道路运输整合和运输节点管理的智能信息管理平台。该平台包含4个核心模块:第一个模块是"中小物流企业业务运作与管理",支持中小专线物流企业和配送企业业务运作、结算和财务管理,以及运输链路上跨企业交易与跟踪,能做到"一票到底"。第二个模块是集约化公路物流枢纽港分拨管理,支持园区物流线路管理和配送管理。智能分拨中心能帮助企业成员解决货物分拨调配,保证物流服务时效和品质。第三个模块是货代与第三方物流的运输管理解决方案,能提供私密采购渠道、便捷项目合同管理等服务。能批量导入运单,系统智能分拣物流线路,并做到全物流链条跨企业自动传递。第四个模块是移动客户端,能够帮助客户随时随地享受简单、安全和快捷的信息化服务。

该智能管理平台的新功能主要为基于发货客户的功能系列,包括面对客户的合同管理、TMS管理等。长期发货的客户可以通过平台将物流定制化需求植入系统,服务要求可以通过平台系统自动对应物流线路、收货点、运单以及手机应用。即便货物需要跨专线物流企业传递,客户需求都可实现100%完整传递。卡行天下还同时公布了为加盟企业成员设计的呼叫中心功能,即客户拨打任何一家加盟企业成员电话,系统自动显示客户个人信息,历史发货数据等一些小的辅助功能。

"卡行直通车智能管理平台"通过道路运输节点管理和运输整合管理系统,实现平台承运方的全方位运作与管理,为运输网络提供完备高效的信息化支持。同时为平台消费方提供自主选择承运方、自主采购与管理、基于客户的服务定制、货物信息全程跟踪的专业TMS系统。卡行天下作为平台的构建者,提供物流服务B2B交易平台、每条线路物流运价检索、结算中心和评价体系,不断强化和完善物流服务,致力于双边交易的撮合与促成,实现共赢。与此同时,卡行天下不断开拓创新,将手机APP、智能GPS、呼叫中心、智能POS与条码信息不断植入卡行天下信息平台,探索行业最佳实践,实现IT与物流业务的天作之合。

该平台的核心产出是通过平台组织的大量数据整合,用以支持智能商务分析与决策,产生各项运输数据与指标,促进整个行业的健康发展。“卡行直通车智能管理平台”的上线,是物流行业不断寻求突破的里程碑,也是集约化、平台化整合的开始。

在“卡行直通车智能管理平台”的基础之上,为了适应移动互联网时代的到来,卡行天下还开发了“卡行掌上通”。“卡行掌上通”将实现直通车智能管理平台系统与手机信息的同步,客户可在手机上轻松查找运费和货物状态等。联盟企业成员可通过“卡行掌上通”掌握其企业及网点运作情况,实现企业日报、运营分析、运营时效、代办事项、客服中心等功能。

“卡行掌上通”客户版主要功能如表5-1所示。

“卡行掌上通”客户版主要功能 表5-1

功　　能	功 能 描 述
网点查询	主要实现对卡行天下平台所有网点查询功能
运单查询	主要实现直通车运单查询功能
运价查询	主要实现运价查询功能,包括干线物流价格和区域配送价格
客户下单	客户通过手机终端也可轻松实现在线下单功能
我的运单	通过手机发送过的所有物流订单,可以对签收的订单评价和投诉
我的客户	在手机内维护自己发货客户和收货客户
我的评价	查看客户自己曾经评价过的物流订单
我的投诉	查看客户自己曾经投诉过的物流订单及后续的处理情况

“卡行掌上通”加盟企业成员版主要功能如表5-2所示。

“卡行掌上通”加盟企业成员版主要功能 表5-2

功　　能	功 能 描 述
网点查询	主要实现对卡行天下平台所有网点查询功能
运单查询	主要实现直通车运单查询功能

续上表

功　能	功 能 描 述
运价查询	主要实现运价查询功能，包括物流干线价格和区域配送价格
客户签收	主要实现物流到货后电子签收，支持上传回单和手签两种模式
异常反馈	通过拍照和上传文件的方式反馈异常
任务调度	主要实现承接或拒绝调度中心发出任务

三、联盟的成效

在网络运行方面，卡行天下建设了 12 个枢纽中心，并于 2014 年完成了北京、广州、华北、华东、珠三角、西南的网络建设，其中北京枢纽中心建筑面积约 1.2 万 m^2，35 条全国直达物流线路；广州枢纽中心面积 2 万 m^2，计划引进 120 条省外直达物流线路，在广东省内开设 252 家物流门店；临沂枢纽中心建筑面积约 1 万 m^2，计划引进 100 条省外直达物流线路；华东枢纽 2 万 m^2，计划省内开设 100 家物流门店。卡行天下枢纽中心的落成在一定程度上带动了区域配送、集货的能力，促进了省内省际直接发运，减少中转。

在金融服务方面，卡行天下的金融中心与中国银行、民生银行、宜信公司等卡行天下金融合作社成员联合发布了面向中小物流企业的金融产品。“卡行直通车智能管理平台”帮助中小物流企业解决了信息化和数据化的问题。金融合作社成员可以通过智能管理平台了解到联盟企业成员的流水数据，实现了中小物流企业经营健康情况的有效评估。

四、联盟进一步举措

卡行天下进一步的发展规划主要集中于大平台战略和金融服务两个方向。对于联盟在这方面的发展和进一步举措已经有了完善、具体的计划。

在大平台战略计划方面，卡行天下将与成员互为交易，服务品质记录和信用与金融支持为主要组成部分，旨在有效集合专线物流企业成员、服务网点、第三方物流企业、互联网交易客户，全面建设完善基于内置服务网络的大平台。大平台的建立将使卡行天下实现全国直达、时效保证、减少中转、网点密集、一站式园区集散、合同管理自动化、服务要求全网传递、电子回单天天网上对账、自动结算、全程可视、批量下单、批量跟踪、灵活路由分析等功能。

在金融服务方面，卡行天下金融中心与中国银行、民生银行、宜信公司等卡行天下金融合作社成员联合发布了面对中小物流企业的金融产品。卡行直通车智能管理平台帮助中小物流企业解决信息化和数据化的问题。金融合作社成员可通过智能管理平台了解到联盟企业成员的流水数据，以此有效评估中小物流企业的经营健康情况。同时，卡行天下金融"COD 资金直通车"产品，将实现统一的收款工具移动POS、PDA、T+1 指定到账等服务。

评　　析

卡行天下致力于公路运输服务的标准化、产品化、流程化、信息化，强调运输服务的稳定、可靠，以及对客户的承诺。卡行天下在起步阶段成功之后，突出强调信息化对于自身发展、建设的重要作用，成功研发出"卡行天下直通车智能管理系统"。该系统的成功上线，使得卡行天下作为平台型联盟的特点能够更加鲜明，大大促进了卡行天下的进一步发展。卡行天下坚信线上与线下一体化的整合方式，即物流信息网与物流设施设备网虚实都要具备，并将这二者有效地结合起来，为顾客提供满意的服务。

卡行天下下一步工作的重点应该是进一步规范标准化运输服务。这不仅需要建立严格的管理流程，还有必要对加盟成员进行阶段性的考核。对加盟成员的考核不仅有利于卡行天下对于加盟成员的筛选、淘汰，同时也有利于加盟成员本身对员工的奖惩制度的实施，提升员工对于服务标准化的积极性。考核制度的实施，使得卡行天下能够从下到上团结一心，真正实现公路运输服务的标准化、产品化。

卡行天下的模式已经打造成功，未来将进入一个快速复制扩展的阶段，卡行天下将以最快的速度扩展，其覆盖的范围不断扩大；随着卡行天下的线上和线下的结合，其服务品质和服务效率也会不断提高。

卡行天下网点加盟

【加盟准入标准】

(1)具备独立的法人资格，遵守法律法规，依法独立经营；

(2)良好的公司和个人信誉,有1年以上物流经验,行业内具有良好的口碑;

(3)认同卡行天下网络的经营理念:事业共同体、利益共同体、共创资源、利益分享;

(4)使用卡行天下智能管理系统,开通统一的网络结算账户;

(5)接受卡行天下关于资金管理、服务品质考核及业务量考核等制度;

(6)设立专职的客户服务人员,并接受卡行天下客服部门的统一培训和考核;

(7)加盟网点需具备揽货能力及基本配送能力,可按要求投入运营;

(8)交纳相应加盟费用。

【费用标准要合情合理】

卡行天下本着公正、合理的收费原则,收取各项网点加盟费用。各地区结合当地市场的实际情况,分别制定符合当地市场特点的各项收费标准。

(1)主要收费项目有:网点加盟费、风险保证金、网络管理费、系统使用费。

(2)车辆、电脑、打印机、电子秤、扫描枪等固定资产,由加盟商自行采购(卡行天下可推荐品牌型号),运单、货贴、宣传材料、工装、小礼品等各项物料,价格可根据制作成本确定,以卡行下发的物料表为准,加盟网点根据实际用量,按需购买使用。

(3)卡行天下提供统一的装修标准,由加盟网点自行负责装修。

【加盟流程要简单有序】

(1)意向洽谈。填写网点加盟申请表、加盟阐述、系统演示、资料发放。

(2)草签合同。提供标准合同模版、请申请加盟者签字盖章。

(3)要准备的证件。身份证明、营业执照、税务登记证、组织机构代码证、道路运输许可证。

(4)缴费待审。按照标准交纳费用后,提交合同报批,一般2个工作日完成审批。

(5)签约落地。

案例8:浙江万联供应链联盟——创新集装箱无车承运的新模式

浙江万联供应链联盟以集装箱甩挂运输为主营业务,依托客户业务资源等七大基础资源,凭借其对无车承运人项目经营思想、运营体系、市场定位的准确把握,以及对业务流程的精确掌控,创造了集装箱甩挂运输盈利的新模式。浙江万联供应链联盟在极大地提升集装箱甩挂运输的组织化程度、效率和盈利水平的基础之上,大幅度提升了联盟成员的市场竞争力,形成了独具特色的联盟文化,将成为行业中经营集装箱甩挂运输的排头企业。

一、联盟的发展概况

(一)联盟简介

浙江万联供应链联盟是由浙江九龙国际物流有限公司及宁波相关港口物流企业、货代企业共同牵头成立的物流供应链联盟,主要从事以宁波港口物流为中心的供应链联盟合作,如集装箱运输、双重甩挂运输、内陆无水港运输、仓储堆场、多式联运、城市配送、海运订舱、临港产业、行业投资基金、物流公共信息平台等。该联盟以投资额与业务量捆绑的形式参与入股,形成业务捆绑、共同投资、利益共享的紧密型投资联盟模式。

目前该联盟由18家企业成员共同投资注册了浙江万联供应链联盟投资管理合作企业,注册资金1500万元,主要经营以港口物流为主的供应链物流及相关配套的项目投资及管理。目前联盟的18家企业成员以宁波市港口物流民营企业为主,其中多家企业是集外贸代理、货运代理、仓储、运输等为一体的综合型物流企业,在宁波市港口物流中享有一定的知名度及市场占有率。

万联国际集装箱投资管理是联盟投资经营的第一个项目,由联盟与浙江九龙国际物流有限公司共同投资并注册成立,注册资金1650万元,主要经营集装箱运输项目的投资与管理。目前该企业的相关经营注册手续、许可证申请手续等均已办理完成,信息化管理系统基本开发完成,2014年6月份已正式投入运营。

(二)联盟产生的背景

浙江万联供应链联盟成立前,宁波市集装箱货车运输公司注册企业有400多家,其中北仑300多家,总载货汽车数量1.2万辆,其中挂靠经营车辆3000多辆

(图5-5)。这些运输企业普遍存在规模小、经营范围相近、利润低和运输方式单一的特点,其中大多数采用单车承包挂靠的经营方式,这样的市场结构布局不仅造成市场秩序的混乱,也无法使任何一家运输企业获得丰厚利润。同时,这些运输企业由于管理的缺位,经营战略定位的缺失,核心竞争力的缺乏,运输网络差,组织管理职能较弱,导致运输效能差、效率低,净利润率只有3% ~5%,造成了资源的极大浪费。而企业经营实力的强弱决定其在市场中的定价权、话语权,进而决定了企业的控制力强弱,最终将决定企业的存亡。

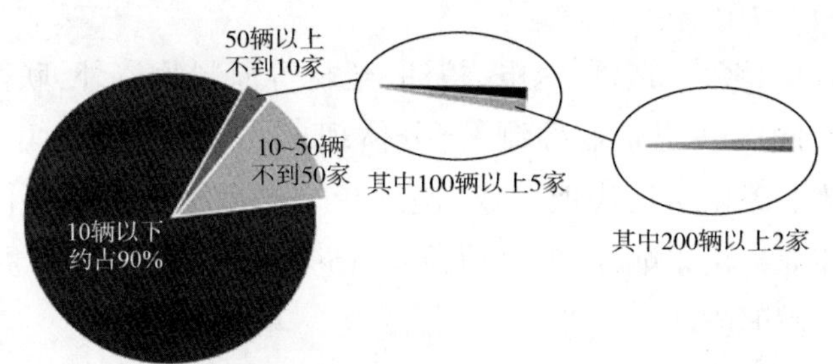

图5-5 联盟前宁波集装箱各货车运输公司车辆组成结构

在这种背景与条件下,经过九龙物流与宁波多家物流企业的多次交流和沟通,一致达成了建立联盟、共同投资、业务捆绑、利益分享、做强做大的战略合作意向,并于2013年年底,由首批参与联盟合作的企业成员签订了联盟协议。2014年4月,浙江万联供应链联盟正式注册成立,标志着宁波市首个港口物流供应链联盟的成立。

与此同时,由九龙物流承建的供应链联盟信息化平台正式启动开发,于2014年6月正式启动上线运营。

二、联盟的体系构成

(一)联盟的组建体系

1. 联盟发展理念

各种联盟的兴起意味着市场环境竞争激烈,各行各业纷纷强强联合,增强核心竞争力,提高市场竞争能力,促进企业做大做强。浙江万联供应链联盟通过联合多家综合型物流企业,实现整合资源,搭建信息化平台,从而提高港口物流供应链的综合服务能力。

浙江万联供应链联盟一期项目定位发展集装箱"无车承运"项目。无车承运(Broker)区别传统的有车承运,是指联盟没有运输车辆(或只有少量车辆或共同投资），主要依靠组织货源，委托拥有车辆的承运企业完成运输，并创新业务，产生更大超越一般运输的利润空间。无车承运商需要有强大的组货能力，完善的网络化物流运营经验和信息化管理水平。

在联盟成立之初，为了能够进行准确的战略发展部署和发展规划的制定，联盟在结合现阶段自身条件和市场环境的基础之上，对联盟在市场竞争中的地位和发展方向做出了准确的界定：战略上以服务客户为中心，自身发展过程中以轻资产、高效率、高效益和做大做强为主导方向。

1）以服务客户为中心

除部分进出口大客户、造纸、家电、粮油、建材等原料物资外，联盟将主体业务进行分拆，分别由不同的联盟企业控制，充分体现出联盟以客户为中心的战略定位。其中，70%的主体业务由货运代理企业（当地货运代理和指定货运代理）、报关企业控制，15%的主体业务由采购商、船公司控制，15%的主体业务交与货主自主选择。

2）联盟自身竞争定位

（1）轻资产。以无车承运人经营思想为主导，联盟将不投入或少量投入固定资产，联盟本身不直接拥有运行车辆，充分整合社会资源，打造高回报、轻资产专业平台企业。轻资产运营的模式能够降低联盟的资本投入，特别是大量的固定资产投入，这将极大提高联盟的资本回报率，从而保证联盟企业成员的效益最大化。

（2）高效率。联盟的核心竞争力是在规模经营情况下，创新开展多种运输模式，如双重甩挂运输、拼小箱作业、专线物流、网络循环物流、逆向物流等。这些运输模式的推广将完全颠覆传统运输方式的盈利模式，最终实现客户需求资源和集装箱运输车辆资源的完全匹配整合，进而提高联盟的运行效率，给客户带来5%～10%的成本下降。同时集装箱运输车辆的充分利用，还可以提高10%～20%的业务量及增加5%～10%的创新利润。

（3）做大做强。联盟的长远战略是通过物流资源全球化、物流服务产品化、物流执行标准化、客户服务个性化、物流过程可视化，实现区域（浙江省、宁波港）品牌号召力，具有话语权、定价权等其他权利，打响浙江品牌。联盟还将进一步扩大经营业务，如进口业务、客户FOB订舱、内贸带货等物流供应链项目业务，让投资联盟的企业及其他货运代理企业实现资源网络集聚和业务模式创新，增加联盟的利润，增强核心竞争力。

2. 联盟组织结构

浙江万联供应链联盟完整的设想是由货代企业、运输企业、仓储企业、大型进出口企业、基金公司、投资银行等共同组建一个以供应链物流行业为主体的投资集团，整个投资股东的结构是在发展的过程中逐渐形成，当前已经完成第一阶段的目标，也即在宁波口岸联盟了18家综合型物流企业共同组建成立了浙江万联供应链联盟投资管理合伙企业（图5-6）。

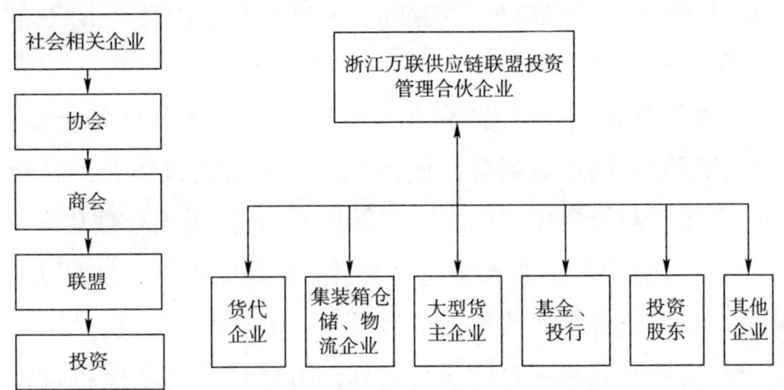

图5-6　联盟投资公司结构图

同时，浙江万联供应链联盟以无车承运人作为第一个投资经营项目，注册成立了宁波万联国际集装箱投资管理有限公司（图5-7），除设立总经理、副总经理以外，分设市场部、客服部、资源部、调度部、商务部、财务部、行政部、企划部、IT部等组织功能，该组织的形成及功能定位在2014年5月份已经全部完成。

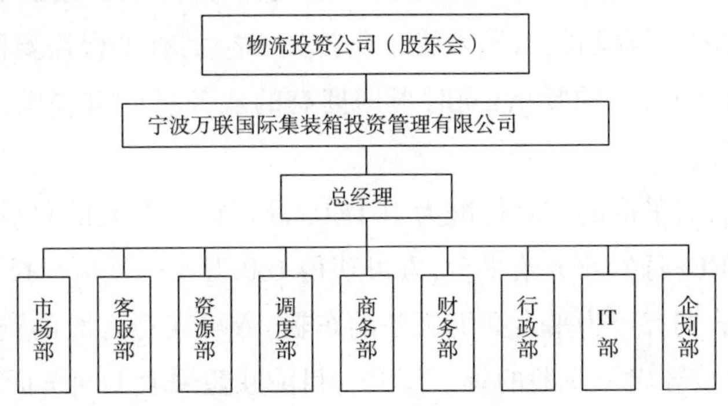

图5-7　项目企业组织结构图

（二）联盟的治理体系

1. 治理机构

浙江万联供应链联盟只做项目的市场分析和投资，不做具体项目的经营和运作。根据联盟企业成员的性质不同,分为股东企业、一般加盟企业及普通合作伙伴三大类。根据职能不同,万联供应链联盟设立股东大会、全体大会、投资管理委员会及经营管理层四个主体机构。

股东大会由股东企业组成,主要负责选举投资管理委员会成员及经营负责人,并对投资的项目根据人数持表决权。初期的18家股东单位已经形成,后期股东的加入由该18家股东单位投票决策。

全体大会由股东企业、一般加盟企业及普通合作伙伴等全部企业组成,一般加盟企业是联盟决策的接受者,普通合作伙伴是决策生效的具体合约执行者。全体大会不定期召开,主要针对投资项目的执行主体展开讨论,提出合理化建议或意见。

投资管理委员会由股东企业投票选举产生,主要负责制定联盟发展战略、发展目标、重要制度政策及重要合作伙伴的选择等,并为项目的投资、经营提供合理化的建议和意见,同时支持并监督项目的执行运作。万联供应链联盟投资管理委员会已选举产生,共有5名企业代表组成。在委员代表无特殊情况发生的前提下,委员代表3年选举1次。

管理层是负责联盟投资项目的具体经营和管理,其主要职责是执行投资管理委员会决策的各项发展战略、规划及目标。

2. 业务与投资捆绑的股权模式

区别于一般的资金合伙模式、业务合伙模式,浙江万联供应链联盟采取的是业务与投资捆绑式的股权模式,也即入股企业首先必须拥有平台需要的业务或平台需要的资源,方可获得入股的资格,同时根据拥有的业务量或可提供的资源量来获得可入股的资金额度。

例如,目前联盟采取的核算标准为10TEU/月折算1万元的总投资额,也即某企业可提供1000TEU/月的业务给平台,方可获得100万元的该项目投资额。

例如,某车队拥有可为平台捆绑服务的车辆,方可获得入股的资格,同时根据提供服务的车辆数核算出可入股的资金额度。目前联盟采取1辆车折算1万元的总投资标准,作为车队入股联盟的标准。如一家车队拥有30辆车可为平台提供服务,也即该车队获得该项目30万元的投资额。

目前获取联盟募集的1500万元项目投资资金均以此种模式获得。完成的业务量和承接业务的承运人(车队)是该项目运作的核心资源,通过此模式,既保证了平台的基础业务来源,同时车队的参与入股也为平台的服务做出了强大的保障,此举使得双方对平台的信任度大大提高,从而使得其他业务与资源对平台的信任度激增。

3. 业务考核契约式合作模式

在实际运作过程中,浙江万联供应链联盟更是区别于一般的合伙项目一次入股、终身受益的合作模式,该联盟采取了业务考核的契约式合作模式。在联盟企业成员的协议中,明确了该企业必须为平台提供的业务量、车辆数或其他资源,同时采取年度考核的模式,未完成企业将获得相应额度的处罚,严重者次年开始下调入股的投资额度;超额完成的企业可获得相应额度的奖励,但不增加相应的投资额度。

4. 1 + N 的股东发展模式

为了增加该联盟持续扩张的发展能力,浙江万联供应链联盟设置了原始股东可发展下线的发展模式,也即 1 + N 的股东发展模式。在该联盟项目经营的过程中,原始的 18 家股东负有向外扩张的责任。筛选优质企业,在业务或资源上与平台可匹配,同时认可联盟的股权合作模式、业务考核模式、未来发展战略等,引进优质加盟企业。

第二批加盟的联盟企业成员,与原始企业成员区别在于:联盟启动上市之路开始,原始的联盟企业成员可持有与入股资金等额的原始股;而第二批开始的联盟企业成员只能获得不同比例的稀释股权,如 1:3、1:5 或更高。

此举既保证了原始的联盟企业成员的利益,同时也为初期观望、后期入伙的企业成员提供了加盟平台的机会。

5. 成立股东投资管理委员会的监督机制

联盟企业成员最大的问题是经营过程中战略发展目标不统一、利益分配不均衡等,导致大多数企业成员最终都“英年早逝”,以“分伙”而告终。浙江万联供应联盟为保障合伙企业在经营过程中思想高度统一、执行没有阻力、战略不偏离方向,特别设置了投资管理委员会(5 人)及监事(1 人)一职。该委员会必须定期召开负责人会议,重大经营决策必须取得 3 人以上同意方可执行,重要紧急事项可随时召开临时会议,听取并审议年度经营报告及下一年度的工作计划,同时监事对经营全过程负有监督检查的权利。

6. 设立独立法人的经营管理模式

企业成员同样惧怕领导多、意见多、执行层级多、执行效率低下等。为避免这些问题的出现,早在 2014 年 2 月 12 日在浙江宁海温泉酒店召开的拟入股股东会议上就已明确委派浙江九龙国际物流有限公司董事长林建华全权管理该投资公司及具体投资项目的经营运作。同时,作为两家企业的法人代表,他获得了联盟的充分授权及高度信任,拥有高度的战略定位权及执行权,从而保障了企业的管理效率。

(三)联盟的运作体系

1.无车经营运作机制

无车承运商需要有强大的组货能力,完善的网络化物流运营经验和信息化管理水平。它体现以不同的杠杆和工具撬动或整合各种运输资源,为客户提供物流解决方案或供应链优化方案,通过精细组织、灵活多变、低成本、高品质及高效率完成客户的需求,并在一定业务规模响应下,创新业务产品。

无车承运项目定位:

(1)不投入或少量投入固定资产(运行车辆),打造高回报、轻资产的专业平台,整合社会资源、优化物流方案、节能减排,推动物流行业有序、健康发展。

(2)核心业务是将客户需求资源和集装箱运输车辆资源完全匹配整合,提高效率,降低成本;给客户带来5% ~10%的成本下降,同时集装箱运输车辆充分发挥效益,可以提高10% ~20%的运输量及增加5% ~10%的创新利润。

(3)核心竞争力是在规模经营情况下创新高利润、低运营成本,如甩挂、双重、拼小箱、专线、网络循环物流、逆向物流。

(4)长远战略。在区域(浙江省、宁波港)企业拥有品牌号召力,具有话语权、定价权、公平合作等其他权利。

(5)创新增值服务,在物流经营中创造寻求新的利润空间。

(6)让投资联盟企业及其他供应链物流企业在资源网络集聚、业务创新、边际利润产生、创造新的业务模式,增加企业的利润和核心竞争力。

2.专线经营模式

1)台温专线

利用双重甩挂运输业务为突破口,以联盟企业成员百富物流、天航物流、一洲物流等车队为主要核心车队,同时吸收各股东单位,有双重甩挂运输和有意向开展双重甩挂运输业务的车队形成车辆聚集,组建台温双重甩挂运输专线。

2)杭绍专线

以无水港为突破口,计划以宁波港集装箱物流公司为主要核心车队,同时吸收各股东单位车队形成杭绍双重甩挂运输专线。

3)金衢专线

在2014年台温、杭绍专线经营的基础上，逐渐打造金衢双重甩挂运输专线。

4）宁波专线

利用宁波口岸业务集聚的资源，开展宁波短途区域双重甩挂运输专线。

3. 特色产品经营模式

1）小箱配对

以业务集聚形成最优匹配对箱，同时联合宁波最有信誉的拼箱车队，打造小箱配对的精细产品。

2）双重运输

以业务集聚形成货物的来、回匹配，减少车辆空箱、空驶、空等的三空现象，提高车辆的载重行驶率，实现车辆去程与回程的双重运输效率。

3）甩挂运输

以百富物流多年的甩挂运输发展经验，带动平台合作车辆，共同推动甩挂运输的规模化、区域化发展。

4）循环运输

在各条专线、甩挂运输、双重甩挂运输逐渐发展壮大，交叉运作的情况下，利用无水港的资源，开展浙江省内的循环运输。

三、联盟的成效

浙江万联供应链联盟通过联合多家综合型物流企业，实现了资源整合，并通过搭建信息化平台，有效提高港口物流供应链的综合服务能力。

联盟在结合现阶段自身条件和市场环境的基础之上，对联盟在市场竞争中的地位和发展方向做出了准确的界定：战略上以服务客户为中心，自身发展过程中以轻资产、高效率、高效益和做大做强为主导方向。

以服务客户为中心。联盟将主体业务进行分拆，分别由不同的客户群控制，充分体现出联盟以客户为中心的战略定位。其中，70%的主体业务由货运代理企业（当地货运代理和指定货运代理）、报关企业控制，15%的主体业务由采购商、船公司控制，15%的主体业务交与货主自主选择。

联盟自身竞争定位。以无车承运人经营思想为主导，联盟不投入或少量投入固定资产，联盟本身不直接经营车辆，充分整合社会资源，打造高回报、轻资产专业平台企业；创新开展多种运输模式，如双重甩挂运输、拼小箱作业、专线物流、网络循环物流、逆向物流等，这些运输模式的推广完全颠覆了传统运输方式的盈利模式，最终实现了客户需求资源和集装箱运输车辆资源的完全匹配整合，进而提高联盟的运行效率，给客户带来5% ~10%的成本下降。联盟进一步的扩大经营业务，如进口业务、客户FOB订舱、内贸带货等物流供应链项目业务，让投资联盟的企业及其他货运代理企业实现资源网络集聚、业务模式创新，增加联盟的利润并提升核心竞争力。

四、联盟进一步举措

1. 持续发展股东，成立股份制投资公司

通过业务与投资捆绑的股权模式、业务考核的合作模式、1 + N的股东发展模式及法人独立经营管理、股东投资管理委员会咨询监督的管理机制，不断发展新股东，扩大股东规模及业务经营规模，成立股份制投资公司。

2. 发展新投资项目

在第一个投资项目稳定发展的环境下，利用持续吸纳的业务、资源、资金开展新的联盟项目策划，如：双重甩挂运输专项联盟；内陆无水港联盟；仓储堆场联盟；多式联运联盟；城市配送联盟；海运订舱联盟；临港产业供应链联盟；物流行业投资管理基金联盟；物流公共信息平台联盟等。

3. 经营万联联盟品牌

随着浙江万联供应链联盟项目的开展，不断在港口物流领域研发新的业务投资项目，同时塑造万联品牌的文化，形成在港口物流、供应链物流、国际集装箱物流等领域中万联的高端服务地位，用品牌的力量推动联盟项目的发展。

4. 复制联盟模式及无车承运人模式在其他口岸运用

各沿海口岸与宁波口岸有着相同的物流产品、相通的物流特性，在不断摸索成功的经营模式及商业模式的前提下，取得第一个联盟项目的运作成功是主要的目标。随后可在上海、广州、大连、青岛、天津、宁波、温州、厦门等各个沿海口岸复制该模式，推动港口物流的转型升级。

5. 融资上市

浙江万联供应链联盟最终目标是通过开放的公共平台经营，使联盟最终实现上市。

评　　析

浙江万联供应链联盟以集装箱甩挂运输为主营业务,依托客户业务资源等七大基础资源,通过联合多家综合型物流企业,实现整合资源,并搭建信息化平台,从而提高港口物流供应链的综合服务能力。浙江万联供应链联盟的主要特征表现为以下三个方面:一是以供应链物流行业为主体,整合货代企业、运输企业、仓储企业、大型进出口企业、基金公司、投行等共同组建一个投资集团,在发展的过程中逐渐形成整个投资股东的结构。二是联盟业务与投资捆绑的股权模式,入股企业首先必须拥有平台需要的业务或平台需要的资源,方可获得入股的资格,同时根据拥有的业务量或可提供的资源量来获得可入股的资金额度。三是提出无车承运人经营策略,这是其立足于市场,区别于竞争对手的特色经营理念,加上其创新的甩挂运输盈利模式,是联盟今后取得良好发展效益的利剑。

目前浙江万联供应链联盟发展势态良好,但仍需注意的问题是:万联供应链联盟属于轻资产运营模式,培植和强化核心竞争力是联盟今后发展的永恒主题。企业只有明确自身的核心专长所在,才能成功实现低成本扩张和资产轻量化运营。这一点,美国 C. H. 罗宾逊公司的"轻资产"经营模式是其发展的标杆。

联盟未来发展趋势是:随着联盟的发展逐步整合供应链上下游企业,通过业务与投资捆绑的股权模式、业务考核的合作模式、1 + N 的股东发展模式及法人独立经营管理、股东投资管理委员会咨询监督的管理机制不断发展股东,扩大股东规模及业务经营规模,成立股份制投资公司。然后在投资公司成立的基础之上利用持续吸纳的业务、资源、资金开展新的联盟项目策划,如:双重甩挂运输专项联盟;内陆无水港联盟;仓储堆场联盟等。最后塑造万联品牌的文化,形成在港口物流、供应链物流、国际集装箱物流等领域中万联的高端服务地位,用品牌的力量推动联盟项目的发展。

案例 9:安能物流——零担物流全国加盟经营先行者

加盟经营,在公路运输领域鲜有尝试者。安能物流作为公路零担运输企业,提出打造全开放经营平台理念,以加盟模式带动企业跨越式发展。安能物流采用在集运中心总部直营，服务同行，不做直客，干线运输采用直营+合作，终端网点采用加盟的全新运作模式。依托自身的人才优势、信息优势、管理优势、服务优势，创建安能物流品牌，打造一个零担快运的服务平台以及一个物流创业者的合作平台，为客户提供更加高效、更加专业、更加安全、更加经济的服务，与创业者共创共赢，与客户共同发展。

一、联盟的发展概况

(一)联盟简介

ANE(Airline Network Express)安能物流有限公司(以下简称安能物流)成立于2010年5月，这是一个由五条优质公路专线承运商联合成立的股份制公路运输平台。何谓“ANE”，ANE是安能物流的代名词，它的内涵体现在“安全、准时、服务、经济”，ANE也是安能物流产品的代名词，体现“高效与节约”和“品质与品牌”。安能物流标识如图5-8所示。

图5-8　安能物流标识

A:Airline，航空、航线；安能的管理团队都是从事航空货运背景出身，用航空的相对高时效与高标准的服务理念经营公路产品。

N:Network，网络，网状的；物流的发展，尤其是公路业务的发展，网络是非常关键的，体现网络终端为王的意义；另一个是体现基于Internet平台的信息化建设，充分展示“E路领先，定时必达”的经营宗旨。

E:Express，快速、快递；在一个时间就是金钱，时间就是生命的年代，“快”有其不言而喻的优势；另一个则体现安能人行事果决，雷厉风行的作风。

安能物流是一家新锐的物流企业，其创建有零担物流平台，以快递加盟式整合全国运力资源，推动货运车辆航班运营模式，采用平台化、品牌化、连锁式发展模式，打造定时送达的货运车辆航班服务品牌。2012年营收2.8亿元，2013年营收6.2亿元，预计2017年营收将达到60亿元，全国网点建设5000个，目前安能物流年业务增幅200%。其市场定位为小票零担(30~300kg)运输业务。

(二)联盟产生的背景

1. 市场环境

中国国内物流经过近 20 年的发展,2009 年工商总局统计数字,国家注册物流、货代、仓储、快递的企业总数达到 77 万家之多,前 100 强企业仅占到 5% 的物流产值,而物流供应链环节转手倒卖业务总量占到 40%,导致运输环节成本增加。另外 60% 的物流产值分散在其他物流货代企业,每家承揽的业务分摊下去不足以维持良性、健康发展,重新整合与洗牌是物流行业面临的问题,同时也是中国物流企业规范发展的契机与最好时期。

中国改革开放 30 多年,也是物流运输蓬勃发展的 30 多年,有很多企业在这 30 多年当中积聚了自己的能量,进入中国物流企业百强行列。

从国内公路货物运输发展的状况来说,近 30 多年更是国家基础建设大为发力的 30 多年,尤其在 2008 年经济危机之后,国家战略当中的 3 架马车之一——基础设施投资与建设加快,使国家高速公路的发展也进入一个非常时期,全国高速公路总里程达到 10 万 km,通达全国各一线城市和省会,连通全国所有的地级市,居世界第一位,为中国发展高端快速公路货物运输提供了基本的承载平台。

2. 市场细分

物流行业的分工将会非常细化,将有 10 多个子项目涌现,例如“专业仓储、专业航空运输、专业区域配送、专业到达区域配送、专业 IT 系统开发、专业物流行业人力资源管理、专业物流财务软件、专业公路运输承运商、专业快递、专业代收货款、专业铁路物流、专业保税物流、专业报关服务”等。从运输产品又会分化出诸多行业物流,如“金融物流、食品物流、冷链物流、IT 物流、手机物流、服装物流、展品物流、搬家物流、鲜活物流、化妆品物流、电器物流、汽车物流、汽车配件物流、奢侈品物流”等。

大而全,小而全,并不是中国人的特性,是当前环境下,所能整合的资源不能提供高水准、专业化的物流服务,达不到专业而又增值的目的,所以自建物流体系对很多企业来说是无奈之举,也是权宜之际。市场细分是专业化的体现,是行业整合的需求,每一个细分领域都能成长出一批最专业的分工者,这是客户的需求,也是社会发展的必然结果。

3. 专业合作

市场细分以后的专业分工需要每一个分工者承担的角色是专业的,是开放的,是敬业的,那么这个市场环境也是健康和良性发展的,把握好自己的定位,抱着双赢的心态和资源节约的心态去整合,要相信这个市场是一个欣欣向荣的市场。

既然是一个链条式的发展合作模式,就必须保证每一个环节不能掉链子,那么每一个环节都必须有合理的利润才能保证链条的正常运转。那种长期使用不做维护(挤压价格,甚至故意挤占供应商资金的行为)的链条运转模式迟早都要出问题,看似与自己无关的供应商,其实蝴蝶效应的作用不会放过任何一个上游需求商。在一个和谐共存的链条生态环境里面,如果讲究双赢和品质提升,那么这样的链条关系才是最具融合力量的。

专业化分工是打造细分行业的精品需求,专业合作是联合各专业化分工者,所以联合是必然,联合才能锻造最专业的综合体并提供最专业的供应链服务,联合也才是中小物流企业的成长之道。安能物流(ANE)的成立正是趋于大势,是资源整合的必然。

(三)联盟形成的主要历程

安能物流的发展主要有三大阶段:

创业阶段(2010 年 6 月至 2011 年 12 月)。2010 年 6 月 1 日,安能物流开通上海汽车运输物流集运平台,在原上海至广东、江西、四川、山东、河南等几条汽车运输物流基础上,通过股权置换方式重新组合成立。2011 年 6 月 1 日,安能物流投资 100 万美元于上海注册成立上海安能运输有限公司,为安能物流的发展提供了源源不断的运力支持和有力保障。2011 年 8 月 1 日,为了进一步强化市场地位,安能物流推出具有"安全"、"准时"、"服务"、"经济"的高端产品——定时达。

职业阶段(2011 年 12 月至 2013 年 1 月)。2012 年 1 月 10 日,为加强安能物流企业文化建设,企业内部刊物《安能人》创刊发行。2012 年 5 月 10 日,为规范门店管理,建立标准化运营体系,由公司各部门联合编辑的《门店管理手册》、《运营及客服管理手册》在企业内部发行。2012 年 6 月 1 日,安能物流新版官方网站投入使用。在原有基础上增加订单查询、门店地址查询、价格时效查询、在线投诉等功能,进一步加强信息化建设步伐。

资本阶段(2013 年 1 月至今)。2013 年 1 月 18 日,安能物流引进全球顶尖投资公司红山投资,正式迈入资本化发展阶段。2013 年 9 月 5 日,奋战 100 天,千网共融合。安能物流全国快运网络全面升级,完成长三角、川渝及京津冀四大核心经济区网络对接。2013 年 10 月 26 日,安能物流第一届全国网络大会于杭州召开,正式成为中国最大的零担快运加盟网络。

二、联盟的体系构成

(一)联盟的组建体系

1. 组织构架

安能物流的组织构架由四部分组成,如图5-9所示,分别是:董事会、营销中心、综合管理中心和运营中心。董事会主要负责项目评估、组织建设和资本运营,并任命总经理来管理其他部门;营销中心主要负责市场推广与企划,进行销售、配送网络和项目等具体事务;综合管理中心主要负责制度建设与执行保障,进行IT、财务、人资、行政、品控等具体事务;运营中心主要负责高效运营与成本节约,进行客服、操作、配载、车管等具体事务。

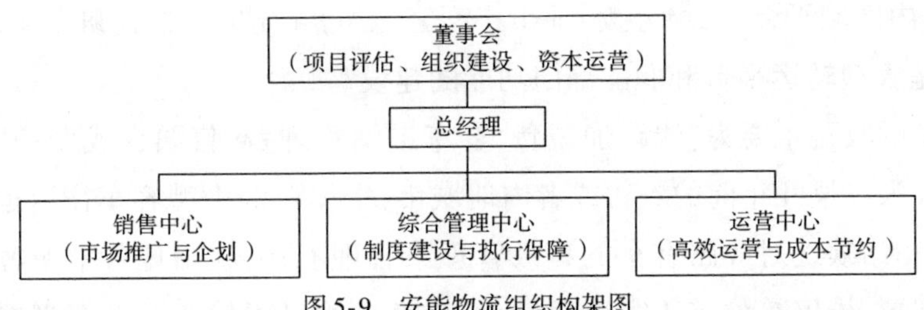

图5-9　安能物流组织构架图

2. 公司定位

安能物流是一个专注于为第三方物流企业提供运输服务的平台,属于轻资产运营,整合并优化最适合平台发展的人力、车队、线路、网络、保险等配套资源,以精诚合作、环保节约为宗旨,共同打造一个属于全体第三方物流企业共享的、透明的物流平台和品牌。同时安能物流也是一个既具有"网鱼型"特征(需要在全国物流发达市场进行复制),又具有"叉鱼型"功能(仅针对第三方物流市场进行推广和业务发展)的公路运输物流企业。

安能物流对自己的定位是:

(1)经营定位:全力以赴打造一个开放的、公开透明的交易平台;

(2)市场定位:专注于同行物流服务;

(3)客户定位:第三方物流企业;

(4)合作定位:做被利用价值最大化的合作者。

(二)联盟的运作体系

1. 联盟的运作模式

1)货运班车客运化经营

安能物流自2010年6月成立以来，从最初的4条专线开始合租场地，到7月份正式完成股权改造，形成一个整体的公司进行市场开拓和运营，短短几个月时间，以"定时达"货运班车为主导产品发展到现在，从上海直发全国主要城市20条专线，同时建立了以广州为中心的华南平台，以成都为中心的西南平台，虽然前期规模不大，但平台式的发展思路一直是为广大客户提供一站式的零担快运服务，从节约与集约角度理解，也算是"绿色节能"物流模式。

安能模式形象地说可以叫作"货运班车客运化经营"，这个模式的架构核心就是：

(1)省级中心平台：货运站场(省级大型客运站)+定时达班车(豪华长途班车)+二级分拨(地市小型客运站)+网点(公交站、出租车招停点、固定的客运停靠点)；

(2)省内区域平台：二级分拨(地市小型客运站)+定时达短途班车+网点(揽客点)，核心是大型转运平台和职能部门功能的建设。

客运站的收益主要为：线路加盟费、客车进站管理费、售票提成费、其他物业收入和副业收入。早几年前的农村或者内地城市，个体户的中型客车往返运营某几个城镇之间，车站缺乏对线路客车的有效管理或管理不严，就出现各中型客车老板之间相互抢客源，抢停车位等不良竞争行为，乘客不满员不发车。人们当然不会选择这种于乘客安全不顾的经营行为。最终在政府的主导和乘客的强烈要求下，建立了规范、宽敞的客运站，统一售票，车辆必须进站，在车站统一的规范管理下对车辆进行安全检查和维护，在统一的调度指令下进行线路安排，安装了GPS定位系统，时刻跟踪运行状态，对运行线路和发车时刻进行合理、科学的调度和发布最新乘车信息，这是规范化、标准化客运管理系统。

2)标准化、规模化平台

安能物流把自己定位为平台式模式，向社会提供安全准时、规范、标准化物流服务。近几年导致物价居高不下的一个重要原因，就是流通环节过多，层层剥皮。层层剥皮还是次要的，主要是流通的环节并没有让产品增值。从集约的角度出发，从整合的目的来说，安能物流打造的是一个专注于为第三方物流企业提供运输服务的公共开放平台，提供的是差异化的物流服务产品，安能物流根据客户对时效、增值服务要求将产品进行分类，引进符合货物装配要求的车辆和线路资源进行分类管理和推广。只有建立大型集散中心，形成规模化经营，最大限度地发挥社会资源的利用效率，才能达到节约、集约的目的。

既然是平台模式经营，那么提供的产品就必须是丰富的，而不是某一条或几条专线产品，尽可能地让平台能够更多消化一个企业的相关出运货物的渠道，让企业物流的采购渠道尽可能集中而减少供应商的管理幅度和难度，从节流，也就是创造利润角度来说，这样做就是为社会创造财富和减少流通费用。当然，打造标准服务同时也可以提供个性化需求。绝大部分的个性需求体现在终端，而不是干线运输，客户可以在终端进行个性化菜单式的服务选择，这部分需求是安能物流提供的增值服务。

安能物流倡导的是“五定班列”，即定时达汽车客运班线，就是“定时、定点、定线路、定班次、定频率”的业务模式，一改过去传统公路运输专线“发车不准时，到达不准时、配送不准时、服务无标准、价格不透明”的弊端（当然市场也不乏精品专线，只是产品太单一，客户无法做到一站式消费，需要采购所谓的第三方物流外包供应商进行业务管理，当然这需要输出更多成本。原因就是多次转手但并不增值）。客户可以根据安能物流提供的产品价格表进行选择，只要提前订好车位（大概的货物质量、体积和时效要求）并得到确认就可以安排正常发运或者推荐服务，并且按照安能物流的承诺完成运输委托。

在整个安能物流的布局当中，安能物流建立了以广州、深圳为核心的华南平台；以上海、无锡、杭州为核心的华东平台；以成都、重庆为核心的西南平台；以天津、沈阳、西安为中心的北方平台和以武汉为中心的转运平台。各平台相互连接，并形成以平台为中心的区域物流网络。各平台承担区域内货物流转的转运支持，同时还要担负起各平台之间货物对流的码头作用，形成以平台为核心的大型公路港模式，各平台所属的二、三级小型分拨中心实际在一定程度上复制平台模式，所有这一切必须基于安能管理公司（虚拟的职能部门管控中心）的各项运营标准的严格执行。当平台规模和运营能力更加强大以后，对周边的二、三级小型分拨中心的辐射和支持能力越强，网络的影响力就越强，提供给客户的综合服务能力就越强。

2. 联盟的合作模式

安能物流合作的不同方式主要有以下几种：

(1) 同行交货：该合作方式适合于发货不稳定或对账期要求高的同行，也可作为初期合作模式；

(2) 加盟代理：这种合作方式适合于发货稳定同行，也可作为进一步深入试验合作模式；

(3)加盟门店:适合于专注安能业务且资金和能力较强,愿意跟随安能物流发展创业者;

(4)加盟地区:适合于专注安能业务且资金和能力很强、资源及开发能力较强的地区(三、四级城市),愿意跟随安能发展创业者。安能物流合作模式如图5-10所示。

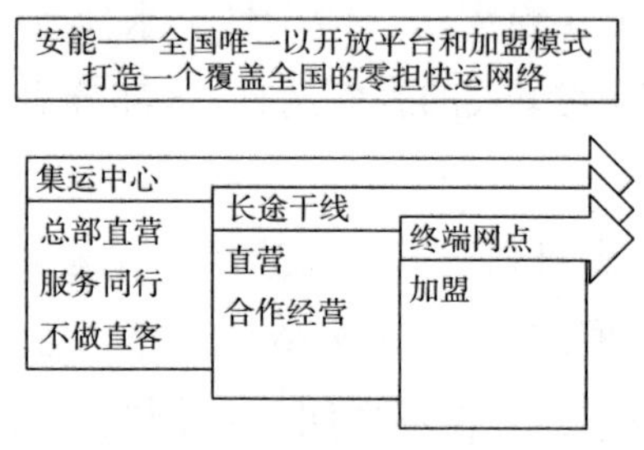

图5-10　安能物流合作模式

特许加盟作为一种非常成熟的经营方式在服务行业有着很多的成功案例,安能物流在公路货物运输行业首创加盟模式,有着独特的优势:

(1)规模经济:投资合作者可共享到总部的系统管理资源、网络平台资源以及庞大的客户资源;

(2)快速入行:通过总部的经营平台,完全没有物流经营经验的投资合作者,也可在较短的时间内入行;

(3)免开发费:合作者不必自己研究开发定价、产品、信息系统等专业性要求高的课题,就能享受到总部产品/服务开发带来的利益(如"定时达"产品、物流管理系统、OA管理系统等);

(4)免杂务费:总部统筹处理"促销、培训、采购、商务"等管理事务,投资合作者可专心致力于其主营业务开发与管理;

(5)高信誉度:合作者承袭总部的商誉,可带来更多的客户,增加收益的可靠性。

三、联盟的成效

安能物流打造的是一个专注于为第三方物流企业提供运输服务的公共开放平台,提供的是差异化的服务产品,安能物流根据客户对时效、增值服务要求将产品进行分类,引进符合货物装配要求的车辆和线路资源进行分类管理和推广,安能物流使其采购渠道集中而减少了供应商的管理难度,这样可以深化创造财富和减少物质流通费用。而且安能物流提倡"五定班列",即"定时、定点、定线路、定班次、定频率"

的业务模式,这样可以避免过去"发车不准时、到达不准时、配送不准时、服务无标准、价格不透明"的弊端,而且客户可以根据安能物流提供的产品价格表进行选择,所以只需要提前订好车位,并得到确认就可以安排正常发运或者推荐服务。

安能物流的发展蒸蒸日上,成立之后,建立了以广州、深圳为核心的华南平台,以上海、无锡、杭州为核心的华东平台,以成都、重庆为核心的西南平台,以天津、沈阳、西安为中心的北方平台,以武汉为中心的转运平台,各平台相互连接,并形成以平台为中心的区域物流网络。

四、联盟进一步举措

物联网时代,互联网公司有一个神奇的3年现象。那就是,从模式确立、实践运行、到成功实现,只用了3年时间。在传统的货运物流行业,安能物流正在演绎这个神奇现象。2013年6月,华平投资宣布对安能物流追加5000万美元(约3亿元人民币)的投资,助力安能物流开启物流新阶段。

继山东、江西两省完成网络化布局后,安能物流华东区将调整浙江临海、江苏高港为一级分拨中心,届时将会大幅提升华东区货物的中转速度。为了加快网络化布局,推进分拨场地建设步伐,安能物流规划在浙江临海、江苏高港分别兴建一级分拨中心,于2013年9月底正式投入运营。并网后,随着外省网络进入华东地区的货量激增,安能物流决定对现有的浙江临海、江苏高港两个二级分拨中心进行升级调整,扩建成一级分拨中心,加快浙南、苏中、苏北地区的省内货物与外围货物中转。

截至目前,安能物流华东地区网点共计310家,已建成并投入运营的一级分拨中心3个,二级分拨中心13个。规划中的合肥、蚌埠、芜湖3个二级分拨中心正在筹备中,预计不久后即可投入运营。随着并网后一系列工作的深入开展,安能物流将逐步加快网络化布局、推进分拨中心建设步伐、增开营运班车线路,这必将为安能网络的转型升级带来极大的推动和促进作用。

评　析

安能依托自身的人才优势、信息优势、管理优势、服务优势创建物流品牌,打造一个零担快运的服务平台以及一个物流创业者的合作平台,为客户提供更加高效、更加专业、更加安全、更加经济的物流服务,与创业者共创共赢,与客户共同发展。安能物流的主要特征表现为以下两个方面:一是货运班车客运化经营的"定时达"

汽车客运班车,为客户提供“安全、准时、经济”的公路运输服务,服务品质堪比航空服务,但价格只有其1/3。二是打造了一个专注于为第三方物流企业提供运输服务的公共开放信息平台。公共信息平台根据客户对时效、增值服务要求将产品进行分类,为客户提供差异化物流服务,对车辆资源和运输线路实施分类管理,有效提升了联盟物流的运作效率。

安能物流正处于发展壮大的阶段,需要进一步关注的问题是:安能通过加盟、代理的方式来建立和拓展其运输网络,与直营方式相比具有一定的风险性。加盟代理不需要大量资金就可以快速建立完善覆盖全国的零担快运网络,但在网络快速扩张的同时,需要注意完善加盟代理机制,加强对代理网点的培训和监督,以防范联盟发展可能遭遇的风险,保持联盟品牌的高信誉度。

安能未来发展趋势是:联盟核心企业将借力安能强大的物流服务网络,打造行业领先、第三方物流企业共享、规则明确、交易透明的物流公共信息平台,使其未来成为中国智能物流骨干网络的重要组成部分,为加盟代理企业提供更高效的集成化物流服务。

安能物流网点加盟条件

(1)要认同安能物流企业文化、经营理念和管理模式,接受安能物流的管理体系,执行安能管理标准。

(2)优先选择各省会城市,全国GDP排名前40名地级市,重要板块的百强县。

(3)在已经营地区增加网点,可优先选择的县(市)是全国三、四级城市及经济发达县(市)。

(4)租赁有适合作为安能物流经营业务的物业,按照安能要求统一装修。

案例10:好友汇物流——升级版的专线联盟

深圳好友汇物流科技股份有限公司是基于深圳市物流好友会基础之上,集合优势干线运输力量组建而成,物流业务覆盖全国90%以上区域,坚持以标准化、信息化、品牌化作为好友汇物流品牌的发展方向。好友汇物流拥有健全完善的加盟合作方式，为物流企业联盟的合作方式提供了一个新的思路。

一、联盟的发展概况

（一）联盟简介

深圳好友汇物流科技股份有限公司（以下简称好友汇）是基于深圳市物流好友会基础之上，集合优势干线运输力量组建而成，物流业务覆盖全国90%以上区域；坚持以标准化、信息化、品牌化作为好友汇物流品牌的发展方向，倡导“快乐物流”的品牌核心价值，为广大的消费者提供快捷的物流产品及人性化的物流体验；致力于把好友汇物流打造成一流的创新型品牌物流企业，引领汽运零担物流行业的未来发展。

信息化物流——好友汇品牌实现道路货运的全程信息化服务，从全程全自动的条码分拣、装载、配送，降低流通环节中的货损、货差，客户通过互联网、400电话以及移动终端APP随时跟踪货物运输的全过程，做到物流全流程信息透明及互通。

标准化物流——通过对形象标准化、服务标准化、操作标准化、价格标准化、时效标准化的运营体系建设，打造公路零担物流行业的新标准。

品牌化物流——好友汇物流坚持以客户体验为基础，坚持“快乐物流”的品牌核心价值，不断通过优质的服务及高效的产品让客户体验物流的“快感”，同时依托创新推广模式，全方位推广及宣传好友汇物流，快速提升好友汇品牌知名度及营业部的业绩。

（二）联盟产生的背景

深圳市明亮物流主营国内公路运输业务，目前公司已开设直营网点23家，自有营运车辆200余辆，全国转运中心总面积超过5万m^2。明亮物流始终以客户为中心随时候命，持续创新，始终坚持自建营业网点，自购进口车辆，创建最优线路，优化运力成本，为客户提供快速高效、便捷及时、安全可靠的服务体验，助力客户创造最大的价值。

但是在最初，明亮物流由于营运线路的限制，无法承接从深圳发往全国的货物，广州、上海等地的专线企业也遇到同样的问题。为了实现专线物流企业彼此抱团，资源共享，共抗风险，明亮物流等8家初始专线物流企业串联志同道合的物流企业，于2008年成立了“好友会”。“好友汇”便是基于“好友会”转型而来。2012年年底，从“会”到“汇”的整合模式酝酿而出，新的“好友汇”由11家专线物流企业发起成立,通过聚集全国干线运输商、加盟收派网点,形成类似卡行天下模式的网络化运营联盟。

(三)联盟形成的主要历程

“好友会”成立于2008年,由明亮物流等8家初创专线物流企业发起,初衷是实现专线物流企业彼此抱团,资源共享,共抗风险。

2012年年底,11家专线物流企业发起成立新的“好友汇”,通过聚集全国干线运输商、加盟收派网点,形成类似卡行天下模式的网络化运营联盟。

2013年10月21日,好友汇物流在深圳市龙岗区奥林体育宾馆举行了品牌启动仪式。

2014年5月,“好友汇”正式完成了整体商业模式的转型升级和价值重组定位,通过平台化的交易规则与过程管理,为货主提供一站式的运力资源管理平台;

2014年8月,好友汇正式启动智能物流交易平台的研发;

2014年9月,好友汇正式更名为“深圳好友汇物流科技股份有限公司”;

2014年10月,深圳好友汇物流科技股份有限公司正式在深圳前海注册成立;

2014年11月,正式拉开了迈向全国扩张的战略,在上海、无锡、武汉和广州等地成立14个分公司;

2015年3月,好友汇智能交易平台上线测试。

二、联盟的体系构成

(一)联盟的组建体系

目前好友汇企业成员有13家物流企业,股东企业有:明亮物流、圣安物流、鹏盛达物流、鑫宏福物流、金天达物流、豪中豪物流、信合豪中豪物流、骏兴顺物流、禹天源物流、金鹏行物流、佳汇中港物流;非股东物流企业有:华发物流、鑫金川物流。

好友汇物流摒弃了简单的联盟方式,以深圳市专线好友汇物流有限公司为实体公司运营,具有以下特点:

联盟主体化:以独立的企业作为合作主体,股东不参与企业经营,股份比例为自愿认购,最大程度简化决策行为。

目标一体化:合作之初就明确与好友汇的合作模式以及未来的目标,在达成理念一致的情况下才促成好友汇的成立,并设立明确的投入及退出机制,保证整个股东团队的经营方向一致性。

经营职业化:好友汇的经营团队不牵涉任何一家股东企业及股东企业员工,均为外聘的职业化团队,每月例行向董事会汇报经营业绩。

相比较卡行天下联盟模式,好友汇是专线企业自发成立,由内而外的整合,资金投入更少。

(二)联盟的运作体系

1. 联盟运作模式

1)运作模式

好友汇并不是单纯的联盟企业,它拥有独立运作模式、全国标准化信息网络的互换平台。好友汇联盟运作模式如图5-11所示。

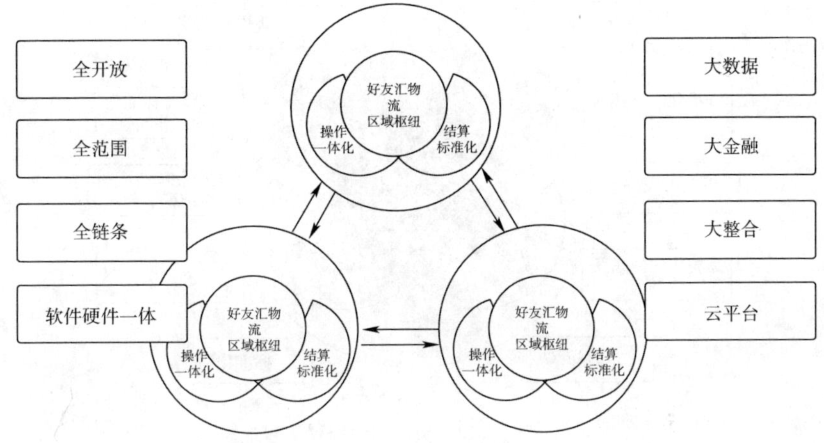

图5-11 好友汇联盟运作模式

对于联盟整合型的物流企业来说,最重要的是品牌和口碑,好友汇物流联盟虽然不直接参与专线和干线运输操作,但对干线运输商做出品质及服务的要求,并以优质的零担货源和合作价格换取专线物流企业的顶层优质运力资源。

对于加盟企业,可享用好友汇的品牌优势,一站式发货,全程信息透明化,可提升服务品质。

在既定的发展方向中,好友汇物流联盟要形成覆盖全国的好友汇物流区域枢纽,每个区域枢纽包含专线接入平台、区域配送平台、发货平台、结算平台等(图5-12),最终通过枢纽并网,形成全国标准化物流网络互换平台。

同时,通过好友汇智能物流交易平台,用户(发货方、网络站点和服务承运商)可以免费注册,经审核后就可以成为好友汇联盟企业成员,并享受到好友汇"大数据、标准管理、产品创新”所带来的颠覆传统物流价值的平台红利,避免传统加盟会员形式的种种诟病。企业成员能够从好友汇智能物流交易平台获得的收益包括:通过利用好友汇智能物流交易平台的商誉和系统资源,获得更多的高品质货源,增加收益;通过平台统筹处理客户营销、货物跟踪、车辆管理等事务,企业会员可专心致力于其主营业务的经营;直接享受好友汇智能物流交易平台服务开发带来的红利;依托好友汇智能物流交易平台的全国干线网络及省内中转网络,提升中转时效,降低中转成本;通过好友汇智能物流交易平台的运营、财务管理体系,提升自身的运营管理能力、客户服务品质;通过好友汇智能物流交易平台的统一市场推广,获得高价值货源;通过智能物流交易平台对运输品质的控制,提升客户服务能力,提高盈利能力。

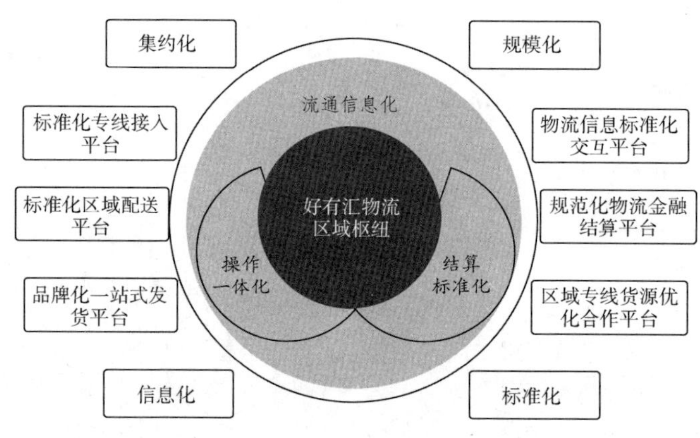

图5-12　资源整合路径

2)运输方式

好友汇拥有两种运输方式可供选择,分别是快线和普线。

好友汇的快线运输方式采用豪华奔驰厢式货车,易流GPS全球定位系统;并且定点发车,全程高速,准时到达,准时配送。主要满足对时效和服务要求高的客户。

它的服务特色是:(1)郑重向客户承诺:“限时未到、运费减免”;(2)按照规定的时间和地点发车、到达、配送;(3)豪华奔驰厢式货车,安全、快速;(4)GPS全球定位系统,全程跟踪车辆,实时反馈在途信息。

好友汇普线运输线路涵盖华东、华北、华中、西南各大区域,直达全国200多个大中城市。线路齐全、价格实惠,主要满足发货线路多、时间要求不高的客户群体。

它的服务特色是:(1)对于大宗货物、大客户、线路众多的托运客户是最佳的选择;(2)线路齐全,可以到达全国200多个大中城市;(3)价格实惠,性价比高;(4)提供完善的增值服务。

2. 联盟合作模式

1)加盟优势

(1)强大运力保障。整合强大优质专线物流资源,线路覆盖全国90%以上重点城市,普通区域每天定向物流运输车辆3班次以上,重点区域每天定向发车7~10班,保障客户及加盟商的货物及时有效运达。

(2)多产品赢利支持。好友汇物流集中优势资源,打造好友汇快线及普线产品组合,强化服务品质,提升加盟商利润空间。

“好友汇快线”——首批快线产品覆盖全国10个省20~30个城市,全封闭豪华奔驰、沃尔沃厢式货车,易流GPS全球定位系统,定点发车,全程高速,准时到达,准时配送;满足对时效和服务要求高的客户。

“好友汇普线”——运输线路涵盖华东、华北、华中、西南各大区域,直达全国200多个大中城市。线路齐全、价格实惠,

(3)强势品牌支持。巨资打造好友汇品牌形象,从门店、运输车辆和员工,实行统一形象标准化,提升好友汇物流品牌的价值感及影响力;跨领域整合优势媒体资源及互联网传播资源,为好友汇物流品牌的大力推广提供保证。

(4)优质服务输出。建立标准规范的400呼叫中心,标准化的解决客户服务过程中的各种问题;同时对加盟商提供周期性的服务及业务技能培训计划,强化加盟商的服务技能及业务技能;建设大客户服务中心,为加盟商的大客户资源提供业务攻关策划方案及咨询服务。

(5)全程信息化管理。自建信息化团队,打造集收货、分拨、跟踪及配送为一体的全程信息化管理系统,简化操作成本,提高操作效率,减少误差;同时通过系统自身的短信及查询系统,让客户及时了解货物的运输状况及在途信息,提升服务品质。

2)加盟条件

(1)接受好友汇物流品牌的各项管理,严格执行好友汇物流的业务标准。

(2)加盟费:人民币5万元(5年期)。

(3)品牌保证金:2万元(可退还)。

(4)具有不小于$60m^2$适合作为好友汇物流门店的经营场所,按照好友汇物流要求统一装修门店。

(5)自有运输车辆1辆以上,按照好友汇物流要求统一涂装。

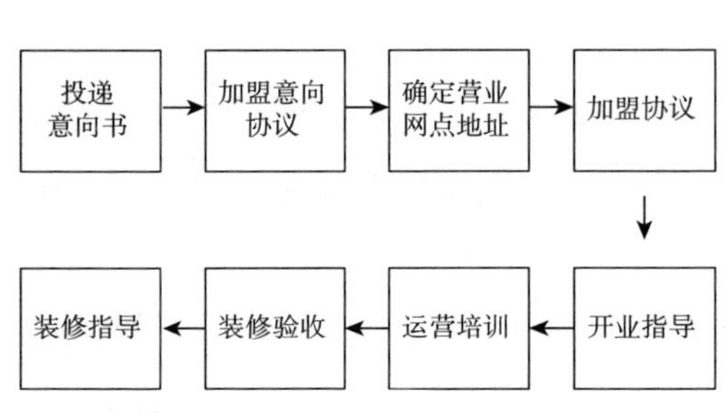

图 5-13　好友汇物流联盟加盟流程

(6)系统维护费 2000 元/年。

3)加盟支持

(1)网络业务信息分享支持;

(2)品牌形象管理推广支持;

(3)定期管理培训支持;

(4)业务开拓及全年营销方案支持;

(5)大客户开发支持;

(6)区域内营利性配送业务支持;

(7)开业指导。

好友汇物流联盟加盟流程如图 5-13 所示。

三、联盟的成效

好友汇联盟成立后在经营中实现了“三化”,即信息化、标准化和品牌化。信息化物流:好友汇品牌实现货运公路物流的全程信息化服务,从全程全自动的条码分拣、装载、配送,降低流通环节中的货损、货差。客户通过互联网、400 电话以及移动终端 APP 随时跟踪货物运输的全过程,做到物流全流程信息透明及互通。标准化物流:通过对形象标准化、服务标准化、操作标准化、价格标准化、时效标准化的运营体系建设,打造公路零担物流行业的新标准。品牌化物流:好友汇物流坚持以客户体验为基础,坚持“快乐物流”的品牌价值,不断地通过优质高效的服务让客户体验物流的“快感”,同时依托创新推广模式,全方位的推广及宣传好友汇物流,快速提升好友汇物流品牌知名度及营业部的业绩。

好友汇拥有快线和普线两种运输方式。联盟郑重向客户承诺:快线物流“限时未到、运费减免”;按照规定的时间和地点发车、到达、配送;豪华奔驰厢式货车,安全、快速;GPS 全球定位系统,全程跟踪车辆,实时反馈在途信息等特点。

好友汇普线运输线路涵盖华东、华北、华中、西南各大区域,直达全国 200 多个大中城市。线路齐全、价格实惠,主要满足发货线路多、时间要求不高的客户群体。它的服务特色是:对于大宗货物、大客户、线路众多的托运者是最佳的选择;线路齐全,可以到达全国 200 多个大中城市;价格实惠,性价比高;提供完善的增值服务。

截至 2015 年 4 月底,好友汇联盟在全国共完成了 14 个分公司(包括上海、无锡、武汉和广州等)的建设,在线合作物流专线企业超过 1700 家,合作网点 117 家,完成交易订单86万票,月交易额已超过了1亿元人民币,累计交易金额达6.4亿元。

四、联盟进一步举措

在我国公路零担货运市场空间巨大,但物流企业规模严重失衡;2012年,物流行业市场总量达到近60000亿元,其中公路零担物流行业因为电商普及化等因素快速增长,总体容量接近8000亿元。

德邦、天地华宇、新邦等物流企业作为物流行业的领先品牌,因为起步早、品牌影响力大等因素占据了物流行业中相对优质的顶层业务(500kg以内),利润可观;但是整体来看,这些品牌业务总量在行业中占比也仅在0.2%左右;市场集中度非常低。

物流行业价格竞争激烈,中小物流企业缺乏管理经验;成本普遍偏高,利润率整体偏低,行业整合的趋势在所难免。

面对这样的市场前景,好友汇物流联盟在未来将会向以下两个方面发展:

(1)从单一的货品流通转变成集货源、信息、服务等内容为一体的综合性物流;

(2)从点到点的流通模式转变为点到面,以及面到面的跨区域流通模式;

(3)创新物流平台价值。通过共享物流资源,聚合海量用户,形成信息资源共享平台,实现数据、金融、流量、营销等商业集聚价值。通过增值服务收益、信息服务收益、培训服务收益、融资担保中介收益、物流运费资金沉淀收益、保险收益、广告收益及其他服务费用收益等,实现物流资源价值最大化。

评　　析

"好友汇"物流有限公司是基于深圳市物流好友会基础之上,集合优势干线运输力量组建而成,坚持以标准化、信息化、品牌化作为好友汇物流品牌的发展方向。其主要特征表现为以下3个方面:一是摒弃了简单的联盟方式,以深圳市专线好友物流有限公司为实体公司运营,以独立的企业作为合作主体,股东不参与企业经营,股份比例为自愿认购,最大程度简化决策行为;联盟经营团队均为外聘的职业化团队,不牵涉任何一家股东企业及股东企业员工,新管理团队每月例行向董事会汇报经营业绩,从而保证联盟合作的公平性原则。二是建立全国标准化网络的互换平台,好友汇物流网络覆盖全国的好友汇联盟发展的物流区域枢纽,每个区域枢纽包含专线接入平台、区域配送平台、发货平台、结算平台等，最终通过枢纽并网，形成全国标准化物流网络互换平台，为联盟发展建立了资源共享、业务协同的信息化平台。三是建立健全完善的加盟合作方式，共享“好友汇”的品牌，以优质的零担货源和合作价格整合专线企业的优质运力资源，更好地为客户提供增值服务。

“好友汇”专线企业彼此抱团，资源共享、共抗风险，建立了运输专线联盟，成立初期经营态势良好。好友汇联盟今后需要注意的问题是：重点防范“联而无盟”所造成的各种风险。好友汇联盟需进一步加强联盟成员之间的互联互通，加强企业间业务流程的协同与融合，减少不必要的运输环节；制定货损货差、时效、利益分配的合理标准，界限联盟合作范围与战略发展方向，促进好友汇物流联盟又好、又快成长壮大。

好友汇物流联盟未来发展趋势是：坚持以标准化、信息化、品牌化作为好友汇物流品牌发展方向；继续优化完善专线物流企业合作模式，以信息平台为纽带，加强联盟企业之间的互惠性合作，构建统一的品牌，引导联盟向着集约化、规模化的方向发展，并最终发展成为集货品、信息、服务等内容为一体的综合性物流联盟。

第六章　资源整合型联盟

资源整合是指通过市场方式或行政手段对区域内闲置资源或未得到最优配置的资源进行挖掘、合并、转移、重组，使资源的二次配置能够带来效益，并促进区域经济的快速增长。资源整合型联盟是以获取相应的利益为核心的联盟组织，通过整合不同联盟成员的资源，统一经营，合理分配利润和分担风险，实现利益最大化。

资源整合型联盟使区域内的多家中小物流企业通过联盟的形式整合物流资源，形成由“点”向外发射状的发散型物流网络形态，将区域内分离的物流资源整合为高效的物流网络，拓展网络覆盖范围，提升物流服务能力，实现联盟企业成员间物流组织网络、功能网络、信息网络的有效融合和设施设备的共建共享。

本章案例分别介绍众盟物流联盟、陆通物流联盟、上海物流专线联盟和义联物流联盟，来探讨区域资源整合型联盟的特点。众盟物流联盟采取“股份＋加盟”的联盟新模式，实现区域内资源共享和规范管理；陆通物流联盟的参与企业必须“带量入股”，将货币资金量和运输业务量作为投入要素参与联盟组建，这样组建后的联盟就拥有更多的运输资源和运输业务，方便统一管理，规模化经营；上海物流专线联盟通过资源相互整合、财务相互独立、资源信息共享、线路立体交叉、市场营销双向开拓和统一的项目管理体制，及灵活的激励机制等手段，扩大其在行业的影响力和知名度，真正体现整合优势；义联物流联盟开创“抱团”发展新模式，即将众多分散、小型的货运代理企业集聚到同一平台上，打破传统的物流理念，提高货运组织化程度。

案例11：众盟物流联盟——“股份＋加盟”型的联盟新模式

众盟物流有限公司采用独特的“股份＋加盟”的联盟结构体系，是一种混合型的物流企业联盟，在充分保障联盟成员利益的基础上，实现资源共享和规范管理，通过信息、资源的整合为顾客提供多功能、一体化的综合性服务。

一、联盟的发展概况

(一)联盟简介

无锡众盟物流有限公司(以下简称众盟物流联盟)成立于2013年6月,是在交通运输部和国家政策的引导下,在无锡市有关政府部门的大力支持下,在夏氏、中卡等物流企业的倡导、协调下,由无锡众达、益源、诚亿、正连、好加杰、大夏等物流企业响应,相关企业自愿参加的业务、资源合作组织联盟实体,属于铁道部多式联运加盟商、无锡市交通物流龙头企业、市甩挂运输试点企业、快货线路品牌企业、市重点物流企业和省级公路甩挂运输试点项目。联盟主要从事公路、铁路、海运、空运、集装箱运输等多种物流运输服务。

众盟物流联盟注册资本1000万元,总资产1.2亿元,现有员工1478人,自有运营车辆189辆,联运车辆1200多辆,年运输量280万t,仓储面积达12万m^2,场站合计使用面积66000m^2,各类大中型装载机械100余台(套)。联盟现有品牌线路20条,业务覆盖长三角、珠三角、东北三省、华南、华中等广大地区。

图6-1　众盟物流联盟企业标识

众盟物流联盟是原铁道部多式联运加盟商;是中远、中海、中铁等大型央企的合作商;内部下设运营部、市场部、行政人事部、安全机务部、财务部、车辆管理部、仓储、配送中心、客户服务等多个部门,公司自主研发基于网络信息化的运输管理、仓储管理、调度系统等管理系统。众盟物流联盟标识如图6-1所示。

公司现有快货线路35条,其中有14条被江苏省评定为品牌快货线路;拥有多条甩挂运输线路;业务覆盖长三角、珠三角、东北三省、华南、华中、西南、西北等广大地区。市场信誉好,口碑好,服务一流。年营业额5亿元。

(二)联盟产生的背景

1.政策的支持

无锡市近年来为响应交通运输部和国家扶持物流企业发展的政策,积极发展甩挂运输,一直坚持政府领导、企业主导的原则,组织开展甩挂运输试点,探索甩挂运输经验,以发挥示范引导作用。在此背景下,物流联盟这种新型业务发展模式逐步进入无锡市视野,这种新型模式特有的资源整合方式,很快得到认可,众盟物流联盟也就应运而生。

2. 中小物流企业整合的需要

截至2012年年底,无锡市共有道路货运企业12905户,车辆数10辆以下的企业有1.2万户,但真正具有国家商务部批准资质,且规范化操作的物流企业却为数不多,显著存在企业规模较小、分散单一、竞争力不强的特征,整个运输市场处于"多、小、散、弱"的困境,急需组建物流联盟整合中小物流企业。

3. 生存与发展的需要

物流运输需求者从以前简单的"将货物从A点运到B点"模式发展到今日全方位的物流服务模式,对物流服务模式的要求也越来越高,如保障物流服务低成本、高效率运作,以及安全环保等需求,一个简单的中小物流企业根本无法满足这些要求,只有通过物流联盟的建立才可以充分满足现代企业对物流服务的各种要求。众盟物流联盟正是在用户需求不断提高、竞争环境持续恶劣的形势下诞生的;另一方面,物流企业的燃油费、人工费、路桥通行费等硬性成本也不断上升。面对这样严峻的竞争压力,处于无序、低运价的竞争形态,对物流企业的生存和发展形成了很大的制约,依靠联盟来整合资源是大势所趋。

二、联盟的体系构成

(一)联盟的组建体系

1. 联盟治理结构

众盟物流联盟采用股份制合作的方式,原始股东为8人,出资比例由联盟内部成员商定,所占股份比例,按出资人实际出资额计算。今后加盟的新成员,股份所占比例和利润分配等事项由董事会讨论决定。众盟物流联盟设董事长一名,联盟的最高权力机构是董事会,其职责是制订、修改联盟章程,审批联盟内部的规则、标准、规范等,审查联盟成员的资格,决定联盟成员加入或退出,协调联盟成员之间的关系和纠纷。

众盟物流联盟结构体系主要分为三层,初创联盟股东,享受联盟发展股份红利;授权加盟商接受众盟物流联盟的管理,并享受业务合作结算与股份分红双重收益;其他业务合作伙伴与现有模式一样与众盟物流联盟进行业务合作结算,当业务合作伙伴达到众盟授权加盟商的标准后可以申请成为授权加盟商。众盟物流企业构成如图6-2所示。"股份+加盟"的联盟结构体系,在充分保障联盟企业成员利益的基础上,实现资源共享和规范管理。

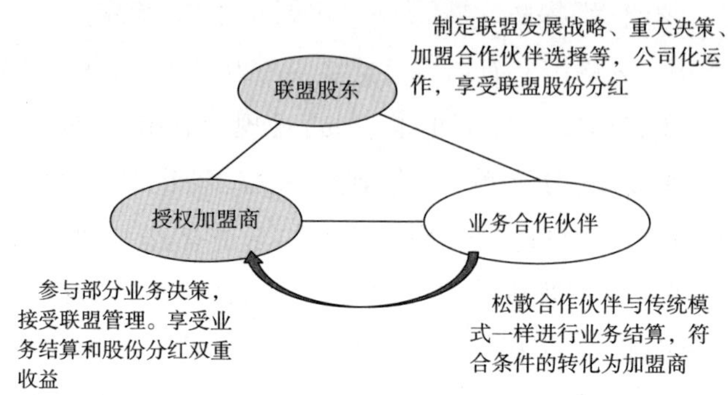

图 6-2　众盟物流联盟结构体系

2. 联盟加盟和退出机制

众盟物流联盟优先选择与联盟运输网络互补、完善的企业加盟，要求拥有丰富的零担运输经验及本地配送服务网络；原则上同一线路选择 1 家具有一定业务量的合作伙伴加盟，该加盟企业每天至少保证两车货物交由联盟运输，保障联盟成员收益并避免同质竞争；所有参与者在平等的基础上相互合作，为联盟贡献出自己的核心能力。各企业成员之间的责任和义务由联盟规定的章程、文件、合同进行约定。

联盟加盟条件有：(1)遵守国家法律、法规，遵纪守法的经营企业；(2)企业员工应达 20 人及以上(含装卸工)；(3)月物流发车量不低于 60 车次；(4)企业拥有自由接送点；(5)企业自有运营车辆达 5 辆及以上；(6)企业资金储备、运转良好，有经济实力；(7)市场口碑好；(8)愿意承担相应的责任和义务；(9)年开票经营收入达 600 万元；(10)服从联盟的领导与管理。这是申请加盟企业的基本条件，经董事会议讨论批准后，决定是否加入。

联盟的退出机制采用书面协议的形式执行，联盟退出机制有以下四个方面：

(1)加盟成员有下列行为的，必须按照规定由董事会议批准退出联盟：①加盟成员发生难以继续加盟的充分事由的；②加盟成员财务状况恶化，不能正常经营的；③加盟成员违反联盟管理规定情节严重的；④加盟成员损害联盟形象、声誉、信用行为，有重大过错的；⑤加盟成员由于债务等其他原因，被人民法院强制执行其企业全部财产份额的。

(2)加盟成员自愿退出须提前 6 个月告知联盟；

(3)加盟成员退出时与联盟的债权债务必须及时结清；

(4)加盟成员退出后，不得再继续使用联盟的名称、商标等联盟资源，不得以联盟名义从事经营、洽谈、签署运输相关业务,否则将承担法律责任。

(二)联盟的运作体系

联盟实行统一领导、统一管理的物流运作模式(图6-3),对外统一使用联盟标识(LOGO)。各加盟企业成员实行自主经营、独立核算、风险自担的原则,各自在经营中发生的风险(如货损、债务)等责任,自行承担。独立承担自身在经营活动中发生的各类法律责任,不得以任何理由将责任转嫁给联盟的各类机构或其他成员。

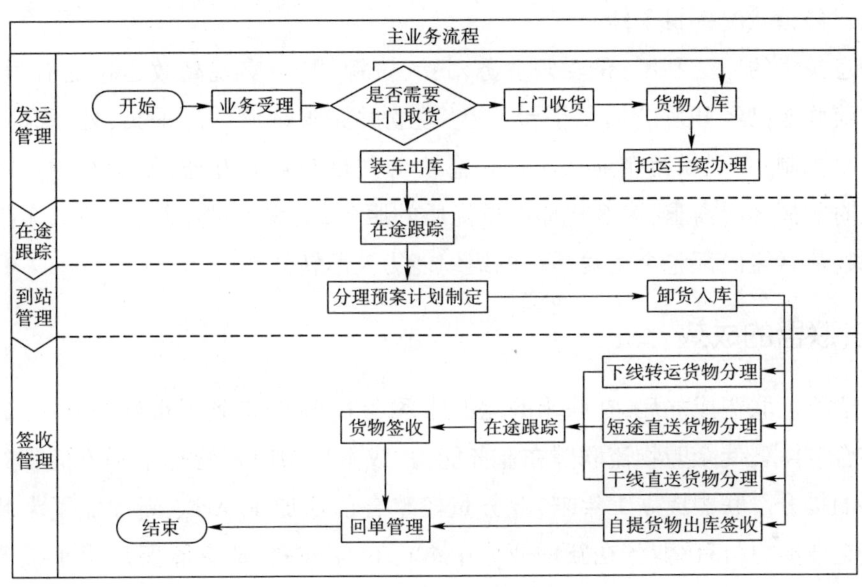

图6-3　众盟物流联盟统一运作流程

联盟企业成员之间在进行业务合作时,按照联盟统一的内部结算价格,使用联盟内部的站场和车辆资源;零担业务按照自有网络覆盖区域所在地优先获得运输服务原则;在采购方面,依托联盟整体的力量进行统一采购,以获得优惠的价格;日常业务交流统一在联盟的信息平台操作;联盟企业成员之间的运输设施应根据物流需要相互间进行交换或租借使用,如托盘、车辆等;对外营销方面,联盟作为一个整体进行市场营销活动,以实现市场资源、运输资源、信息资源的共享。

在联盟的运作体系中,物流品质控制是联盟规范运作、保证物流服务水平的重要一环。众盟统一制定操作规则和物流品质控制措施,要求联盟成员遵照执行,并由运营部监督执行,对不按规范执行的进行相应处理。

(三)联盟的信息体系

在物流信息平台建设方面,众盟物流联盟主要与顿楷国际物流信息部联合研发新的信息网络管理技术。联盟将原来分散在各联盟企业成员的信息系统通过集成的方式联动起来,并重新规划、建设统一的门户网站、呼叫中心、管理系统和结算考核系统等。新系统将运用云计算、北斗定位、物联网、移动互联网等新技术,实现从客户下单到用户到货签收全程管理,并为联盟企业成员开设独立账户,使得联盟企业成员对经营状况一目了然。

信息技术的广泛利用,是联盟业务对接,资源调度,实现高效运作的有力保障。众盟物流联盟已经开发的信息平台,能够建立并完善物流信息采集、处理和服务的交换共享机制,实现联盟企业成员间信息资源共享与互联互通,使所有企业成员都能够及时掌握客户需求,为客户提供更优质的服务,实现内部结算,并极大限度地提升众盟物流联盟内部整个运输活动的组织能力及运转效率。

三、联盟的成效

众盟物流联盟成立后,在联盟的运作体系之下,联盟得到了很好的发展,通过资源的整合、共享,使众盟物流联盟在业务能力、成本控制以及管理水平方面都有了一定程度的提升。联盟成立1年来,业务量较整合前增加了46%;新加盟了十几家中型规模企业客户,订单业务在新增业务中占比65%左右;成立联盟后可承接业务能力大幅提升。通过联盟信息平台统一调度,车辆使用率提升了12%,满载率提高10%;淘汰一批老旧车辆,更新换购甩挂运输车辆,减少驾驶员30多名,降低了人工成本;通过联盟统一采购,降低设备采购成本10%左右。

通过联盟作业标准输出,货物流转效率提升,货损货差较联盟前降低20%;客户满意度提升,投诉率降低15%。新系统将运用云计算、北斗定位、物联网、移动互联网等新技术,实现从客户下单到用户到货签收全程管理,并为联盟企业成员开设独立账户,使得联盟企业成员对经营状况一目了然。众盟物流联盟已经开发的信息平台,能够建立并完善物流信息采集、处理和服务的交换共享机制,实现联盟企业成员间信息资源共享与互联互通,使联盟所有企业成员都能够及时掌握客户需求,为客户提供更优质的服务,实现内部结算,并极大限度地提升众盟物流联盟内部整个运输活动的组织能力及运转效率。

四、联盟进一步举措

以打造众盟物流联盟品牌战略为主线，以做大做强众盟物流联盟为目标，实现会员企业从战略策划到运作模式的“八统一”（图6-4），通过整合、转型、升级，努力实现企业跨越式发展，3年力争实现物流收入超10亿元，5年力争实现物流收入超20亿元，10年力争实现物流收入100亿元规模，这是众盟物流联盟未来发展的整体设想。

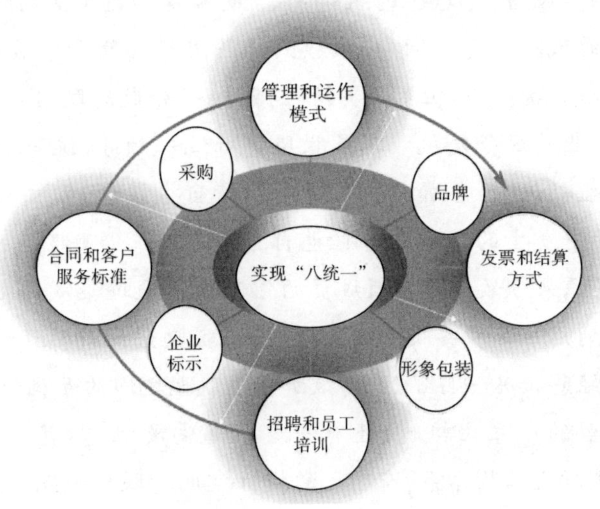

图6-4　联盟“八统一”运作模式

众盟物流联盟在现有的基础上，继续吸收符合条件的物流企业加入联盟。根据各联盟企业成员的实际情况与总体规划，计划用2～3年整合150条物流线路资源，货运线路覆盖全国各地，辐射全国一线、二线、三线城市，最终实现统一、整体的运营。具体为计划1年内将原有的20条快货物流线路扩大到50条；两年内扩大到80条快货物流线路；3年内扩大到150条，形成无锡市物流大联盟。

同时联盟还计划同外市、外省的物流企业联合发展，充分整合跨市、跨省际资源，优化资源配置，建立国内物流联合体，形成纵横交贯、区域广阔的运输网络，实现国内物流大格局、大市场、大循环的经营模式，推动物流联盟企业的发展和腾飞。

联盟计划在无锡市规划和建设新的物流站场，方便加盟商入驻，降低各联盟企业成员之间的转运和仓储成本。整合苏南地区货源，并逐步向南、西、中、北部地区复制模式，形成全国重要节点的网络与模式覆盖。向上下游拓展，开展供应链、物流信息和电子交易服务，结合水路、铁路、空运物流资源，打造立体化的多式联运服务。

评　析

众盟物流采用独特的“股份+加盟”的联盟组织结构体系，联盟在充分保障联盟企业成员利益的基础上，实现资源共享和规范管理。通过信息、资源的整合为顾客提供多功能、一体化的综合性服务。该联盟的主要特征表现为以下三个方面：一是联盟采用新型的“股份+加盟”的组建方式，明确各加盟企业的责任与义务，有效避免了今后出现的风险无责任问题，该模式是物流行业联盟发展强强联合新的模式。此种联盟组织架构严谨，但不失灵活性；能够将分散的联盟企业成员相互联系起来，不断推动企业的规范发展。二是联盟实行统一领导、统一管理的运作模式，对外统一使用联盟标识，而各加盟企业成员实行自主经营、独立核算、风险自担的原则，各自在经营中发生的风险和责任也自行承担。三是联盟联合研发新的信息网络管理技术，将原来分散在各联盟成员的信息系统通过集成的方式联动起来，并实现从客户下单到用户到货签收全程管理，并为联盟企业成员开设独立账户，使得联盟企业成员对经营状况一目了然，有效加强了联盟之间的互相信任。

众盟物流联盟的成立比较晚，还有一些问题需要注意：其具有代表性的“股份+加盟”的特殊联盟结构体系，有很大的提升空间。联盟组织体系的构建既要保障物流联盟结构的稳定，同时可通过契约与股权合作两种方式灵活地吸收合作伙伴企业加盟，促进物流联盟网络的壮大发展；在企业成员收益分配上，应建立规范化成本分摊和利益分享制度，避免企业成员之间产生利益冲突导致“联而不盟”的现象发生。

众盟物流联盟未来发展趋势是：联盟将继续吸收符合条件的物流企业加入联盟。充分整合物流资源，扩张货运线路，覆盖全国各地，辐射全国一线、二线、三线城市，最终实现统一、整体的运营，形成无锡市物流大联盟。此外，众盟物流联盟应同外市、外省的物流企业联合发展，实现跨省资源优化整合，在更大网络范围内合理配置资源，拓展客户资源，形成纵横交贯、区域广阔的物流运输网络，推动物流联盟企业的发展和腾飞。

联盟合同契约

完善的合同契约是中小物流企业联盟建立的基础。联盟是介于市场和企业之间的一种组织形式,企业成员之间彼此联系却又相互独立,联盟企业成员间所签订的联盟章程,共同遵守的合作协议和统一的服务规范是中小企业企业联盟建立彼此信任和合作的基础,是监督约束、保障企业成员权利、规范联盟发展的重要手段。当前,各联盟都有统一的规范、章程和协议,以及负责制订、修改和执行这些规范、章程和协议的固定组织架构,以明确各个企业成员在联盟内所承担的义务和享受的权益。

众盟物流联盟典型的“股份 + 加盟”的联盟结构体系,是建立在合同契约的基础上的,这充分体现了合同契约在联盟成立中的基础性作用。“股份 + 加盟”的联盟结构体系在保障联盟成员利益的基础上,还实现了资源共享和规范管理,并且通过信息、资源的整合为顾客提供多功能、一体化的综合性物流服务。按照契约的约定和统一的章程,统一调度分散于成员内部的各种物流运输资源,实现集约化的运作,保障目标的实现。

案例 12:陆通物流联盟——组合创新型的中小物流企业联盟

实行同行业企业联盟要成功有两个关键问题,第一是能否使原来独自经营的企业,统一经营;第二是能否合理分配利润、合理分担风险。陆通物流联盟通过组织创新、管理创新、技术创新与文化创新这四大组合创新,以及独特的利益分配机制很好地解决了这一问题。

一、联盟的发展概况

(一)联盟简介

浙江陆通物流有限公司(以下简称陆通物流联盟)成立于 2003 年,是由浙江省玉环县若干中小型货运代理公司和汽车运输公司(大部分为小型托运站),以创新的企业组合方式组建而成的中小物流企业联盟,其前身为“台州华联物流有限公司”。陆通物流联盟注册资本 3188 万元,普通货运车辆 525 辆,总吨位 2800t。现已成为具有普通货运、货物配载、仓储理货、交易、包装、流通加工等多项物流服务功能的成长型综合性现代物流企业。

陆通物流联盟依托当地发达的工业生产能力开展运输业务，在全国各地建立起物流联运网络，形成了40余条货运物流专线，同时设立了货运信息网，构筑起集公路直达、公铁联运和水陆联运的高效货运物流体系。

陆通物流联盟营业收入连年攀升，2008年在全球金融危机的大背景下，陆通物流联盟实现营业收入1.56亿元。2009年营业收入达2个多亿。2010年营业收入3.7亿元，上缴税收1375万元。2011年营业收入达4.3亿元，上缴税收1540万元。

陆通物流联盟从昔日的小微物流托运站，到合力打造浙江陆通国际物流园区，走出了一条具有陆通物流特色的发展之路，陆通物流联盟的知名度和美誉度日见提升，打响了“浙江联盟”品牌，并取得了一系列的发展成就。如连续多年获得“玉环县服务业骨干企业”和“纳税标兵”的光荣称号。2008年获得“台州市现代服务业十强企业”和“台州市物流龙头企业”称号。2010年被评为“全国税收试点物流企业”。2011年获的“全国先进物流企业”和“台州市服务业重点企业”等一系列荣誉。2011年7月被评定为国家AAAA级物流企业。

（二）联盟产生的背景

陆通物流联盟的成立是在外部经济环境变化的驱动下，迫于物流市场经营环境不断变化的压力，探索出的一条传统汽车运输企业转型升级之路，这也是当地众多汽车货运企业和政府追求的共同目标。

1. 外部经济环境的变化

玉环县隶属于浙江省台州市，东临东海，西靠乐清湾，北部与温岭市相连，南部与温州市隔海相望，位于我国东南黄金海岸线上，其独特的人文和地理优势形成了工业和制造业的集群、集约式发展，多次入选“中国综合实力百强县”，更是有中国“阀门之都”的美誉。近年来，在经济全球化格局纵深发展的情况下，当地制造产业不断升级发展，产品附加值不断提高，各行业对物流服务品质提出了更为苛刻的要求，而当地传统货运企业已无法满足高速变化的市场需求，货运企业“运不了、赔不起”的现象普遍存在。

2. 传统物流效益的萎缩

玉环县汽车货运企业约有140多家，其中大多是“一车一户”的个体货运业户。这种数量多、规模小、分布散乱的货运形态，以及低效率、高成本的物流运作模式，直接影响了当地物流市场的运营环境。在当时，“多、小、散、弱”，“一户一车”，价格战，

“零和”博弈,以及严重超载成为玉环县物流行业的典型特征。

其主要表现为:货运企业“一户一车”分散的组织形态,加上业务相似度很高,经常出现相互打压,大打价格战的恶性竞争情况,降低了货运企业对物流行业的服务标准,制约了货运企业的发展,使当地货运行业的利润率连年下降。

中小物流企业缺乏资金、资源和人才,无法实现向现代物流企业直接转型升级。实现物流资源大整合、组建物流企业联盟的想法逐渐成为行业内的共识。

(三)联盟形成的主要历程

浙江陆通物流联盟是由浙江省玉环县若干中小型货运代理公司和运输公司建立起来的中小物流企业联盟,主要经历了三个阶段:

第一阶段:2003 年 3 月,玉环县 136 家中小型货运企业共同成立了“玉环县公路货物托运协会”,这为今后的物流联盟创造了有利条件。同年 12 月,在玉环县交通主管部门和公路货物托运协会的协调下,玉环县 38 家中小物流企业出资 39 股共 195 万元,联合组建了“台州华联物流有限公司”。此次联合由于参与企业数量较少,资金不足,未达到预期效果。但此次整合拉开了当地物业企业联盟的序幕。

第二阶段:2005 年 12 月,玉环县 82 家中小物流企业,以筹建物流园区为契机,在原台州华联物流有限公司的基础上,进行新一轮的股权重构,联合当地其他货运企业共同出资 2188 万元(后陆续追加资金 1000 万元),组建了玉环县第一个中小物流企业联盟——浙江陆通物流有限公司。

第三阶段:2010 年年底,联盟实现了进一步发展。在玉环县公路货物托运协会的协调下,由陆通物流联盟牵头,以筹建浙江联盟园为契机,在更大范围内进行组合创新,吸纳新的货运企业,成立了新的物流企业联盟——浙江陆通新园物流有限公司,这是玉环县物流行业第三次行业性大联合,此次联盟企业成员已达 130 多家,同时着手建设玉环县现代物流保税、仓储中心项目。联盟发展的主要历程如图 6-5 所示。

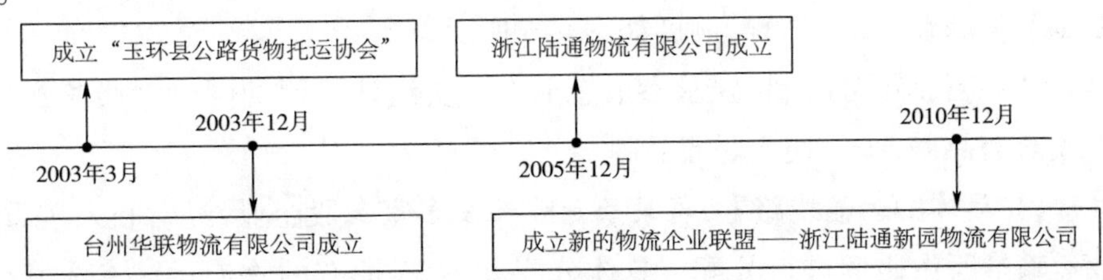

图 6-5 联盟发展的主要历程

二、联盟的体系构成

（一）联盟的组建体系

联盟成功的关键不在于其拥有的资产，也不在于其开发能力，而是突破、超越和创新。陆通物流联盟组建模式的创新是联盟运营成功的关键所在。该模式通过资源共享和股东利益的合理分配维护联盟的稳定，依靠规模和资金优势，在提升联盟形象的同时拓展联盟的经营业务，提高物流效率和节约物流成本。

1. 联盟组建模式

陆通物流联盟虽然在形式上由全体股东仅以货币形式出资成立，但与以往重组成立股份制企业又有所区别。陆通物流联盟充分考虑到当地货运行业的特点，采取“带量入股”的方式，这是陆通物流联盟组建模式上的一大创新。

此处的“量”是指联盟成立前各企业的运输业务量和货币资金量。首先，要求投资人必须拥有一定的货源和运输业务，才能获得出资参与联盟组建的资格。参与企业必须“带量入股”，将货币和运输业务量作为投入要素参与联盟组建；其次，联盟对投资人的投资金额不做严格限制，参与企业业主可以按个人意愿，注资参股。这个原则的重点是股份和业务量是今后利润分配的依据。“带量入股”使组建后的联盟拥有了更多的运输资源和运输业务，方便统一管理，规模化经营。联盟重点吸纳当地货运企业，以此保证对货运行业进行资源整合的目标得以有效实现。

“带量入股”的组建模式有助于维护联盟的长期稳定，联盟企业成员不仅可以参与联盟的日常业务经营，还可以有效地利用联盟内部资源，提高自身的运营效率，这是保证联盟资源组合得以有效实施的根本原因。

2. 联盟利益分配模式

在利润分配上，陆通物流联盟在充分调查研究的基础上，考虑参股企业的实际利益，既重“资”又重“量”，以货运量作为利润分配的重要依据，实行“经营款额分配制”，陆通物流联盟“二八”分配制度如图 6-6 所示。

首先，“经营款额分配制”要求参股企业在出资组建联盟的同时，“带货源、带运量”，取消自有品牌，统一使用联盟品牌。

其次，在具体的运输线路上，若某条专线涉及多家参股企业，经营收入按重组前各企业运输量所占比例进行分配。具体分配方案是：原有的物流运输专线，以参股前的业务量为基数，增加部分在年末按“八二”比例分配，即陆通物流联盟分得增加部分的80%，参股业主分得超额部分的20%；新开辟专线的营业收入也采用“八二”分配制，即陆通物流联盟分得年营业收入的80%，专线业主分得年营业收入的20%。陆通物流联盟分配得到的营业收入则根据股东出资比例进行再次分配。

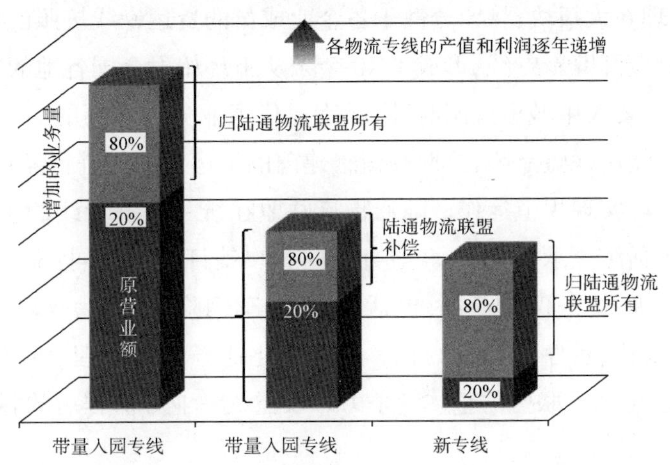

图6-6　联盟“二八”分配制度

若陆通物流联盟所有的物流运输专线未完成参与前经营目标，则陆通物流联盟为专线提供“八二”分配的风险共担，即陆通物流联盟承担未完成营业收入的80%，参股业主承担未完成营业收入的20%。

陆通物流联盟这一特色的利益分配机制，调动了加盟货运企业参与联盟组建的积极性，保障了参与联盟组建的中小企业业主的利益，吸引了玉环县90%的货运企业加盟，陆通物流联盟实现了快速发展。

(二)联盟的管理体系

陆通物流联盟组建后，共吸引了当地90%的货运企业加盟，如果让货运企业业主彻底放弃自身经营权进行联合重组，必然会给联盟的日常管理带来巨大压力，还会影响到联盟今后的正常运转。为了应对这一挑战，联盟在重组方案的设计上，进行管理体制创新，实行“有统有分、统分结合”的管理模式。通过管理理念创新，统一联盟内部资源，借此实现联盟的集约化、规范化经营；通过管理制度创新，制定合理的经营模式，借此保障联盟的稳定发展。

“统”指的是“三大统一”的管理模式，陆通物流联盟对企业成员采取统一管理，以集约化管理提升运营效率。即设立专门机构负责联盟的日常运营，将原先的物流运输专线进行合并、重组，形成新的专线运输网络，联盟统一进行运力调配和运输组织,以规范联盟运营。具体体现在统一业务专线,统一运营流程,统一配置资源 3 个方面。

统一业务专线,扩大辐射范围。联盟将业务区域分为华北、华中、华南、华东、华西和国际货运代理 6 大板块,将原分散于各企业成员的货运专线按照区域合并精简,整合提升,集中资金开辟新专线,形成了 40 余条从玉环始发全国各地的货运专线,业务网络覆盖全国主要大中城市。同时,国际货运代理业务也有新的突破。参与联盟的货运企业,统一使用联盟品牌,按照联盟组建前的货运量比例进行经营款额分配。

统一业务流程,实现规范运作。陆通物流联盟在统一业务专线的基础上实行统一的流程管理,包括统一承揽业务,联盟直接同客户签订承运合同;统一车辆调度和装配;统一仓库管理;统一保险业务,包括货运险、车辆险等;统一收取物流费用,实现业务管理的规范化、程序化和集约化。通过强化业务流程管理,使联盟管理成本约降低 10%,显著增强了联盟的整体竞争力。联盟统一业务流程后的客户接待厅如图 6-7 所示。

图 6-7　业务流程统一规范

统一资源配置,提升整合效应。陆通物流联盟对人力资源、运输设施、仓储设施等有形实体资源和技能、信息与管理知识等无形资源进行有效整合。一个以铁路干线运输为基础,公路快运为延伸,区域配送为深度渗透的多层次物流网络服务体系已经形成。

“分”指的是采取连锁经营,将各企业成员原先的运输业务和运输线路划分成联盟的一个个业务单元,货运业主拥有独立的经营权,仍旧负责原先运输专线的货源组织和运输业务承揽,参股企业在形式上以类似“连锁”加盟的方式参与到联盟的日常运营。在陆通物流联盟股权分配上,联盟只占 27% 的股权,没有绝对控股的股东,将部分经营权下放到联盟参与企业,让其参与联盟的日常运营。参与企业从形式上看是联盟企业成员,但在货源组织和业务承揽上又给予了充分的自主权,俨然又成为一名“货运业主”。这些措施的实施,使得参与组建联盟的货运业主能够冲破“宁为鸡头”的传统观念,甘当“凤尾”,这应该就是联盟崇尚“和合”文化最为生动的诠释。

在浙江陆通新园有限公司组建过程中,发起人浙江陆通物流联盟主动放弃货运资源、市场份额等多年积淀下来的无形资产,只依靠出资额占新企业不到25%的股权,这又一次体现了陆通物流联盟不求控股但求共享的资源整合理念。

联盟这种独特的管理模式,提高了加盟货运业主参与联盟日常运营的积极性,在集约化、规模化经营的同时,并没有因为参与联盟而丧失掉原先的客户资源,实现了各方多赢的局面,这对联盟进行资源组合的成功具有重要意义。

(三)联盟的信息体系

现代信息技术在现代物流中的应用为企业转变发展方式,提升服务能力提供了强大支持。联盟的信息系统是一个基于网络的物流园区信息化管理系统平台,采用客户/服务器和WEB应用相结合的结构,利用信息管理系统的原理和网络技术,实现对网站、LED大屏、LCD自助系统、运输管理系统(TMS)、一卡通的管理。系统采用三层架构,分别是数据层、逻辑应用层、显示层。其中,数据层存储和处理数据,应用层处理逻辑运算,显示层用于用户操作和数据展示。该系统提供单点登录,一次登录对多个系统同时管理,用户只需一次登录就可以根据权限在平台上对LED大屏、LCD自助系统、网站、一卡通、TMS等系统进行操作与管理。客户、基地人员、基地领导、专线作业中心、专线异地办事处等机构和人员可以通过互联网随时随地进行相关操作。

陆通物流联盟投资300万元建设的中心集成信息系统,由满足21省市物流信息化共建规范标准要求的中心门户网站、运输管理系统(TMS)等软件系统和综合发布系统、中心总控制室等软硬件集成系统构成,并能与浙江物流网互联互通。在省运管部门的指导下,陆通物流联盟还建立了园区一卡通系统,系统的推广使用显著提高了物流运作的信息化水平。

(1)中心门户网站:除提供中心基本情况介绍、运力资源和动态信息展示外,主要提供满足规范标准的货运需求发布接口、业务执行状态信息的实时查询接口,用户可以通过其账号和密码登录中心门户网站进行需求信息发布和执行状态信息查询操作,联盟TMS可实时接受客户需求信息,并通过TMS对需求信息做出回应。客户通过信息门户网站可查询到货物的信息(如货物品种、数量、货物在途情况、交货期间、发货地和到达地、货物的货主、送货责任车辆和人员等)。面向的对象主要为发货人(大客户、零散客户)、收货人、基地管理人员、基地人员、专线作业中心人员、专线异地办事处人员。

(2)运输管理系统(TMS):TMS 是提供接单、调度、跟踪、回单、结算等运输业务全过程的管理系统。TMS 在接受客户需求信息后,将根据客户要求进行调度作业,并将已出发的货车信息传送至中心总控制室。

(3)综合发布系统:是一种基于 LED 显示屏、LCD 一体机的综合发布系统。其中,LED 显示屏实时显示最新的货源需求信息。联盟信息员以及货运专线企业(包括外地托运点)信息负责人可在系统中录入货源信息以及车源信息。信息录入点包括联盟总部信息员、各货运专线以及外地网点。各信息点录入的信息通过高速以太网或互联网上传到服务器,经服务器处理后,通过以太网将数据显示在信息中心的 LED 屏或物流专线的 LCD 屏上,也可通过互联网将信息显示在客户处的 LCD 屏上。物流专线企业、货车驾驶员等看到货源需求信息后,可到 LED 显示屏显示的窗口号办理托运手续,托运手续办理完毕后,TMS 将对装车、发运、在途跟踪、回单、结算等过程进行管理。

LCD 一体机是一台终端交互设备,它被放置于联盟中心的信息大厅、中心停车场、中心仓储堆场和客户对口部门处,货车驾驶员可在信息大厅、中心停车场等场合通过 LCD 一体机发布空车信息与查询货源信息,中心工作人员可通过 LCD 一体机对仓储堆场的货物出入库信息、待运货物信息等进行实时管理,客户则可通过 LCD 一体机及时向联盟中心集成信息系统发布货源信息,浏览实时的运力资源信息(包括联盟中心的运力资源信息和台州等周边地区的运力资源信息),以及对业务执行状况和各类统计报表信息进行查询。通过综合发布系统,可以让各类主体以最短的时间发布和查看到业务信息,从而提高了信息的互通效率,为供应链协同解决方案的实施,尤其是突发需求的及时响应提供了保障。

(4)中心总控制室:即利用全球卫星定位系统(GPS)或辅助全球卫星定位系统(AGPS)技术对货车进行实时跟踪,客户可通过中心门户网站对车辆实时信息进行查询。货物跟踪由 GPS 定位终端,监控调度中心,在途跟踪中心,网络查询平台共同实现,主要是利用运输单号和 EDI 技术及时获取有关货物运输状态的信息(如货物品种、数量、货物在途情况、交货期间、发货地和到达地、货物的货主、送货责任车辆和人员等),从而来提高物流运输服务。具体为工作人员在向货主取货时、在物流中心重新集装运输时、在向顾客配送交货时，利用运输单号查询货物信息，通过公共通信线路、专用通信线路或卫星通信线路把货物的信息传送到总部的中心计算机进行汇总整理，这样所有被运送的货物的信息都集中在中心计算机里。

同时，中心总控制室具备对货车异常行驶情况的警示功能，中心工作人员可根据警示信息与货车驾驶员进行交流和提醒，从而能够更好地保证客户货物的在途安全。

该信息系统的成功应用，有效降低了联盟的库存，减少了客户的资金占用率，保障了货物准时交付，增强了与客户之间的战略合作关系，实现了“向管理要效益”的目标。通过有序、高效、精准的服务，提高了车辆调度的效率；通过公铁联运的合理配载，有效降低了车辆空载率，并保证回程车辆的满载率和里程利用率。据统计，信息系统投入使用后，客户延期交货率减少约80%，车辆实载率提高到95%，重复出车率降低至0.1%，应收款资金回笼率提高30%以上。

三、联盟的成效

陆通物流联盟的出现，为我国中小物流企业联盟的发展树立了一面旗帜，为我国货运行业的转型发展带来了一系列的良性促进作用。对各中小物流企业而言具有很好的学习、借鉴作用，对政府主管而言，也提供了一种可供选择推广的发展模式。

陆通物流联盟的成立，减少了当地行业内的恶性竞争。通过物流专线的统一运营，从根本上解决了货运企业间的恶性竞争。在使货物的配载越趋合理化的前提下，灵活运用公、铁、水公联运，既降低了客户企业15%以上的运输成本，自身利润点也得到上升。有效实现所有物流专线做强做大，并最终提升整个联盟企业实力。

陆通物流联盟的成立，降低了内部管理成本。通过统一管理，取消了各物流专线在全国各地的重复布点，降低企业管理成本约20%，且有能力进入机械化、智能化操作时代，降低人工成本，减少货物破损率，实现与工业生产企业双赢发展局面。通过实施企业内部资源统一调配，从根本上避免车辆、油耗等资源重复浪费，节约企业管理成本15%以上。还有利于每辆车的重、轻货物的科学配载，实现载货量的最大化，提升竞争能力。

陆通物流联盟的成立，有助于企业得到外部支持，通过联盟合作，做强做大企业，得到了政府的大力扶持。有助于政府监管，通过统一标准，联盟企业的操作合法规范，经营有序。

陆通物流联盟的经营提高了税收上缴；微小货运企业入驻园区有助于城市治

堵，节约土地资源，提升市容市貌；通过联盟，政府职能部门可以对进出货物进行核查、遏制伪劣物品、违禁物品上车现象的发生；出园货车统一检测、过磅，安全规范。所有这些，都提升了联盟企业竞争力，在物流行业里争取更大的份额，使所有参与联盟的中小物流企业，都能一起受益，得到了台州市内其他中小微交通货运企业的认同。

四、联盟进一步举措

组建后的联盟迈上了新台阶，经营范围不断扩展，服务水平稳步提升。大胆的尝试，就是成功的一半。未来，联盟将主要集中力量推进物流中心建设，以“大整合”带动“大项目”建设。目前，正在建设的浙江陆通国际物流中心，工程计划总投资超过5亿元，整合四大资源（物流服务、物流设施设备、物流需求和管理服务），融入八大功能（信息交易中心、零担快运中心、分拨配送中心、车辆管理中心、融资服务中心、汽配汽修中心、生活配套中心和综合配套中心），将玉环县目前242家物流企业全部整合在一起，并参照联盟当年组建模式，整合成一家具有足够规模和竞争力的大型物流企业，打造“浙东南现代物流航母”。

评　　析

陆通物流联盟整合浙江省玉环县若干中小型货运代理公司和运输公司，以创新性组合方式组建中小物流企业联盟。联盟致力于打造浙江陆通国际物流园区，通过物流园区整合省内外物流资源，壮大陆通物流联盟网络，提高陆通物流在全国的品牌知名度，从而走出了一条具有陆通特色的发展之路。陆通物流联盟的主要特征主要表现在以下几个方面：一是“带量入股”的组建方式，企业成员将运输业务量或货币作为投入要素参与联盟的组建，并作为利益分配依据。陆通物流联盟通过这样特色的组建方式，维护联盟的长期稳定，提升资源利用效率和联盟运作效益；二是陆通物流联盟的“八二”利益分配模式，调动了中小货运企业参与联盟组建的积极性，保障了参与联盟组建的中小企业业主的利益，吸引了众多中小物流企业的参与，实现了快速发展；三是联盟“有统有分、统分结合”的管理模式，通过对联盟企业成员的统一管理和集约化运营，辅以连锁经营模式，提升联盟运作效率，扩大利润获取空间，同时提高了联盟企业成员的积极性和能动性，实现了多方共赢。

陆通物流联盟作为国内较为成熟的联盟，在发展过程中需要进一步关注的问题是：进一步实现客户资源整合。陆通物流联盟的客户资源整合在操作层面上就是两件事：一是留住老客户；二是发展新客户。在创新联盟发展模式过程中，应制定严格的运营管理、利益分配和风险防范制度，防止联盟在创新发展中可能产生的因定位不准所带来的战略性错误。

联盟的未来发展趋势是：陆通物流联盟将进一步创新联盟扩张方式，多种资源入股、创新多种合作方式、构建综合性物流园区、走出玉环实现跨界合作，构建全国性物流网络是下一步发展策略。当下，陆通物流联盟需要做的是：随着将来业务的进一步扩展，考虑与目标区域的其他联盟或者区域型企业联盟合作，深耕网络，开辟更广阔的物流天地。

联盟资源整合

资源整合是指企业对不同来源、不同层次、不同结构、不同内容的资源进行选择、汲取、配置、激活和融合，使之具有较强的柔性、条理性、系统性和价值性，并对原有的资源体系进行重构，摒弃无价值的资源，以形成新的核心资源体系的过程。企业资源整合通常有稳定调整、丰富细化和开拓创造三种资源整合方式。

稳定调整资源整合是在保持人员、技术、管理流程等基础性资源不变的情况下，对既有资源组合进行微调，其整合范围只局限于企业原有资源。

丰富细化资源整合的目标是扩展和延伸当前能力。通过给当前资源增加补充新资源，获得一种新的特定能力，例如企业为了扩展业务收购新物流企业。

开拓创造资源整合是通过将新的资源组合到一起，用有创意的新方法对资源进行组合，或者创造性地将新资源与现有资源加以组合，开拓创造出全新的资源。

浙江陆通物流联盟的资源整合模式属于开拓创造资源整合模式，它通过采取一系列产权组织和经营组织创新，实现了物流资源的有效整合，企业经营效益不断增长，发展空间更加广阔，并使原来混乱的运输市场秩序得到显著改善，取得良好的经济效益和社会效益，这种成功的“资源整合”模式被称为浙江中小物流企业转型发展的“陆通模式”。

陆通物流企业文化——浙商文化的精髓

崇尚“和合”文化，不求控股但求共享，这是对浙商人经营理念的最好诠释。虽然浙江商人始终坚持“和气生财，抱团发展”的商业人文精神，但浙江商人传统的家族观念和自主独立的“鸡头”精神，是大多数企业难以突破的瓶颈。初期创业的艰难，使得浙江商人有一种特别的独立精神，并且对企业有着一份特殊的情感，形成了“宁为鸡头，不为凤尾”的经商原则。这种原则极易造成中小企业间的过度竞争，甚至是恶性竞争。

因此，从走向行业联合起，联盟从上到下对“和合”文化就有特别的理解。联盟在组建之初，充分发挥浙江商业人文精神所发展出来的“和合”文化的作用，同时采取一系列措施，避免一些不利于联盟管理的消极因素。例如，联盟设立专门的管理机构负责联盟的日常运营，并要求重组企业交出全部的经营权，避免股东对联盟日常运营的干涉，消除股东在联盟中的“特权”。在联盟组建之初，并不依靠出资比例确立联盟的董事长，而是依靠股东选举产生，并注意保持各加盟企业的平等地位，没有绝对控股的股东。

案例13：上海物流专线联盟——运作模式独特的专线物流联盟

上海物流专线联盟通过资源相互整合、财务相互独立、资源信息共享、线路立体交叉、市场营销双向开拓和统一的项目管理体制及灵活的激励机制等手段，打造出“专线联盟”品牌，扩大其在行业的影响力和知名度，真正体现整合的优势，达到了提高中小物流企业整体竞争力的目的。上海物流专线联盟是物流业里一种新的尝试，也是具有中国特色的一种物流运作模式的尝试。

一、联盟的发展概况

（一）联盟简介

2006年6月28日，上海物流专线联盟委员会（以下简称联盟）在上海市嘉定南翔正式成立。联盟的实体运作法人公司为上海联享物流发展有限公司,是由多家物流企业共同投资组建的管理型实体公司,于2007年2月8日在上海西北综合物流经济园区注册成立,注册资本100万元(年内增资400万元),是专业从事货物运输、搬运、装卸、仓储、分拨、区域配送、信息处理、物流方案设计和物流咨询的管理型第三方物流企业,是上海市交通运输行业协会的理事会员。

联盟现已吸收会员100多家,全国物流专线200多条,自有货运车辆49辆,合同货运车辆200多辆,仓储面积30000多m^2。联盟服务网点以上海物流专线联盟会员为基点(会员网点224个),辐射全国200个以上城市及周边城镇,完全满足客户多样化需求,能够迅速安全地到达全国各地的整车、零担货物运达目的地。

(二)联盟产生的背景

目前上海市共有千余家规模不等、所有制不同、类型不一的零担及专线物流企业,普遍分布在上海的南北两翼和市郊接合部,货运市场散、乱、小,一直是制约上海市物流发展的瓶颈。现有的专线物流企业各自为战、缺乏沟通、重复设线、相互压价、恶性竞争并缺乏行业操作规范,导致整个行业信誉缺失、实力得不到提升,使专线物流市场处于无序状态。物流信用管理制度的缺失、低价竞争,导致逃单、损货、骗货等行为屡屡发生。而且各专线运输企业各自为战,资源难以共享,很难博取大客户的青睐,业务均以小额订单为主。为争夺市场,物流企业相互恶性竞争,导致客户忠诚度下降,既影响了客户利益,又制约了物流企业的发展。特别是近几年油价攀升、人工成本不断增加的背景下,专线物流企业日益减少,很多甚至处在亏损状态。

面对残酷的物流市场现状,中小专线物流企业要走出困境,突破困境发展,最好的出路就是专线物流企业联盟,这是物流市场发展的迫切需要,也是专线物流经营者的共同愿望。物流专线联盟将成为企业纠纷的调解者、行业内服务规范的制定者和商户竞争的裁判者,加强组织协调能力,维护市场公平竞争,发挥团队效应,也将有利于整合资源、规范发展、繁荣市场。上海物流专线联盟正是在这样的背景下成立的,第一批加盟会员吸纳了56家中小物流企业。

上海专线物流市场现状

一、物流企业分布情况

上海,是我国海运、陆运、空运最集中的地方,市场空间非常大。根据不同的运输方式,物流企业分布情况不尽相同。空运物流企业基本分布在虹桥机场和沪青平公路附近;海运物流企业分布在外高桥保税区一带;铁路物流运输企业分布在嘉定南翔火车站与宝山南大路火车站;公路物流运输企业主要分布在南方物流园区和北方物流园区。北方物流园区,主要分布在祁连山路、真南路、浏翔公路、宝安公路、南大路、真陈路、宝祁路一带,有上千家物流公司。南方物流园区,因为拆迁,现在物流企业分布比较零散,主要分布在放鹤路、龙吴路、陪昆路等。

二、专线物流市场情况

下面从经营类型、货源、线路、员工培训4个方面分析上海专线物流市场现状。

(1)经营类型。专线物流企业的经营类型分三类:集货、运输、集货+运输。上海专线物流市场,单纯集货和运输的企业很少,80%都是集货+运输类型的企业。这跟其货源获取方式有关,因为80%的货物来源于第三方物流企业。基于了解与信任,客户会把其他线路的货物也交给熟悉的专线物流企业,然后此家专线物流企业再把货转给其熟悉的,符合线路运输要求的其他专线物流企业。

(2)货源。上海专线物流企业货源的获取方式主要有四大类:第三方物流企业、生产型企业、全国公路网络运输企业、国际货代。其中,第三方物流企业占比最高,达80%,而且还有一个奇怪的地方,大部分专线物流企业不是从一级第三方物流企业接单,而是从二级第三方物流企业接单,甚至从三级第三方物流企业接单,有的甚至更多级。这样的结果是,利润被一层层瓜分,真正到专线物流企业手里的利润很少。上海专线物流企业的利润一般在3%~5%之间。

(3)线路。上海地理位置优越,专线物流线路辐射全国境内、香港、台湾。但是每家专线物流企业的经营线路大部分是1~2条。而且每条物流线路上有多家专线物流企业,竞争非常激烈。为了获得更多的货源,大部分物流企业采取压价的竞争方式,不利于物流企业甚至行业的长期发展。

(4)员工培训。大部分专线物流企业缺少对员工业务知识的系统培训。管理层缺少现代管理经营理念,基层员工缺少标准操作的培训。

二、联盟的体系构成

（一）联盟的组建体系

上海物流专线联盟是把上海至全国各地的专线物流运输企业，按照不同区域方向、规定的数量，通过一定的规则和标准进行联盟起来，制定联盟章程，实现物流企业强强联合、资源共享，从而达到为客户降低物流成本，为物流企业提高核心竞争力。

成立上海物流专线联盟的设想最早由上海业成物流公司提出，随后得到了上海卓旺国际、上海佳英泰等物流企业的响应，于2006年6月28日在上海市嘉定南翔成立。在专线联盟建立初期为松散型组织，没有成立实体机构。此后，联盟由于过度追求快速成功，忽略了企业成员基础工作，没有给企业成员带来实质性利益，延误了许多工作和商机，有不少企业成员要求退出联盟，专线联盟几近解体。

为了更好地帮助企业成员实施市场化运作，2007年，上海物流专线联盟成立了上海联享物流发展有限公司，作为物流专线联盟的实体总公司，形成了统一的市场实体，吸引有实力的精品物流专线会员加盟，把物流专线联盟运作成世界瞩目的“大物流，大品牌”。

（二）联盟的运作体系

上海物流专线联盟经过整合和运作，专线联盟从松散型逐步发展为一个统一的物流运输企业，联盟企业成员实现了从战略策划到运作模式的“八统一”，即物流专线联盟对会员企业的车辆、仓库、物流软件等实施统一采购，统一联盟品牌，统一企业标识，统一形象包装（会员企业的招牌、广告、名片等），统一管理和运作模式，统一发票和结算方式，统一合同和客户服务标准，统一招聘和培训员工，逐步形成具有大物流网络的新品牌。

在全国物流网络规划方面，联盟借助于各会员企业在全国的物流网络，资源共享，合理分配，重新整合和设置了各会员企业的分包物流网络，使得物流专线联盟在全国的物流网络发挥更大的优势，不仅给众多会员企业节省了成本，而且让联盟会员更加信任和依赖物流专线联盟。

在资金来源方面，联盟除了吸收各家会员企业的共同投资以外，还得到了其他投资方的青睐，使得联盟在启动资金和建设资金上没有丝毫问题，这也保证了联盟平稳和健康的发展。

在具体业务方面，专线联盟现已在上海南翔建立有10000m^2的联盟基地，负责统一运作联盟各方面的业务。由专线联盟的实体总公司上海联享物流发展有限公司统一出面竞标、管理、分配货源,会员企业除了交纳6%的综合税和2%的管理费外,不需要再产生其他的费用,会员企业可以由此获得可观的经济效益。

在服务定位方面,物流专线联盟定位清楚,就是将全国的物流专线业务做大、做精、做好,给客户提供放心的物流服务,保证合理的价格、高效率和准时送达、货物的安全性。

在货物保险方面,为了降低物流专线运输风险,保护会员企业和客户的利益,提高会员企业的诚信度。2007年3月,联盟投巨资为会员企业所有运输货物购买了承运人责任险,总保额高达20亿元,充分保证了会员企业以及客户的货物安全,使得客户可以安心地将货物托付给物流专线联盟。以共同投保承运人责任险为例,长期以来,会员企业的大部分车辆是个体驾驶员的合同车辆,难以承担运输风险的赔偿责任,企业风险无法转嫁,其客户利益也得不到保障,尤其是在出现重大险情时,承运人可能因赔偿问题导致倾家荡产。为此,物流专线联盟以"合作体"为单位,选择有实力的保险公司统一投保承运人责任险,以规避会员企业的经营风险。由物流专线联盟委员会牵头,组织所有会员企业共同投保几十亿元,这既保护了所有会员企业的共同利益,也巩固了物流专线联盟诚信经营的品牌。

在人员培训方面,物流专线联盟采用统一招聘、统一培训的方式,并在联盟基地设立培训中心和员工集体宿舍,将联盟的标准流程通过培训深入人心,并邀请物流专家做专业方面的物流培训。

另外联盟还为会员企业聘请法律顾问,协助草拟、制定、审查或修改合同、章程等法律文书。为了节省会员企业成本,专线联盟还让会员企业到指定的加油站加油,便宜且便利。为了切实让会员企业尝到甜头,物流专线联盟还通过实体公司帮助各会员企业接洽业务。

(三)联盟的信息体系

物流专线联盟的信息化平台包括基础信息化网络平台、物流超市信息化平台(中转平台)、物流园区信息化平台(总平台)三部分。物流专线联盟会员基础平台,即在基础信息化平台上,实现电脑制单、网上接单、网上查货、网上查回单、网上数据传输等。物流超市平台,是会员企业业务增长的新渠道,即拟建一些面积在1000m^{2}左右的物流超市,使物流专线联盟的揽货点覆盖全上海,物流超市平台还有会员车辆定位跟踪系统,提高车辆的装载率,节省营运成本。物流园区信息网络平台,及时反馈物流超市与会员企业的各种行政和业务信息,及时对物流专线联盟各部门下达各种指令,进行协调和管理。

三、联盟的成效

联盟借助于各会员企业在全国的物流网络,通过资源共享、合理分配、重新整合,并设置各会员企业的分包网络,使得物流专线联盟在全国的物流网络可以发挥更大的优势,不仅给众多会员企业节省了成本,而且让联盟会员企业更加信任和依赖物流专线联盟。

物流专线联盟现已在上海南翔建立有 10000m^2 的联盟基地,负责统一运作联盟各方面的业务。由物流专线联盟的实体总公司上海联享物流发展有限公司统一出面竞标、管理、分配货源,会员企业除了交纳 6% 的综合税和 2% 的管理费外,不需要再产生其他的费用,会员企业可以由此获得可观的经济效益。

2007 年 3 月,联盟投巨资为企业成员所有运输货物购买了承运人责任险,总保额高达 20 亿元,充分保证了会员企业以及客户的货物安全,使客户可以安心地将货物托付给物流专线联盟。以共同投保承运人责任险为例,长期以来,会员企业的大部分车辆是个体驾驶员的合同车辆,难以承担运输风险的赔偿责任,企业风险无法转嫁,其客户利益也得不到保障,尤其是在出现重大险情时,承运人可能因赔偿问题导致倾家荡产。

四、联盟进一步举措

现在上海物流专线联盟在各项基础工作方面都已经有了出色的成果,加入联盟的企业成员也越来越多,随着联盟基地的建成和投入运作,物流专线联盟这样一个新的组织模式已经初步形成。

物流专线联盟今后的工作主要分为 4 个阶段:第一阶段,继续吸收优秀的物流企业成为新会员,建立 4 家物流零担超市,筹措资金建设物流专线联盟基地。第二阶段,在会员企业逐步扩大营业收入的同时,增加物流超市数量,尽快完成物流专线联盟基地的建设并投入使用。第三阶段,在全国主要城市有计划的、稳步的建立物流专线联盟分部,在联盟总部良好运作的同时建立物流人才培训基地,完成人力资源的培训与储备。第四阶段,物流专线联盟会员企业与联盟实体总公司进行股份互换,共同发起、组建联盟(集团)总公司,引进国际战略投资商,部分股份到国际资本市场上交易。

评　　析

上海物流专线联盟通过成立实体运作法人，联合上海市专线物流企业，在有效实现会员企业之间资源整合、信息共享的基础之上，保持会员企业的财务独立性，成功打造“专线品牌”，提升中小物流专线企业的市场竞争力。上海专线物流联盟的主要特征表现在以下两个方面：一是通过成立上海联享物流发展有限公司作为联盟的实体总公司，并严格执行会员企业加入门槛制度，有效解决了联盟初期存在的组织结构松散，获益不明显的问题，充分保障了联盟的稳定团结和可持续发展；二是在联盟运作过程中，通过整合会员企业的运输网络资源，实现统一运作，充分发挥联盟品牌优势，为客户提供更快、更精、更具保障的专线物流运输服务。

物流网络稳定均衡发展是上海专线物流联盟需要进一步关注的问题。联盟应该吸取联盟前期发展停滞的教训，通过全国物流网络规划、人员培训等方式，持续关注会员企业利益并强化联盟统一运作，最大程度拓展物流网络空间，实现网络主体的均衡发展是联盟需要解决的首要问题。

上海物流专线联盟的发展趋势是：第一，信息化管理效能水平将进一步提高。物流专线联盟企业成员车辆数较少，运输线路基本固定，设备设施信息化程度不高，企业成员更多是凭借经验实施运营管理。因此，满足新形势下，客户对货物安全、准时送达需求，改造提升物流专线企业的信息管理水平是大势所趋。第二，物流专线联盟将更重视商业模式设计理念。现有的绝大部分物流专线企业小农意识浓厚，做业务的思想停留在关系圈子建立和价格导向机制，缺乏商业模式设计理念，小富即安思想占主导，同时对未来风险和机遇无从把握。因此联盟企业重视商业模式设计与优化是未来发展趋势要求。

专线物流的出路在哪里？

专线物流也叫货运专线，就是指各物流公司用自有货车运送货物至自身物流专线的目的地。这类物流企业一般在目的地有自己的分公司。其实专线运输就是直达运输，是某个城市到另一城市的直达运输，与专线运输相对应的是中转运输。

专线物流企业大多在1998年至2000年之间创立。那个时候，国有货运企业纷纷倒闭，而私有企业还无人介入，同时，国家体制对货运代理和货运企业有了认证机制，因此，专线货运企业应运而生。红红火火的专线货运也曾经有非常可观的赢利空间。但仅仅不过10多年，专线物流已经成为一个非常薄利的行业。

竞争如此激烈，生存异常艰难。那么，专线物流企业的出路在哪里？

专线物流企业要发展，势必要物流服务标准化，但是标准化会带来人员和管理成本的增加。成本在不断增加，利润却在摊薄。专线物流已经到了被动转型期，专线物流未来有两个选择：要么创新突破，要么被整合。专线物流联盟可能是一个出路。

专线物流联盟是指以从事专线运输的物流企业为合作主体，以节约运输成本，提高物流服务品质为目标，将起讫点相同或者相近的物流专线业务进行有效整合的联盟模式。

专线物流联盟的优势体现在：一是多种运输方式的集合；二是多种作业方式的集约；三是多种运行系统的协调；四是多个城市需求的选择；五是多种服务手段的配套。

案例14：义联物流联盟——开创“抱团”发展新模式

浙江义联物流股份有限公司（以下简称义联物流联盟）是义乌市物流行业资源深度整合的一个成功典范，是义乌市物流企业转型升级的一次有益探索，是义乌市现代物流业发展的一个新生事物。义联物流联盟为义乌物流市场构建了一个公共物流订舱平台，将众多散小的货运代理企业集聚到统一平台上，打破了传统的物流理念，提高了货运组织化程度，为小、弱物流企业找到一种与大型物流企业相竞争的方式，为义乌物流行业提供了便利和实惠。义联物流联盟构建公共平台，整合义乌的资源，成功以大带小的发展模式值得借鉴。

一、联盟的发展概况

（一）联盟简介

浙江义联物流股份有限公司成立于2012年3月，是在义乌市委市政府和物流办等各职能部门大力支持下，义乌市国际货代物流协会的积极推动下，由义乌市10家国家AAA级及AAAA级知名物流企业，以股份参与形式联合组建的中小物流企业联盟，是义乌首家国际海运业务“一级代理”企业，是浙江省首批12家交通大物流资源整合试点示范项目企业之一。它主要经营集装箱运输、海运空运订舱、国际贸易、报关报检、国际货运代理、仓储等综合性物流运输服务。

义联物流联盟的注册资本1000万元，总资产6986万元，由浙江中量物流有限公司控股，拥有办公场地8300多m^2，义乌港仓库31700余m^2，宁波北仑停车维修场地14600余m^2。义联物流联盟的标识如图6-8所示。

图6-8　义联物流联盟标识

（二）联盟产生的背景

义乌物流业经过多年发展，已经初具规模，现有物流企业2000多家。从整体看，这些物流企业大多属于“小散”级，主要经营货运代理业务。小规模物流企业做货运代理，在整合车辆、报关、订舱、出关等环节由于体量小，存在诸多制约，因而竞争力不强。许多物流企业在对接马士基、以星、达飞等海运物流巨头时，显得极不对称，缺乏有力的话语权。

目前，义乌市场上物流企业数量众多，义乌市A级物流企业31家，公路货运企业1315家，铁路货运企业13家，国际货运代理企业1056家，航空货运代理企业100多家，物流企业已形成向义乌集聚的趋势。但真正具有国家商务部批准资质且规范化操作的企业却为数不多，普遍存在规模较小、分散单一、竞争力不强的情况。这使得义乌物流行业不规范操作事件频频发生，也因此经常出现某些物流企业一夜之间人去楼空、携款逃逸的现象，造成发货人巨大的经济损失，严重影响到义乌当地物流企业的整体行业形象。

现阶段，生产厂家、商贸流通企业纷纷进行企业物流改造，实现物流业务的外包，有效地推进了货运代理企业在义乌市的发展和壮大。而义乌市物流业发展尚处于传统模式，第三方物流企业还未形成规模，供应链业务才刚刚起步，难以抵抗物流行业日益激烈的竞争和满足义乌市场对物流业务提出的更高要求。这种情况迫使分散、单一、规模较小的物流企业走上整合的改革之路。

在此背景下,在义乌市委市政府、物流办等各职能部门大力支持,义乌市国际货运代理物流协会的积极推动下,由义乌市10家国家AAA级及AAAA级知名物流企业发起,组建了浙江义联物流股份有限公司。义联物流联盟的成立和发展将会刺激义乌规模较小、分散单一、势单力薄的物流企业尽早做出改革。

(三)联盟形成的主要历程

义联物流联盟的成立充分展示出了联盟的组织优势,联盟的主要发展历程如下:

2012年3月,浙江义联物流股份有限公司正式成立,标志着义乌首个货运代理企业联盟进入实质运作阶段。

2012年5月,与宁波航运交易所签订《共建订舱平台合作框架协议》。

2012年6月,义联物流联盟"公共订舱"平台首次发挥作用,标志着义乌首个"公共订舱"平台正式投入运行。

2012年9月,成为浙江省首批12家交通大物流资源整合试点示范项目之一。

2013年1月,与宁波航运订舱平台有限公司在义乌联合举行海运订舱推荐会。

2013年6月19日,义联物流联盟通过了中国检验认证集团浙江有限公司的ISO 9001:2008质量管理体系认证,标志着义联物流联盟的质量管理水平又上了一个新台阶,也为开展国家AAAA级物流企业的评定打下了基础。义联物流联盟的发展历程如图6-9所示。

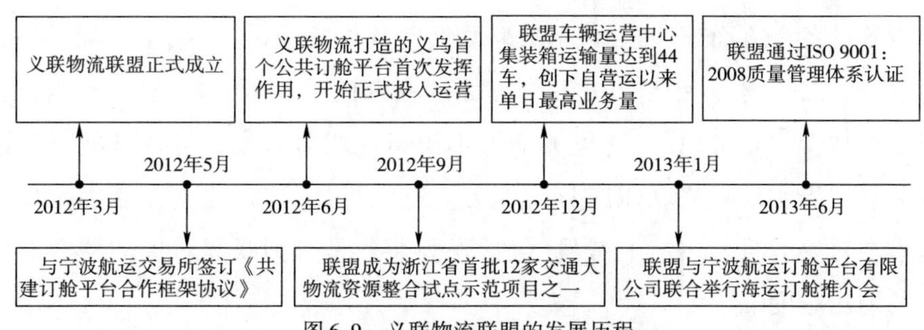

图6-9　义联物流联盟的发展历程

二、联盟的体系构成

(一)联盟的组建体系

1.联盟治理结构

义联物流联盟由义乌市扬翔国际货运代理有限公司、义乌市华皓国际货运有限公司、浙江嘉鸿国际货运代理有限公司、义乌市丽德塑胶工贸有限公司、义乌市金隆国际货运代理有限公司、义乌市玛嘉利国际货运代理有限公司、浙江锦鸿国际货运代理有限公司、浙江万国国际货运代理有限公司、浙江集海物流有限公司和浙江中量物流有限公司等10家义乌货运代理企业深度整合而成,是目前义乌市首家抱团联营的股份制国际物流企业,由浙江中量物流有限公司控股。

义联物流联盟采用股权参与的方式,联盟各企业成员按出资比例有主次之分,且对各方的资金、技术水平、市场规模、人员配备等有明确规定,股权大小决定发言权的大小。这种联盟结构的责任明确,不至于产生利益分配矛盾和实施决策权模糊的情况。

在业务合作上,义联物流联盟属于兼有互补性战略和替代性战略的联盟。前者是指把存在互补业务的网络连接成整体,互相提供业务;后者是指存在业务竞争的企业之间合作。两者的区别在于,结盟之前企业成员有些不存在业务冲突,但又存在竞争关系。

2. 联盟伙伴选取

义联物流联盟采取股份制联盟形式,在选取股东时,充分考虑各个联盟企业成员的实际情况,采用"3C"原则,并考量联盟伙伴的互补性和整合性,对物流企业进行严格筛选。

一是相容性,相容性是选择战略联盟企业成员的首要要求。战略联盟的组建要求硬件设施的各个方面都匹配,包括战略联盟对象的规模能力、战略目标、组织管理和实践、生产方式、财务、销售方式6个方面的相容性。二是能力,能力相当,也是联盟选择合作伙伴需要考虑的,这里的能力不仅指该联盟对象本身具备的竞争能力,更重要的是担当实现战略联盟愿景的能力。三是投入,这是建立在能力基础上的,主要从潜在对象的投入热情上考量,包括联盟业务是否为联盟对象的核心业务、联盟对象的退出难度等。

此外,企业的互补性和整合性也是合作伙伴选择的必要条件。这10家股东公司都是具有一定规模、多年从事商品出口运输代理业务的物流企业。以扬翔国际货运代理有限公司的情况为例,它创建于2002年,是一家集国际贸易、空运、海运、快递、报关、仓储为一体的综合性物流企业;同时也是国际货运一级代理企业,在国内外享有很高的知名度。2010年3月,扬翔国际货运代理参与了"义乌至上海东航空运载货汽车"的开通过程,将上海国际航班延伸到义乌,使义乌的空运物流与国际航空货运实现零对接。2010 年 10 月,扬翔国际货运代理还被中国物流与采购联合会认定为国家综合服务型 AAA 级物流企业,公司海运仓库被国家进出口检验检疫局评为"优秀试点仓库"。2011 年,扬翔国际货运代理被评为金华市"知名商号",2012 年被中国南方航空股份有限公司评为"核心大客户奖"等各项荣誉。

3. 联盟整合模式

1)联盟资源整合的实质

在战略思维的层面上,资源整合是系统论的思维方式;在战术选择的层面上,资源整合就是优化配置的决策。目前在物流服务市场上普遍推崇的是向客户提供所谓"一站式"物流服务的经营模式,实际上既是物流企业优化资源配置所追求的目标,也是物流企业优化资源配置的过程。其实质就是再造企业的物流流程,实现由传统以职能为中心的管理运作向现代以资源优化配置为中心的管理运作的转变,是企业全面彻底的管理变革。

2)联盟资源整合的原则

(1)顾客导向原则:要求企业的物流资源整合必须紧扣顾客需求主题而进行,这是企业物流资源整合成功的重要前提。

(2)知识管理原则:要求企业必须提高其物流知识管理能力,这是企业物流资源整理能否成功的关键。

(3)系统整合原则:要求企业物流资源的整合要以系统整体最优为目标,对企业物流资源整合系统内部相互冲突的要素进行权衡、选择和协调。

(4)物流运作规范化原则:要求企业依据现代物流的要求,规范完善自己的业务流程、作业体系和制度体系,这也是为了物流资源整合系统方案的建立。

(二)联盟的运作体系

"义达天下,联运世界"是义联物流深刻、全面的自我解读。义联物流联盟的直接目标就是打造义乌首个在线"公共订舱"平台,以平台为基础,整合义乌 2000 多家小型物流公司资源,实现资源整合、抱团发展,让小散户变成大业主,让义乌出口的小商品变成一个大集合。联盟"公共订舱"平台虽然是由 10 家企业联手组建的,但它是个公共平台,义乌市乃至全国所有货运代理企业都可以使用该平台,其出发点就是要在做大做强中提升义乌物流业的地位。

平台最大的作用在于集聚，把散在各个货代物流企业中的集装箱整合起来，达到一定箱量后为义乌企业争取最优惠的海运价格。义联物流联盟是义乌货运企业的代表，义乌货运企业拥有大量的货源，但缺少运输工具，利用公共订舱平台，义乌物流企业将需求信息上传至联盟信息中心，联盟将所有需求量整合后，以义联物流联盟的名义与船运公司进行运价谈判、订舱、支付结算等。义联物流联盟在此过程中承担了中间谈判者的角色，以大货源企业与船运公司谈判，这无疑提升了义乌物流企业整体的地位，提高了义乌物流企业的整体竞争力。

在运价申请中，义联物流联盟利用各股东的航线优势，把各企业成员到目的港的集装箱运量统计出来，通过公共订舱平台共同去申请运价。比如到迪拜港口，华浩物流每个航次出口量有 50 个标准集装箱，金隆 25 个标准集装箱，集海 15 个标准集装箱，其他股东和市场上的散客加起来有 30 个标准集装箱。统一以义联物流联盟的名义去船运公司以每航次 120 个集装箱的出口量申请航海运价，订舱价格可能下浮，运输速度也可能加快，效果比单个企业申请的运价有很大优势，这就是平台的集聚作用。

在结算服务中，义联物流联盟企业成员通过订舱平台向义联物流联盟订舱，平台根据义联物流联盟企业成员的交易量、交易额提供一定账期，义联物流联盟向平台提供付款担保。譬如义联物流联盟企业成员通过订舱平台向其他供应商订舱时，义联物流联盟企业成员可以先向义联物流联盟订舱，义联物流联盟再通过平台将订舱信息反馈给其他供应商，义联物流联盟将根据会员交易量给予一定的账期，会员企业如直接向其他供应商订舱，则只能向平台付款买单。

（三）联盟的物流信息体系

2012 年 5 月，义联物流联盟和宁波航运交易所签订《共建订舱平台合作框架协议》之后，义联物流联盟陆续与中国外运浙江公司、中国宁波外轮代理公司、宁波兴港国际船舶代理有限公司和宁波港东南船务代理有限公司等四家大型国际船舶代理企业正式签订了《集装箱订舱付费协议》，同时取得了中海（CSCL）、中远（COSCO）、日本邮船（NYK）、太平船务（PIL）、德翔（TSL）、以星（ZIM）、汉堡南美（HUB）、长锦商船株式会社（SKR）、长荣（EMC）、南非航运（SAF）、AEL 等十一家国际集装箱船务公司的订舱代理资质，并建立和发布相应的运价体系。在此基础上，联盟开始着手构建义乌市公共物流订舱平台，成功构建了浙江内陆城市首个公共订舱平台，真正意义上实现义乌内陆港与深水港的无缝对接。

公共订舱平台是义联物流联盟与宁波航运订舱平台公司合作构建的,采用国内先进的电子信息平台系统进行订舱操作,并与宁波航运订舱平台直接链接,目前集装箱的月订舱量达3000TEU。义联物流联盟为宁波航运订舱平台在义乌的唯一指定供应商。义联物流联盟承担着平台和义乌中小货运企业的连接,将义乌市众多散小的物流企业集聚到订舱平台上,形成强大的统一物流资源,发挥集群优势。

义联物流联盟订舱平台是一种全新的商对商(BtoB)海运电子商务模式,通过行业联盟,资源整合,物流信息化系统应用,达到节约物流成本,提高企业利润的目的。在线网络平台实现了国际海运中的多个核心操作环节,缩短海运物流操作的流程,提升国际物流的服务标准与品质,完善市场服务体系。平台主要包括:信息发布平台,即订舱中心为船东、货代、货主提供实时船期、运价、货盘发布,提供业务信息展示;集中采购平台,即通过行业联盟,实现资源整合,借助信息化系统应用,最终实现统一采购,降低物流成本,提升运价优势和核心竞争力;供应链对接平台,即在线船期运价查询、在线海运费查询、在线订舱、在线支付海运费、在线保险、在线报关、在线商检、在线退税等航贸服务集成。订单查询地址,主要通过中国电信和中国网通链接查询。

宁波航运订舱平台

宁波航运订舱平台公司是宁波航运交易所有限公司的全资子公司。依托宁波航运交易所信息、交易、服务三大平台,负责运营集装箱舱位交易市场,即宁波航运订舱平台。

宁波航运订舱平台是一个通过与供应商合作,面向货运代理、货主、贸易公司等企业客户,提供集出口集装箱订舱的在线咨询、在线订舱、费用结算、业务查询等服务为一体的舱位交易服务平台,同时通过与政府职能部门、金融机构的合作,为企业提供资信评估、担保、融资、网上竞价和招投标服务。

宁波航运订舱平台是航交所着力打造的核心平台,旨在实现海运订舱门到门物流运送的标准化、智能化、全程可视化服务。

平台定位:为货主、货代和船公司提供一个标准化的电子商务交易平台,实现集装箱出口流程一体化;为市场各参与方建立公开、公平的交易渠道,提供标准化的产品、标准化的服务流程、标准化的服务承诺和有竞争力的物流服务价格。

平台目标：建立技术领先、操作安全、使用便捷的门到门物流交易服务平台；通过推行标准化操作、提供电子化交易平台，减少海运物流操作环节；创新、开发增值服务，帮助海运物流行业更健康、长足的发展。

三、联盟的成效

1. 拓展国际贸易出口业务，进一步延伸物流服务链

义联物流联盟积极响应义乌市贸易改革试点号召，借助自身优势，采用“市场采购”模式，积极拓展国际贸易出口业务，为客户提供方便、快捷的一站式物流解决方案，2014 年实现外贸出口 5600 万美元。

2. 拓展集装箱运输业务，积极发展甩挂运输及海铁联运

甩挂运输因在提高运输效率、降低物流成本、促进节能减排等方面具有突出优势被纳入交通运输部“十二五”规划，2010 年年底正式启动全国甩挂运输试点工作。集装箱公铁联运具有运输数量大、成本低、安全性高和受天气因素影响小等诸多有利因素。随着义乌市贸易改革试点的进一步深化，2014 年 10 月份生产资料市场也即将开业，进口集装箱业务必将会有大的增长。因此，联盟与中海集装箱公司合作开发集装箱公铁联运业务，开通上海港至义乌站集装箱铁路运输专线，并配套建设以义乌铁路西站为中心，辐射浙中地区的集装箱短驳运输网。

3. 拓展海运业务，打造“无水港”公共订舱平台

前几年，义乌商品的出口主要通过上海港运出。近几年，随着宁波港的大力开发和建设，以及宁波港得天独厚的深水良港优势，货运量日渐突显于世界各大港口，成为世界上发展速度最快的国际港口。义乌地处浙江，又临近宁波港，如今宁波港已经成为义乌外贸主要的出运港口。对于义乌本地的物流企业而言，其业务内容、操作手法、运作模式等，几近自成一体，这是由于义乌特有的市场模式所决定的。义乌的物流企业虽自成一体，但由于远离港口，一直无法与港口城市的运输上端供应商直接产生业务往来，所以义联物流联盟开始打造具有全国性的“公共订舱”平台，虽然平台是由 10 家物流企业联手组建的，但它是个公共平台，义乌市乃至全国所有货运代理企业都可以使用该平台，其出发点就是要在做大做强中提升义乌物流业的地位。

4. 拓展空运业务，涵盖国内与国际两个市场

义联物流联盟与中国国际货运航空有限公司、中国货运航空有限公司（中国东

方航空)等多家国内外航空公司,有着紧密和良好的业务合作关系,货运航线已涵盖全球各主要国际空港和城市。义联物流联盟在全球航线有包机、包舱业务,在运价和舱位上具有良好的性价比优势。义联物流联盟拥有一批专业的空运业务操作人员,以及报关业务和出入境商检业务的专业培训。义联物流联盟具备严格和完整的业务操作流程,从提货到货物运达目的地,全程按照行业标准进行操作,进行全程的信息跟踪及查询。

四、联盟进一步举措

义联物流联盟规划通过3~5年的努力,打造成为一个依托义乌市场,面向长三角地区,以出口商品从市场采购贸易、仓储配送、报关报检、集装箱运输、海运空运订舱到目的地清关配送为主的全物流链综合型物流企业,力争跻身“中国物流百强”、“中国货运代理百强”企业行列,真正实现义乌市构建“大物流”、实现“大发展”的目标,进一步加快义乌市打造国际陆港城市的步伐。

1. 以基础设施大投入为重点

义乌市既没有以货交易为主的物流基地,也没有以仓储、运输为主的物流园区,物流园区缺乏及货运场站布局不合理已严重阻碍了物流业的健康发展。义联物流联盟始终认为,自成一体的基础设施的投入,满足义联物流联盟商贸物流对硬件设施的要求,是义联物流联盟今后连接多种运输方式的平台和纽带,是建设现代物流集疏运体系的关键。

义联物流联盟将大力加强物流基础设施的投入,现已与南京徐工汽车制造有限公司、浙江保兴汽车销售有限公司、太平洋财产保险义乌支公司等企业合作,组建了一支专业的集装箱车队,构建仓储、运输到订舱等一条龙服务体系,完善物流产业链。根据一期计划,义联物流联盟将在初期投入50辆集装箱运输车辆,二期还将组建200辆集装箱运输车辆的大型运输车队。

2. 以“门到门”一条龙服务为经营模板

“细节决定成败”。义联物流联盟在市场调查中发现,长期以来,义乌市物流配送业务的低水平发展,关键在于物流配送企业的小和散,缺乏覆盖面较广的物流配送服务网络,在物流配送的各环节上配套衔接差,服务功能不完善,能做到“一站式”服务的企业少,能做到国外清关配送的物流企业更是少之又少。

义联物流联盟正在积极开拓结合组货、运输、清关和配送的一条龙物流模式,提供“门到门”的放心服务,将大大方便顾客,也将促进义乌进出口贸易的发展,义联物流联盟以此作为今后的物流模式。

3. 以第四方物流平台为目标

今后,义联物流联盟将以真正的第三方物流配送为主导,逐步朝第四方物流平台转型,提供全面的物流服务,具体举措主要有:立足义乌本地市场,建立宁波市场真正的海运"一代"平台、大型集装箱堆场,以及本地准第三方物流配送平台;逐步开拓浙江及全国市场,建立国内货运代理网络,在各大港口城市、货源城市设立直属分支机构;开拓全球代理网络,乃至建立联盟的全球直属分支机构;建立公路、公铁联运、海铁联运等多条国际物流专线。

评　析

义联物流联盟通过整合义乌市的众多货运代理企业,构建公共物流订舱平台,有效提升了货运组织化程度,实现了中小物流企业的抱团发展。义联物流联盟的主要特征表现在以下三个方面:一是企业成员的类型独树一帜,义联物流联盟主要整合义乌市货运代理企业,通过信息平台提供货代、订舱等综合服务;二是联盟以股权参与方式组建,通过出资比例分配股权,有效解决了利益如何分配和决策如何实施的问题,形成了一种紧密型的联盟模式;三是义联物流联盟打造的义乌"公共订舱"平台集聚了义乌众多货运代理企业,起到了很好的集聚作用,为义联物流联盟的企业成员带来了集群优势,有效地改变了当前义乌物流市场松散型的行业格局,突破了义乌物流企业的"单干"模式,开创了"抱团"发展的新模式。

目前义联物流联盟正处于快速发展的过程中,但存在需要进一步关注的问题:义联物流联盟整合了数量众多的中小型货运代理企业,为了提升联盟的品牌效应,进一步提升联盟的竞争力,需要规范企业成员的经营和运作。因此,联盟在快速发展的过程中,要把握品牌意识,通过制定相应的规章制定,实现企业成员的规范化经营,有效树立联盟品牌,实现品牌效应,才能实现联盟的长效发展。

义联物流联盟的发展趋势是:"抱团"发展作为义乌物流行业发展强有力的助推器,义联物流联盟无疑将成为这方面的子弹头,因此,持续强化中小物流企业的抱团发展是义联物流联盟的不变核心;此外,义联物流联盟在发展过程中要更加注重数量和质量的协调,数量是联盟企业成员的数量和联盟业务的增量,质量是服务能力和服务品质。义联物流联盟要通过形成准入门槛机制,严控服务品质,实现量与质的协调,促进义联物流联盟的可持续发展。

物流企业的互补性与替代性

产品互补性指两种不同商品能互相捆绑、补充，共同满足一种愿望或需求的关系。具有互补性的产品可以采取捆绑式经营。产品替代性指两种不同的商品或者劳务在使用价值上可以互相替代来满足人们的某种需要的关系。假如是替代产品，消费者在选择其中之一的同时，一般不再需要另外一种产品。即两种产品不是相互促进而是相互竞争。

依据产品的互补性和替代性概念，义联物流联盟各企业成员之间的业务关系便体现出很强的互补性和替代性特征。义乌市拥有超过2000家的散小货运代理企业，在经营业务上无疑存在竞争与合作的关系。在义联物流联盟成立之前，各物流企业通常是各自为政，任何一家物流企业都无法具备完善的业务功能与服务水平，在面对大客户时经常因为无法提供全套的物流服务而损失利润。义联物流联盟成立之后，原先各自为营的物流企业成为统一的集体，对外以义联物流联盟的名义统一招揽货源，对内不同业务的加盟企业可以借助联盟这一平台实行业务上的互联互通，达到“1 +1 >2”的效果，实现物流企业之间的协同效应。对于存在业务竞争关系的物流企业，可以借助联盟这一整体实行差异化的服务，让客户感受到这不是两家有竞争关系的企业，而是义联物流联盟提供的不同的物流服务。

第七章　业务协作型联盟

随着物流业的发展,物流业务之间的协作性日趋突出。目前物流运输协作过程中存在缺乏系统性等问题,需要结合不同物流企业的要素,创新的物流运输协作类型,成立业务协作型联盟,提高物流的运输效率。

业务协作型联盟,是以应用先进的运输组织方式为核心的联盟形式,以提高物流运输效率为目标,通过企业间服务规范、作业流程、信息资源和设施设备技术标准之间的有效衔接,实现多式联运、甩挂运输等先进运输组织方式的推广应用,降低物流成本,提高整体效益。

先进的业务协作形式得到有效推广。随着甩挂运输联盟、多式联运联盟的组建和发展,甩挂运输、多式联运、集装箱运输、滚转运输等先进的运输组织方式在一定范围得到有效推广。在甩挂运输联盟中,双重甩挂、循环甩挂、滚装甩挂、智能甩挂等创新的甩挂运输方式不断涌现,成为甩挂运输快速发展的强大推动力。

甩挂运输联盟的数量也较多。由于交通运输部近年来的有效推动,甩挂运输这种先进的运输组织方式在全国得到了广泛推广,为开展甩挂运输企业间合作打下了良好基础。因为甩挂运输试点企业都是行业中较为优秀的企业,管理规范、货源充足,尤其是甩挂运输这种组织方式在挂车互换、场地共享等方面具有先天的合作优势,而且经济和社会效益显著,因此,甩挂运输联盟纷纷建立并快速发展。同时,又进一步提高了甩挂运输集约化、规模化、网络化、组织化程度。

本章案例中苏盟物流联盟采用智能化甩挂运输,自主研发"爱卡司"货运车辆智能化运营管理系统,应用 Microsoft. Net 技术,以 SOA(面向服务结构)思想设计为导向,用于不同技术平台的客户端创建、流转、统计分析结构化与非结构化业务数据的应用平台;苏浙沪集装箱(上海)联盟依托信息平台双重模块,对加盟企业的货源进行大量的数据分析,整合出口货物和进口货物的资源,结合空箱调用和货源分布情况,利用信息化技术,制定运输方案,组织回程货物,进行车辆的线路与时间安排,提高联盟的运输效率;粤港澳—东盟甩挂联盟的运输分为陆海联运和陆路联运两大部分。陆海联运甩挂运输组织采取海路往返和海去陆回两种组织模式,陆路联运甩挂运输组织则采用国际货运专线直达模式、公路口岸接驳模式和公路多点接驳模式,以此实施整个广东省的海上丝绸之路,提高桂滇地区的物流发展水平。

案例15:苏盟物流联盟——智能化甩挂运输的先行者

苏盟物流是以4家部级甩挂运输试点企业为基础组建而成,其有别于以往甩挂运输联盟的松散型合作模式,致力于探索基层企业间的紧密型合作,以资产为纽带、以业务为核心、以共赢为原则、以发展为目标、以物联网为技术支撑,在站场、车辆、客户等方面共享资源,力求真正实现智能化甩挂运输。这一模式在全国是首创,是强强联合的典范,具有重要的示范意义。

一、联盟的发展概况

(一)联盟简介

无锡苏盟物流股份有限公司(以下简称苏盟物流)于2012年11月18日在江苏省无锡市正式成立,是全国首家物流实体联盟,是由金南物流科技股份有限公司组织发起,联合江苏苏汽国际物流集团有限公司、江苏金陵交运集团有限公司和林森物流集团有限公司4家部级甩挂运输试点企业共同出资成立的江苏省甩挂运输联盟。联盟注册资本人民币5000万元,首期注资共为1000万元,每家成员单位各注资250万元。

投入运营后,苏盟物流4家企业成员总资产达到26亿元,自有运输货车4000辆,分支机构250个,运营网点覆盖全国主要城市,具有在全国范围内大规模甩挂作业的优势。苏盟物流利用企业成员的区域优势和资源,依托无锡物联网平台和金南物流爱卡司技术,整合苏盟物流企业成员成熟的物流业务和信息系统,重点研发"江苏省交通物流公共信息平台",创立苏盟物流循环甩挂运输专线。苏盟物流标识及企业成员如图7-1所示。

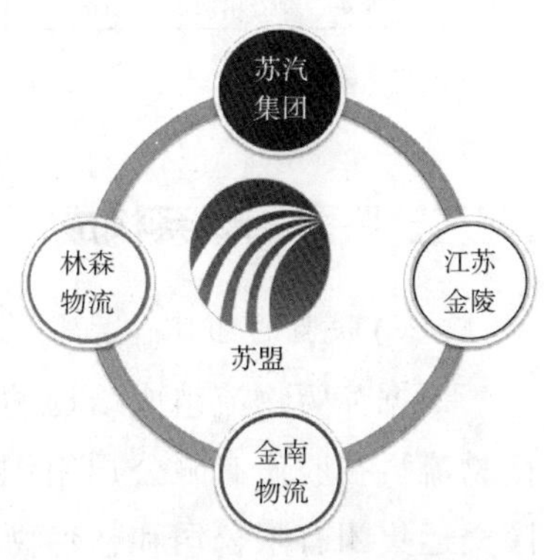

图7-1 苏盟物流标识及企业成员

(二)联盟形成的主要历程

苏盟物流是国内第一家实体物流企业联盟,主要依托甩挂运输业务开展合作,苏盟物流成长的主要历程如下。

2012年7月13日,在南京举行苏盟物流第一届第一次会议,确定和通过了苏盟物流的章程和标识。

2012年8月23日,在江苏苏汽国际物流集团有限公司举行苏盟第一届第二次会议。会议商定合资公司注册资本,建立合资公司两步走战略:第一步发展信息平台,第二步具体开展业务运作。

2012年9月26日,在苏盟物流第一届第三次会议上,四家联盟企业共同商议组建合资公司,即苏盟物流股份有限公司。

2012年11月18日,苏盟物流第一届董事会和监事会会议举行。确定12月18日举办苏盟物流股份有限公司成立暨江苏省交通物流公共信息平台启动仪式。

2013年1月1日,苏盟物流先期配置人员到岗,苏盟物流正式开始运营。

2013年4月22日,苏盟物流甩挂运输线路正式开通。

苏盟物流成立后的主要历程如图7-2所示。

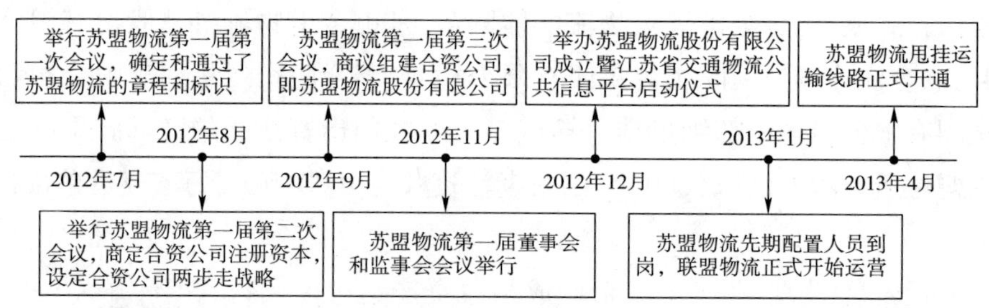

图7-2　苏盟物流成长的主要历程

二、联盟的体系构成

(一)联盟的组建体系

根据苏盟物流组成结构的定义,苏盟物流属于典型的股权型结构联盟,是由金南物流科技股份有限公司组织发起,联合江苏苏汽国际物流集团有限公司、江苏金陵交运集团有限公司和林森物流集团有限公司4家部级甩挂运输试点企业共同出资组建的江苏省甩挂运输联盟。苏盟物流设立秘书处,办公地点设在金南物流科技股份有限公司。苏盟物流成立后,四家企业成员设定了两步走战略:第一步发展信息平台,第二步具体开展业务运作。

苏盟物流以4家部级甩挂运输试点企业为基础,全力打造以资产为纽带、以业务为核心、以共赢为原则、以发展为目标的甩挂运输实体联盟,这一模式将有助于实现网络化甩挂运输,有助于推进货运业转型升级。

苏盟物流的公司章程主要涵盖以下重要内容:(1)公司注册地和办公地点;(2)公司经营范围;(3)公司董事会和监事会职能;(4)公司总经理职能。

(二)联盟的运作体系

甩挂运输是提高道路货运和物流效率的重要手段,通过牵引车与载货挂车分离,在保证货物到达目的地的同时,牵引车可以实现"不停歇"运货,节约等待装卸货时间,以提高牵引车的单车使用率。甩挂运输的真正优势来源于网络化运输组织方式。

苏盟物流成立后,苏盟物流4家企业成员将物流主营业务——甩挂运输从原公司彻底剥离,相关业务资产和物流项目全部纳入苏盟物流统一经营管理。企业成员将统一使用苏盟物流标识,剥离原有的专线对口业务,联合各个运输环节,共享场站、车辆、客户、货源、信息、人才等资源,并逐步吸纳江苏省甩挂运输试点企业,形成涵盖江苏省13市的循环甩挂运输,最大限度聚集成员单位的各自优势和资源,实现"1+1+1+1>4"的资源整合效应。由于苏盟物流企业成员不再独自经营与甩挂运输有关的业务,而是"外包"给苏盟物流统一管理,所以企业成员之间将不存在利益冲突。

(三)联盟的信息体系

作为我国首家甩挂运输联盟实体企业,苏盟物流的成立将使江苏省4家甩挂运输企业在更高的起点和更广的范围内实现规模化、网络化和标准化运营。苏盟物流的智能化运营管理主要依靠金南物流自主研发的基于物联网技术的"爱卡司"货运车辆智能化运营管理系统,这是苏盟物流顺利组建成功的技术支撑。

1. 爱卡司简介

爱卡司(iTrucks)系统是基于专有二进制协议的"统一消息通信架构"及模型驱动的"业务数据处理架构",采用Microsoft. Net技术,运用SOA(面向服务结构)思想设计,用于不同技术平台的客户端创建、流转、统计分析结构化与非结构化业务数据的应用平台。系统构成包括:存储层、核心组件层、服务层、通信层及界面层,将业务数据及处理过程抽象为各类模型在各层间传递。系统应用后,通过客户端业务设计器可以非常方便地设计某项业务的表单及相应的工作流程模型(图7-3)。由于大量采用组件化、模型化技术，使整个平台具有灵活、安全、多平台支持、可靠、高性能、客户端一次性部署、服务端分布式部署等特点。

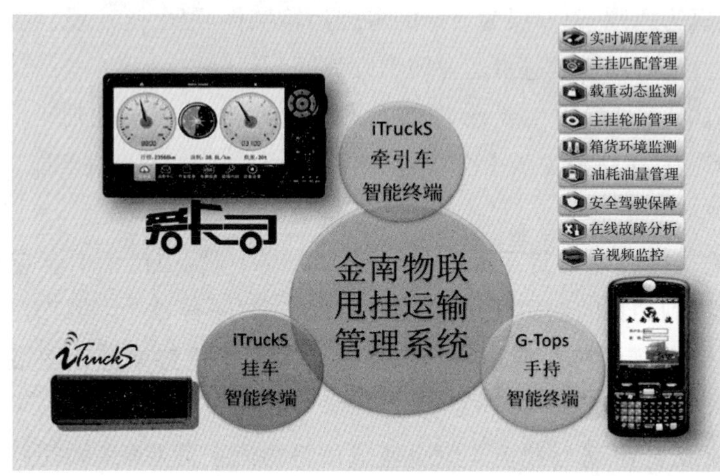

图 7-3　爱卡司系统构成

爱卡司系统有机融合物联网和 3G 网络应用，充分利用全球定位系统（GPS）、地理信息系统（GIS）、射频识别和数字传感（RFID）等高新技术，将甩挂运输车辆构置于物联网平台，通过动态跟踪监控、规范驾驶行为、控制燃油消耗、精确维护计划、故障诊断应急等智能化监控和管理，达到降本增效、节能减排效果。苏盟物流每辆甩挂车上都装有 30 多个传感芯片，通过爱卡司终端遥控，运行控制中心可以实时监控车辆油耗、装载和行驶等情况（图 7-4）。

图 7-4　iTrucks 仪表台界面

爱卡司与物联网的完美融合

物联网技术的充分运用是爱卡司系统的一大特点。物联网技术主要是通过射频识别(RFID)、红外感应器、全球定位系统、激光扫描器、气体感应器等信息传感设备,按约定的协议,把物品与互联网相连接,进行信息交换和通信来实现对物品的智能化识别、定位、跟踪、监控和管理的一种网络。金南物流开发的爱卡司系统将充分利用物联网技术的优势,将其与甩挂运输完美结合,逐步形成智能化甩挂运输模式,实现真正的物联甩挂。通过物联网技术的运用,苏盟物流的运营成本降低10%左右。

2. 爱卡司构成

爱卡司系统主要由车载终端系统和移动终端现场调度系统组成。该系统能将营运车辆的各种信息传输至后台进行云计算处理,并将处理结果及时反馈至企业和行业主管部门管理平台。

1)车载终端系统

车载终端系统分为牵引车智能终端系统和挂车智能终端系统,其重要功能是通过物联网传感器,采集车辆路况信息、驾驶员操作信息、车辆行驶信息等海量数据,传输到中控中心,经智能系统分析、决策,将指令反馈至各部门,从而实现实时调度管理、主挂匹配管理、载重动态监测、主挂车辆轮胎管理、货箱环境监测、车辆耗油量管理、安全驾驶保障、在线故障分析、音视频监控等。

(1)实时调度管理:各智能终端实时上报状态信息,系统汇总甩挂站场、车辆的状态信息,给出牵引车与挂车调度的智能化指令,根据智能化指令完成现场调度。

(2)主挂车辆匹配管理:系统自动生成作业牵引车状态和挂车的停放位置信息,牵引车与挂车不匹配时将自动报警,避免产生甩挂失误和非指令性牵引。

(3)载重动态监测(图7-5):实时监测挂车的实载货物质量,避免货损、货差或非指令性载货。

(4)主挂车辆轮胎管理:在车辆主挂轮胎上安装RFID,用于智能识别轮胎身份,同时记录轮胎的使用寿命。

图7-5 载重动态监测

(5)货箱环境监测(图7-6):主要监测货箱的温度、湿度、气压,货厢内的货物固定状态,货厢门的电磁锁状态控制。

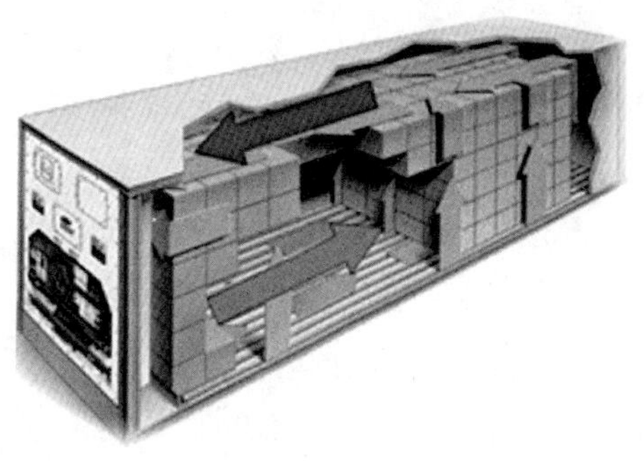
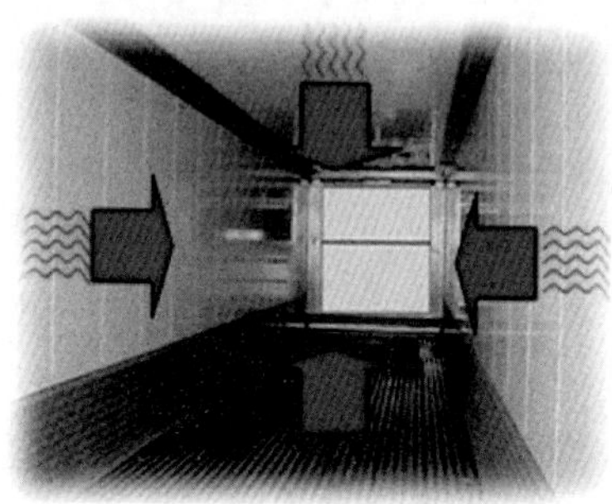

图7-6　货箱环境监测

(6)车辆耗油量管理:采集车辆发动机ECU油耗信息,提供精确的成本绩效考核依据。

(7)在线故障分析:主要包括发动机机械故障代码解析,挂车故障代码解析,甩挂车辆的规定维护时间提示。

(8)音视频监控:车辆管理人员对每一辆车辆的行驶路线和行驶区域都有统一的规定,如果车辆驶出指定线路或划定区域将回传报警信号,加强管理人员对车辆的管理。通过视频传输应用可以实时对不按指定地点停靠、货物装卸情况、驾驶员身份识别和疲劳驾驶等情况进行有效的监督,实时监控驾驶员的非规范操作行为。同时对紧急报警可以根据现场情况做出快速有效的反应。

2)G-Tops移动终端现场调度系统

该系统是苏盟物流甩挂运输管理系统的一个辅助子系统,主要包括PDA手持终端物流系统和移动打印终端系统两大部分。基于iTrucks甩挂智能车载终端系统基础上研发的,以确保与苏盟物流其他系统的兼容和对接。该系统具有现场调度、电子转账、作业跟踪、信息采集、电子运单五大功能,主要解决人、车、物、场中的人这一环节。

现场调度:现场调度员实时接收运输指令,掌握站场挂车状态和装卸库位状态,完成牵引车和挂车的匹配与现场调度。

电子转账:与财务系统对接,财务结算系统根据手持终端的信息进行备用金的电子转账等操作。

作业跟踪:对甩挂运输各环节操作状态实时跟踪。

信息采集:现场调度员通过手持终端可输入牵引车信息、驾驶员信息、货物信息、挂车信息、货物装卸信息,并发送至系统中,供系统生成甩挂运输作业指令。

电子运单:手持终端配有微型打印机,可直接打印电子运单。

三、联盟的成效

自联盟成立以来,苏盟企业成员取得了明显的联盟成效,联盟中的4家企业成员将甩挂运输的主营业务从原公司彻底剥离,相关业务资产和物流项目全部纳入苏盟物流统一经营管理。同时统一联盟会员标识,剥离原有的专线对口业务,联合各个运输环节,共享场站、车辆、客户、货源、信息、人才等资源,并逐步吸纳江苏省甩挂运输试点企业,形成涵盖江苏省13市的循环甩挂运输,最大限度聚集成员单位的各自优势和资源,实现“1+1+1+1>4”的资源整合效应。

联盟利用“爱卡司”货运车辆智能化运营管理系统使联盟企业在更高的起点和更广的范围内实现规模化、网络化和标准化运营。依托金南物流的技术基础和政策支持,做到上接部级平台,外纳省内企业,以平台建设来带动江苏省物流业发展,从而真正做到循环甩挂运输,在运输半径内,实现效益最大化。

四、联盟进一步举措

苏盟物流成立伊始即确立了两大使命:一是推动联盟成员和省内物流企业的资源共享与业务合作,开展甩挂运输;二是推进江苏省交通物流公共信息平台的开发。

苏盟物流短期发展目标是:发挥苏盟强大的资源优势,借鉴成员单位的成功经验,制定联盟运作规则,对外形成一个强大整体,实行一体化运作。苏盟物流企业刚成立1年,开展各项工作的时机还未完全成熟,联盟运作初期的工作开展主要集中四个方面:第一,紧抓信息平台建设,成立物流信息化事业部,依托金南物流的技术基础和政策支持,做到上接部级平台,外纳省内企业,以平台建设来带动江苏省物流业发展。第二,成立甩挂运输事业部,整合成员单位驻外资源,选择货源较多的交集热线,先行开展甩挂运输。第三,以苏盟物流企业的名义购买挂车,以市场化机制在整合的站点和线路共用。第四,真正做到循环甩挂运输,在运输半径内,实现效益最大化。

苏盟物流的长远定位是“立足江苏、辐射长三角、面向全国、接轨国际”,打造成货运与物流业界的领军企业。具体的发展举措为:

1. 大力发展业务实体

以信息化发展为契机，适量购置车辆、组建自有运营车队，加大市场开发力度，逐步发展覆盖江苏省、辐射长三角地区的循环甩挂运输网络，打造网络型甩挂运输模式，树立甩挂运输和联盟发展的行业标杆。

2. 加强物联网、云计算等信息技术手段的应用

物流联盟的成功运营必须有先进的信息化技术做支撑，将物联网技术充分运用，通过精细、动态、科学的管理，实现物流的自动化、可视化、可控化、智能化、网络化，从而提高资源利用率和生产力水平，创造更富社会价值的综合内涵。

3. 重点打造江苏省交通物流公共信息服务平台

图 7-7 江苏省交通物流公共信息服务平台总体架构

“江苏省交通物流公共信息服务平台”，主要是针对江苏省货运物流业所面临的现状和实际需求，立足通过平台的建设来推动货运物流业的转型和升级，带动江苏省物流行业对信息技术的投入、推广和应用。建成后信息平台共包括五大子系统（图 7-7），其中平台一期的建设主要包括联盟调度服务系统、公共信息服务系统和接口交换服务系统三大子系统。平台二期建设主要包括物流企业服务系统和货主企业服务系统两大子系统。

评 析

苏盟物流以 4 家甩挂运输试点企业为基础，以物联网技术为支撑，通过运输资源整合及企业间的紧密合作，实现智能化甩挂运输。苏盟物流主要特征表现在以下两个方面：一是甩挂运输的运作。苏盟物流将甩挂运输从原公司彻底剥离，相关业务资产和物流项目全部纳入苏盟物流统一经营管理，最大限度地整合企业成员的优势和资源，有效解决了联盟企业成员间利益分配的难题。二是苏盟物流的信息体系。苏盟物流使用的是盟主企业金南物流开发的爱卡司货运车辆智能化运营管理系统，有效提升了联盟运作的标准化、信息化程度，保障了联盟的运营效率和服务品质，实现了甩挂运输组织的无缝衔接，促进联盟企业的协同发展。

苏盟物流需要进一步关注的问题是:进一步建立跨企业边界的信息分享机制,制定信息共享边界与信息管理规范制度,加快建立公共信息平台,充分发挥爱卡司系统的管理效能。此外,以资产效益最大化原则整合联盟企业原有的设备设施等硬件资源,是联盟当下迫切需要解决的主要问题。

信息资源整合的基本逻辑是,由信息共享而实现物流运作全程的可见性,由可见性而实现物流服务全程的可控性,由可控性而实现物流系统的适应性,由适应性而实现物流系统输出的一致性和产品的可靠性,使客户满意。

苏盟物流未来的发展趋势是:着重提升加盟企业之间的信任度,以促进联盟决策的科学性、合理性和可操作性。在联盟企业成员各自发展规划的基础上,形成凝聚各成员企业共识的联盟发展规划,详细制定长期、中期、近期发展任务,按照苏盟物流的统一规划,不断增进互信,加强沟通和业务衔接,拓展合作的广度和深度,使苏盟物流不断向前发展,产生出最大的效益。

循环甩挂运输

循环甩挂是在车辆沿环形路线行驶的基础上,进一步组织甩挂运输。它要求在闭合循环回路的各个装卸点配备一定数量的挂车,载货牵引车每到达一个装卸点后甩下所带的挂车,装卸工人集中力量完成挂车货物的装或卸作业,然后挂上预先准备好的满载挂车继续行驶,如图7-8所示。

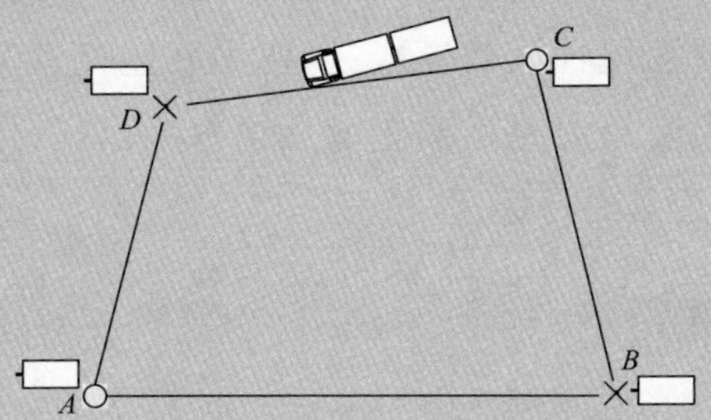

图7-8 循环甩挂运输示意图

由图7-8可以看出,循环甩挂运输实质是用循环调度的方法来组织封闭回路上的甩挂作业,即将(载货)牵引车作为循环调度的对象,把挂车当作车辆在环形路线上行驶时需要装载或卸载的货物。

循环甩挂是甩挂运输中较为经济、运输效率较高的组织形式之一,主要优点如下:

(1)提高了车辆的载运能力。由于载货牵引车是在闭合循环的回路上进行甩挂作业,它几乎在每一条线路上都拖带有载货挂车,因此车辆的实载率和里程利用率都得到了充分利用。

(2)节约了装卸作业停歇时间,提高了车辆的运行速度。循环甩挂要求在各个装卸点配备一定数量的挂车,载货牵引车每到达一个装卸点后甩下所带的挂车,然后可以立即挂上预先准备好的挂车继续行驶,这样牵引车的装卸停歇时间被压缩到最短,车辆运行速度大大提高。

(3)提高了里程利用率。循环调度本身就是一种能够有效地提高车辆里程利用率的行车组织方法,因此循环甩挂也可以大大提高车辆里程利用率。

案例16:苏浙沪集装箱(上海)联盟——追求集约化发展的集装箱甩挂联盟

苏浙沪集装箱(上海)联盟依托于苏浙沪良好的经济区位优势,为突破集装箱道路运输行业的发展瓶颈而组建。联盟联合9家苏浙沪地区龙头骨干企业,充分整合区域优势资源,以信息化为依托,以港口资源为基础,以完善的物流网络节点为契机,开展特点鲜明的集装箱甩挂运输模式;以树立联盟经营集约化、信息化、绿色化的品牌为目标,以提升集装箱道路运输企业话语权为己任,以促进苏浙沪地区集装箱道路运输行业的发展为最终目标。

一、联盟的发展概况

(一)联盟简介

苏浙沪集装箱(上海)联盟于2014年7月23正式成立,由上海康芸物流发展有限公司(交通部第二批甩挂运输试点企业)发起,江苏飞力达国际物流股份有限公司(交通部第三批甩挂运输试点企业,为A股上市公司)、上海国际航运仲裁咨询服务中心、上海吴淞国际物流园区开发有限公司、振石集团浙江宇石国际物流有限公司(交通部第一批甩挂运输试点企业,A股上市公司)、江苏中外运有限公司苏州分公司、上海英迪信息技术有限公司、昆山无水港国际物流发展有限公司、上海富鹰物流有限公司、上海华敏储运有限公司、上海鲁滨国际物流有限公司、上海飞远物流有限公司共12家企业组成,盟员企业以入股形式成立苏浙沪集装箱(上海)股份有限公司(以下简称苏浙沪集装箱(上海)联盟),作为独立的联盟运营机构。目前联盟企业拥有车辆数568辆,并使用统一标识,如图7-9所示。

图7-9 使用联盟统一标识的集装箱运输车

苏浙沪集装箱(上海)股份有限公司位于上海市宝山区友谊路,注册资本5000万元,企业成员分布于苏州、浙江、上海市等地的重要海港周边、货物集散地及国际大型物流企业园区,临近国道及交通枢纽,交通便捷,信息通畅。大部分企业拥有自建物流园区、配备仓库、停车场地、业务调度中心,车辆维修车间、大型货物堆场等。

苏浙沪集装箱(上海)联盟以“智慧共享、资源共享、财富共享”为宗旨共谋企业发展。以破解集装箱运输链上各环节的难题为己任,不断压缩运输流程,降低物流成本;以集装箱营运为切入点打造放箱、配重和财务支付平台,不断提高营运效率,整合联盟运输、仓储、货代、信息资源,逐步实现一体化运作,网络化经营。

苏浙沪集装箱(上海)联盟的业务范围包括:普通货运;集装箱堆存;仓储服务(除危险品及专项规定)、装拆箱;从事海上、航空、陆路、国际货物运输代理业务及订舱;结算运杂费及其他相关业务;企业管理和物流信息咨询、培训、服务;供应链管理;网络技术应用开发;电子商务;汽配批发零售。核心业务为:信息化系统导入,构建甩挂运输平台,推动甩挂运输项目运作及企业间协作。

苏浙沪集装箱(上海)联盟以上海港口放空箱平台为切入点,现平台正在开发过程中,平台建成后各船公司及车队实现平台对接,有效减少空箱因人工操作而成本过高的影响,目前已与30家船公司签约了放空箱协议,最终实现在上海港营运的40家船公司全部签约,使签约率达到市场的100%,以最优惠价格推向市场,逐步整合、规范空箱市场，为集装箱运输企业提取空箱提供优质服务，为苏浙沪集装箱（上海）联盟内企业成员空箱套用做好准备，从而减少集装箱运输链条的环节，降低空箱提取成本，不断提高运输车辆里程利用率，提高物流企业的生存空间。

苏浙沪集装箱（上海）联盟信息公司的主要任务，是进行信息系统和组织管理系统的开发，全程 GPS 监控跟踪集装箱运输作业，为客户提供安全、及时、优质、方便的现代物流服务；同时，自主研发堆场、运输、订舱、报关、仓储等软件，实现与港区、船公司 EDI 数据互换功能。

（二）联盟产生的背景

苏浙沪地区商品经济发达，公路网络四通八达，同时还拥有较为完善的物流节点布局。依托上海港的优势，保障了集装箱运输的顺利开展。在良好的区位、经济优势，以及充足的集装箱货源的保证下，苏浙沪集装箱（上海）联盟抓住机遇应运而生，这不仅是对自身区位优势的有效利用，更是对市场的需求准确把握。

1. 国家和地方相关政策的战略需要

政府及相关部门正在积极推动甩挂运输联盟的发展。截至目前，我国已经确定三批 136 个公路甩挂运输试点企业，目前正在开展第四批甩挂运输试点企业的遴选工作，以扶优扶强为原则，支持“实现站场、车辆、信息资源的共享和优化配置，能够有效提升运输组织效率、促进节能减排，行业示范效应显著”的项目。近年来，国家相继出台一系列甩挂运输发展政策，甩挂运输越来越受到政府部门以及物流企业的认可和支持。在这样的背景下，甩挂运输联盟的出现，更是极大地推动了甩挂运输的发展。

2. 道路集装箱运输发展的客观要求

（1）上海共有集装箱运输企业 2400 多家，行业内呈现企业散、小、乱、差现象（表 7-1和表 7-2）。目前集装箱行业大多数企业缺乏现代管理理念，企业管理基本为粗放型，业务开拓、车辆调度、财务结算、企业管理、安全生产等各项工作安排不合理，导致管理落后，信息化程度低，难以保障物流供应商的需求和集装箱货物运输高效快捷的要求，高成本低效率使一些物流企业生存举步维艰。

从统计资料表 7-1 中可以看出车辆规模在 50 辆以下的企业占总数的 95.4%，正是这种以小、中型物流企业为主的市场结构，造成了上海市集装箱运输业的乱象。

上海集装箱运输企业车辆规模　　表 7-1

企业规模(辆)	≥300	200～299	100～199	50～99	30～49	10～29	5～9	5 辆以下	无车
本期构成比(%)	0.3%	0.3%	1.3%	2.7%	9.2%	17.5%	26.4%	28.7%	13.6%
2014 年 4 月	5	5	22	47	159	303	458	497	236
2014 年 3 月	5	6	22	46	158	301	457	497	236
2014 年 2 月	5	6	24	49	152	295	457	445	280

不同企业规模行驶里程　　表 7-2

企业规模(辆)	≤5	6～10	11～30	31～50	51～100
日均行驶里程(km)	168	179	189	179	220

(2)上海集装箱运输企业普遍微小,以至于难以和庞大的船务公司对接设备交接单申请业务,因此,眼下亟须建立一个规模化的服务组织对接船务公司,以减少集装箱运输和船务公司之间的中间环节,促进集装箱运输企业集约化发展,同时,提高船务公司空箱周转效率。

(3)上海集装箱押金问题是目前上海道路集装箱运输行业共同面临的问题之一。经初步统计,目前上海港经营的船务公司有 40 多家,为满足集装箱空箱的用箱需求,上海有 30 多家放箱公司。这些放箱公司与船务公司签订合同后,凭船务公司的《设备交接单申请书》安排放单后,收取 5 元至 30 元不等的服务费,再发给集装箱运输企业去堆场提空箱。而所有的船务公司还要收取集装箱运输企业 10 万元到 30 万元不等的用箱押金,有的运输企业因和多家船务公司有业务往来,需每年支付不同船务公司押金高达 200 万元以上。同时船公司的打单费、封条费、坏污箱费、超期使用费因中间环节过多且无序导致价格不断攀升,造成集装箱运输企业运营资金链极度紧张、成本不断攀升,几乎超出了集装箱运输企业所能承受的极限。

(4)目前,上海道路集装箱运输行业的第二个问题是承接的运输业务基本为重箱出口或重箱进口的单项操作,只有少数企业能做到集装箱重箱进口和集装箱重箱出口的双重模式。使得集装箱运输车辆空驶率接近 50%,造成车辆、油料、道路、人员等资源的极大浪费。同时,集装箱运输企业面对高额的运输成本和不断压价的客户,只有通过提高车辆双向实载率这一途径以降低运输成本。苏浙沪集装箱(上海)联盟就是为提高车辆双向实载率而生,以资源整合、信息共享、科技创新为切入点,以恢复集装箱运输行业地位、提高话语权、引领行业提高服务与管理水平为己任，主动靠前服务配套好上海国际航运中心的建设。

3. 集装箱运输企业集约化发展的必然要求

目前集装箱道路运输业基础设施改善力度加大，运输需求多样化，集装箱道路运输业也发生了深刻的变化，规模化、节约化成为其经营的必然选择。成立联盟，建立合作，盟员企业可利用自身特点，发挥各自优势，实现资源共享、集约化经营。

4. 集装箱运输企业提升话语权的迫切需要

随着港口集疏运体系中的利益矛盾日益凸显，处在港口运输链末端的集装箱道路运输行业发展陷入了困境。在一定程度上，它是由于油价等运输成本不断上涨，同时又缺乏市场议价能力，导致运输企业的利润空间不断被挤压，市场生存能力下降。另外，集装箱道路运输市场本身进入门槛较低，市场竞争过度、无序，直接导致了供求关系的失衡，造成以价格竞争为典型特征的恶性循环，使集装箱道路运输企业既无力向上游的码头、堆场、船务公司等争取市场议价权，也无力将不断增加的各类运输成本继续向货主转移。

集装箱道路运输企业要突围，成立联盟是切实可行之路。企业结成联盟，不仅有利于缓解市场的恶性竞争，而且能够提升企业在运输市场中的服务品质和产业链中的话语权，从而促进市场的良性健康发展。

（三）联盟形成的主要历程

1. 主动沟通，确定成员

决定成立联盟后，上海康芸物流发展有限公司多方奔走，主动与本地具有一定经营实力的物流企业进行沟通，同时还与浙江的宇石国际物流有限公司、江苏中外运有限公司苏州分公司、江苏飞力达国际物流股份有限公司进行沟通，更利用上海国际航运仲裁咨询服务中心进行法律咨询，深入道路协会、堆场分会、货代协会等多家社会组织进行宣传，争取支持和帮助。经过上海康芸物流发展有限公司的沟通协调，最终整合拥有共同信念的13家物流企业建立联盟，于2014年3月下旬召开联盟工作会议，确立联盟目标为“立足长三角，引领中国、走向世界”。确定联盟企业成员，讨论联盟章程。在会议上，联盟成员达成共识：目前企业联盟已经成为普遍现象，一般意义下的联盟组织通过协议或合同规范加盟企业的行为，对盟员企业的权利、义务的规定和制约不强，退出成本不高，造成联盟运作效率低下。针对这种现状，苏浙沪集装箱（上海）联盟决定采用参股的方式组建实体公司作为加盟企业之间的纽带，共同出资5000万元成立拥有独立法人资格的苏浙沪集装箱（上海）股份有限公司。该公司结合市场特点开发相应功能的信息平台，建立相应的联盟合作机制，并配以健全的组织机构、制度建设，使联盟能够以企业化运营的方式开展物流工作，提高甩挂运输业务的操作性。达成股份联盟的共识后，向联盟企业成员下发了《加盟告知书》。

2. 共同理念，构建股份

《加盟告知书》发出后，联盟企业成员对股份公司的经营理念、经营方式、经营内容及市场情况进行了认真的思考和衡量，对联盟的发展前途进行了全面的分析，3个上市公司将可行性报告向董事会报告。最终有9家公司对联盟经营理念和发展前途充满信心，决定参股联盟的组建，并通过协商确定了各加盟企业参股份额。最后全体联盟发起单位一致确定联盟名称为苏浙沪集装箱（上海）联盟，同时股份公司也以苏浙沪集装箱（上海）股份有限公司命名。各股东股份出资比例如表7-3所示。

各股东出资股份比例 表7-3

发起人的姓名或者名称	认购的股份数	出资方式	出资比例
上海康芸物流发展有限公司	1300万股	货币	26%
江苏飞力达国际物流股份有限公司	1250万股	货币	25%
上海飞远物流有限公司	1000万股	货币	20%
上海富鹰物流有限公司	450万股	货币	9%
上海华敏储运有限公司	450万股	货币	9%
上海吴淞国际物流园区开发有限公司	250万股	货币	5%
振石集团浙江宇石国际物流有限公司	100万股	货币	2%
昆山无水港国际物流发展有限公司	100万股	货币	2%
上海鲁滨国际物流有限公司	100万股	货币	2%

2014年7月23日最终确认组建苏浙沪集装箱（上海）联盟，选举产生联盟理事长、副理事长、秘书长、理事，并制定苏浙沪集装箱（上海）联盟未来的工作任务和股份公司的董事长、副总经理的任命，同时邀请了集装箱运输车辆分会会长、堆场分会的会长、货代协会秘书长分别担任职务，制定了联盟后续发展策略。

二、联盟的体系构成

(一)联盟的组建体系

上海康芸物流发展有限公司、江苏飞力达国际物流股份有限公司(昆山飞力集装箱运输有限公司为其控股公司)、上海飞远物流有限公司等企业组成的苏浙沪集装箱(上海)联盟,在联盟的基础之上通过盟员入股的形式成立苏浙沪集装箱(上海)股份有限公司,该公司负责联盟的日常管理和运营工作,以提高联盟的运作效率。联盟成立的独立法人公司同联盟一同构成了联盟的组建体系。

1. 联盟的组织机构

1)联盟大会

联盟大会为联盟的最高决策机构,指导联盟开展工作,决定联盟重大事务。联盟大会每年召开一次,其主要职责包括:批准联盟章程的修改,审议批准联盟年度工作报告;审议批准年度财务预、决算报告;决定联盟的变更和终止;审议批准理事会的其他报告。

2)理事会

理事会是联盟大会的执行机构,对联盟大会负责。理事会的主要职责包括:执行联盟大会的决议;审议、批准和修改联盟的基本管理制度;决定秘书处内部机构的设立及撤销;讨论和决定其他重大事项等。

3)联盟秘书处

联盟秘书处负责日常工作,对联盟大会负责。其主要职责包括:执行联盟大会决议,负责组织、管理、协调联盟的各项工作;负责受理加入联盟企业的申请,对申请单位资格进行初步审查;依据联盟有关制度,提议除名违规联盟企业成员及受理联盟企业成员退出联盟的申请;联盟大会交办的其他事项等。

2. 苏浙沪集装箱(上海)股份有限公司

作为苏浙沪集装箱(上海)联盟的独立法人公司,联盟企业成员共同构成该公司的股东大会。由该公司负责联盟日常运作和管理,并将联盟的业务分工到具体的盟员企业中,以达到联盟实现公司化运营,提升联盟的运营效率和营业收入的目的。公司的主要机构设置包括:股东大会、董事会、监事会以及其他相关部门。

(二)联盟的治理体系

为提升苏浙沪集装箱(上海)联盟的运作效率和治理效果,联盟的日常运营、治理工作由联盟成立的法人企业苏浙沪集装箱(上海)股份有限公司独立执行。

为统一联盟企业成员的作业标准,规范各盟员企业的行为,制定了联盟的相关管理制度。

1)建立目标责任制

在盟员企业内部,抽调专门人员对联盟的物流线路进行管理、统计;对盟员企业车辆运行情况进行记录、监督;在人员管理上实行目标责任制,每月对驾驶员及管理人员进行评定,并制定相应的奖惩制度。同时制定了岗位责任制,根据各个工作岗位的工作性质和业务特点,明确规定其职责、权限;按照规定的工作标准进行考核及奖惩。明确任务和人员编制,以任务定岗位,以岗位定人员,责任落实到人,各尽其责,做到事事有人负责。明确规定各种岗位的工作内容、数量和服务标准,应承担的责任等,以保证各项业务活动能有秩序地进行。

2)建立绩效考核制度

苏浙沪集装箱(上海)联盟分别制定驾驶员和管理人员的月度考核制度,包括工作任务内容、工作任务完成情况、考核评分原则和分值计算。对员工绩效完成情况进行监测,在进行绩效评估时,充分考虑标准的合理性。针对不同层次、不同年龄员工的特点来制定考核标准,使标准具有针对性。绩效评估全过程包括事前沟通,制定考核标准,实施考核,考核结果的分析、评定、反馈、控制等4个阶段。

3)建立人事管理制度

对联盟的员工实行合同化管理,所有员工必须签订合同。由人事部负责人事计划、员工的培训、奖惩;劳动工资、劳保福利等各项工作的实施,并办理员工的考试录取、聘用、商调、解聘、辞退、除名等各项手续。

4)制定甩挂运输工作管理规定

为提高运输组织能力与管理水平,为客户提供高品质的运输服务,特别制定《甩挂运输工作管理规定》,要求业务、调度、机务、安全、财务等部门通力协作,按照规定要求,依据销售计划积极调配联盟运力资源,保障集装箱挂车和牵引车辆的科学合理调配和有效运行;还制订了《甩挂运输作业流程规范》,规定生产一线的操作人员行为;建立严格的安全管理规定,对受到投诉的驾驶员及其他工作人员进行严厉惩罚。

5)建立甩挂运输运行统计检测考核制度

甩挂运输车辆安装GPS,对甩挂运输车辆的运营进行全程监控,科学设计甩挂运输统计指标体系，分类统计，形成完善的统计报表制度；制定合理的甩挂运输工作考核机制，定期检查各项措施落实情况，并纳入年度工作考核目标；建立动态管理机制，及时掌握甩挂运输工作动态。

（三）联盟的运作体系

1. 联盟的运作

苏浙沪集装箱（上海）股份有限公司对联盟企业成员进行深入调研，吸取各家在经营、管理、安全控制、信息化操作方面的成功经验，集合众家优势，实现高效运营。公司作为联盟组织的载体，能够基于业务的高效整合，按照互惠、共赢的原则，推动联盟的整体发展。各盟员企业在自己标识的基础上统一加上联盟实体企业的 logo，将运输各个环节联合起来打造联盟品牌，提升联盟凝聚力和竞争力。通过共享站场、挂车、客户资源等，最大限度利用盟员企业的优势和资源，实现“1 +1 >2”的资源整合效应。

2. 信息平台

联盟以信息平台为核心，信息平台专门针对集装箱运输空箱调运问题，为联盟的运输组织提供技术支撑，是联盟运作的重要环节。

1）空箱调运

目前上海市集装箱空箱资源急缺，箱源信息不透明、不及时，集装箱放箱信息基本掌握在船公司和放箱公司手中。联盟目前专程进行空箱调运的比率为 20%，通过对信息平台的放箱模块建设，与船公司和放箱企业建立合作关系，收集大量的箱源信息，对联盟内企业成员发布即时的放箱资源，实现信息共享，保证信息实时、准确传输，使盟员企业第一时间获得空箱资源，并根据箱源信息合理调配资源。

2）运输组织

目前联盟的企业成员，载运车辆返程基本空驶，运输效率较低，依托信息平台双重模块，对盟员企业的货源进行大量的数据分析，整合出口货物和进口货物的资源，结合空箱调用和货源分布情况，利用信息化技术，制定运输方案，组织回程货物运输，进行车辆的运输线路与时间安排。

3. 甩挂运输流程

苏浙沪集装箱（上海）联盟的甩挂线路贯穿江苏、浙江和上海，江苏省内 2 条线路、浙江省内 2 条线路，江苏和浙江到上海各 1 条线路，上海市内 3 条线路。以信息化建设为核心，通过联盟化经营，完成苏浙沪三地的线路连接。苏浙沪集装箱（上海）联盟的9家盟员企业中多数企业经营的是干线运输，具有量大、线多的特点。因此，联盟采用“一线两点，甩挂甩箱相结合”和“一线多点，甩箱与甩挂相结合”的甩挂运输作业模式。

1）“一线两点，甩挂甩箱相结合”的甩挂运输模式

“一线两点，甩挂甩箱相结合”的甩挂运输模式是在线路上的两节点处采用甩挂模式，由于集装箱甩挂的特殊性，企业集装箱甩挂运输的返程基本是空箱甚至无箱行驶，以上海市康芸宝山甩挂运输基地外高桥港区线路为例，介绍苏浙沪集装箱（上海）联盟集装箱甩挂的组织模式。“一线两点，甩挂甩箱相结合”的组织流程如图7-10所示。

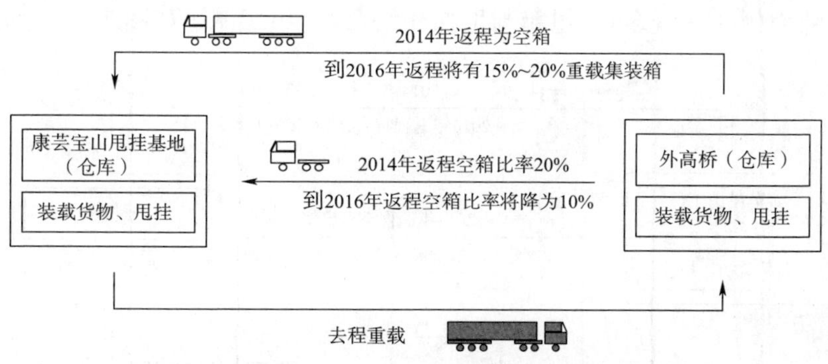

图7-10 “一线两点，甩挂甩箱相结合”组织流程图

甩挂步骤如下：

步骤一：

在康芸宝山甩挂基地留牵引车A，预留半挂车A，半挂车B，其中半挂车B预留进行整车的装载作业，装卸时间1h。

步骤二：

牵引车A牵引装有出口重箱的半挂车A运至外高桥港区，此行程为1h，在外高桥港区进行甩箱作业，此过程为1h。

步骤三：

情况1：外高桥港区没有空箱，牵引车A无箱返回，此类情况比例为20%，通过苏浙沪集装箱（上海）联盟信息平台的放箱信息透明化及联盟内的集装箱使用情况，到2016年返空率将降为10%。

情况2：外高桥港区有空箱资源，装载出口空箱返回康芸宝山甩挂基地，此类情

况为 80%。

情况 3:装载进口重箱返回康芸宝山甩挂基地,目前苏浙沪集装箱(上海)联盟内基本没有回程重箱,通过联盟的合作,到 2016 年回程重箱运输将达到 15% ~20%。

步骤四:

到达康芸宝山甩挂基地后,进行甩挂作业,装上预留的半挂车 B 返回外高桥港区,进行点对点循环。

2)"一线多点,甩箱与甩挂相结合"的甩挂模式

当苏浙沪集装箱(上海)联盟在集装箱运输过程中涉及港口的通关问题时,利用联盟站场资源,部分线路将采用"一线多点,甩箱与甩挂相结合"的甩挂模式。以江苏—上海港为例,"一线多点,甩箱与甩挂相结合"的组织流程如图 7-11 所示。

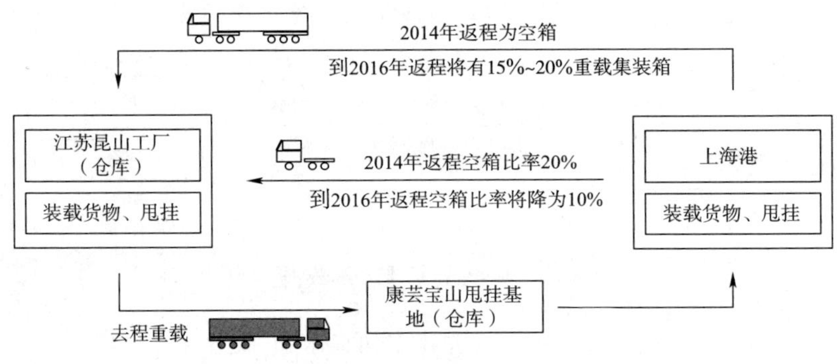

图 7-11 "一线多点,甩箱与甩挂相结合"组织流程图

步骤一:

在江苏昆山无水港留牵引车 A,预留半挂车 A,半挂车 B,其中半挂车 B 预留进行整车的装载作业,装卸时间为 0.5h。

步骤二:

情况 1:当通关时,牵引车 A 直接将集装箱运往上海港。

情况 2:未通关时,牵引车 A 将重箱运往上海康芸宝山甩挂基地进行甩箱作业,等通关后再运往上海港。

步骤三:

情况 1:上海港没有空箱,牵引车 A 无箱返回,此类情况目前比例为 20%,通过苏浙沪集装箱(上海)联盟信息平台的放箱信息透明化及联盟内的集装箱使用情况,到 2016 年返程空箱比率将降为 10%。

情况2：上海港有空箱资源，装载出口空箱返回昆山无水港，此类情况为80%。

情况3：装载进口重箱返回江苏昆山无水港，目前苏浙沪集装箱(上海)联盟内基本没有回程重箱，通过联盟的合作，到2016年回程重箱运输将达到15%~20%。

步骤四：

到达江苏昆山无水港，进行甩挂作业，装上预留的半挂车B返回上海港，进行循环甩挂运输。

三、联盟的成效

苏浙沪集装箱(上海)联盟成立以来，在智慧共享、资源共享、财富共享宗旨的引导下，很好地促进了盟员企业的发展。联盟破解了集装箱运输链各环节难题，不断降低运输消耗，降低物流成本；同时以集装箱营运为切入点打造放箱、配重和财务支付平台，不断提高营运效率，成功完成了苏浙沪集装箱(上海)联盟运输、仓储、货代、信息资源的逐步整合，实现了一体化运作，网络化经营。

苏浙沪集装箱(上海)联盟以盟员企业的运输车辆、站场、信息、品牌和客户资源为基础，有效实现放箱信息顺畅、双重运输、信息共享，提高了运输组织化程度、提升了运输效率与服务品质。联盟在其发展过程中，以集装箱信息平台建设为抓手，整合集约优势运输资源，深度合作开展甩挂运输；以甩挂运输串联各企业优势业务，通过集约化、信息化运作，提高运输组织化程度，实现双重运输，实现资源配置的全局最优和运输效率与服务品质的有效提升，极大提升了集装箱道路运输企业的话语权，为上海的航运中心建设做出了一定的贡献。

苏浙沪集装箱(上海)联盟开发了上海港口放空箱平台，并实现各船公司及车队与平台的对接，有效减少空箱因人工操作而造成的成本提升。将平台以最优惠价格推向市场，逐步实现空箱市场的整合、规范，为行业集装箱运输企业提取空箱优质服务打下基础，为联盟内企业成员空箱套用做好准备，从而减少集装箱运输环节，降低空箱提取成本，不断提高运输车辆重载里程利用率。有效提高盟员企业的获利能力和扩大生存空间。

四、联盟进一步举措

(一)总体规划

(1)提升苏浙沪集装箱(上海)联盟核心竞争力。紧密围绕交通运输部交通运输发展规划政策,紧跟国际集装箱运输行业发展趋势,紧密合作,主动投入,实现智慧共享、资源共享、财富共享,不断提升创新理念内容,共同打造联盟综合经营实力。

(2)促进集装箱行业供应链合作。建立并完善集装箱物流供应链,加强集装箱运输企业在经营管理、安全管理、车辆管理、信息化建设、业务配置、服务咨询等方面的合作,统筹协调联盟成员之间的利益关系,推进一体化运作,网络化经营模式,切实提升联盟企业服务品质与经济效益。

(3)着力推动行业质量诚信体系的建立和完善,探讨和规范国际集装箱运输行业诚信体系,使其在本行业中得到广泛的认可和推广,营造良好的市场环境和行业规范经营的氛围,推动国际集装箱运输市场诚信、规范、稳定的发展。

(4)促进行业与政府相关部门的沟通渠道。开展对国际集装箱运输行业利益链的基础资料的调查、收集、统计、研究,向政府有关部门报告本行业发展趋势及存在问题,反映联盟企业成员的愿望和诉求,提出集装箱运输行业链发展建议,为政府制定相关产业政策提供科学依据。

(5)搭建国际集装箱营运互联网信息平台,公共服务咨询平台、综合服务平台、业务配置平台,不断整合资源,做到信息共享,促进行业资源高效利用,对外开展咨询服务和人才培训等项目。

(6)开展多种形式的城际交流与合作,发展城际相关组织、企业的联系和交流,维护苏、浙、沪国际集装箱运输行业利益、形象;引领上海物流发展。

(7)推动集装箱运输市场健康发展。规范集装箱公路运输的行业经营行为,组织联盟成员不断探讨服务流程,提高服务水平,在物流供应链上实现资源互补、资源整合、资源共享,减少运输环节,压缩运输链。降低联盟企业成本,提高联盟企业生存空间,推进行业健康发展。

(8)开展有益于国际集装箱运输行业发展的公益事业。积极为微小物流企业搭建平台,引导其走团结、合作、加盟的道路,共创联盟统一服务标准、联盟统一营运规范、联盟统一财务结算、联盟统一车辆标识模式。建立较大的联盟集合体,打造规模经营的服务模式,提升服务品质。

(二)短期目标

苏浙沪集装箱(上海)联盟的短期目标为:2016 年,实现站场的建设、车辆的购置与运行、信息平台的建设。具体的时间节点计划如表 7-4 所示。

联盟发展进度安排　　表 7-4

时间		站　场	信　息　化	车　辆
2014 年	第四季度	完成站场招拍挂	完成调研工作	购买牵引车 209 辆,挂车 233 辆
2015 年	第一季度	完成堆场、停车场建设	完成基本模块设计,拟投入运行	购买牵引车 127 辆,挂车 205 辆
	第二季度	完成堆场建设、设施、办公用地建设	在初期运行过程中发现问题并逐步完善功能模块建设	
	第三季度	站场项目验收	整个信息平台在联盟内部运行成熟	
	第四季度	站场试投入运营	完成信息平台对外开放的宣传工作	
2016 年	第一季度	根据运营情况完善站场建设	信息平台对联盟外企业成员开放	购买牵引车 164 辆,挂车 262 辆
	第二季度	正常运营	服务于其他的集装箱运输企业并根据客户需求逐步完善	
	第三季度	正常运营	信息平台基本运营成熟	

评　析

苏浙沪集装箱(上海)联盟依托区域优势资源,利用信息化手段,以完善的物流节点开展特点鲜明的集装箱甩挂运输,树立联盟集约化、信息化、绿色化的服务品牌意识。联盟主要特征表现在以下三个方面:一是联盟成立独立法人单位并由联盟企业成员构成股东大会,负责联盟的日常运营和管理,实现了联盟的公司化运营,有效提升了联盟运营效率和运营收入,为联盟的稳定和发展创造了有利条件;二是联盟通过建立目标责任制度、绩效考核制度、人事管理制度、甩挂运输工作管理规定及甩挂运输运行统计检测考核制度等一系列规章制度,保障运作效率和治理效果,统一企业成员的作业标准,实现了联盟的规范化、标准化运营;三是通过

“一线两点,甩挂甩箱相结合”和“一线多点,甩箱与甩挂相结合”的甩挂运输新模式,有效提升联盟的服务品质,降低甩挂运输空驶率,极大地提升了联盟的利润空间,是联盟持续发展的内在动力。

目前,苏浙沪集装箱(上海)联盟尚处于起步阶段,存在一些需要进一步关注的问题:首先是联盟成立的时间尚短,要加快盟员企业之间的磨合步伐,有效解决各方的利益冲突,使得联盟的运转尽快步入正轨;其次,联盟的甩挂站场存在量少质劣的问题,这会极大地影响甩挂运输的效率和服务品质,这需要联盟企业成员共同出资出力,尽快落实解决;最后,要加快信息平台的建设,尽快实现信息资源的共享,才能有效促进车辆及集装箱资源的合理调配。

苏浙沪集装箱(上海)联盟的未来发展趋势是:随着联盟对运输、仓储、货代、信息资源的进一步整合,联盟的一体化运作和网络化经营将不断深入,同时随着信息平台的建设,联盟运营的效率将得到大幅度提升,联盟能够进一步优化各运输环节,降低运输成本,提升利润空间,为客户提供更加优质的运输服务。

案例17:粤港澳—东盟甩挂联盟——资产紧密型跨境甩挂运输联盟

粤港澳—东盟甩挂联盟借助区位优势、产业优势、商贸优势、跨境运输政策优势、跨区物流运输企业合作优势,以及粤港澳—东盟甩挂联盟的组织优势等,沿粤港澳—东盟运输通道开展跨境甩挂运输。积极促进广东省21世纪海上丝绸之路战略的实施和桂滇地区的物流发展水平,探索物流企业股权型联盟运作模式和公共挂车租赁运作模式,并通过增加联盟成员的方式带动粤桂滇众多物流企业广泛开展甩挂运输。

一、联盟的发展概况

(一)联盟简介

粤港澳—东盟甩挂运输是广东省推进21世纪海上丝绸之路,建设交通运输领域中先期启动的重点任务之一。粤港澳—东盟甩挂联盟分为核心层与成员层:核心层是由8个股东发起,以入股方式组建的深圳通用顺达联盟粤港澳国际物流股份有限公司(以下简称“粤港澳联盟公司”),以资产密集型联盟形式开展甩挂运输;成员层是以会员制方式,联合众多意愿参与联盟的物流企业。

粤港澳联盟公司由深圳赤湾东方物流有限公司、深圳市深国际华南物流有限公司、深圳市中交科技有限公司等8个企业共同发起,于2014年8月成立,注册资本2000万元。

公司经营范围主要有一般经营和许可经营项目两方面。一般经营项目:国内、国际货运代理,自有物业租赁,汽车租赁(不包括带操作人员的汽车租赁),物业管理,物流信息咨询(危险品除外),企业形象策划,企业管理咨询。许可经营项目:普通货运,仓储服务,货物专用运输(集装箱),集装箱中转站(含港外堆场),停车场收费经营。

粤港澳—东盟甩挂联盟通过企业成员建设场站开展跨境甩挂运输,同时粤港澳联盟公司购置挂车,搭建公共信息平台,为甩挂联盟企业成员提供挂车租赁和信息服务。粤港澳—东盟跨境甩挂运输分为陆海联运和陆路运输两大通道。陆海联运甩挂运输组织可分为海路往返组织模式和海去陆回组织模式;陆路甩挂运输组织可分为国际货运专线直达模式、公路口岸接驳模式和公路多点接驳模式。

(二)联盟产生的背景

1.21世纪海上丝绸之路

海上丝绸之路是中国历史上以丝绸和其他商品贸易为特征、连接中外海上贸易的交通线,以及由此建立起来的源远流长的中外经济、贸易和人文的联系。自秦汉以来的两千多年,海上丝绸之路始终是东西方贸易流通、人员往来、文化交融的重要海上通道,对中国和沿线各国的经济社会发展产生了深远的影响。

2013年10月习近平总书记访问东盟国家时提出建设21世纪海上丝绸之路。《中共中央关于全面深化改革若干重大问题的决定》明确要求“推进丝绸之路、海上丝绸之路建设,形成全方位开放的新格局”。习近平总书记在中央经济工作会议进一步指出,推进丝绸之路经济带、21世纪海上丝绸之路建设是党中央统揽政治、外交、经济社会发展全局做出的重大战略决策,势头刚起,要抓住时机,抓好办成。

21世纪海上丝绸之路,在传承古代海上丝绸之路和平友好、互利共赢价值理念的基础上,注入了新的时代内涵,合作层次更高,覆盖范围更广,参与国家更多,将串联起连通东盟、南亚、西亚、北非、欧洲等各大经济板块的市场链。建设21世纪海上丝绸之路,对于形成全方位的对外开放新格局、促进我国与沿线各国的友谊、合作与共赢,具有重大而深远的意义。建设21世纪海上丝绸之路,是营造我国海上运输发展的良好外部环境,实现与周边国家合作共赢的重大战略部署。

2.21世纪海上丝绸之路对广东省的意义

广东省是改革开放的最前沿,是我国经济第一大省,面临产业转型升级的历史性任务。在转型发展的爬坡阶段,迫切需要以开放促进改革,以开放加速发展,激发发展的内生动力,营造发展的良好外部环境。积极参与和推动21世纪海上丝绸之路建设,将有效发挥广东优势,特别是发挥广东作为打造中国—东盟自贸区升级版主力省的积极作用,充分发挥自贸区的各种有利条件,促进对外投资和贸易,加强与沿线国家在港口航运、海洋能源、经济贸易、科技创新、生态环境等领域的全方位合作,加快构建环南海经济合作圈,在更高层次、更宽领域开创对外开放新格局,服务于广东产业转型升级。

广东凭海而立,因海而兴。海洋生产总值约占全国的1/5。建设21世纪海上丝绸之路,是发展好与沿海各国的合作伙伴关系,建设海洋强省的重要机遇。发挥海洋优势,以海派文化的多元性和开放性为引领,更好地融入国际社会,同时提升广东省国际市场竞争力。尤其是建设21世纪海上丝绸之路,依托海上丝绸之路商贸物流大通道,发展临海先进制造业,同时大力发展海洋石油、海洋化工、海洋旅游等产业,形成区域特色鲜明的海洋产业集群,形成广东省在新一轮发展中保持排头兵地位的重要动力。

珠江三角洲地区是广东经济社会发展的龙头,拥有广东、深圳、珠海等一大批在中国最具发展活力的城市。21世纪海上丝绸之路的建设,广州、深圳在珠江三角洲的地位将进一步凸显,发展空间和辐射范围将进一步扩大,建设世界级城市群的态势将进一步增强,这对于发挥广东在建设21世纪海上丝绸之路中的突出优势,扩大广东在东盟及沿线其他国家的影响,拓展对外经济、文化交流,进一步发挥广东对区域经济社会发展的重要引领作用,都是意义重大、影响深远的。

3.广东省交通运输行业在21世纪海上丝绸之路的战略构想

广东省交通运输厅在草拟的《广东参与21世纪海上丝绸之路建设交通运输专题报告》中提出:交通运输领域21世纪海上丝绸之路建设的总体目标,是以全程物流服务为核心,以合作共赢为基础,以“三大通道、六大工程”为重点,以现代化信息技术和便捷通关为手段,充分发挥市场在资源配置中的决定性作用,着力于与海上丝绸之路国家地区合作共赢机制的建立和法规、信息、标准、技术的互联互通,最终构建由海上通道、陆上通道和航空通道组成的综合物流通道与网络体系，形成功能完备、通关便利、衔接顺畅、经济高效、海陆空并进的国际一体化的21世纪海上丝绸之路，联手香港、澳门，将粤港澳大湾区打造成为21世纪海上丝绸之路的国家门户，成为连接“一带一路”的南方核心枢纽，服务于产业走出去，服务于能源、原材料引进来，服务于广东产品的出海、北上与西进。

广东21世纪海上丝绸之路建设的重点，是打造海上、陆上、空中“三大通道”，形成国际一体化的综合交通运输大通道。

二、联盟的体系构成

(一)联盟的组建体系

1. 联盟组建总体目标

组建粤港澳—东盟甩挂物流联盟以全程物流服务为理念，整合资源，推动完善国际国内甩挂物流政策体系，打通广东至东盟综合物流大通道，建设智慧物流平台，提供优质高效的跨境电子商务物流服务，促进中国—东盟贸易增长，加快推进21世纪“海上丝绸之路”建设。

2. 联盟组织构架

“1 + N”模式

“1”是组建粤港澳联盟核心层，以8家粤港澳地区场站、货运资源丰富的物流企业以入股方式组建实体股份公司粤港澳联盟公司。

“N”是以会员制方式，联合众多愿意参与联盟的物流企业，共享场站、车辆、人力等资源，在粤港澳—东盟运输通道上开展甩挂运输。其组织构架如图7-12所示。

核心层粤港澳联盟公司的发展定位是作为粤港澳—东盟甩挂运输联盟平台公司，甩挂运输基础性公共服务提供商，其拟提供的公共服务包括：

(1)投资建设运营公共甩挂运输基地；

(2)提供挂车租赁服务；

(3)搭建公共甩挂运输信息平台；

(4)信息咨询服务；

(5)金融、保险等服务；

(6)车辆、燃油、轮胎等团购服务。

粤港澳联盟按照现代企业治理结构设立，将所有权与经营权分离。股东大会选举董事成立董事会,董事会是企业最高决策机构。监事会是股东大会领导下的公司常设监察机构,执行监督职能的总经理由董事会聘任,对董事会负责。

按照业务类型及管理职能下设部门或分支机构,其组织构架图如图7-13所示。

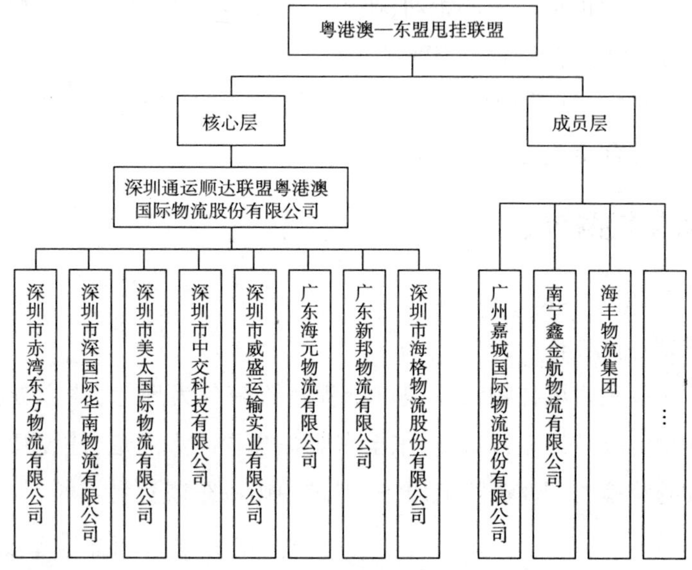

图7-12　粤港澳—东盟甩挂联盟组织构架图

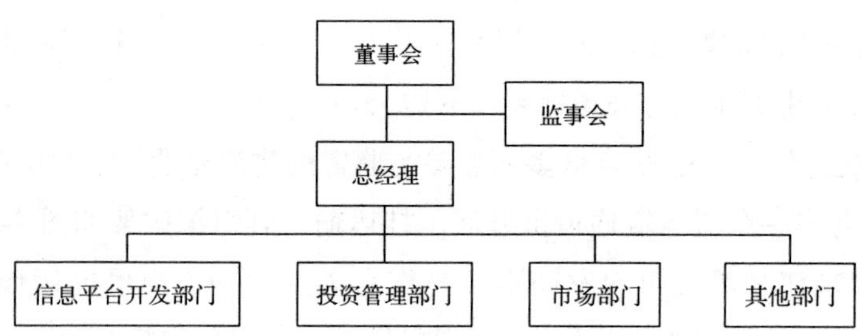

图7-13　粤港澳联盟公司组织构架图

(二)联盟的运作体系

粤港澳—东盟跨境甩挂运输可分为陆海联运和陆路甩挂运输两大运输线路模式。陆海联运甩挂运输组织采取海路往返和海去陆回两种组织模式,陆路甩挂运输组织则采用国际货运专线直达模式、公路口岸接驳模式和公路多点接驳模式。

1.陆海联运模式

1)陆海往返模式

去程：粤港澳地区出口东盟的货物聚集到联盟企业某场站，装箱报关报检后通过甩挂运输至珠海三角港口群中的某个码头，集装箱上船运输至东盟国家某港口，上岸再分拨至目的地。陆海往返联运方式如图 7-14 所示。

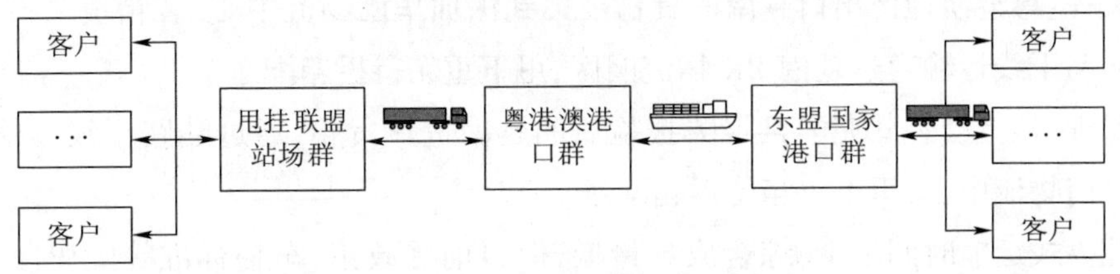

图 7-14　陆海往返组织方式示意图

返程：从东盟国家进口货物从珠三角港口群中的某港口上岸，通过甩挂运输至联盟企业某场站，再从场站拆箱分拨至目的地。陆海往返联运方式如图 7-14 所示。

2）海去陆回模式

去程：和陆海往返模式相同，粤港澳地区出口东盟的货物聚集到联盟企业某场站，装箱报关报检后通过甩挂运输至珠海三角港口群中的某个码头，集装箱上船运输至东盟国家某港口，货箱上岸后再由甩挂物流联盟成员公司配送至目的地。

回程：甩挂物流联盟成员公司利用船公司的空箱装载从越南出口到中国大陆的货物，通过陆路运输到粤港澳某场站，完成甩挂运输作业后，在船公司指定区域归还空箱。

此模式能充分发挥各种运输方式的优势，有效解决船运公司大量空箱返程问题，降低运输成本。海去陆回运输方式如图 7-15 所示。

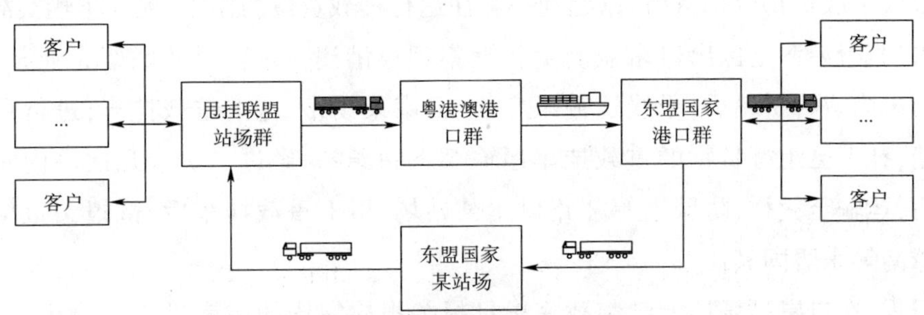

图 7-15　海去陆回组织方式示意图

2. 陆路甩挂模式

1）国际货运专线组织模式

粤港澳至东盟运输通道，目前已批准开通“深圳—河内”国际货运专线，从深圳华南物流中心至越南河内 BK 物流园区可实现直达运输，即两站场间两点一线零担甩挂模式。

去程：粤港澳地区出口越南的货物聚集到深圳华南物流中心，装箱报关报检后，通过陆路干线运输直达越南 BK 物流园区，甩下重箱待拆箱配送。

回程：挂上已装载完毕且报关报检后的越南进口货箱，通过陆路干线运输返回深圳华南物流中心，甩下重箱待拆箱配送。

此模式运输时间最少，综合成本最低，但目前受政策、车辆标准等障碍限制，实际运输量较少。预计当粤港澳–东盟甩挂运输的各种障碍逐步消除，运量将会大幅度上升，可进一步考虑，条件成熟时，在粤港澳–东盟通道开辟更多国际货运专线。

2)公路口岸接驳组织模式

粤港澳某地通过国际公路货运专线，在边境口岸附近指定的甩挂运输站场接驳，由双方企业对接完成。

去程：粤港澳地区出口东盟的货物聚集到粤港澳—东盟甩挂联盟企业的某个场站，通过干线运输至凭祥、防城港等陆路口岸的站场，甩下重载挂车后，待报关报检后再运往越南等东盟国家。

回程：再挂上已装载完毕且报关报检后的越南进口货物重载挂车，返回粤港澳地区的场站，进行拆箱配送。

3)公路多点接驳甩挂运输组织模式

在跨境接驳组织模式基础上，增加沿线货物集散地，在沿途一个或多个节点进行一次或多次货物分拣重组，以起到平衡往返行程载货量的作用，提高车辆实载率。

去程：粤港澳地区出口东盟的货物聚集到粤港澳—东盟甩挂联盟企业某场站，通过与国内货物拼箱后，干线运输至广西、云南某场站，甩下重载挂车，进行重新组货装箱，挂上已组好货物的重载挂车运输至下一场站，经过一次或几次国内站场拼组箱后，运输至凭祥、防城港等陆路口岸某站场，甩下重载挂车后，待报关报检后再运往越南等东盟国家。

回程：在口岸站场挂上已装载完毕且报关报检完毕的越南进口货物重载挂车，返回广西、云南某场站，甩下重载挂车再拼箱组货，挂上已组好货物的重载挂车运输至下一场站，经过一次或几次国内站场拼组箱后，运输至粤港澳地区的粤港澳—东盟甩挂联盟企业场站进行拆箱配送。

3. 公共挂车租赁模式

目前,我国尚无企业开展公共挂车租赁业务的先例。粤港澳联盟公司将开展挂车租赁业务,作为服务联盟成员的主要业务之一,开始探索公共挂车租赁模式,具有开创性。

不同于车主以挂靠或租赁方式租赁给物流企业,粤港澳联盟公司以资源共享、提高运输效率、降低运输成本为目的,在粤港澳—东盟甩挂联盟企业开展挂车租赁业务,探索双方挂车交换的各种责任归属问题及操作模式。

(三)联盟的信息体系

粤港澳联盟公司定位为甩挂运输基础性公共服务提供商,以基础性公共服务为主营业务,避免与股东同业竞争,主要经营业务包括:

(1)投资建设运营公共甩挂运输基地;

(2)提供挂车租赁服务;

(3)搭建公共甩挂运输信息平台;

(4)信息咨询服务;

(5)金融、保险等服务;

(6)车辆、燃油、轮胎等团购服务。

因此,粤港澳联盟公司在信息系统构建方面的重要任务是,在各个联盟成员的自有信息平台基础上,构建粤港澳—东盟甩挂联盟成员共享的公共甩挂运输信息平台,主要功能包括:

(1)联盟企业成员间站、车、货资源共享平台;

(2)挂车租赁服务平台;

(3)牵引车、挂车智能调度平台;

(4)甩挂运输实时监控平台;

(5)在线结算等金融服务平台;

(6)港口、口岸信息互联互通平台。

三、联盟的成效

以全程物流服务的理念建立的粤港澳—东盟甩挂物流联盟,整合跨国运输资源,打通广东至东盟的综合物流大通道,建设智慧物流平台,并提供优质高效的跨境电子商务物流服务,促进中国—东盟贸易的进一步增长,加快了21世纪“海上丝绸之路”建设的推进。

同时,粤港澳—东盟甩挂联盟通过整合联盟内部资源,并利用先进的运输组织方式开辟出陆海联运和陆路甩挂运输两大跨境甩挂运输模式。陆海联运甩挂运输组织采取海路往返和海去陆回两种组织模式;陆路甩挂运输组织则采用国际货运专线直达模式、公路口岸接驳模式和公路多点接驳模式。这些运输模式的应用能充分发挥各种运输方式的优势,有效解决船运公司大量空箱返程问题,并有效减少运输时间,提高运输效率,降低运输成本。

四、联盟进一步举措

1. 近期:“1 + N”模式

“1”指组建粤港澳—东盟甩挂联盟核心层,以 8 家粤港澳地区场站、货运资源丰富的物流企业以入股方式组建实体股份公司粤港澳联盟公司,作为联盟的核心层。

“N”是以会员制方式,联合众多愿意参与联盟的物流企业,共享场站、车辆、人力等资源,在粤港澳 - 东盟甩挂运输通道上开展甩挂运输。

2. 远期:“1 +1 +1 + N”模式

后两个“1”分别指广西、云南组建的物流甩挂运输联盟核心层。“1 +1 +1”指广东、广西、云南三个联盟核心层在粤港澳—东盟运输通道上加强沟通,联合与分享。

“N”指联合广东、广西、云南以及更深腹地的物流企业在通往东盟运输线路上的物流合作。

评　　析

粤港澳—东盟甩挂物流联盟沿粤港澳—东盟运输通道开展跨境甩挂运输,以全程物流服务的理念,整合运输资源,推动政府建立并完善国际国内甩挂物流政策体系,打通广东至东盟的综合物流大通道,建设智慧物流平台,提供优质高效的跨境电子商务物流服务,促进中国—东盟贸易的“海上丝绸之路”快速建设。粤港澳—东盟甩挂联盟的主要特征表现在以下 3 个方面:一是联盟以 21 世纪“海上丝绸之路”为成立契机,积极促进广东省 21 世纪海上丝绸之路战略的实施和桂滇地区的物流发展水平,探索物流企业股权型联盟运作模式和公共挂车租赁运作模式的先进经验,跨区域开展甩挂运输。二是联盟的“1 + N”组织架构模式,通过核心层与会员加盟相结合的方式,共同开展联盟业务。其中核心层作为粤港澳—东盟甩挂运输联盟平台公司，甩挂运输基础性公共服务提供商。三是联盟运作过程中采用陆海联运模式、陆路甩挂模式及公共挂车租赁模式开展运输合作，有效提升运输组织化程度和效率，降低甩挂运输过程中的车辆空驶率，充分发挥各种运输方式的优势。

粤港澳—东盟甩挂物流联盟处于初创阶段，需要进一步关注的问题包括：中越之间进出口贸易量极不平衡，跨境接驳运输实载率较低；跨境运输受海关、货物检验检疫、边防检查等多方面影响，效率普遍比较低，通关时间较长；越南通关手续复杂，效率低下，交通基础设施较差，致使越南境内运营成本偏高。此外，联盟内的沟通机制还有待进一步完善，企业成员的信息化水平参差不齐，信息化程度还比较低，联盟企业诚信体系亟待进一步完善。

粤港澳—东盟甩挂物流联盟的未来发展趋势是：借助“海上丝绸之路”的契机，把握政策导向，解决一系列困境和难题，积极开展跨境甩挂运输，为联盟的进一步发展奠定业务基础；通过物流信息平台的搭建，全面打通广东至东盟的综合物流大通道，为客户提供优质高效的跨境电子商务物流服务；通过对运作模式的进一步推广，不断改进、完善各运输环节，提升基于联盟企业合作的甩挂运输的品质与效率。

第二部分　国外探索与实践

德国位于欧洲东西和南北交通干线的交汇区域,被称为欧洲交通的“十字路口”,是欧洲最重要的货物转运地,拥有全欧洲最密集的交通网络。德国高效、完善的交通网络和优越的地理位置为其物流业的发展奠定了坚实的基础。

德国中小物流企业联盟起源于20世纪80年代,是为了响应联邦政府为强化德国作为欧洲的“物流门户”以及实现联邦交通运输主管部门引导和规范行业发展的目标而创立的。德国中小物流企业联盟近年来得到了迅速发展,一方面是物流业集约化发展的内在需要;另一方面也有其特定的外在背景,如货运市场的逐步开放以及市场竞争的加剧等。

德国目前拥有30多家物流联盟,大部分都成立了实体机构,形成了覆盖全国、辐射欧洲的物流网络。其服务范围广泛,包括运输、中转、仓储等各个环节,提供的服务也涵盖整车与零担、特种运输、冷链、采购与配送等,可以实现国内24h内送达。物流联盟在帮助企业拓展市场、降低成本、提高效益等方面发挥了重要作用,现已成为德国物流市场重要的组织形态。

德国中小物流企业联盟起步较早,其不断完善的组织形式和成熟的发展经验,为我国物流联盟的发展提供了许多启示。通过对德国中小物流企业联盟的考察发现,合理的加盟制度是德国中小物流企业联盟成立的基础,每个联盟的成立都对企业成员的加盟设定准入门槛,门槛的设定在给优质企业更多发展空间的同时,会促使物流企业规范化运营,努力提高服务品质,对企业和整个行业的升级发展有一定积极影响;创新的治理结构则成为德国中小物流企业联盟运行的核心要素,德国中小物流企业联盟多是采用股权制和契约制相结合的治理机制,通过股权投资,联盟组建集体制实体公司,保障物流联盟结构的稳定,同时以契约的形式寻找和吸收合作伙伴,能够促进物流联盟的发展;先进的信息网络平台是德国中小物流联盟的重要支撑,德国中小物流企业联盟,企业成员通过联盟内部的信息系统实行统一的物流全过程调度,信息网络平台有效地支撑联盟企业间的业务往来和结算,整个服务网络运力调配,服务过程的信息跟踪、品质控制以及损害赔偿等。

在下篇第二部分,我们选择了德国10个典型的物流联盟案例,从服务类型、发展模式、运作特点等方面进行了详细介绍,为我国中小物流企业联盟的发展提供更全面的经验借鉴。其中,大件联盟(Big Move)是德国专业的大件运输企业联盟;系统联盟(System Alliance)专注于高品质标准的物流服务;IDS物流联盟是德国成立最早的一家物流企业联盟;VTL Cargo Family物流联盟坚持绿色物流发展理念,是德国首家也是唯一一家测定货运网络碳足迹的中小物流企业联盟;货运在线(Cargo Line)的优势在于其运作模式和完善的运行机制;24加(24Plus)在成员组成结构和联盟内部权力分配方面有自己的特色;GEL是德国一家特色鲜明的现代化快递货运联盟,可以实现货物国内24h送达;CTL货运物流(Cargo Trans Logistik)是以客户需求为导向,借助现代信息技术精益业务流程;Dialog物流联盟主要从事专业的品牌产品与消费品的转运,是一家专业的品牌代理联盟;莱比锡是德国典型的区域物流联盟,主要服务于当地各行业,为当地物流业的发展提供更好的平台。这些成功的物流联盟为我们提供了很好的经验借鉴。它们在一定程度上实现了资源的整合与共享,扩展了服务领域,使中小物流企业在激烈的市场竞争中能够得以生存并进一步发展。

第八章　专业型物流联盟

案例18：大件联盟（Big Move）——专业的大件运输企业联盟

大件货物运输是综合物流项目的重要组成部分，具有自身的行业特点和管理体系。作为大件运输专业领域内的企业联盟，Big Move 不仅提高了单个运输企业运输过程的快捷性和安全性，还有效提高了设备利用率，降低了空驶率，增强了联盟的市场竞争力，并成功推动了整个大件运输行业的快速发展。

一、联盟的发展概况

（一）联盟简介

大件联盟（Big Move）是一家欧洲范围内处理不同数量和类型的特种运输任务的网络联盟。联盟成立于2003年，由11家中小型大件运输企业共同组成，其中9家位于德国，两家分别位于奥地利和瑞士，同时成立了实体机构 Big Move 公司，并在德国和奥地利设有办事处。至今 Big Move 联盟已拥有企业成员14家，牵引车240辆，专用挂车550辆，员工400多名，业务覆盖整个欧洲大陆，2007年联盟总营业额达到1亿欧元。

联盟专业从事工程设施、工程机械、建筑材料、钢结构、轨道交通车辆、能源材料及风电设备等大型重型货物的组装、装卸、运输及仓储服务。Big Move 拥有自己的车队，并与咨询机构和监管机构保持良好的合作关系，能够为客户提供专业的物流解决方案。Big Move 的加盟企业成员如图8-1所示。

（二）联盟产生的背景

德国拥有大件运输资质的物流企业约3000家，占物流企业总数的5%。其中主要是中小型物流企业，每个企业员工人数为5～200人。大件运输每年承运的货运量约50万辆次，业务主要集中在农机、建筑机械、工业及电力设备等方面。随着新能源技术在德国的广泛应用,大型风力发电设备的运输成为增长较快的领域。

BLOEDORN GESER GIEBEL GIVESVLRGODS
GUTMANN hämmerle HeavyCargo HEGMANN TRANSIT
Kreiling PALLMANN Schmallenbach SEELAND
WAGNER Wallek

图 8-1 Big Move 的 14 家加盟企业成员

德国对大件货物运输实行准入许可制度。联邦货运管理局(BAG)开发了VEMAGS系统,联邦政府应用该系统在16个州完成对大件运输的网上审批程序。它取代了以前的传真程序,实现了数据实时传输和决策透明,大大节省了等待时间,节约了文书往来成本。自2007年8月VEMAGS系统在德国投入使用以来,已经接收到超过37万份申请。这些申请是由约4000家公司在1200多个机构提出的。总共有超过19800人参加了4500个程序的审核。这些程序涉及商业申请人、运输管理部门、道路建设、铁路、航运管理以及警察和军队。VEMAGS由三大部分组成,分别是联邦、州政府和社区对大件运输的审批工作,一般申请周期为7天。对于特大型货物,需要更加严格的检测,时间最长要1个月左右。

德国对于大件运输范围的界定

德国将大型和重型货物运输的范围界定为:少于4轴的车辆载质量28t,4轴车辆载质量36t,4轴以上车辆载质量40t,联运的重载货车载质量可以达到44t。此外,车辆载货后长度超过16.50m(牵引列车为18.75m),宽度超过2.55m或者高度超过4m,也属于大件运输范围,都必须申请特别的运输许可。

随着市场的变化及经济的发展,德国大件运输企业不断面临新的挑战,同时由于大件运输本身具有低频单向的特点,德国整个大件运输行业急需新的面向未来的解决方案。2001年,德累斯顿工业大学在德国范围内开展了一项关于大件运输企业的调研,其中合作与联盟(Kooperation)被大量提及,3/4的企业认为合作与联盟对大件运输非常重要。单一的运输企业不能保证随时提供所需的运输车辆,与其他企业合作从而进行连续的运输作业已经是绝大多数企业的选择,调研报告中指出,92%的企业已经展开了相互间的定期合作,但由于不同企业间大件运输牵引车(或挂车)规格和标准不同,合作存在局限性。

在此背景下,为了提高设施设备利用率,加强市场地位,提升核心竞争力,11家中小大件运输企业展开密切的业务合作,成立了Big Move大件运输企业联盟。通过联盟的建立,Big Move获得了11家中小型大件运输企业共440多年的市场资源和超过30亿km的道路运输经验。联盟每个合作伙伴都有自己特定的专长区域,通过运营线路网络和信息网络的结合,以及标准化的车队,形成了更快捷、更灵活、更高效的Big Move大件运输网络,为几乎所有的物流需求量身定做高效的解决方案(Big Move在德国的运输网络如图8-2所示)。同时联盟的成立减少了VEMAGS系统的审批等待时间,企业成员连带着自身的运营线路优势和基础设施,共同捆绑到Big Move联盟,形成更具整体优势的大件运输网络,并且不断获批新的运输线路。

图8-2　Big Move在德国的运输网络

二、联盟发展策略

(一)标准化的车辆

德国拥有世界一流的大件运输设备生产企业,如MAN、奔驰、哥德浩夫、索埃勒等。这些企业生产的车辆品种齐全,全挂车、半挂车、自行式平板车等车型能够实现系列化生产;产品技术过硬,在一些超大超重型货物运输领域,德国运输设备的耐用性在世界上享有较高声誉;具备多种组合方式,能够适应不同条件下大件运输的负载需要;在服务能力方面,通过各种设备的综合运用,单件大件运输质量的记录已经突破万吨大关。

德国政府高度重视先进理论和技术的推广应用,积极推进信息化和标准化发展。并对物流研究和咨询给予扶持，资助重大研究项目，支持企业、科研院所研发适用的物流技术和装备。如联合奥地利政府，对火车重载滚装运输进行研究和扶持。同时政府还积极推进物流设施的标准化，针对基础设施和装备制定基础性和通用性标准。例如统一托盘标准、车辆承载标准、物品条形码标准等，保证物流活动的顺利进行；针对安全和环境制定的强制性标准，如清洁空气法、综合环境责任法等；支持行业协会对各种物流作业和服务制定相关行业标准，制定物流用语标准、物流从业人员资格标准等。

大件联盟（Big Move）连同汽车制造商共同研制开发了自己的专用车辆，从2004年至今，已经设计出8种不同的车型供企业成员使用。这些车型在结构及关键位置部件的设计优化上各有不同，以应对不同的运输需求。标准化的车型，能够在必要时让联盟在固定线路上替换车辆，从而优化大件运输，增加联盟运输网络的合作效率。

（二）严格的安全管理

1. 德国相关法律法规体系

德国对大件运输有严格的安全要求，通过完善的法律体系和严格的监管措施保证大件运输的安全。德国政府制定有一系列相关法律法规体系，主要包括：《道路货物运输法》（2009年）、《道路货物运输经营人员市场准入规定》（2008年）、《商法典》（2009年）、《道路货物运输合同法》（2009年）、《德国通用运输条例》及其补充规定（2009年）、《危险货物运输许可及承运人培训的规定》、《危险货物运输法》、《联邦高速公路养路费征收法》、《联邦高速公路养路费征收管理规定》等。为保证运输安全，德国要求大件运输驾驶员具备从业资格证书，并明确规定职业驾驶员的工作时间，实行驾驶员培训和继续教育制度。

德国还对大件运输实施准入许可制度，统一由联邦货运管理局（BAG）管理，它是联邦交通、建设与住房部领导下的直属专业管理局。联邦货运交通法规定，联邦货运管理局的任务是监督和控制、保障货物运输安全和保护环境，制定货物运输管理规定，检查货物运输车辆，审核运输企业并管理经营许可证，监督货物运输市场（跨交通方式的货运市场监控），专业统计，养路费征收等。

联邦货运交通局下设139个派出单位（即检查组）、配置260名执法检查人员，主要负责在全德高速公路服务区内开展道路货物运输执法检查（约占检查车辆数的15%）。在德国各联邦州政府均成立有警察局，局下设有专门负责道路运输的有关部门或配置相应人员（高速公路警察），主要负责在高速公路上流动执法检查（检查车辆数约占检查车辆总数的85%)。无论联邦货运管理局还是各联邦州警察局的检查组,在服务区或高速公路上抽检货物运输车辆后都将开具相应的检查单。虽然两者开具的检查单格式不一,但内容基本一致,而且互认检查结论,不重复检查。

2. 驾驶员要求及培训

对货车驾驶员休息时间的强制性规定是 Big Move 的一项重要举措。为保证驾驶员休息时间,防止出现疲劳驾驶,联盟规定运输车辆驾驶员每天工作时间为 9h,最长不得超过 10.5h。每次连续驾车时间不能超过 4.5h,两次驾车之间须休息 45min。驾驶员连续工作 5 天,需要强制休息 1 天。

3. 其他安全举措

Big Move 联盟在大件运输车辆出发前,会提供详细的装载设计方案,并进行科学装卸和固定,以减少由于货物装载不当造成的交通事故。运输过程中联邦货运管理局(BAG)和高速公路警察的一项重要工作任务就是检查车辆装载保护情况,对于不符合规定的车辆,可以要求其停驶,重新调整或加固,直至符合规定后准予放行。

大件联盟(Big Move)还发挥行车记录仪("黑匣子")的作用。德国货运车辆出厂时即安装有行车记录仪,可以连续记录汽车的行驶速度、加速度、转向盘旋转方向、驾驶时间等信息数据,甚至连转向灯或制动车的使用情况也会被记录下来。一旦发生事故,保险专家和法院的调查员可以从记录的数据中再现交通事故。车辆安装行车记录仪后,事故显著减少,车辆索赔处理的成本平均降低了 20%。为监督那些不遵守行车和休息时间的驾驶员,欧盟规定,从 2004 年 8 月开始,在欧盟新注册的车辆整备质量超过 3.5t 的所有商用车都必须安装行车记录仪。通过这种简单而有效的手段,达到减少道路交通事故的目的。

(三)3D 激光扫描数据库

为及时掌握路况及车辆信息,保证运输安全,提高运作效率,Big Move 联盟采用了"3D 线路扫描(3D Route Scan)"公司的 3D 激光扫描数据库服务。

1. 3D 数据采集

3D 数据采集服务系统会根据被测量车辆(图 8-3)的运行而不断收集数据,由卫星定位系统测量车辆的精确位置,利用最先进的激光扫描仪和高准确度、高精密度的移动传感器来评估运行路线的三维模型。

被测量车辆上固定有三个激光扫描仪,在行驶过程中不断评估 3D 环境,并将获得的数据传送至存储计算机。三个扫描仪是做到无缝隙数据采样的必要条件,扫描仪间相对位置的控制保证了数据的高精度,数据可以产生逐个单一的扫描图层。激光扫描仪如图8-4所示。

图8-3　3D数据采集车辆

激光扫描仪详细数据

型号:SICK LMS 151

测试频率:50Hz

工作距离:50m

图层数:1

激光安全等级:1,人眼安全

光圈角度:270°

角度解析度:0.5°

测量误差:小于±30mm

图8-4　激光扫描仪

安装在车辆顶部左右两侧的激光扫描仪,测量光束的方向垂直于行驶方向,因为每个扫描器覆盖270°的范围,这种方式可以测量汽车上侧和两侧的全部空间。最重要的数据:汽车正上方的空间高度,被两个扫描仪的测量范围覆盖,保证了测量数据的可靠性。装置于中间的扫描仪指向车辆后方,该扫描仪的测量数据对崎岖路面有特殊的效果。所有的扫描仪测量数据共同覆盖了整个车辆的3D空间。

2. 可视化

以最高的精确度对运输路线周围环境进行3D测量,传感器可以检测到测量范围内的任何障碍,保证大件运输车辆时速达到 80km/h 时(图 8-5),所测量数据的精度。

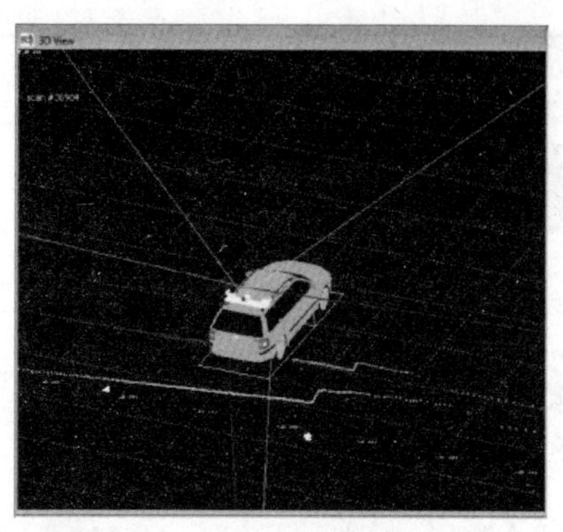

图 8-5　可视化界面:穿过桥梁下方

可视化程序会利用 3D 云存储设备显示数据,得到运输线路最直观的视图,从各个角度进行评估。精确的 3D 数据测量大多数情况下需要应用三维数据场切断面。为了评估通过桥梁下端的间隙,需要提供垂直于行驶方向的切断面,在这种方式下,可精确地评价通道的临界高度。为了评估城镇内的街道临界宽度,需要提供水平切断面。对应于货物最大延伸高度的数据将会被切断,以达到大件运输不被建筑物阻碍的目的。通过这种方法,利用所测量的数据可确定最小转弯半径曲线,如图 8-6 所示。

图 8-6　运输路线 3D 模型

3. 线路评估

3D 测量数据可以对运输线路进行评估,轻松识别运输线路上的瓶颈和距离,为运输车辆调查路线的可用性,在不同线路间进行比较,并确定是否需要采取必要的行动,如处理路面、砍伐树木、清除交通标志、抬高电缆等。

在对最小转弯半径曲线评估时,通过计算机模拟手段,使整个传输过程可以根据大件运输的精确数据,先于实际运输进行计算机仿真,包括运输车辆和货物的尺寸,1:1 分析最小转弯半径曲线。

4. 路线管理

3D 激光扫描数据因准确度和精密度较高,尤其适用于规划特殊物品运输线路,根据已调查记录的路线信息及地图文档的相关数据,自动分析合理路线,如图 8-7 所示。

图 8-7　路线分析

大件运输的线路规划是一个时间密集和成本密集的过程,尤其是当没有现成的有效数据的时候。无论是作为一个独立的产品,还是作为基于网络的服务,3D 扫描系统都提供了一种基于新型数字地图的解决方案。Big Move 只要将现有的运输路线进行存档,在地图坐标上存储附加信息,之后便可访问被调查测量的线路数据,所有内容都明确标定在详细的路线图上,鼠标光标放上去便会显示简单的信息,点击鼠标可查看存储的文件。

(四) 行业协会提供支持

德国重型设备运输和起重机供应商协会(BSK)成立于 1963 年。现有会员 350 家,其中 220 家为大件运输企业,其余 100 多家为大件设备供应商,Big Move 联盟的企业成员都是 BSK 协会的成员。协会能够为会员提供政策制定、法律咨询、人员培训、行业保险、质量标准修订、车辆陪护等服务。协会为行业设计了大件运输的合同格式样本,并在全行业内统一使用。协会还协助企业进行线路检测,提供基础数据并分享经验。作为行业企业的代表,协会积极与政府部门沟通,解决具体问题,争取优惠政策,提高行业的社会影响力。

协会下设工业、检测、保险、航运、起重等专业委员会。各专业委员会由企业中相关领域的专家组成,开展相关的业务活动。协会会员的会费按照各企业拥有设备的数量收取。

三、发展经验与启示

大件运输不仅仅限于大型和重型货物的运送,它已经成为综合物流项目必不可少的一部分。德国客户对物流外包的要求比较普遍,随着客户对自身产品生命周期的关注,缩短供应周期、提高运作效率仍然是客户对物流的主要需求。德国大件运输企业凭借自身在电力、化工、机械等专业领域的资质优势,提供从方案设计、包装、通关到运输装卸的一条龙物流服务,加快向第三方物流过渡。大件运输普遍采用项目管理制度,由项目经理统一制订方案和组织管理,针对行业特点,以大件货物提供方为起点,全面负责大件货物的运输装卸,直至货物运达指定位置,进行全过程一体化管理。通过这种方式,既保证了项目的针对性,又实现了资源的整合,为大件运输的安全和时效奠定了基础。

大件运输企业普遍是中小型物流企业,合作共赢正在成为一种新的趋势。联盟合作的基础是相互之间的信任和尊重,这在德国有较强的商业文化基础。联盟合作减少了企业间的竞争,形成了联盟利益共同体,弥补了各自企业的不足。联盟实现了资源的充分整合,通过业务优化,大大减少了车辆空驶数量。这些企业财务健康、规模相近、结构简单,内部有明确的利益分配机制和充分的交流沟通机制,目标是为联盟企业成员提供持续的帮助和收益。通过公司化的运作,实行统一采购、维护设备、车辆调运等,也大大节省了相关费用。联盟合作使合作企业继续专注于自身优势领域,突出专业化优势,也在整体上强化了联盟的整体实力提升了多样化服务水平。

大件运输在我国经济发展中同样起着重要的作用,特别是我国一些偏远地区的开发,都需要如核发电机组、风力发电设备、变压器等大件设备,因此大件运输的技术化、专业化、安全性非常重要,一体化管理成为行业的新要求。

案例19:Dialog物流联盟——专业的品牌代理联盟

Dialog物流联盟是德国中小物流企业联盟中比较特殊的联盟,主要从事专业品牌产品与消费品的转运,是一家专业的品牌代理联盟。该联盟在帮助企业拓展市场、降低成本、提高效益等方面发挥重要作用。

一、联盟的发展概况

(一)联盟简介

Dialog 物流联盟由中型货运代理商组建而成,成立于 1995 年,目前共有 56 家企业,其中大部分都是中等规模的物流企业。Dialog 物流联盟的座右铭是“我们一起强”,其核心竞争力是提供分销的品牌产品和日常消费品的专业运输服务,例如食品(葡萄酒)的恒温运输(温度一般控制在 14~18℃)。作为伞式组织(Umbrella Organization),Dialog 物流联盟主要协调和控制联盟系统的集中运作以及管理任务,其服务范围覆盖德国及欧洲范围。Dialog 物流联盟成立后,一直保持长期的稳定性,盈利潜力巨大,利润稳步增长。Dialog 物流联盟标识如图 8-8 所示。

图 8-8　Dialog 物流联盟标识

(二)联盟发展的主要历程

Dialog 物流联盟的发展历程可以用表 8-1 来说明。

Dialog 物流联盟发展历程　　表 8-1

时间	标志事件	详细描述
1993 年	联盟理念萌发	8 家中型物流企业构想建立专业的品牌代理联盟
1995 年	成立 Dialog 股份有限公司	8 家中型物流企业组建联盟,总部设在法兰克福
1996 年	Dialog 物流联盟的规模增长	货物配送量:60 万 t/年 员工人数:1000 人 仓储面积:10 万 m^2 运输车辆:800 辆 成员数量:20 个代理公司
1999 年	建立中心物流枢纽	国内 24h 内服务,恒温运输,开发软件

续上表

时间	标 志 事 件	详 细 描 述
2000 年	Dialog 物流联盟规模持续增长	货物配送量:90 万 t/年 员 工 人 数:4000 人 仓 储 面 积:50 万 m^2 运 输 车 辆:2000 辆 成 员 数 量:28 个代理公司
2001 年	国际化	第一次扩大边界,总部迁至巴克南
2002~2004 年	建设大项目	全自动温度控制高架仓库,拥有 41000 个仓位
2003 年	财务集中管理	统一管理各企业成员的财务活动和会计核算
2005 年	Dialog 物流联盟规模继续增长	货物配送量:100 万 t/年 员 工 人 数:4500 人 仓 储 面 积:55 万 m^2 运 输 车 辆:2500 辆 成 员 数 量:40 个代理公司
2006 年	收购克雷门(Kremmen)物流企业	收购柏林 Kremmen 的物流业务
2008 年	重组,提升核心竞争力	为实现企业可持续发展,巩固企业主营业务,总部精简员工
2009 年	增加资本	增加股东,重组阶段完成 货物配送量:150 万 t/年 员 工 人 数:4500 人 仓 储 面 积:70 万 m^2 运 输 车 辆:2500 辆 成 员 数 量:44 个代理公司
2010 年	国际化	联盟业务网络遍及欧洲大部分地区,企业成员增加 货物配送量:153 万 t/年 员 工 人 数:6150 人 仓 储 面 积:79 万 m^2 运 输 车 辆:2550 辆 成 员 数 量:49 个代理公司

续上表

时　间	标 志 事 件	详 细 描 述
2011 年	联盟业绩持续成长	货物配送量:161.1 万 t/年 员 工 人 数:6450 人 仓 储 面 积:83.7 万 m^2 运 输 车 辆:2700 辆 成 员 数 量:49 个代理公司
2012 年	联盟业绩持续成长	联盟企业成员遍及 14 个欧洲国家 员工人数:7550 人 仓储面积:99.7 万 m^2 运输车辆:3600 辆 成员数量:51 个代理公司
2013 年	联盟企业持续成长	联盟企业成员遍及 20 个欧洲国家成员数量:56 个代理公司

二、联盟发展策略

(一)产品经营

Dialog 物流联盟分销优质的品牌产品,如香槟、糕点、香烟以及电子设备,所以它与普通货运业务相比必须有更高的质量标准。运输品牌产品时,必须绝对确保商品的物流服务品质,以一贯的高品质和可靠性为产品生产企业服务。

根据运输产品的特殊性,Dialog 物流联盟具有以下优势:①制定了物流服务标准,不收取额外费用;②运输温度控制在 14 ~ 18℃的范围内;③确保运输过程中食品合格;④信息公开,对所有物流信息根据需求进行归档;⑤仓储资源丰富;⑥24h 内运到交货,服务品质管理遵循最高标准。Dialog 物流联盟产品图示如图 8-9 所示。

图 8-9　Dialog 物流联盟产品图示

Dialog 物流联盟具有灵活性,能够在任何时间如期完成高品质物流服务。

具体服务内容包括:在 14～18℃ 范围内,为对温度敏感的货物提供储藏运输服务,与客户保持长期合作关系。

Dialog 物流联盟专门了解消费品与收件人的分布情况,发挥协同效应,有利于物流双方的合作伙伴及其服务的客户。

合作伙伴、客户和联盟总部通过以数字视频(Digital Video)技术为基础的互联网通信,确保货物信息的安全透明。

Dialog 物流联盟通过优化供应流程,为最终收货人提供高品质的服务。这些服务会由货运中心开展,客户可以通过联盟货运中心的互联网信息平台,了解货物从订单到开发票的所有服务信息。

Dialog 物流联盟提供分销和采购物流互联网服务。此外,其合作伙伴也可以为客户提供以下附加服务:存储、分拣、包装等。每个合作伙伴都是联盟组织中重要的一部分,联盟中的合作伙伴共同携手,创建一个完整的供应链。

(二)质量管理

Dialog 物流联盟以专业的方式处理温度敏感货物,香槟的储运需要温度保持在 14～18℃,联盟完全可以满足这种货运的需求,并能在运输过程中保持恒温。图8-10为其质量管理示意图。

图 8-10 Dialog 物流联盟的质量管理示意图

Dialog 物流联盟的成立以相关法律法规和行业公约(包括《道路货物运输法》、《道路货物运输合同法》、《德国通用运输条例》等)以及特许经营准则为基础。

德国政府于 2001 年 1 月将原联邦食品、农业和林业部改组为联邦食品、农业和消费者保护部(BMELV),下设联邦消费者保护与食品局(BVL)和联邦风险评估研究所(BFR)两个新机构。随着这两个专业机构的建立和健全,德国的粮食等各类食品的安全和消费者权益得到有力保障。

德国人以严谨闻名,对待食品安全更是一丝不苟。德国建立了一套完整的食品安全法律体系和监督机制,强调追查问题源头,强化政府检测。

德国是一个很早就对食品进行立法的国家,早在 1879 年就制定了《食品法典》,距今已有 135 年。随着科技的发展,《食品法典》逐渐完善,目前实行的《食品法》包罗万象,条款多达几十万条。

警察在检查食品安全的过程中发挥重要作用,各地卫生局一般委托警察局实施食品安全检查,将食品安全直接上升到司法高度。这些检查食品安全的警察被德国人称作"食品警察"。为了了解市场上食品安全的实际情况,"食品警察"经常作为普通顾客到饭店、商店、医院、机关、学校和公司的食堂购买各种食品,然后送到食品卫生机构进行检测。如发现有违反《食品法》的现象,卫生局将根据有关规定进行处理,情节轻者以罚款处理,最高罚款可达 3 万欧元(约合人民币 24.9 万元),情节严重者交司法机构处理,最高可判 5 年有期徒刑。

三、发展经验与启示

Dialog 物流联盟的发展模式是以自己的核心竞争力为着力点,走国际化、专业化道路,有助于解决中小物流企业特种货物的运输问题,保证物品(尤其是食品)的品质与安全。通过联盟实现运输资源的有效整合,引导整个市场有序发展。我国的物流企业如需借鉴 Dialog 物流联盟的发展模式,还需从市场需求、行业管理以及技术条件等方面加以系统分析。

Dialog 物流联盟的使命

(1)为客户提供可靠的物流服务;

(2)用法律和道德手段对股东、合作伙伴、客户和员工负责;

(3)监督员工和合作伙伴诚信、合法经营;

(4)保障合作伙伴的独立性,协助合作伙伴取长补短;

(5)保证服务品质(首要任务);

(6)保障合作伙伴与客户友好来往,确保员工工作的积极性;

(7)客户的长期满意度和合作伙伴的忠诚度是企业成功的基础;

(8)保障客户与合作伙伴公平、持久的合作以及信任;

(9)提供先进、高效的物流解决方案,为合作伙伴和客户谋求利益;

(10)专注于核心竞争力,满足未来的市场需求;

(11)保持利润稳定增长。

案例20:GEL物流联盟——现代化的快递货运联盟

中小物流企业不能像大型物流企业那样凭借雄厚的资金实力进行规模扩张,但能够通过组建物流企业联盟有效扩展中小物流企业的业务种类和业务范围。目前,德国拥有30多家物流联盟,服务范围广泛。其中GEL物流联盟是德国一家特色鲜明的现代化快递货运联盟,可以实现国内24h内送达,其服务网络范围不仅限于德国,也遍布欧洲35个国家。GEL物流联盟的服务特点是拥有较高的服务品质意识,不断追求完善。它在帮助物流企业拓展市场、降低成本、提高效益等方面发挥了重要作用,现已成为一家全球领先的快递货运联盟。

一、联盟的发展概况

(一)联盟简介

GEL物流联盟是现代化的快递货运联盟,成立于1991年,总部设在维利希,提供大型包裹、易损包裹和其他特殊包裹及货物的投递服务,投递时限有:次日指定时间、24h和48h三种选择。运送的快件可以是小包裹,也可以是长达6.1m,重达2500kg的大件货物,以及易损或者需要单独处理的、用托盘运输的货物。目前,GEL物流联盟有合作伙伴70个,员工1650名,为每个客户提供安全可靠、高品质、最大灵活性的服务。其服务范围不仅限于德国范围内,也遍布欧洲35个国家,服务网点遍布德国和国外的850多个节点。现有90多个仓库,900辆运输车辆,拥有4个现代化的物流中心,分别位于韦尔、卡塞尔、劳恩海姆和佛朗科尼亚,总仓储面积大约为9000m^2。这些物流中心没有自动分拣传送带,依靠专业员工手动处理所有的货物,客户的积极响应表明,GEL物流联盟采取专业的人工手动处理货件是很有价值的。GEL物流联盟每年处理170万件货物(约94000t),产值达9500万欧元,投递物品质量从1kg到2500kg不等。GEL物流联盟的标识如图8-11所示。

GEL物流联盟主要从事快递物流,结合德国和欧洲的快递服务,包括商对客(Business to Customer, B2C)、1人送货服务和2人送货服务,并提供质量为1~2500kg范围内的易损类货物运输服务。2012年,GEL物流联盟主营收入3600万欧元,外部其他收益103万欧元,共运输160万件货物,总质量达97000t。

(二)联盟发展的主要历程

GEL物流联盟成立于1991年,20多年来一步一个脚印走到今天,以下是GEL物流联盟成长的过程及成立至今的标志性事件。

1991 年:成立快递物流公司,总部设在法兰克福附近的巴奇。

1992 年:在埃施韦格附近的韦雷塔尔,建立一个转运中心。

1997 年:RUB Süd 有限公司成立,任务是区域中转中心的开发和运作。

1999 年:成立快递物流欧洲公司,总部设在巴黎,建立战略联盟。

2001 年:开放位于包纳塔尔的转运中心,网络中一共有 5 个区域转运中心。

2004 年:更名为 GEL 快递物流有限公司,优化转运中心,将包纳塔尔的转运中心搬迁到卡塞尔,并扩建仓库。

2005 年:更新装卸设备以满足更高的物流要求。

2008 年:引进快递货物实时跟踪技术,为快递运输提供了一种速度更快、信息更完整的运输服务。

2009 年:GEL 物流联盟在韦尔建设了一家新的物流中心,并扩建了仓库,形成新的物流网络,4 个物流中心的并网进一步提升了效率和服务品质。

2010 年:GEL 物流联盟子公司 TREX 快递运输有限公司进一步扩张,在茨维考、德累斯顿、博肯、汉堡、弗赖堡和维尔茨堡建立物流设施。到 2012 年年底,在萨尔布吕肯、不来梅、卡尔斯鲁厄、柏林、哥本哈根和纽伦堡建立更多的物流网点。

2013 年:14 个国有企业和两个新物流中心加入 GEL 物流联盟,联盟物流网络进一步扩张。

图 8-11　GEL 物流联盟标识

二、联盟发展策略

(一)组织结构

GEL 物流联盟的特点在于其结构,有近 70 个联盟企业及 4 个区域物流中心。区域物流中心提供本地性能最佳的专业快递物流服务。GEL 物流联盟企业成员及 4

大物流中心的分布如图 8-12 所示。

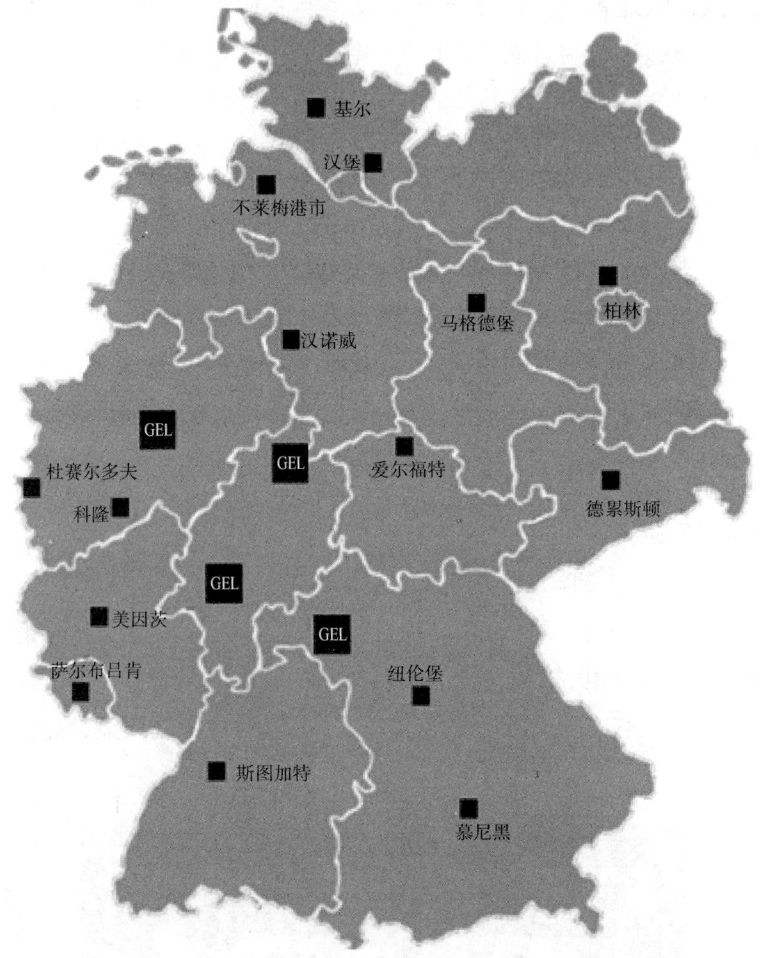

图 8-12　GEL 物流联盟企业成员及 4 大物流中心的分布图

GEL 物流联盟提供 3 种类型的服务：

(1)一定时间期限内交付；

(2)递送服务可自由选择隔夜或提前交货(包括 9:00、10:00 或 12:00)；

(3)指定时间的交付。

GEL 物流联盟使用条形码系统进行完整的货物追踪，并记录和追踪货物运输全过程。

该系统具有以下特点：①追踪运输状态和包装水平；②网上登记；③不断更新状

态数据；④实时进行网络跟踪；⑤应用客户软件在任何时间依据查询号码就可以实时追踪货物状况。

（二）联盟产品

GEL 物流联盟提供的产品主要包括送货服务、快递物流、B2C 远程交易、B2C 家具集散、易损物流和逆向物流等方面。这几方面产品的具体介绍及特性如下：

1. 送货服务

GEL 物流联盟提供的送货服务内容包括：免费送货、1 人或 2 人送货、在指定日期内交货、货到付款和退货服务、1 人急送快运、包装处理等。

同时，GEL 物流联盟还提供特殊服务，目的是满足客户的个性化需求。特殊服务是对一般服务补充的增值服务，是服务水平最高的送货服务。主要的服务产品如表 8-2 所示。

送货服务产品一览表 表 8-2

产　品	描　述
Expo-online	在每场展示中，与运营商公平协议，保证货物安全、准时到达博览会活动的展台上
Die tiere zeigen	安全送达小动物
DRIVER AVIS	提供各种通知方案，其中之一是：至少提前 0.5h 告知客户交货，由驾驶员通过电话服务
DEPOT AVIS	在交货前 24h 内，通过电话通知客户
GEL DUO	2 人运送
REVERSE LOGISTIC	为出售的电器设备返修等提供服务
Gefährliche güter	现金支付，安全交货
ABLIEFERMELDUNG	运输途中实时追踪货件，通过电子邮件告知客户货物所处位置
VERSICHERUNG	柔和处理运输路线，将损害风险降到最低限度

2. 快递物流

快递物流满足短期交货的需求，代表产品有 24h 快递、采购物流、托盘运输。这些产品都是快速、准时的服务，具体描述如表 8-3 所示。

快递服务产品一览表　　表 8-3

产　品	特　点	备　注
24h 快递	在国内,24h 内就可将货物运输到目的地	EXPRESS 24 EXPRESS
采购物流	采购订单上的送达时间精确,客户下单,第二天就可以完成	RETURN EXPRESS
托盘运输	快速、准时,利用欧式托盘进行运输	PALETTEN EXPRESS

3. B2C 远程交易

GEL 物流联盟提供的 B2C 远程交易服务内容包括:退货与采购服务、实时追踪货件、定点运送、下午和周六交货、商品柔性处理、包装处理、补偿"隐性损坏"等。

GEL 物流联盟提供的产品是快速的隔夜交货,也可自由选择提前交货。主要产品包括定时递送、星期六递送、下午时段递送,具体描述如表 8-4 所示。

B2C 远程交易服务产品一览表　　表 8-4

产　品	特　点	备　注
定时递送	可以选择 10:00 到 16:00 之间的任何时间收货,提供精确服务	PALETTEN EXPRESS
星期六递送	GEL 物流联盟提供周六上午 10:00 或 12:00 交货	EXPRESS SA SA
下午时段递送	客户可以选择下午时段交货	NACHMITTAG ZUSTELLUNG

4. B2C 家具集散

GEL 物流联盟提供的 B2C 家具集散服务内容包括:全国范围内 24h/48h 送货、通过短信或电子邮件查询物流信息、固定在每天 10:00 至 12:00 交货、免费送货、下午及周六交货、2 人送货服务、快速交货服务、退货与采购服务、实时货件追踪、直销业务及配送、补偿"隐性损坏"、包装处理等。

5. 易损物流

GEL 物流联盟提供的易损物流服务内容包括:标准运输、退货服务、货物处理说明、在指定日期内交货、提供与货物相匹配的运输车辆、补偿"隐性损坏"、2 人送货服务、实时货件追踪、B2C 和 B2B(Business to Business)服务、周六交货等。

6. 逆向物流

GEL 物流联盟提供的逆向物流是为废弃电器设备等提供合理的解决方案,主要服务内容包括:回收服务、火车运输、调整交货日期、运输保险等。

7. 国际物流

通过与欧洲及世界各地的强大合作伙伴联盟,GEL 物流联盟还提供国际运输服务。

欧盟内部的交易,可由合作伙伴——欧洲快车网络提供安全可靠的运输。无论是 1kg 或 1000kg 的货物,还是小至信封,大至长 3.0m、宽 1.2m、高 1.7m 的货物,都能以正常的快递运输时间装运,保证 96h 内送达目的地。

8. 新型配送服务

2012 年,GEL 物流联盟调整其产品组合,在传统双人配送服务的基础上增加了单人配送服务,以促进业务量的增长。随着新服务"单人配送"的推出,GEL 物流联盟可提供重物品单人配送服务,物品重量最高可达 35kg。GEL 物流联盟表示,计划在未来几年全面推广该项服务。

为扩展国际业务,1999 年,GEL 物流联盟与 SEUR、Calberson 和 City Link 公司合作成立了快递物流欧洲公司。其总部设在巴黎,连接了各合作伙伴的区域网络。

三、发展经验与启示

GEL 物流联盟致力于为客户服务,以客户为中心,始终瞄准加盟商和客户的目标。品质和服务是所有客户关注的焦点。GEL 物流联盟在运输过程中采取预防措施,配合现代风险管理,使服务得到优化,为客户提供的服务完好率达 98%,货物损坏率仅为 0.1%。

第九章　零担运输型物流联盟

案例21:CTL物流联盟——以客户需求为导向的物流联盟

CTL物流联盟(Cargo Trans Logistik)成立于1993年,主要在德国及欧洲范围内从事零担货物运输。通过整合企业成员间的运输资源,建立物流网络,以客户需求为导向,借助现代信息技术精益业务流程,已经成功在德国货运市场占据了一定地位。

一、联盟的发展概况

(一)联盟简介

CTL物流联盟成立于1993年,总部位于德国黑森州北部霍姆贝格(Homberg),主要从事德国及欧洲范围内的零担货物运输业务,包括配送和采购物流等。CTL物流联盟致力于通过企业间强有力的合作,专注客户需求,优化业务流程,提高服务品质,降低运输成本,提供专业化、标准化的物流解决方案,经过多年发展,其物流服务得到了制造业和零售业的极大认可,已成功在德国货运市场占据一席之地。截至2010年,拥有员工136人,完成运输业务205万件,年出货量约60万t,营业额达到7500万欧元。

CTL物流联盟拥有企业成员135家,其中98家拥有CTL物流联盟的股份,25家为联盟合作伙伴,相互间关系平等,独立经营,股东若要转移股份需经得CTL物流联盟的同意。其管理机构包括董事会、董事会行政或项目助理、质量控制和系统开发部门、索赔和保障部门、会计部、人力资源部、产品服务部门、运输调度部门、货物装卸部门等机构。此外,CTL物流联盟所有费用都应用低风险的联盟财政结算系统结算。

CTL物流联盟从满足客户全方位的物流服务需求出发,通过标准化的业务流程保证高效的货物配送和交付,在德国及欧洲等地提供的物流服务主要有以下几类:

1. 基本服务(CLASSIC)

CTL 物流联盟的基本服务是指全网 24 ~ 48h 的昼夜送达,即客户托运的货物一般在第二天送达,最迟第三天到达。寄件人在交付货物的同时,经由扫描器扫描,向寄件人实时传递货物运输信息。

除了一般货物,CTL 物流联盟还推出小质量物品 24 ~ 48h 送达,它不同于通常的包裹快递服务,需由多个包裹组成一件货物才能发货。

2. 特快服务(EXPRESS)

CTL 物流联盟特快服务包括货物采购和配送,次日、次日 10:00、次日 12:00、次日 14:00 连夜送达等多项选择;通过整个系统中的实时扫描,可以实现货物交付后发送信息到客户的手机、电子邮件等通信设备。同样,该项服务也包括小质量物品。

3. 大件货物服务(XXL)

对于德国范围内的大件货物配送服务,CTL 物流联盟利用其大件运输集装箱及装卸设备进行运送。采购合同服务同样如此。

4. 危险品服务(EXPLOSIV)

CTL 物流联盟的装卸站点严格执行 ADR 标准(关于危险货物国际道路运输的欧洲协议),训练有素的工作人员会对所有 ADR 标准货物进行监管并处理随附的文件;同时,联盟合作伙伴会根据危险货物的具体情况调整运输车队和转运地点,以确保危险货物的万无一失。该项服务类型也可以和 CTL 物流联盟的基本服务、特快服务等其他类型服务结合使用。

5. 全球服务(GLOBAL)

CTL 物流联盟在国际业务中的战略是利用现有联盟中可靠的合作伙伴,为它们及其客户实现双赢。CTL 物流联盟的合作伙伴可以通过联盟在线地址簿输入自己的登录信息后查看这些联盟合作伙伴的信息。

此外,CTL 物流联盟及其合作伙伴所提供的具体服务包括:汽车零部件运输,化学品物流,集装箱运输,配件管理,冷柜维修服务,食品物流,家具物流,医药物流,轮胎物流,油罐清洗,纺织品物流,搬迁运输等。

(二)联盟发展的主要历程

1993 年 CTL 物流联盟成立之后,逐步开展普通货物运输以及相关地区物流设施建设。为组织运输资源,1996 年新建联盟中央枢纽霍姆贝格货运中心,并在 2006 年进一步扩建。1997 年开始,分别在克兰尔斯海姆、盖尔森基兴及汉诺威建造南部、西部、北部区域3个货运中心。随着业务发展需要,2006~2008年间分别在德国的奥拉赫(Aurach)、劳埃瑙(Lauenau)及格罗尔斯海姆(Grolsheim)新建货运中心,作为新的区域货运枢纽,替代3个旧的货运中心。

2001年CTL物流联盟开始拓展业务,开展国际货运及危险品运输,并逐步推出特快服务、大件货物服务等服务产品。

二、联盟发展策略

(一)经营理念

CTL物流联盟把责任、能力和动力作为成功的关键,以这些价值观塑造其发展战略和企业管理思维,并以客户需求不断提升自身的可靠性和灵活性。走到一起是成功的开始,团结合作则是联盟获得成功的关键。

1. 紧密合作

联盟成员伙伴间的紧密合作是CTL物流联盟的基石。联盟致力于成为提供全面、定制化物流以及有创新性解决方案的高效物流企业。联盟合作伙伴在集装箱运输和直达运输方面紧密合作,为实现低成本、高效率、高品质服务组建了联盟自己的物流网络。

CTL物流联盟坚信联盟的合作方式具有竞争优势,坚定的共同理念是开展合作的基础,联盟企业间的相同理念可以增加彼此的认同感和信任感,有助于长期合作。面对当今物流需求,中小型物流企业和全球性的大型物流企业集团面临着相同的挑战。然而,对于员工少于250人的大部分中小型物流企业来说,一味地照搬模仿大型物流企业并不能为中小物流企业带来生机,其创新理念并不适用于中小物流企业。CTL物流联盟紧抓客户在服务品质方面日益增长的需求,专注物流细节,团结130多家物流企业的力量,构建联盟物流网络,为德国和国际货物运输找到最佳解决方案。秉承着合作双赢的战略目标,共享网络资源,合作双方都受益,也将加强伙伴关系和促进CTL物流联盟的成长。

2. 必不可少的高品质服务

CTL物流联盟具有ISO 9001:2000认证,并在其管理系统中利用条形码技术实现了对物流服务品质的实时监管,保证业务流程中的安全性,并为系统的不断开发和改进奠定基础。数据的透明性使得业务流程的所有参与者都可以进行监督,并提出改善建议。

业务流程严格遵照物流服务品质标准，并具有一定透明性，方便监督，以保证服务品质。根据同一服务品质指标，CTL 物流联盟会对联盟企业成员的服务进行定期的评估审查，服务的考核评价反映每个企业成员的状况，每个企业均可随时查看当前的服务品质评估，以便更好地相互学习，提高自己。标准化的工作流程、服务品质评估，确保联盟能够提供高品质、低成本、安全的运输服务，同时也可促进联盟进步。

3. 员工培训

CTL 物流联盟对员工全方位的继续教育和培训，使合作伙伴更好的应对不断变化的市场需求，包括收购、服务品质管理、流程优化、战略规划及相关辅助服务的培训。

CTL 物流联盟十分注重联盟职工的业务能力培训，通过多种性质的内、外培训不断对 130 多名员工进行继续教育，保证工作人员的高素质。相互借鉴是 CTL 物流联盟成员之间合作的一个焦点，而培养独立解决问题的思维和能力是其重点。CTL 物流联盟鼓励员工间相互学习，把思想交流、独立自主解决问题的能力定为企业管理的关键因素，这样的理念在很多时候为联盟的发展提供了帮助和建议。企业由人组成，而每个人有着不同的文化背景和习惯，联盟既要保持组织的创造性，同时又要强调协调一致的组织性，这就更需要鼓励联盟内职员之间进行交流和沟通，认识彼此，更好地实现联盟的目标。

CTL 物流联盟的管理团队是实施方法创新的良好典范。横向思维比单向思维更适应现实需求。CTL 物流联盟为工商管理专业的学生以及运输和物流企业的员工提供见习和实习岗位。

(二)信息技术精益流程

现代科技对于当今的商业世界来说越来越不可或缺，对于现代物流更是如此，智能化是现代物流的必然趋势之一。CTL 物流联盟在运输和装卸过程中，充分利用现代技术进行控制和监督，如货物扫描、货运中心的视频监控、货物跟踪与追踪、服务品质评估等。CTL 物流联盟的信息系统通过使用最新的条码技术，统一每个合作伙伴的电子数据处理指令，每次传递货物时逐个扫描并即时交流客户信息，以保证信息的实时性，所有这一切构成了联盟强大的物流网络。从而，客户可以在线查询运送信息，托运人可以通过 CTL 物流联盟网络查询跟踪货物，客户可以直接监控自己的货物，确保货物运输过程的可靠性。其中，CTL 物流联盟的运输车辆和分拣系统等现代化设备和专业的工作人员也在一定程度上保证了货物的准时送达。

CTL 物流联盟以现代信息技术为基础尽可能地精益业务流程:采用行业规范标准规定的程序界面;在仓库操作系统中设计满足搬运装卸企业需要的特定程序;避免 CTL 物流联盟企业成员间的交流障碍;建立标准化物流信息平台;各地工作人员对扫描作业流程中的货物贴上电子标识;依托信息网络将货物信息实时上传到 CTL 物流联盟中央信息系统;各仓库、车辆等之间使用各种信息工具均可获取、交流货运信息,实现货物追踪和信息查阅。这些货运信息是联盟开展其他销售、结算、管理等工作的基础。此外,CTL 物流联盟还与专业的信息技术公司开展长期合作,负责对联盟网站的设计和相关应用程序的开发。

(三)运输组织

CTL 物流联盟单一式服务(single services)的实现是基于对 130 多个合作伙伴已有货运站点等运输资源重新整合而组成的运输网络,广泛且合理分布的网络是提供德国境内及国际货运组织的基础。互相合作,共享资源,中小物流企业弥补了因规模而限制业务拓展的困境。CTL 物流联盟物流网络覆盖全德国,客户可以在德国任何地区找到联盟当地的货运代理合作伙伴。

CTL 物流联盟将德国的物流网络按邮政编码划分,每个企业成员负责一块特定区域。每个行政地区至少有两家联盟企业成员,这是保证联盟物流安全的必要举措之一。一旦某个联盟企业出现问题,可以马上安排另一个联盟企业接任,防止物流工作的中止,降低损失。同时,企业成员的高密度分布有利于低成本的短距离运输。

CTL 物流联盟通过联盟的运输网络组织了两种运输方式:一是以货运中心为枢纽的轴辐式运输;二是企业成员间的直达运输。某些地区间来往货运量较大,则由企业之间直接运输。货物从 A 地运往 B 地,直达运输仍然是低运价的选择。

CTL 物流联盟货源分散且分布广泛,移动范围大,对此,CTL 物流联盟投资建设了自己的货运中心,利用轴辐式系统整合联盟企业成员的运输资源,该运输方式为联盟带来了较大的灵活性。在某些区域设立货运中转中心,货物在相应的枢纽集货、转运、理货等,之后发往各自的配送点,然后再进行配送。这种运输方式既可以整合运输资源,方便配送,提高车辆等运输资源的利用效率;又可以获得一定的成本效益。以货运中心为枢纽的轴辐式运输,具有一定经济效益的前提条件是货物装卸周转量达到一定规模,同时结合高效的装卸流程和运输管理才能充分发挥其竞争优势。CTL 物流联盟各个货运中心均采取标准化流程,仓库运作运用现代科技,相关工作动态实行每日报告,以加强对流程全面监控的方便性和有效性:(1)货物扫描基于无线网(Wi-Fi),使用条形码技术;(2)监控的视频文件;(3)照片检查站;(4)危险品ADR数据库;(5)个人的中心线路规划软件,这些都简化了作业流程。一般来说,CTL物流联盟各个货运枢纽平均每个工作日处理货物2000t,值得一提的是,CTL物流联盟为避免货运车辆超载可能带来的巨大经济损失,控制常规吨位以及车辆路线调度,保证货运车辆的最佳利用率。

货物物流联盟目前共有4个货运中心:1个中央枢纽以及3个区域枢纽,其选址均是从联盟物流实际需要着手,服务于运输,节约成本,如图9-1所示。

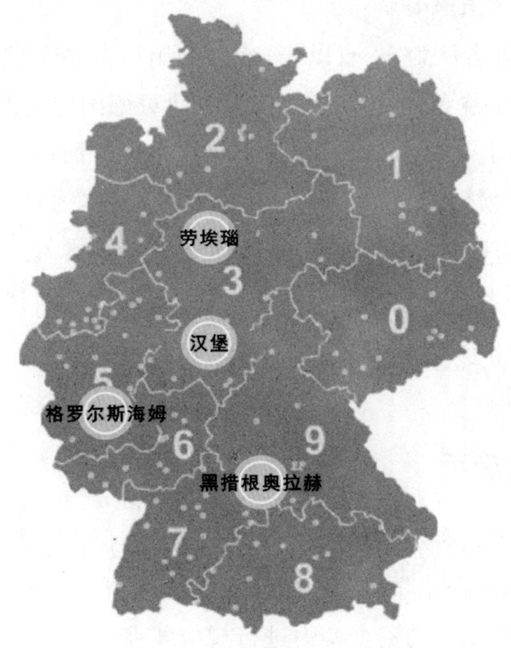

图9-1　CTL物流联盟各枢纽分布示意图

(1)霍姆贝格(Homberg /Efze)中央枢纽,占地面积8450m²,拥有142个车辆接驳门,由当地员工进行装卸货物,24h运作,且整个中心具有完整的视频监控。例如,CTL物流联盟在慕尼黑的企业从兰茨胡特装运700t货物到石勒苏益格,那么将在霍姆贝格枢纽重新装载,进行中转,并交由石勒苏益格在基尔的承运人接管,继续运输。从石勒苏益格运往兰茨胡特的货物以同样的方式在该枢纽转接。

(2)奥拉赫(Aurach)区域货运中心,占地面积6020m²,拥有76个车辆接驳门,由当地货运中心的员工进行装卸货物,24h运作,且整个中心具有完整的视频监控。当地CTL物流联盟承运商从皮尔马森斯(Pimasens)集中450t货物,运往安贝格(Amberg)并在CTL物流联盟南部枢纽奥拉赫进行中转。纽伦堡的合作商从该货运中心继续将货物送往位于安贝格的收货人。

(3)位于劳埃瑙(Lauenau)的货运中心是CTL物流联盟的北部区域枢纽,占地面积6415m^2,拥有84个车辆接驳门,24h运作,整个枢纽安装视频监控,由其自身员工装卸货物。

(4)格罗尔斯海姆(Grolsheim)西部枢纽,占地面积约3400m^2,拥有54个车辆接驳门,24h运作,作业人员属于当地货运中心。

(四)CTL物流联盟未来目标

CTL物流联盟管理者认为,一直以来,德国的出口贸易在世界名列前茅,其国内中产阶级是全球化的获益者之一。国际经济活动对德国经济发展的影响远远超出了德国国内市场的作用。德国大约一半的企业在出口方面都具有一定优势,它们必然都将抢占欧洲新兴经济地区的未来市场,毫无疑问,单独企业的物流服务形式已经成为过去式,未来CTL物流联盟的战略目标是将业务覆盖至全欧洲,扩大自身的国际物流网络,提升联盟在货运市场的地位,最大化发挥合作伙伴的优势。同时,当前物流业离不开智能网络服务,物流息技术具有更高的研发潜力,进一步开拓业务流程的信息技术标准化。

三、发展经验与启示

德国的物流企业联盟有不同的类型,按照加盟企业的规模来看,可以分为大型物流企业联盟、中型物流企业联盟和小型物流企业联盟。对于中小物流企业不能像大型物流企业那样凭借雄厚的资金实力进行规模扩张,但能够通过组建物流企业联盟有效扩展中小物流企业的业务种类和业务范围。

案例22:系统联盟(System Alliance)——每个细节安全透明

德国系统联盟(System Alliance)是一个由中型物流企业组成的联盟,旨在集合中小型货物承运商的区域优势和创新能力,以此来保护他们在货运市场中的未来权益。系统联盟秉持以客户为中心的服务理念,以高品质标准为服务准则,借助现代信息技术,优化物流流程并透明化,在系统联盟的共同平台上,提供定制化、快速安全、优质可靠的物流服务。

一、联盟的发展概况

(一)联盟简介

系统联盟(System Alliance)有限责任公司是德国一个由多家中等规模的物流服务企业组成的物流企业联盟,成立于2001年,总部位于德国黑森州的尼德劳拉(Niederaula)。系统联盟致力于开发、构建和组织德国全国性货运代理的物流服务网络,主要业务为零担货物运输和物流采购,以及对联盟系统和组织进行必要的维护。系统联盟由汉宏货运(Hellman Worldwide Logistics)等10家中型物流服务商控股所有,两家掌握核心业务,联合其他加盟企业在德国分布42个区域网点,此外,还有4个系统联盟合作伙伴。目前,系统联盟在德国拥有1个中央物流枢纽,合作企业的货物可在此聚集转运,或相互间直达运输,有员工近10000人,运输车辆约6000辆。2011年,系统联盟完成德国境内货运业务约950万件,货物总吨数约380万t。系统联盟标识如图9-2所示。

图9-2　系统联盟标识

(二)联盟发展的主要历程

由于市场开放、燃料价格升高、运输成本提高、欧洲东扩以及企业并购潮的兴起,德国货物运输竞争日益激烈,特别是中等规模及以下物流企业的生存压力逐渐增大。为拓宽运输服务网络、有效利用资源、降低物流成本、提高客户满意度和市场竞争力,鉴于自身实力不足以承建全国性的综合物流网络,中型物流企业走上了联合组建物流网络的道路。

系统联盟的前身是两个具有多年经验的货代联盟:System Gut物流服务有限责任公司(System Gut Logistik Service GmbH)和Fortras(研究和发展运输的企业),两者都是德国最早的货代合作联盟之一,一直致力于提供优质的物流服务。

Fortras于1990年由17家货运公司组建而成。

System-Gut物流服务有限责任公司是1986年由11家中型货运公司成立的加盟

经营组织,旨在组织德国范围内及国际间的货物运输和快递服务。随着德国国际市场的开发,该企业的定位逐渐国际化,1998 年联合 15 家欧洲的货运企业成立了系统加物流服务股份有限责任公司(System Plus Logistic Service GmbH & Co. KG),推出了大量的创新产品,该联盟旨在提供覆盖全欧洲的优质运输服务。

2001 年在德国,System-Gut 又联合 Fortras 共同组建成立了系统联盟有限责任公司(System Alliance GmbH),它的战略目标是通过团结多家中小型物流企业,开展系统性合作互补,有效集中联盟的优势——区域竞争力、以客户为中心及创新能力,以更好地发展中小货运企业普货运输。以客户为导向的先进的物流理念,在配送、采购和运输过程中的速度和安全性,以及在德国每个地区实现基于同一个平台的服务产品的差异化,是联盟的服务标准。系统联盟自成立以来,一直是全球领先的德国普通货物服务供应商。

系统联盟是系统加(System Plus)的第一大股东,对其控股 23.15%,同时也是其德国的合作伙伴和服务提供商,负责其在德国的业务,系统联盟的国际业务同样交由系统加负责,两者合作互补。

2005 年,系统联盟的股东们又成为欧洲系统联盟(System Alliance Europe)的合作伙伴,欧洲系统联盟是一个覆盖欧洲的物流企业联盟。系统联盟发展历程如图 9-3所示。

(三)服务产品介绍

1)标准服务

在德国境内(不包括岛屿)提供 24 ~ 48h 交货的集运服务,包括包装或散装货物运输,均秉持快速、安全、优质的原则。

2)高级服务

系统联盟将标准产品与多种附加(增值)服务相结合,推出高级服务产品。为了使得客户的货物集散和交付更具灵活性,实现定制化的物流方案,达到更快捷、更方便、更舒适的目的,客户可以单独选择物流产品,也可进行组合。系统联盟认为,对于发件人和收件人交付货物的时间,需要更多地从客户的需求出发,以更好地实现双赢,客户可以选择每天 8 时至 20 时每隔 2h 的任意时间点为交付货物的时间。系统联盟的间隔 10h、12h、翌日及固定日期的运送保证了它在德国货运市场的领先地位,为客户提供了更多的可能性,超越了传统的拼箱运输。系统联盟的高级服务产品组合如表 9-1 所示。

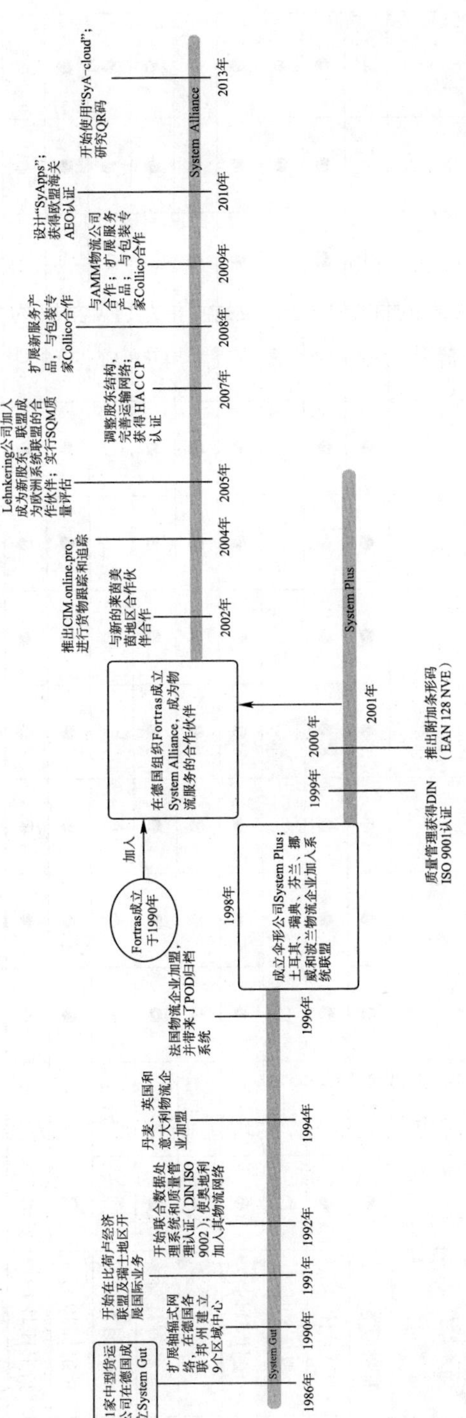

图9-3　系统联盟发展历程

表 9-1

系统联盟服务产品一览表

增值服务 / 运行服务（仅限交货）		高级服务												
		传感器要求	通知	通知，不超过交货前1h	交付转移，基于IT的交付数据传输	交付转移，通知交货	交付转移，交货的数据回执	货到付款	快捷交付	召回	即时返回	温度	使用位置	包装服务，仅限与“使用位置”配合
标准服务		●	●	●	●	●	●	●	●	●	○	—	—	—
高级服务	翌日	●	—	●	●	●	●	●	●	●	○	■	●	●
	翌日8时	○	—	○	○	○	○	○	○	○	○	○	●	●
	翌日10时	●	—	●	●	●	●	●	●	●	○	●	●	●
	翌日12时	●	—	●	●	●	●	●	●	●	○	●	●	●
	指定日	●	—	●	●	●	●	●	●	●	○	—	●	●
	指定日8时	○	—	○	○	○	○	○	○	○	○	—	●	●
	指定日10时	●	—	●	●	●	●	●	●	●	○	—	●	●
	指定日12时	●	—	●	●	●	●	●	●	●	○	—	●	●
	星期六运送	—	—	—	—	—	—	—	—	—	—	—	—	—
	温度控制	●	—	○	●	●	●	●	●	●	○	—	—	—
	翌日8～10时	●	—	●	●	●	●	●	●	●	○	●	●	●
	翌日10～12时	●	—	●	●	●	●	●	●	●	○	●	●	●
	翌日12～14时	●	—	●	●	●	●	●	●	●	○	—	●	●

续上表

运行服务（仅限交货）＼增值服务		高级服务												
		传感器要求	通知	通知，不超过交货前1h	交付转移，基于IT的交付数据传输	交付转移，通知交货	交付转移，交货的数据回执	货到付款	快捷交付	召回	即时返回	温度	使用位置	包装服务，仅限与“使用位置”配合
高级服务	翌日14~16时	●	—	●	●	●	●	●	●	●	○	—	●	●
	翌日16~18时	●	—	●	●	●	●	●	●	●	○	—	●	●
	翌日18~20时	●	—	●	●	●	●	●	●	●	○	—	●	●
	指定日8~10时	●	—	●	●	●	●	●	●	●	○	—	●	●
	指定日10~12时	●	—	●	●	●	●	●	●	●	○	—	●	●
	指定日12~14时	●	—	●	●	●	●	●	●	●	○	—	●	●
	指定日14~16时	●	—	●	●	●	●	●	●	●	○	—	●	●
	指定日16~18时	●	—	●	●	●	●	●	●	●	○	—	●	●
	指定日18~20时	●	—	●	●	●	●	●	●	●	○	—	●	●
	Abholauftrag	—	●☆	●☆	—	—	—	●☆	○☆	—	○☆	●	●☆	●☆

图示说明：■必选；●可选；○有限；—不可选；☆仅限于交货。

3)采购物流

对于采购物流,系统联盟有针对性地优化流程,进行系统化的服务品质控制,尽可能地为客户节约资源,降低成本。系统联盟及其42个区域网点的运输专家均从以下角度出发提供采购物流服务:在确切地点,确切时间,提供确切货物的确切客户;如何更好地控制采购流程,并使其透明化;复杂的供应链由谁管理;货物到中央仓库的运输,或直接面向市场销售的物流流程由谁计划和管理;管理过程可以达到什么效果?

采购物流服务的产品特征

(1)区域和中央物流枢纽:覆盖德国的物流网络;
(2)连接欧洲的物流网络;
(3)自动化程度较高的运输工艺、流程和过程;
(4)捆绑收货;
(5)序列优化;
(6)透明的咨询——实时的信息系统(CIM. online. pro);
(7)延伸和横向输送;
(8)品质管理——相同的服务水平;
(9)统一的关税;
(10)可选择的联盟结算或参与信贷流程;
(11)可选的框架协议作为规则。

4)国际货运

系统联盟的业务并不仅限于德国境内,当客户有通往欧洲的需要时,系统联盟同样提供物流解决方案。

对于国际货物运输,系统联盟采取合作的方式,交由联盟合作伙伴完成,利用System Plus或其他合作伙伴覆盖欧洲的网络等资源优势,提供一个完整的运输方案。同样地,客户只需联系负责该区域的系统联盟在当地的物流公司,为其定制物流方案。系统联盟在欧洲范围内有一整套业务服务组合,如果有需要,也可以提供额外服务。在欧洲范围同样保证货物运输的服务品质和安全标准。

二、联盟发展策略

系统联盟的战略目标是通过集合中小型承运商的区域优势和创新能力来增强其在未来货运市场的竞争力；以客户为中心是首要理念，以高服务品质为服务准则，以覆盖德国的物流网络及信息网络为合作平台，提供定制化和标准化的快速、安全、可靠的物流服务；在业务上更多地以利润的增长、高服务品质和成本主导为目标。同时，以团队形式开发、制定销售和营销战略，旨在加强系统联盟作为一个整体品牌的影响力，支持联盟合作伙伴在各自区域的营销任务。

（一）发展理念

1. 以客户为中心的创新物流服务

正确的发展理念和明确的目标对于企业来讲至关重要，以客户为中心的创新理念是系统联盟的首要发展理念，其分布德国各地的 40 多个服务网点贴近客户，切实了解客户需求，成为系统联盟区域竞争力之一，是其成功经营 20 年的诀窍。以客户为中心，意味着对客户的每个动态变化，在业务上做出及时回应；聆听了解客户的真正需求，关注其核心价值，而后，根据环境因素发挥其创新力和区域优势，将客户需求融入物流方案中。

2. "整体大于局部之和"

系统联盟相信对于采购、配送和仓储物流任务的高标准要求，可以通过强大的合作网络达到。联盟秉承团队合作的精神和激情，将成员企业间丰富且多元化的知识和专长相结合，创造增值服务，为客户提供真正适合和灵活多变的物流解决方案，这些都为联盟及其成员长期稳定的发展起到了推动作用。系统联盟的一大特点是其股东及合作伙伴均是中等规模物流企业，正是这个特点提供了具有投资能力和服务能力的稳定物流网络。反过来说，也恰恰是系统联盟物流网络的稳定，促进了企业各自的健康发展。亚里士多德曾说：整体大于局部之和，系统联盟相信这个简单的公式，这句话也成功反映了其成员的合作优势。

对于系统联盟来说，稳定是关乎它的成功与否，共同的合作意愿和发展理念可以增加企业成员间的认同感，对联盟的长期发展很有必要。

（二）高服务品质标准

当前，越来越多具有高价值的货物对运输时间提出了更高的要求，而运输安全的需求在近几年也发生了根本变化。系统联盟因此做出了相应的改变，除了理念，其高服务品质和安全管理对成功也起到了至关重要的作用。

系统联盟是经济和法律上相互独立的运输企业间的一个共同组织和经营品牌。在每个地区，联盟都会以客户为导向，保证在每个地区构建高品质的物流服务，并对42个区域网点的物流服务品质定期评估，进行绩效考核并排名，以便更好地进行服务品质监督。在一个永久变化的行业市场里，高品质的服务标准是必不可少的。

1. 业务流程中的优化

1）每个细节安全透明

服务品质是保证物流企业业务量增加的一个不可或缺的关键因素。面对日益增加的业务量，为使得它在今后能持续增加，系统联盟利用现代技术优化业务流程，建立稳定的服务品质监督体系。在系统联盟的服务品质体系中，明确定义相关的服务品质参数或衡量指标，如装载、运输装卸和交付服务品质，这是其进行服务品质管理体系的基础。同时确定统计服务品质指标的相关标准：装载工具的使用、运输过程的跟踪、货物交付、整个流程的分析等。通过准确的条形码扫描、无缝跟踪和追踪以及现代化视频系统，使得其业务流程得以有效透明化。再依据规定的指标，系统联盟可以在第一时间知道货物的位置及其服务品质情况，以及可采取哪些改进措施。其中，分拣中心具有严格的技术标准，所有操作均是可塑的。例如，如果在分拣过程中发现奶粉存在问题，便逐次打开检查。

在系统联盟内部统一的服务品质标准中，透明化和可核查的流程是其全国运输网络最有价值之处，其服务品质管理是基于EDI中心管理和条形码扫码的跟踪管理。举个例子来说，统一服务品质标准，可保证地方团队工作服务品质和联盟中心最优服务品质管理同步的密切配合。其系统内部的生产过程尤其如此，包括运行时间的承诺。其中，装运工艺和货物交付服务品质是其进行年度服务品质排名的重要依据。

高服务品质原则也是系统联盟选择区域业务合作伙伴的标准之一。通过服务品质评估，系统联盟各加盟企业可以对彼此的合作能力、可靠性等更加了解，有助于增加彼此的认同和信任感，这对联盟发展具有重要作用。运输提供商和其他服务提供商也必须严格执行联盟服务标准，必须确保所有业务操作符合环境管理标准，这使得系统联盟在德国得到广泛信赖。系统联盟服务品质监督网络如图9-4所示。

2）使用高科技以获得物流最佳服务品质和安全

系统联盟将自己视为优化的高品质物流，并一贯秉持提供高品质的物流服务，而安全和无间隙的监管是必不可少的。对此,系统联盟配备了现代化的视频系统,并对控制界面进行设计以更好地详细记录装运过程。高科技的电子控制摄像机可以记录其在货物处理过程中每个包裹的发货装运情况;同时具有数字发送功能的扫描器,可以将运输单元的条形码数据有效传输至系统联盟的中央数据库。随后,建立与相应图像数据的连接。例如,在北部黑森州的物流中心枢纽,可以查询每批被检测的运输货物。此外,视频系统的用户终端可以选择不同的视角——这得利于全方位、高品质的图像数据,提高安全水平和运输服务品质,以便进一步优化订单处理。

图 9-4　服务品质监督网络

3)安全运输的合作伙伴——Collico 公司可回收的运输包装

为了保证在运输和搬运装卸时客户的易碎等敏感货物的安全,并使其安全地到达目的地,安全的包装是必不可少的。系统联盟和 Collico 公司的物流包装专家确立了伙伴关系,开展合作。系统联盟专用安全包装如图 9-5 所示。

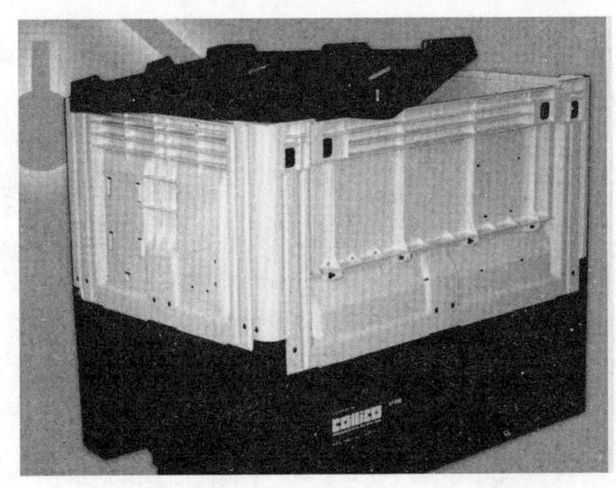
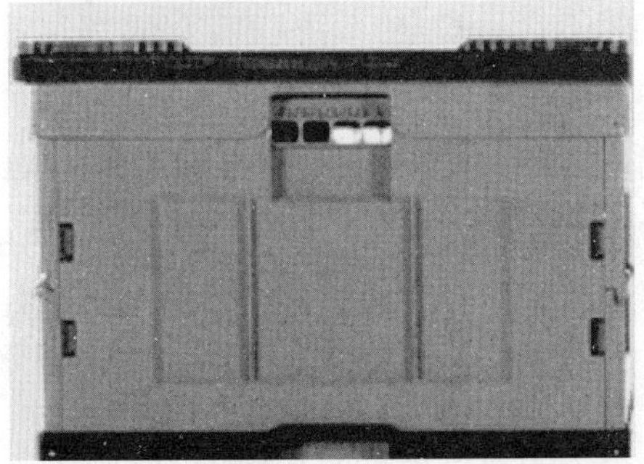

图 9-5　系统联盟专用安全包装

自1947年杜伊斯堡(Duisburger)专门开发了用于智能物流包装的解决方案，目前Collico有限公司针对超过300种不同情况，提供相应的包装选择：运输包装是否回收重复使用或只是一次性使用，及出口商品的包装是租用或购买。可回收运输包装(MTV)的产品范围包括：一次性出口商品的包装、附件包装、储罐清洗、封装服务、欧洲托盘、防腐包装等。Collico公司可有效节约包装的空间和成本：Collico公司被认为是可重复使用的折叠式集装箱的“发明者”，拥有坚固的铝制、塑料或木制容器，卫生方面达到最高标准，其特点是具有较高稳定性，可模块化堆叠和易于处理，以及减少所占空间。同时，Collico公司产品有利于节约成本，环保，有利于高效的集装箱管理。

2. 质量认证

系统联盟及其加盟企业都获有HACCP审核认证，以及DIN EN ISO 9001：2008认证，欧盟AEO-F(经认证的经营者)资格，部分通过DIN EN ISO 14001认证或CEFIC SQAS评估。这些服务品质认证是告诉客户系统联盟服务是值得信赖的较高水平的安全证明。

1) AEO-F认证

2009年11月，系统联盟取得欧盟海关AEO(经认证的经营者)资格，具有AEO资格的企业，可在通关货物查验和文件检查等方面享受快速服务。

2) DIN EN ISO 14001标准

该国际制度的重点是按照“计划—执行—检查—行动”的方法不断改进优化。根据规定，系统联盟的合作伙伴需确保其环境目标和具体的环保方案相融合，并全面实施。

3) 绝对的安全保证：HACCP认证和SQAS认证

对于食品安全，系统联盟全部都经过HACCP认证。对涉及生产或分销不经包装的冷藏食品或饲料的客户，提供合作的安全条件。关系到食品卫生方面的运输、装卸或运输相关的中间存储，每一环节都按标准严格执行。对于危险货物，系统联盟的所有42个区域物流公司的运营都经过SQAS认证(安全和品质评估体系)。同时，系统联盟完善了以中央EDI管理和条形码跟踪为基础的品质管理，以更好地保证安全。

(三) 联盟运作的信息化

系统联盟提供优质物流服务，离不开信息化，现代物流的每个精密流程和工作顺利开展都需要依托信息平台。它帮助人们规划、组织和记录物流过程，而且还可以帮助改进流程，在价值链上实现可持续的成本削减。系统联盟借助互联网将从订单输入到联盟结算等货物信息进行模块化设计——“Sy Apps”，将托运信息投射到网络中，成功地以透明化的IT解决方案进一步降低成本。“Sy Apps”可以看作是一个智能化、模块化、创新的物流解决方案，包括在线订单输入、托运信息、EDI电子数据交通、BI智能商务、中央结算等8个模块，它们将为系统联盟在减少成本、节省时间、提高服务品质、透明度及灵活性等方面带来很大的发展潜力。目前，有80%客户选择通过互联网向联盟中心发送运输信息。

通过系统联盟的托运信息系统CIM. online，客户可以自由查阅以及监督物流服务。在整个物流作业过程中，根据条形码对包装单位进行多次扫描并上传，主动记录作业过程中的每个步骤信息，从而在网络系统页面上显示货物的实时信息以及正确轨迹，了解从接货到交付过程中任何时候货物的状态。客户通过CIM. online对货物进行跟踪和追踪，随时了解货物的运送状态。系统联盟通过现代化的信息平台，使其物流流程成功透明化，客户可以获得最佳的概览。

从20世纪80年代末开始，系统联盟便对CIM. online不断优化，所有货物都记录在DV上，以保证服务品质监督。通过信息系统所获得的数据信息流是系统联盟实现高品质要求的重要保证，这些数据将被用于基于IT的车辆调度和线路规划，以及对数据的比较和货物流通。为了优化信息的交流，系统联盟扩大了车载通信内容：通过MDC（移动数据采集设备）可确认交货时间、日期及其他有关事件。

系统联盟专注于核心竞争力的发展，使得其物流外包业务在长时间内吸引了许多物流公司。系统联盟作为德国普通货运市场的领导者，自1989年以来，一直致力于物流信息系统的开发和应用，积极配合企业的运输和物流销售。从一开始只有两个IT人员的公司，经过多年发展，已成为拥有近30余IT专家的高层次公司，具有专门的硬件和自己开发的软件。信息化物流使得货运代理的业务得到实时处理，每位合作伙伴都从中受益。具有成本效益的IT物流解决方案和共同发展的平台，减少了企业成员的投资，使得联盟成员成功得到了客户及其他有信誉公司的认可赞赏。

自2013年年初，系统联盟把它的货运网络放在了“云端”。联盟企业成员间的“Sy Acloud”应用程序利用互联网无限访问的可能性，使得运营商之间的信息交流更为安全、快捷。系统联盟的区域运营会在新的平台“Sy Acloud”找到其货运处理所需要的全部信息，同时也可交换信息。这个流程更统一了普通货运，为联盟伙伴间以及和系统联盟中心的准确信息沟通构建了基础。

(四)联盟的未来规划

1)2009 法兰克福书展

2009 年,系统联盟总结其 50 多年的物流服务发展历史,出版了《系统联盟——在时间机器中的物流》这本书,系统介绍其特殊的经济合作形式:中等规模企业间的合作。在法兰克福举办的书展中进行了宣传。书中提到,通过合作及物流网络,系统联盟提供货运代理业务;它的成员均是提供货运快递服务的中型企业。在不断优化业务和转型过程中,坚持理念创新和技术改革带来的经济发展,并且付诸实践。书中还介绍了许多适用于现在的 IT、会计、策划和服务品质的相关标准。

2)系统联盟的未来研讨会

为什么中小物流企业合作会成为系统联盟未来发展的主题?针对这个问题,系统联盟和其股东及合作伙伴开展研讨会,商议联盟未来的发展走向。数十年来,企业机遇和情景管理以及相关研究均采用全球化和以资本市场为导向的企业运营趋势。货运合作联盟——系统联盟的中型股东和业务合作伙伴已清楚了解这些技术的意义,并考虑其今后的发展。未来报告 1.0 首次描述了今后的车间处理工艺。未来报告 2.0 论述了 1.0 中提到的继续监控和运作问题以及对考量系统联盟活动范围的相关补充,并重新深入探讨关于未来的重大议题。

3)QR-Code(二维码)研究:为系统联盟客户寻求装卸效益

2013 年春季以来,系统联盟专注于研究 QR 技术。在为期 6 个月的项目研究中,系统联盟研究了所有 QR-Code 相关潜在力,即在货运过程中,与客户的饱和信息码的编写。利用二维码,可把更高的信息密度轻松得传输给多个收件人。例如根据 ADR 条例,送货单或危险品装卸相关信息可以被转移。

50 多年以来,系统联盟的现任和前任股东一直继承和丰富中型货代的创新传统。二维码技术有助于物流过程中的货物交付,继条形码、货运跟踪和 MDE 移动数据通信之后,还提供 QR 码的各种应用程序,它有助于提高货运的监测过程。利用 QR 码技术的一些前提考量,发现近些年对于托运人与客户交货日期的协调过程要求越来越高。此外,随附单证的处理意味着对货主、收货人及运输服务提供商的挑战不断增加,为了查明哪些领域可以运用该技术,系统联盟与托运人进行了一次研讨会。与会者对一些具体事务提出了一些具体意见,例如,他们已确认通过开展一个对 QR 码清晰控制的界面,使出货单与货运数据实现同步。此外,QR 编码标签提供访问各方跟踪和追踪数据的选项。

三、发展经验与启示

系统联盟各企业成员充分认识到自身的优缺点,一己之力不足以抵抗各种竞争,故开展合作,资源互补;放大其区域优势和创新力,贯彻以客户为导向,提供满足需求的高品质服务,从而成功地在货运市场牢牢地占据了一席之位。随着经济社会的发展以及消费者生活时尚的改变,可以看到物流需求越趋多样化。对于物流提供者,树立服务理念,正确把握市场需求,灵活面对各种物流变化,开展新的物流业务是十分必要的。

而信息化是现代物流的重要基础,是物流工作顺利开展的关键一步,同时也是反映物流组织化程度的标志之一。德国物流产业的高度信息化既得益于德国经济产业的信息化,也是德国物流业普遍采用的合同物流形式和 JIT 等先进物流组织方法的必然要求。

我们可以看到,系统联盟实现了基于信息系统的物流组织安排,信息化作为维系物流全过程的链条大大节约了作业时间,降低了成本,提高了物流乃至生产过程的整体效率。信息网络平台是中小物流企业联盟的重要支撑。在系统联盟内部,物流企业成员通过联盟内部的信息系统实行统一的物流全过程调度。信息网络平台有效地支撑着联盟企业间的业务往来和结算,整个服务网络的运力调配,服务过程的信息跟踪、品质控制以及损害赔偿等。同时信息平台也为联盟企业成员间的信息共享提供支持。

System Plus

系统加(System Plus)是一个欧洲公路快件运输联盟,其运送时间固定,运输网络由遍布欧洲的企业成员联合提供,并经营运作,旨在组织普通货运的国际快递服务。系统加由 System-Gut 发展而来,它于 1986 年由 11 家中型货运代理联合成立的,系统加于 1991 年开始扩展国际市场:卢森堡、荷兰、比利时及瑞士是其首批开阔的市场。1998 年,联合 15 个欧洲伙伴企业成立的国际联盟"系统加",以抓住当时跨境运输市场不断扩大的机遇。系统加物流服务股份有限公司(System Plus Logistik Service GmbH & Co. KG)作为联盟企业成员的国际总部。目前,系统加的货运网络几乎遍布欧洲每个国家:德国,比利时,丹麦,芬兰,法国,英国,爱尔兰,意大利,卢森堡,荷兰,挪威,奥地利,波兰,葡萄牙,瑞典,瑞士,西班牙,土耳其,捷克,匈牙利,斯洛文尼亚,斯洛伐克。系统加致力于为客户提供及时、安全、经济的货运服务。系统加在欧洲的合作伙伴如图9-6所示。

图9-6 System Plus 在欧洲的合作伙伴

服务和优势

(1)指定日期交付;
(2)收货后10h交付;
(3)收货后12h交付;
(4)货到付款服务;
(5)危险品运输服务;
(6)覆盖欧洲的物流网络;
(7)定制物流的理念;
(8)欧洲规定的服务品质标准;
(9)货物主动跟踪和追溯。

案例23:货运在线(Cargo Line)——机制完善的中小物流企业联盟

货运在线(Cargo Line)凭借中小物流企业联盟的建立,凝聚了广泛共识的发展理念、行之有效的治理结构和一体化分工协作的运输组织。货运在线在信息平台和内部核算体系的支撑下,不断寻求组织变革和业务深化,获得了快速、健康的发展,成了德国中小物流企业联盟中的翘楚。

一、联盟的发展概况

(一)联盟简介

货运在线(Cargo Line)物流网络有限责任公司是一家业务遍及德国及整个欧洲,从事标准化和系统化零担货物运输的物流企业联盟。联盟总部位于德国西部重镇法兰克福,于1993年由7家中等规模的货物运输企业以合股的形式组建成立,目前股东企业数量已增加至15个。联盟通过和企业成员签订合同的方式进行长期合作,在全德国范围内和欧洲大陆不断发展新的合作伙伴。截至目前,在欧洲范围内已拥有70个企业成员,其中德国有45个,均为中等规模的物流企业,平均人数在50~250人之间,其中有很多是家族企业,拥有较长的发展历史,在各自地区有着较高的知名度和市场占有率。货运在线联盟标识如图9-7所示。

图9-7 货运在线联盟标识

货运在线物流企业联盟主要从事零担货物运输业务(30kg~2.5t的货物),包括班线货物运输、分拨、采购、配送和合同物流,经营范围覆盖了德国全境和欧洲的主要经济体,目前货运在线提供的运输产品如表9-2所示。2011年,货运在线联盟拥有员工近7000人,完成运输业务1160万起,营业额达到20亿美元,其中货物进出口运输业务占到20%。

Cargo Line 的运输产品一览表 表 9-2

Cargo Line 的运输产品	描　　述
Night Line	24h 标准的零担服务质量体系,欧洲范围 24~96h
Night Line Next Day	1 个工作日后的 8~16 时之间交货
Night Line Plus	接货后下 1 个工作日内的指定时间,可选择 8 时、10 时、12 时以及 18~22 时交货
Night Line Fix	每日明确的交货计划,不会早也不会迟
Night Line Europe Next Day	到欧洲许多国家 24h 内发货直接送达收件人,甚至整个欧洲
Order Line	在欧洲标准时间内从指定供应商准确采购零部件、原材料、成品、集装箱及退货
Service Line	成熟的 Cargo Line 产品与增值服务,如定点配送、拆箱、回收以及包装
Kontrakt Logistik	适用于不同行业的综合性服务

(二)联盟产生的背景

市场竞争加剧是联盟形成的主要原因。20 世纪 90 年代,随着德国货运市场的逐步放开,市场竞争愈发激烈,大型物流公司不断拓展业务范围,扩大经营区域,通过价格战抢占市场。残酷的价格竞争对中小物流企业造成了很大的压力,一批曾具有较强实力的传统区域物流企业宣布破产或被收购。

为了能够生存下去,7 家中型物流企业的负责人聚集在一起,决定联合起来开展运输服务,降低运输成本,提高竞争力,以应对大企业的竞争。随即与波恩的几所大学合作,成功开发出一套运营管理信息系统,整合各合作企业的数据,实现信息共享。

2002 年,在公司资本增加的情况下,“Cargo Line Gesellschaft für Stückgut mbH”更名为“Cargo Line GmbH”,此外 2002 年货运在线的所有产品经过了 DIN EN ISO 9001:2000的认证。2003 年货运在线发展到共有 43 个合作伙伴(分布于德国 44 个不同地区),员工约 4500 人,年营业额 8.53 亿欧元。

货运在线联盟内部的合作运输和现代化运营管理降低了各个企业的成本,联合的效益显现了出来,加盟企业开始增多,货运在线联盟迅速完成了在德国和欧洲大陆的网络布局,随即推出了一系列新的运输服务产品,极大地增加了各企业的业务量,加盟企业自身和联盟整体实力都得到了快速发展,在德国 2009 年货运及货运代理公司营业额排名中位列第五。

二、联盟发展策略

(一)联盟运作的体系内

1. 凝聚广泛共识的发展理念

正确的发展理念和明确的目对于企业来讲至关重要,能够有效地使人员、技术、资金等要素发挥最大作用,促进企业健康发展,在复杂多变的市场环境中采取无误的、恰当的对策。对于联盟来讲,凝聚共识的统一价值观,实现共赢的联盟发展目标,是联盟存在和发展的根本基础。

货运在线联盟为此展开了广泛的大讨论。联盟的管理者讨论最多的问题就是:是什么把这么多公司连接成一个集团?货运在线联盟的总经理 Jörn Peter Struck 认为,共同的价值观可以帮助解决企业合作的问题,并保持联盟在市场上获得成功,理论研究和实际经验都表明价值观能给公司带来切实的商业利益。通过价值观的贯彻,影响每个加盟企业及企业中每个员工的行为,形成制定并执行战略决策的基础和保障,最终体现在业务上,因此,必须制定可信的正确的价值观才行。

负责牵头讨论制定货运在线联盟目标和价值观的通信顾问 Lautenbach Sass(联盟股东企业负责人)说:“价值观始终是公开的,它是客户用来衡量物流服务供应商的一个基准。”为了在股东企业和一般企业之间、各级管理层和员工之间形成共识,联盟组织了一项专门的活动,让所有员工参与联盟价值观的制定。首先由货运在线的股东进行讨论形成初步方案,随后在 48 个国内和国际加盟企业的员工和管理人员中讨论,不只是在特别策划的活动中,也会在休息时间、午餐时间或例行会议的间隙进行。联盟还制作了一辆印有货运在线标志的模型车“价值观运输者”来收集意见卡。经过 2 个月的深入研讨,最终有 3000 余人提交了意见,有 79% 的意见经过了精心准备,有 40% 的员工实名提交。

最终,货运在线的股东们定义了五个关键词作为价值观:合作伙伴关系、责任、效率、可靠性和创新。员工们后来添加了第六个:激情。

从货运在线提供的服务角度来看,可靠性是最重要的价值观,其关键为准时、快速和良好的团队精神。这符合货运代理行业的一般要求:超过 90% 的德国业内人士认为,优秀物流公司的特点是可靠的订单处理。

合作伙伴关系体现在联盟合作伙伴和同事之间的合作中,以及相互尊重和信任的共同工作中。“合作伙伴关系”对联盟具有特殊的意义,因为联盟内的每一个公司都要依赖于其他合作伙伴的表现。如果每个公司对待其他合作伙伴的货物就像对待自己的一样,那么货物交付会更准时,客户会更满意。

责任是与同事、合作伙伴公司和客户打交道时的一个重要标准。员工定义这个价值观是具有良好的团队合作、守信和专注于客户需求。

创新对于货运在线来讲主要是在产品的开发和提高竞争力领域。

而被货运在线的员工讨论最多的是激情,是指对联盟客户提供最优质、最可靠的物流服务的承诺。

随后,在已讨论得出的价值观的框架下,股东们制定了如下联盟发展目标:

(1)确保物流网络的长期稳定,在所有的合作伙伴中推行统一的品质标准,拓展业务范围,提高运输可靠性;

(2)推进联盟国际化,扩大与平等伙伴的合作;

(3)形成一个由中等规模企业价值观定义的企业文化;

(4)可持续发展:社会、生态和经济;

(5)实现最佳的成本透明度和保持高标准的品质;

(6)进一步提高货运在线品牌的知名度和吸引力。

价值观和目标是货运在线联盟发展和运作的指导原则,体现在“走向一个共同的未来”的理念之中,通过联盟的高层和各企业管理人员以身作则,发挥落实价值观和目标的榜样作用,通过员工的积极参与将共同的价值观付诸实践,通过挂在每一个合作伙伴公司显著位置的各种宣传海报、手册以及组织形式多样的活动,为实践价值观并不断实现联盟目标营造良好氛围。在德国《Logistik inside》杂志的最新形象排名中,货运在线是进入“货运代理和合同物流”类别前十名的唯一的普通货运联盟,其市场导向、创新性、服务性很受客户欢迎。联盟总经理 Jörn Peter Struck 自信地说:“2009 年,我们的优质产品 Night Line Europe、NextDay 等业务量显著增长,因为它们让客户相信运营商所作出的服务承诺,未来高品质的产品还将有巨大的需求量。”

2. 行之有效的治理结构

货运在线联盟根据德国乃至欧洲的物流市场实际情况,明确了货运在线联盟的发展理念和目标,选择了符合联盟和各企业实际的联盟形式和发展方式,建立了与之相匹配的组织结构,设计了行之有效的契约制度。精简高效的治理结构保障了货运在线联盟组织稳定、决策灵活准确、业务发展迅速、网络覆盖合理。

1)股权式和契约式混合型的企业联盟结构

根据联盟的产权共享方式和股权参与程度,通常将联盟分为股权式联盟和契约式联盟两类。一般而言,股权式联盟的合作紧密程度高于契约式的联盟,协调机制更为有效,但是结盟及运行管理的成本较高。货运在线联盟在联盟形式上进行了创新,选择了既包含股权式,又包含契约式,取两者之所长的一种联盟方式,并且不断地创新完善。

货运在线联盟在1993年由7家物流企业合股建立,最初是一个股权式的联盟,成立了具有独立法人地位的货运在线物流网络有限责任公司作为联盟的实体机构。但货运在线物流网络有限责任公司并非一个从事具体业务的经济实体,而是主要从事联盟运营管理工作的“管理核心”。联盟在进一步扩张吸纳加盟企业的过程中,采用契约式联盟的方式进行发展,通过签订合同的形式发展加盟伙伴,并不要求加盟企业进行股权参与。在对重大问题投票时,联盟的规定是一个成员一票。无论从吸纳的加盟企业自身实力角度,还是从联盟制度设计的角度,始终没有一个企业能够独立左右物流在线联盟的发展,充分保证了各方平等地位和各个加盟企业独立的经营权。

货运在线联盟采取的以股权式为核心、以契约式发展的联盟方式,使联盟尽量压缩层级结构,贴近市场,能够对市场变化迅速做出反应,通过成立联盟运营管理的实体机构,加强了监督和风险控制能力。这种方式既保证了联盟有效的协调机制,还通过制定契约的方式在支持联盟目标实现的同时,又不至于引起股权联盟中更高的建立、退出和管理成本。

货运在线联盟的这种形式,可以体现为三个关键词:“合作”、“独立”、“非盈利”。合作是为达到优势互补实现共赢的目的,由企业自愿组成联盟,以便在市场上取得更大的竞争优势,但是参加合作的企业依然保持自身的独立性,企业间只是在业务上进行合作。联盟通过合约和制定的一系列规定对加盟企业进行管理,只要加盟企业遵守其规定就可以。货运在线物流网络有限责任公司通过股东注入资本成立,是独立法人但不开展业务,本身不盈利,它是联盟制定服务方式和建立服务的基础。例如,一家公司将其合同物流外包给货运在线,联盟企业就可以依靠现有的运作和运输网络开展业务,以统一流程的运输和物流服务供应商的形象展现给客户。但需要指出的是,联盟只发挥协调和监督的作用,不会有客户和联盟签订协议。

2)严格的准入门槛

货运在线联盟的负责人认为一些企业由于管理水平和自身实力的限制,并不能给联盟的发展做出贡献,相反低效率的生产运营和低水平的服务品质会降低联盟的物流服务,给联盟带来负面影响,损害联盟形象。从企业角度来看,门槛的设定在给优质企业更多发展空间的同时,会促使物流企业规范化运营,努力提高服务品质,对企业和整个行业的升级发展有一定的积极影响。为此,货运在线联盟对企业加盟设定了严格的准入门槛。

货运在线联盟主要从加盟公司的组织结构、管理团队素质、市场声誉、财务优势、运营资质等方面进行考察。具有相同的价值观并认同联盟的发展理念;具有一定实力的中等规模的物流企业,拥有 $3000m^2$ 的营业面积,平均每天 800 笔以上的业务量等;具有合理的组织架构和高素质的人员,包括专业化的仓储、运输和经营人员等;要满足联盟的整体区域布局,即在符合联盟网络覆盖的需求范围之内;具有从事相关业务的质量认证,如 DIN EN ISO 9001:2008、s. a. f. e. 等;3 年的合约和经过 1 年的联盟准备期。

可以看出,货运在线联盟选择加盟企业除了对加盟企业自身实力的要求外,主要是以整个联盟的网络覆盖作为标准。当有企业申请加入联盟,那么首先要经过股东企业的同意,然后征求其他加盟企业的意见,当某个区域已经有一家联盟企业时,会重点征求该企业意见,尽量避免联盟内部的竞争,保持联盟稳定和成本效益。另一种情况是当联盟的区域覆盖率不够,无法实现其业务承诺时,如无法实现 24h 送达服务的区域,联盟会在这些地方寻找符合相应条件的企业,邀请它们加入联盟。

另外,货运在线联盟非常重视加盟企业的相关业务资质,要求所有的企业按照相同的质量和环境准则(DIN EN ISO 9001:2008、HACCP、DIN EN ISO 14001)工作,并每年要进行数次内部和外部审查。这使得该联盟的每一个合作伙伴都能够为其客户保证同样高的质量标准。质量管理审计的一个特殊功能是监测运输时间,即确定货物是否在商定的最后期限内实际交付。

该联盟的合同物流也已被 DIN EN ISO 9001:2008 的框架认证,因此它可以确保所有企业客户的需求也受到质量控制,同时还具有 s. a. f. e. (Social Accountability & Fundamental Environ-mental Standards 社会责任和基本环境标准)和 s. a. f. e. -plus 安全认证,这使得 Cargo Line 联盟成为德国唯一的同时拥有质量、环境、食品卫生和合同物流管理证书的同类型联盟。

3)决策权归谁所有

联盟决策权的确定是联盟组建、运营和管理的前提,也是联盟治理的基础,而联盟决策权的确定取决于联盟的组织结构。因此,联盟治理结构的核心要素是其组织结构。

货运在线联盟内的企业分为三级,由股东企业(二级合作伙伴)、一般加盟企业(一级合作伙伴)和系统合作伙伴组成,相应的组织管理机构包括股东大会、全体成员大会、顾问委员会和管理层,各委员每3年选举一次。

股东大会由股东企业组成,主要负责制定联盟发展战略、发展目标和重要政策,以及合作伙伴的选择等,并负责选举货运在线公司的总经理以及咨询委员会部分成员,它掌握联盟的控制权。为了防止股东成员数量规模过于庞大,货运在线联盟将股东的数量控制在目前的15家,从而使决策更加高效,运作更为灵活。

全体成员大会由股东企业、一般加盟企业和系统合作伙伴等全部企业组成,一般加盟企业是联盟各项决策的接受者,系统合作伙伴大部分为德国境外的合作伙伴,它们是合同约定的具体项目的执行者,与联盟的关系是以具体项目的合作为依托。全体成员大会不定期召开,主要对公司发展的重大事项进行商讨,提出相应意见和建议,并选举咨询委员会中的1名成员。为了保证会议的效果,更多情况下全体成员大会是以工作小组的形式召开,比如围绕财务预算、信息化处理、公司管理等不同的主题,各联盟企业相应的员工形成工作小组定期召开会议,进行交流或提出建议,并提交股东大会,最终由股东大会做出决定。

顾问委员会由5名成员组成,其中3名由股东大会选举产生(股东企业负责人),1名由全体大会选举产生(非股东企业负责人代表),还有1名为联盟外的相关领域的专家。其主要任务是为管理层提供各种意见和建议,并对其工作进行全方位的支持,监管各项合同执行情况。

管理层(货运在线物流网络有限责任公司)负责联盟具体运营管理,其主要职责是执行股东大会上形成的联盟发展战略、规划及目标;负责发展联盟新成员,包括资格审查、谈判、合同签订等;负责制订、修改各成员之间合作规则;负责组织实施各种信息系统的建设、运行;负责组织投标和对大客户的服务;各种服务产品的质量控制;组织宣传、营销等活动。它的机构非常精简,专职人员仅有15人左右,设有总经理、业务负责人、公共管理和服务产品负责人、国际业务负责人、重点客户负责人、质量管理负责人、市场营销负责人等职位,其各个业务部门的负责人主要由合作伙伴运营商负责人兼任,因为具体业务的实施都是各公司来进行。

联盟的法律文件方面,在遵守德国货运一般通用规则的基础上,每个股东企业和一般加盟企业都要接受联盟的各项决定,包括各类决策和业务上的规定。联盟制定了详细的规定和合同文件,包括特许经营授权人合同、经营管理规定、特许经营接收人合同、物流企业经理操作手册及在物流企业经理操作手册中对表决权的规定等。但是海外的合作伙伴不适用德国商法等法律的约束规定,它们仅是通过联盟内部的规章和合同来进行规范。

4)带来显著规模扩张的特许经营模式

货运在线物流企业联盟通过特许经营的运作方式快速地搭建运输服务网络,使各企业以一个统一的、整体的形象出现在市场上,顾客在任何加盟企业中享受到的服务和价格都是一样的。联盟制定相应的标准,加盟的企业都必须遵守,从而使这种合作的模式具有更强的约束力。

特许经营的双方包括特许加盟的特许人(Franchisor):货运在线物流网络有限责任公司和特许加盟的受许人(Franchisee):各加盟企业(包括股东企业和一般加盟企业)。联盟和加盟企业之间以合同的形式签订一些协定,包括4个方面的内容:受许人有权利使用特许人的商品或服务、商标、商号等开展经营活动;受许人有权利使用特许人的经营模式开展经营活动,并按照各项业务的要求进行经营;受许人缴纳一定的保证金并接受特许人对其合作业务范围内的监督;特许人必须授予受许人前两款之权利并给予受许人帮助和支持,使之能够顺利开展经营活动。

在特许经营的运作模式下,货运在线联盟取得了快速的发展,主要表现在以下四个方面。

(1)扩张速度的加快。一般情况下,大多数企业都是通过自身的发展而壮大起来的,这个过程往往会耗费企业很长的一段时间。货运在线联盟通过特许经营提供了一条快速扩张的路径,在短时间内通过转让特许经营权而建立分支机构。

(2)迅速取得规模效应。加盟企业经营所需要的各种生产资料及后期在销售上的各种开销都会因为联盟经营规模的扩大而大幅减少,在这点上,企业选择特许经营模式将会比采用分公司形式更快地获得规模效应。

(3)进入不同地理区域,进行了有效的网络覆盖。显而易见,发展本地受许人会比发展分公司带来更大的地域上的优势。德国的物流企业多是家族式的企业,长期生活在当地,对于风土人情有相当的了解,而且还积累了广泛的人脉资源,这对业务的开展十分有利。

(4)公司品牌号召力迅速提升。货运在线联盟要求加盟企业必须在其参与联盟业务的车辆等设施设备上喷涂货运在线的LOGO等信息,如图9-8所示,在企业迅速扩张的同时,品牌的"能见度"也将很快地获得提高。相对于其他品牌,分店数量较多的连锁企业,由于广大的消费者对品牌一致性的认同,即消费者已经习惯了在同一品牌的不同加盟企业获得相同质量水平的商品和服务,企业在品牌号召力上的优势也会迅速体现出来。

图9-8 Cargo Line联盟的运输车辆

3. 一体化分工协作的运输组织

运输作为物流作业的核心,其组织化程度直接影响到物流生产效率。运输组织合理化是指在保证货物运量、运距、流向和中转环节合理的前提下,在整个运输过程中确保运输服务品质,能以适宜的运输工具、最少的运输环节、最佳的运输线路、最低的运输成本,将货物从始发地送往目的地。运输组织化程度的要求也促进了企业联盟的产生。

对于物流联盟来说,面对运输市场出现的运输一体化的完整服务需求,要求物流企业之间分工合作,形成完整的服务链条。提高运输合理化体现在两个方面,即:提高效率—合理分工;增加效益—降低成本。对于联盟企业来说,规模相对较小的运输企业最希望共享货运设施,从事州际长距离运输的公司也对共享设施很感兴趣。

为了提高运输合理化程度,货运在线联盟首先对整个运输网络进行了区域划分,划分的标准共分为4级:区域1(50km内)、区域2(100km内)、区域3(150km内)、区域4(超过150km)。近途货运一般指200km以内的运输,因为这些区域可以实现24h送达的服务。长途运输之后的平均配送距离为37.5km,由于联盟的企业成员本身都是区域性的企业或者某些公司的子公司，通过不同地区之间联盟企业代为配送，最直观的效果就是其服务范围可以进行无限制的延伸，从而吸引客户，增加业务量和市场占有率。

货运在线联盟主要的运输方式有3种：

1. 直达运输

联盟企业将货物直接送到另外一家联盟企业那里，后者负责货物的配送，一般用于中、短距离货运，如图9-9所示。

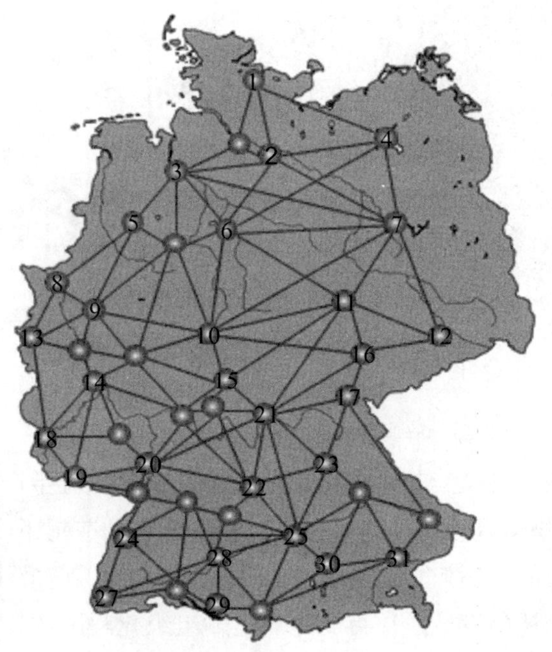

图例：

1-基尔；2-汉堡；3-不莱梅；4-新勃兰登堡；5-梅彭；6-吕纳堡；7-柏林；8-杜伊斯堡；9-多特蒙德；10-卡塞尔；11-莱比锡；12-德累斯顿；13-亚琛；14-伯恩；15-埃尔福特；16-开姆尼茨；17-茨维考；18-特里尔；19-萨尔布吕肯；20-曼海姆；21-施韦因富特；22-海尔布隆；23-纽伦堡24-奥芬堡；25-奥格斯堡；26-温多夫；27-弗赖堡；28-拉芬斯堡；29-腓特烈港；30-慕尼黑；31-布劳瑙

图9-9 德国 Cargo Line 运输线路分布

在德国45家加盟企业每晚平均进行1324次直达运输，平均运距350km，即每天的运输总距离达到463400km，相当于绕地球11.5圈。

2. 轴辐式运输

主要针对一个较大区域范围但货运量非常少的情况，为方便配送，一般在此区域内设立一个中转中心，在这里集中进行理货，之后将货物发往各自的配送点，然后再进行配送。

联盟在德国中央位置设置了中央(欧洲)枢纽，在南部和北部各设立了一个区域枢纽。中央(欧洲)枢纽：中转仓库面积6500m^2，65个车辆接驳门；区域枢纽：面积各约为5000m^2，50个车辆接驳门；还有一些地区性的货物中转中心用于进行集中理货，之后将货物发往各自的配送点进行配送，规模较小。开展零担运输需要比较大的仓库，会用到很多托盘，在物流枢纽可以进行托盘交换或货物互换，第二天货物就可以运到。

货运在线主要是企业成员间的直达运输，但逐渐随着需求的变化中央枢纽开始形成，合作伙伴每天晚上都在此通过一辆货车将较少的货物运往次要的目的地。中心枢纽位于 Fulda 的 Eichenzell，始建于1996年，随后建立区域中心，位于汉诺威的北区域中心和位于斯图加特附近 Göppinge(格平根)的南区域中心，如图9-10所示。

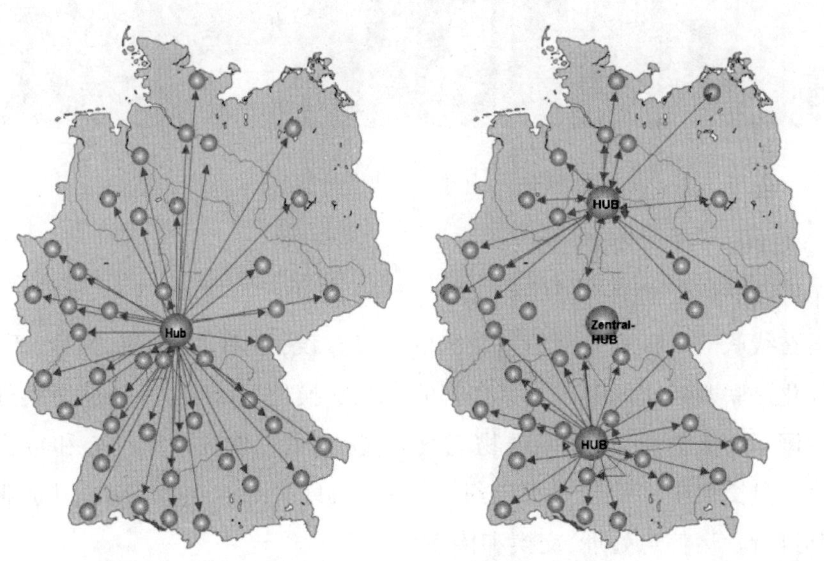

图9-10　中央及欧洲主枢纽、区域运输枢纽示意图

由于德国面积不大，因而需要进行中转的货物比例也不是很大，货运在线联盟有大约5%的货运量通过枢纽运送。

3. 节点式(碰头)运输

联盟企业成员 A 和 B 直接将货物运到两企业成员所在地的中间商定位置,然后交换货物(直接交换货厢,可交换货厢如图 9-11 所示),各自运输对方的货物回来,并负责配送。此种方式一般适合长途运输,且双向均有货源。货运在线联盟企业经常会采用碰头运输,进行货厢的互换。

图 9-11　Cargo Line 的可交换货厢

(二)联盟运作的支撑条件

1. 不可或缺的信息平台

货运在线联盟一直致力于信息系统的开发建设,不断进行创新完善,于 2002 年实现现代化。联盟运作的基础是其完善的信息交换处理能力,其信息交换处理系统主要包括国际物流信息平台、国内物流数据交换中心、收费结算中心和货物跟踪查询系统。信息交换中心位于中央枢纽,是整个信息系统的心脏,各加盟企业成员之间利用其进行货运信息处理、交换和传递。

1)"CEPRA"到"CEPRA Ⅱ"

联盟自 1993 年成立后,在接下来的一年时间里开始了位于 Dietzenbach 的系统中心的建设。1996 年引进包裹分拣系统"CEPRA",1997 年提出了第一个关于"运输与物流"的原型,"CEPRA"于 1999 年完成开发。

2002 年开始开发“CEPRA Ⅱ”，实现以下功能：运单无纸化，改善客户发货数据录入，融合移动的数据通信，进行货运在线联盟合作伙伴间的车辆计费与结算。随着“CEPRA Ⅱ”平台的进一步发展，货运在线联盟已经成为了领先的货运代理供应商。

目前，货运在线联盟的信息平台已经实现基于 Internet 的跟踪和追踪功能，通过“CEPRA Ⅱ”可访问客户和合作伙伴的链接。此外，通过应用程序“AX4”可查看客户订单条目。在线应用程序的设计已经适应了联盟作为公司的法人身份，可显示所有货物的当前状态，方案和计划的研究回执将被存档。信息将被以不同的方法传输显示，如通过 e-mail 和传真，必要时可以访问每一个运单。

在本质上，应用程序“CEPRA Ⅱ”作为货运在线联盟网络的控制和分析工具，是管理所有订单的核心工具，此外，合作伙伴彼此间通过“CEPRA Ⅱ”进行数据交换。

而对国际物流信息平台“AX4”的应用，使得国外的合作伙伴能够将货物信息传送到国内物流信息交换中心，在那里货物信息将会被分类处理，并继续传送到相应的国内合作伙伴。

除了改进过程视图，还通过标准化和合理化增加进程响应。通过压缩信息，实现无纸化运输，进行迅速而彻底的计划和安排。基于 Web 浏览器访问应用程序“CEPRA Ⅱ”的客户，处理供货量信息所需要的时间显著减少。使用移动扫描仪使“CEPRA Ⅱ”的信息保持最新。客户可以通过网络接口检查所托运货物状态，以及通过电话查询发货状态。

2)“CEPRA Ⅱ”的成功因素

货运在线联盟信息平台的建设和推广，最大的问题就是让 40 个合作伙伴公司做出投资和适应，使 IT 系统由“CEPRA”升级至“CEPRA Ⅱ”，不过从此解决了以纸张为基础的数字文档交换的重大挑战，解决了基于纸张的数字文档交换的难题。

例如，为了防止数据丢失，客户希望不放弃纸张载体。为了尽可能充分挖掘“CEPRA Ⅱ”的潜力，货运在线联盟进行了修改和调整。除了产品认证以外，“CEPRA Ⅱ”的透明度也是货运在线联盟成功的关键因素。

为发展“CEPRA”的信息处理能力并节约费用，使用该系统的合作伙伴拥有无线网络的管理和控制工具，与外部顾问一起升级“CEPRA”。2003 年在“运输与物流”展会上进行了介绍“CEPRA Ⅱ”的市场推广活动。

3)信息平台的未来规划

信息技术对于货运在线联盟的重要性将进一步增加。通过信息技术的深入渗透,货运在线联盟的网络及内部物流行程将影响到客户。货运在线联盟对信息平台未来改进的方向也做出了规划。首先重点是要有一个有效的保护机制,例如要面对来自 Internet 的网络攻击等。其次,货运在线联盟的信息平台将继续加强对移动设备的支持,旨在提高信息的可用性。其他的战略和管理理念正在开发,以满足对信息技术越来越高的依赖程度。另外,随着不断增加的数字传输连接,提出了接口的兼容性要求。

2. 标准化的内部结算体系

联盟内部制定有价格结算体系,运价的标准统一制定,参照该体系进行结算。在联盟制定的物流手册中具有详细的条款(Cargo Line 的价目表),就每一个货运的方式或者距离等都有非常明确的规定,基本流程、取货流程和后续流程等各环节的价格标准会作出规定,比如一个托盘从汉堡到慕尼黑,取货、理货等各阶段的费用都有明确说明。联盟的每一个伙伴企业就同样的服务或运输内容都需支付同样的费用。因为都是标准化的货柜或者托盘,所以结算相对容易;如果没有标准化的装载工具,则很难开展费用结算。另外,并非所有的物品都是按照质量和运输距离收费,比如高价值物品的运输,这些货物按照产品分类中的特殊物品进行收费。

联盟具有完善的电子清算系统,通过联盟的每一笔业务都会录入到整个数据库之中,然后通过数据库相互之间进行结算,包括正向结算和反向结算,都是通过清算系统进行结算的,每个企业都按照同样的标准进行付费。

(三)联盟的未来规划

货运在线联盟未来的规划主要是进一步完善联盟的治理结构,包括两个方面的目标,一是保障联盟的稳定,二是实现联盟在欧洲范围内的更大区域和更深层次的业务合作。

1. 变革的原因

在货运在线联盟成立了 20 年之后,货运在线联盟决定对其自身进行重组,采用新的合作伙伴结构。联盟总经理 Jörn Peter Struck 认为,曾经的治理结构有效地保证了联盟的稳定和业务快速发展,然而货运在线联盟发展到现在的程度,已经将治理结构功能演绎到极限,客户和加盟企业更高的需求要求联盟进行相应的变革。

联盟的财务状况是建立新结构的重要原因。因为货运在线联盟的加盟企业类型决定了相比其他大的联盟,没有具有雄厚经济实力的合作伙伴。近年来受金融危机影响,德国及欧洲企业面临的形式都很严峻,虽然货运在线联盟的企业成员都是具有良好财务状况和一定实力的中型物流企业,但在联合的利益网中,一旦有一家企业出现财务危机就将影响整个联盟的业务运行,因此联盟必须做好在紧急情况下支持个别困难企业的准备。基于这个原因,货运在线联盟决定未来将给一些合作伙伴有限的合作股份,以便在发生财务危机时共担风险,提供更多的贷款支持。

欧洲化发展策略是另一个原因。经过20年的发展,货运在线联盟的业务已经覆盖整个德国,并辐射欧洲大部分地区,但逐步欧洲化的发展策略要求联盟的治理结构必须发生变化。当前,联盟的国际合作伙伴主要为处于联盟第三层级的"系统合作伙伴",它们是合同约定的具体项目的执行者,与联盟的关系是以具体项目的合作为依托,因此在联盟中的权利和义务非常有限。在联盟成长阶段,它们通过履行合同,完成与联盟企业合作的业务,促进了联盟的发展。但随着业务量逐渐增多,合作的业务也早已突破合同物流的范围,与联盟的联系也更加的频繁和紧密,它们需要在联盟中享受更多权利,参与联盟国外业务发展,同时联盟也希望它们承担更多的义务,使联盟开发出的新产品能够高品质地覆盖到欧洲的每个地区,像德国国内伙伴(一级合作伙伴)一样更多地参与联盟建设。基于现在基本成熟的条件,联盟希望通过变革给国际合作伙伴更多的空间以便它们以这种方式承担更多的责任。

2.变革的内容

目前,联盟已经为新的合作伙伴结构初步制定好了新的战略方针。

1)改革投票权,提高决策效率

货运在线联盟的管理层发现,联盟企业成员在参与咨询委员会、业务部门或其他委员会发起的很多不同的活动时,例如关于联盟推出新产品的讨论和论证,关于推行某项技术或标准等,有些企业积极参与并在这些工作中投入了大量的时间和精力,但有的企业则参与的并不多,有时仅在网络上关注。但因为联盟治理结构中约定的投票权原则是"一个企业成员一票",每一个成员在不同的委员会都有相同的影响,因此进行决策的时候,效率不高,对积极参与的企业不公平,甚至有时会向最低的共同标准妥协。

为此,联盟制定了新的投票权分配原则,"谁投资更多、更积极地参与,将会有更多的发言权",以此调动企业参与联盟活动的积极性,加快对新产品或客户意愿的决策过程以及决策的实施,使决策流程更高效。

2)改革合作伙伴结构,使联盟关系更紧密

未来,货运在线联盟将对合作伙伴结构进行改革,从目前的三种类型的合作伙伴(股东企业、一般加盟企业、系统合作伙伴)改为两种类型的合作伙伴,即一般加盟企业(一级合作伙伴)和股东企业(二级合作伙伴)。二级合作伙伴将要承担更大的财政负担,但在决策中比一级合作伙伴有更多的投票权。此外,还会有部分国内和国际签约合作伙伴,将与货运在线联盟牢固结合,实现一体化,同时不涉及特许经营的原则。

货运在线联盟的管理层在改革的前期准备阶段研究了德国不同的合作模式,以及一些其他的物流公司,但没有找到一个能够在财务和履约基础上提供更多参与机会、获得更大影响力的模式。因此这种改革也是一种新的尝试,这对现有的中小企业很有吸引力,同时对计划加盟的大中型企业吸引力更大。这种改革没有改变企业平等的地位,因为没有任何个人的公司或者组织可以主导货运在线联盟,所有成员可以自行决定自己想要参与到何种程度。

3)制定合作伙伴评价标准,提升企业服务水平

联盟将制定一个针对合作伙伴的企业评价标准,选取相关指标并进行打分排名。占最高权重的评分标准是业务领域的,比如说一个公司的核心竞争力(总货运量、在市场中的份额、经济或者财务状况),本年度业绩统计数据,以及服务品质(指定标准、指定时间内的货物交付完成比例、与上一年度同期相比货运量的增长百分比以及在联盟各项活动中的参与程度)等。在对每个企业打分之后,联盟将制定一个“及格线”。一级合作伙伴必须要至少达到 312 分,二级合作伙伴至少达到 378 分,目前为止还没有企业能够达到满分 445 分。制定评价标准将有效的激励现有联盟企业提高业绩和服务水平,积极参与联盟事务,正如瑞士的 Interfracht 公司负责人所说,“如果每一家公司都变得更好,货运在线联盟将会整体提升,我们的客户也肯定会受益。”另外,评价标准也可以作为那些有兴趣加入联盟企业的指导方针。

3. 变革的步骤及预期影响

货运在线联盟即将进行的变革,从 2010 年 9 月 1 日就已正式开始筹划,经历所有合作伙伴参与的漫长和深入讨论的过程。目前,联盟已经修改了公司的相关法律条款和新的合约,企业评价标准目录也已经准备好。未来将进入实质的实施阶段,所有的联盟合作伙伴现在必须基于它们所得的分数决定未来的地位。

按照设计的变革方案,联盟将筹集更多的资金,以维持需求不稳定地区的物流服务,更好地整合联盟的国际合作伙伴,同时也意味着更高的网络安全性,另外,更快的决策过程能使联盟更迅速、更有效地响应客户需求,提升业务水平。

三、发展经验与启示

货运在线联盟通过有凝聚力的发展理念、行之有效的治理结构、一体化的运输组织和先进的信息平台，最大限度地实现了资源的整合与共享，提高了联盟企业成员的经营资质，扩展了服务领域。

随着现代企业运行方式的发展变革，德国生产企业对物流服务需求已经从以前简单的运输转变为全方位的服务。以往利用价格优势获得市场竞争力的中小物流企业根本无法满足这些要求，在与大型物流企业的竞争中生存空间越来越小。残酷的市场现实给了中小物流企业走向联盟的动力，通过物流联盟的建立才可以有效地满足现代企业对物流服务的各种要求。

企业联盟最主要是改变了市场主体结构，德国的中小物流企业联盟模式充分表明，零散、小规模的市场主体结构是由道路运输技术经济特征所决定的，也是与道路货运特点相适应的，联盟模式实现了运输资源的有效整合，引导了整个市场的有序发展。

经过多年发展，我国道路运输所取得的成就有目共睹，但经营主体“多、小、散、弱”的市场格局却一直未有根本性改观。客观讲，当前存在的主要问题并不是“多、小、散”，而关键在“弱”，其表现则是服务能力差、运输成本高、运输效率低、能源消耗大、抗风险能力弱等。提高货运组织化程度，着力于改变当前我国物流市场发展格局，积极借鉴德国中小物流企业联盟发展模式，无论是从市场需求、行业管理还是技术条件来看都具有较高的可行性。

虽然中德两国处于不同的经济发展阶段，自然环境、资源禀赋、经济体制不尽相同，物流业发展也处于不同阶段，但货运在线联盟的发展经验，可以给我们多方面的启示。建立联盟目的是为了实现双赢，而不同企业间基于不同原则和目标可采取诸如资源整合、组织整合、服务整合、文化整合或是运作整合等不同形式的整合方式推动联盟建设，这就涉及中小物流企业联盟成功运作的关键因素：联盟的治理结构，包括是否成立实体公司及其股权结构、联盟准入制度、决策权归属、内部结算体系等。首先特别要求建立共享的信息平台、信任机制、运作机制以及风险防范机制，以便于企业联盟的可靠性和长久性，从而避免以大欺小或是直接被大物流企业吞并等违背联盟建立的初衷。此外，要明确长期发展的战略目标、步骤和措施，加强成员间竞争合作意识，谨慎设置加盟企业的准入制度，选择适当的物流企业进行联盟，尽可能地制定出一个公平、合理、双赢甚至多赢的协议或合同,以及信息共享和信息安全机制,加强企业间的沟通和企业成员自身知识与资源的保护与使用,并在相互理解的基础上,明确其各自的权利和义务,保障联盟的顺利运行,而不流于形式。还需要指出的是,选择了正确的伙伴以及模式之后一定要加强联盟文化建设。只注重物质资本的整合;忽视人力资本的整合,或只考虑了组织机构的改变,而忽视了文化观念上的整合,都将会使一些战略联盟在形成后内部矛盾不断,陷入严重内耗,以至于消耗合作双方的资源,最终走向失败。

联盟治理结构

广义的联盟治理结构是指有关联盟决策控制权和收益权配置的一整套制度安排,这些制度安排涉及联盟目标的确立、剩余控制权的分配、控制方式的选择,以及联盟成员之间在风险和收益上的分配等,通过这种制度安排可以有效地协调联盟参与方的责任、权力和利益,减少伙伴之间的矛盾和冲突,从而降低伙伴机会主义行为和道德风险。狭义的联盟治理结构则是指介于市场和一体化之间所表现出的长期合同、单边或双边持股以及合资等一系列中间组织形式。它是对广义联盟治理结构的具体化描述,因为一旦联盟组织结构被确定,其决策权也将随之确定。

理论和实证研究表明,降低联盟风险、增进联盟伙伴长期合作的一个重要途径是设计有效的联盟治理结构。

股权式联盟和契约式联盟

股权式联盟是指合作伙伴之间以产权共享的方式将各自的能力结合起来,并组建由合作企业共同所有和经营的新经济实体,各方保留独立的经营实体不变,是涉及股权参与的紧密合作的联盟。

契约式联盟是指两个或两个以上的企业出于对市场预期和企业自身经营目标、经营风险以及共同使用资源等战略考虑,通过各种协议、契约而形成的非股权参与、优势相长、风险共担、生产要素水平式双向或多向流动的一种松散型合作组织模式。契约式联盟不涉及股权参与，更大程度上依靠的是类似契约的制约与协调。股权式与契约式联盟的特征如表9-3所示。

股权式与契约式联盟的特征比较　　表9-3

联盟内容	股权式联盟	契约式联盟
联盟实体	组成具有法人地位的经济实体	非经济实体，结构松散
联盟地位	有主次之分，根据各方的资金、技术水平、市场规模、股权大小决定发言权大小	各方地位平等、相互依赖，但经营权独立
利益分配	按照出资比例分成	各方可以根据自己情况，在各自承担的业务环节经营活动，取得自己收益
风险性	初始投入大，转制成本高，灵活性小，政府规制	投入小，灵活性强，可以避开政策限制
联盟效率	扩大资金实力，通过股权联系增强信任感和责任感，合作更持久	对联盟各方的控制力差，松散组织缺乏稳定性和长远利益，沟通不畅，效率低

四、从加盟企业视角看联盟——Wackler物流公司

（一）公司简介

Wackler物流公司是货运在线物流企业联盟创立企业和股东，也是加盟运营商，现任领导者的父亲是货运在线物流联盟的创始人之一。公司总部位于德累斯顿，目前是共有700名员工的中型物流企业，总库容超过6万m^2并有55000个托盘位以及超过300处自助式的中转、交货设施。同时，公司还拥有68位遍及欧洲范围的从事零担运输的合作伙伴。

（二）发展历程

Wackler物流公司是一家典型的家族式企业，其开展货运业务的历史可追溯到1846年，至今已有超过160年的历史。

1846年，公司负责人维克多·露丝通过新增货运服务扩大了原客运公司的经营范围。21年后，露丝的女儿下嫁给后来接管了公司业务的Wackler，随后Wackler将公司命名为“ludwig”也就是louis-Wackler。在Wackler的经营下，公司业务快速增长并实现了曼海姆和格平根之间的货物集运服务。1893年2月25日，公司实现工商注册，注册名：L. Wackler。

1912 年，企业被卡尔、约翰·布莱克兄弟以及乔治·施瓦茨以 15 万马克联合收购。因此，虽然公司日后依然叫“Wackler”，但公司已属于施瓦茨家族。一战结束后，社会经济开始蓬勃发展，公司也实现了汉堡、不莱梅、莱比锡和柏林之间的货车运输整合服务，实现零担运输业务定时发车。

1971 年，为满足次年在格平根新建全国性枢纽中心仓库的需求，公司引入电子数据处理技术。1984 年，Wackler 公司在柏林成立了 Fritz Hänsel & Sohn 运输公司。1986 年，Wackler 公司顺应时代发展，引入仓储、及时配送以及根据外部资源计划确定供给等服务，逐渐形成现代物流的基础。

1992 年，Wackler 公司通过欧洲标准质量管理体系认证，实现了斯图加特和乌尔姆之间标准化货运管理。1993 年，作为股东之一，联合其他 6 家企业共同建立货运在线联盟。1995 年，Wackler 和 Würfel 共同成立了物流公司 Garant Spedition und Logistik GmbH，并于 1997 年研发出“CEPRA”系统，使得追踪每一单货物踪迹成为可能。2003 年，货运在线联盟在“CEPRA”的基础上开发出“CEPRA Ⅱ”，使软件的实用性更强。2007 年，为应对互联网业务，公司新设“elogX”。

（三）参与创建 Cargo Line 联盟的背景

20 世纪 90 年代，随着德国货运市场的放开，市场竞争愈发激烈，残酷的价格竞争对中小物流企业造成了很大的压力，破产或被大型企业收购现象频发。

而德国的企业绝大多数为家族企业，它们占德国企业数量的 95%，其产值占德国 GDP 的 4%，解决了德国 75% 的就业问题，其中 100 年以上的家族企业达数千家。在德国家族企业的理念中，宁可公司规模不大或利润不高，但是延续企业的独立存在是它们的底线。为了能够生存下去，Wackler 公司联合其他 6 家中型物流企业，决定联合起来开展运输服务，降低运输成本，提高竞争力，以应对大型物流企业的竞争，随之货运在线联盟于 1993 年成立。

在成为股东企业还是一般加盟企业的问题上，Wackler 公司负责人认为，股东成立联盟的目的，除了希望提高竞争力以外，并不是通过成立联盟来赚更多的钱，而是希望能够有更多的表决权，在联盟日后的发展中，能有更多的话语权，从而做出相对于自己更有利的规划或决策。

（四）与货运在线联盟的组织关系

起初，对于 Wackler 公司与其他货运在线物流联盟中的企业成员来说，重要的是维持着合理数量与稳定业务量，保持公司独立并彼此平等，同时避免互相地竞争。

随着业务的发展,联盟也开始鼓励加盟企业在特定领域中的优势扩张,但联盟要求所有企业都做出承诺,如避免价格竞争等,以维持一个封闭的制度;同时所有成员间还要建立密切的网络互连,并只有在特殊情况下才会与第三方合作。以这种方式,包括 Wackler 公司在内的货运在线物流联盟中的企业可以在最少的托运必要条件下保持网络稳定和成本效益。

无论 Wackler 公司还是其他物流企业,都有自己的一般货运网络,联盟运作模式是相对松散的,Wackler 公司与其他各成员之间没有隶属关系,这也是德国物流企业走向联合的主要方式,各成员之间的责任和义务由一系列框架性文件、合同进行制约。Wackler 公司与其他成员之间的运作、发展以及纠纷的调解均由货运在线联盟具体负责。

(五)加入联盟所带来的收益

1. 实现服务延伸

Wackler 公司与其他联盟成员一样,本身就是区域性的物流企业,但是通过联盟,Wackler 公司实现了对不同行业大中型企业客户的有效融合,建立了稳定的关系。而针对具有复杂要求、多住址或是大批量运输的企业提出的运输服务,Wackler 公司可以通过联盟内企业协作,不同地区之间加盟企业代为配送等,可在独自签约条件下依旧能够实现完备的货物运输。例如 Wackler 公司的大客户梅赛德斯奔驰将其部分物流业务外包给 Wackler 公司,Wackler 公司便可依靠货运在线联盟功能健全以及统一的流程实现货物的高效运输。最直观的效果就是使得 Wackler 公司的服务范围可以得到延伸,从而吸引更多的客户,增加业务量和市场占有率。

2. 从建立的货运枢纽站场中获益

上文中提到的货运在线联盟进行轴辐式运输时的枢纽中心,其中位于格平根的枢纽就是由 Wackler 公司建设并拥有。该枢纽毗邻德国 A4 高速公路,是耗时 8 个月、总投资大约 13 亿欧元、面积约 41000m^2 的现代物流枢纽。其中转码头有 5700m^2,建有 74 处固定装载设备,以及共计 6300m^2 的高层货架仓库并拥有 9800 个托盘位。在满足自身需求的同时能有效地支撑联盟的货物中转、仓储等服务,并从中获益。

联盟规定,每一个加盟伙伴企业就所需服务或运输都需支付一定的费用,如此规模的货物流为 Wackler 公司创造了不少的收益。同时需要说明的是货柜或者托盘都是标准化的,所以结算相对容易。但并非都是依照标准化的货柜或是托盘进行收费，对于诸如高价值物品，这些货物会按照产品分类中的特殊物品进行收费。

3. 通过合作运输获益

Wackler 公司与联盟中其他物流企业的主要合作业务就是零担货物运输，所以 Wackler 公司通过与联盟企业之间的合作，有效地优化了运输组织方式，降低运输成本。Wackler 公司可以选择将货物直接送到另一联盟企业成员那里，由该企业负责货物的配送。这种情况一般用于中、短距离货运。而如果 Wackler 公司和其他联盟企业有以彼此为目的地的货运活动，则它们直接将货物运到两者所在地的中间商定位置，然后交换货物，各自运输对方的货物回来，并负责配送，此种方式一般适合长途运输。而对于长距离单向货物运输，也就是没有回程货物的情况下，Wackler 公司可通过铁路将货物发出，由其他联盟成员从铁路货运站接货，并负责配送。

（六）共享联盟的物流信息系统

Wackler 公司从货运在线联盟中获取了完善的信息交换处理系统，主要包括国际物流信息平台、国内物流数据交换中心、收费结算中心和货物跟踪查询系统。

国际物流信息平台“AX4”：国外的合作伙伴通过“AX4”平台将货物信息传送到国内物流信息交换中心，在那里货物信息将会被分类处理，一旦有与 Wackler 公司相关的业务，则信息会继续传送至 Wackler 公司的信息系统中。

信息交换中心：它们位于联盟的系统中心内（Wackler 公司的格平根中转中心也设有该设备），是整个信息系统的心脏，各联盟企业成员之间利用其进行货运信息处理、交换、传递以及结算。

货物跟踪和查询系统“CEPRA Ⅱ”：客户可以通过互联网登陆该系统，也可以将该系统和企业自身的信息系统对接，对货物的运输状态进行实时查询。Wackler 公司使用该系统的原因在于“CEPRA Ⅱ”有更强的透明度，可以准确反映业务合作的每个细节，对 IT 基础设施具有良好的兼容性，可以和更多的公司、组织实现系统对接，具有实时自动反馈功能，能够使运输组织更有效。

案例 24：24 加（24Plus）——覆盖全德辐射欧洲的中小物流企业联盟

规模相对较小的 24 加（24plus）是德国中小物流企业联盟的典型代表，在地域分布上覆盖全德国、辐射至整个欧洲范围。24 加有着与 Cargo Line 相似的发展模式，但在成员组成结构和联盟内部权力分配上有着自己的特色。企业联盟帮助中小物流企业拓展市场,降低成本,并有效推动整个德国物流业的发展,是德国道路货运市场中的重要组织形态。

一、联盟的发展概况

(一)联盟简介

24 加(24plus)是德国一家物流企业联盟,创建于 1996 年,由 35 家中小物流企业组建成立,目前拥有 66 家联盟企业成员。在地域分布上,51 家联盟企业位于德国境内,15 家联盟企业位于欧盟其他国家。联盟成员主要经营业务为零担货物运输,2011 年,通过该联盟操作的运输业务超过 703 万件,货物总计 174.95 万 t,营业额 4.465亿欧元。

联盟目前拥有货车 1800 辆(其中长途货车 1100 辆),装载容器 4000 个。联盟网络公司拥有物流站场面积共 42 万 m^2,存储面积 30 万 m^2,包装商品的中转区域 12.5 万 m^2。截至目前,24 加企业成员共有员工 5000 人,其中实习生 459 人。

基于基本的散货拼箱业务(LCL),24 加开发了创新的物流增值服务,为 24 加合作伙伴的客户带来更多的实际利益。这些服务产品的性能都有严格的定义,许多产品可以彼此结合。

24 加的特色服务产品介绍

(1)24plus Standard:24 加物流网络的核心服务,代表 LCL 业务的高可靠性和高控制性。

(2)24plus Speedtime:针对限定时间和日期的货物,其中包括 Speedtime 8、Speedtime 10、Speedtime 12 、Speedtime NextDay、Speedtime FixDay 等子产品。

(3)24plus Speedtime Europe:欧洲范围内的交付时间限制。

(4)24plus International:欧洲国家运输系统网络集成服务。

(5)24plus Parcel:为所有小商品提供包装服务,并在德国和欧洲范围内实时追踪。

(6)24plus Prolog:采购物流系统、客户维护系统。

(7)24plus Safety:针对易碎品和高价值货物物流服务。

(8)24plus SeaCargo:为全球范围内进口和出口订单提供完整的个性化服务。

(9)24plus CashService:货到付款服务。

(10)24plus Thermo:热链运输,保证所有天气环境中的无霜运输。

(11)24plus EasyReturn:付货后可及时退货。

(12)24plus ExtraTime:着眼于多班制并在周末加班的公司和想要晚上以及周六收货的客户,代表晚上9时前以及周六上午8时至12时按时交货。

(二)联盟产生的背景

德国物流企业联盟发展起步于20世纪80年代,成长于20世纪90年代,发展于21世纪。20世纪80年代共成立6家联盟,20世纪90年代成立25家联盟,2000年后成立4家联盟,而且各个联盟都获得了快速发展。德国物流企业联盟的快速发展一方面是物流业集约化发展的内在需要,另一方面也有其深刻的外在背景,如物流公司的日益壮大、市场的逐步开放以及竞争的加剧等。

(1)德国物流公司的快速发展。德国的物流公司发展起步于20世纪80年代,能够提供仓储、中转、运输以及增值服务,如理货、包装、预装配、呼叫中心、回程货物处理、价格标签等,主要从事货运组织,在道路货物运输环节中发挥着重要作用。提供零担运输、包裹运输及国际货物运输等服务的企业纷纷发展壮大,物流效率及效益进一步提高。

(2)物流市场的逐步开放。从20世纪80年代中期开始,德国逐步实行物流市场自由化,其历程大致为:1985年开始提出运输服务自由化;1993年初价格管理全部取消,包括定价、价格体系;1994年欧共体跨国运输限制取消;1997年底市场准入限制完全取消;1998年短途、长途运输、搬家运输的划分方式取消;到1998年德国基本上实现了运输市场的自由化,只是对用整备质量大于3.5t的(包含挂车)从事经营性道路货物运输的车辆实行准入许可和强制保险,其前提是专业知识、诚信、资本能力(确保竞争能力、运输安全、环境保护)。到20世纪90年代末,基本实现了自由化。

(3)市场竞争的加剧。由于市场开放、燃料价格升高、运输成本提高、欧洲东扩以及企业并购潮的兴起,德国货运竞争日益激烈,特别是中等以下规模企业生存压力逐渐增大。为拓宽运输服务网络,有效利用资源,降低物流成本,提高客户满意度和市场竞争力,越来越多的物流公司走向了联合。

（三）联盟发展的主要历程

24 加成立于 1996 年，有着丰富的发展历程，16 年来一步一个脚印走到了今天，以下是自联盟成立至今每一年度的标志性事件。

1996 年，32 家德国最优质的货运代理机构走到一起，共同创建 24 加零担货运网络，总部位于法兰克福。

1998 年，创建客户和员工杂志；24 加官网上线；推出第一个特色产品“24plus Speed”；在豪内克寻找并购买 47500m^2 的空间作为枢纽中心。

1999 年，24 加首先采用扫描技术；推出“24plus Speed”的后继产品“Speedtime”；同年 12 月份完成新枢纽中心的建设。

2000 年，荷兰芬洛的 VTE（目前新名称为 KLG）作为第一家外资企业加入联盟；1 月2 日中心枢纽移至豪内克，一开始就被视为欧洲最现代化的普货运输处理中心之一，时至今天仍然保留这一地位。

2001 年，来自奥地利的 Lagermax 加入联盟，其在萨尔茨堡的公司成为联盟在欧洲南部和东南部的枢纽；推出新产品“Sea Cargo”；瑞士和比利时的运输代理企业加入 24 加；实现年度营业额 2.021 亿欧元。

2002 年，德国南部和北部的两个区域中心加强联盟枢纽中心；来自法国的 Alloin 公司加入联盟；注册吨位从 2001 年的 108.9 万 t 增加至 130 万 t 以上；完成营业额 2.235亿欧元。

2003 年，24 加服务系统得到 ISO 9001：2000 质量管理体系认证；开发基于互联网的“24plus Prolog”。

2004 年，采用数字化的“Claim X”理赔方法；实现营业额 2.483 亿欧元；完成超过 540 万件总计 1436943t 货物交换。

2005 年，营业额达到 3.021 亿欧元，同比增长约 22%；托运货物量由 540 万件增加到 610 万件，增长 13%；注册吨位增加至 158.783 万 t，增长 10.5%；来自斯堪的纳维亚半岛、波兰、捷克和斯洛伐克新的合作企业加入联盟；推出针对高价值货物的服务产品“Safety”（安全）。

2006 年，由于欧洲化和国际化，“24plus Systemverkehre”更名为“24plus logistics network”（24 加物流网络）。

2007 年，完成 2006 年开始的第二代“货物跟踪和追查”项目；推出 3 款新产品：“24plus Cashservice”（货到付款）、“24plus Easy Return”（付货后可及时退货）、

“24plus Extra Time”(晚上9点前以及周六上午8点至12点按时交货)。

2008年,扩建位于豪内克的枢纽中心,作业区从3850m² 增加至5200m²,作业能力从每小时180t升至每小时250t,装卸平台的数量从29个增加至104个,新的装卸平台是新的合作伙伴加盟注册的前提条件;枢纽控制中心配备新开发的总投资金额为250万欧元的调度软件,每晚可完成1000t货物管理。

经济危机影响实体经济,2008年第四季度物流市场全线崩溃,这表明2008年扩建枢纽中心的决定是正确的;利好消息是2009年5月24加作为德国第一个LCL联盟,与纯粹从事海运的Ecu-Line(傲航国际货运代理)公司建立紧密的合作伙伴关系;2009年9月1日法国GEFCO(捷富凯)国际物流集团加入24加,该集团所在地斯特拉斯堡是法国的枢纽中心;10月1日,GEFCO的两个子公司Gross-Gerau(大盖劳)和Wuppertal(乌珀塔尔)成为24加在德国境外的法国区域中心。

2010年,巩固和扩大欧洲的物流网络(这段时间集中于欧洲南部),迎来两个新的合作伙伴,4月1日,Somat AG公司加盟,加强了24加在保加利亚的物流活动,同时罗马尼亚的KLG Europe Logistics S. R. L. 加盟。

2011年年初,德国国内3个24加枢纽中心:位于豪内克的总中心、位于德国南部路德维希堡的区域中心和位于德国北部的朗根哈根/汉诺威的区域中心被全部转移到一个集成的IT平台;第一季度,24加决定投资新一代的扫描仪,再次成为跟踪和追踪货物领域的先驱。

2011年,24加首次突破2008年创下的700万件货物运输的记录,完成货物转运量1749500t,同比增加6.2%。2011年24加联盟营业额为4.465亿欧元,略低于创纪录的2008年。2012年24加销售额增长4%。今天,24加已经成为一个具有核心竞争力和综合集运服务能力的国际合作组织。

二、联盟发展策略

(一)联盟运作的体系内容

1. 权力机构

24加物流企业联盟成立了具有法人地位的24加物流网络公司作为实体机构,现有14名员工。24加物流网络公司具体负责联盟的运作、发展、成员之间纠纷的调解,通过制定服务条款和条约来规范联盟企业间的合作。主要包括统筹中央枢纽的转运(协调24加物流枢纽的运营商合作),产品开发,集团市场营销和通信,系统网络的地理性、服务品质扩展和IT项目。在费用结算上,所有的企业成员所缴纳的固定费用和每笔业务的变动费用都是平等的。

此外,在必要时,网络公司会为企业成员提供业务培训、软件和系统集成、法律和管理顾问、专利律师、人才开发等多项服务。网络公司的14名员工全部熟悉了解公司的所有业务流程,具有很高的工作素质,其中有11名老员工已在该公司工作12年以上。

24加由66家会员企业组成,其中35家是股份制会员,31家是契约式会员。35家股份制会员企业必须为联盟提供其所有资源,契约式会员企业提供部分资源。除35家股东企业外,其他各成员和24加公司没有隶属关系,充分享有自主权,企业成员之间除相关业务按照契约进行合作之外,自身经营活动是完全独立的。联盟每年召开两次会议,要求所有企业成员参加,但只有股份制会员有决定权,契约式会员要成为股份制会员,必须征得全体股份制会员的同意。

2. 运输组织

24加企业成员通过联盟的运输网络可以组织两种模式的运输,一是通过运输网络枢纽实现轴辐式运输,二是任意企业成员之间的直达运输。

1)轴辐式运输

联盟位于豪内克的货运中心建立于1999年,并在2008年进行了扩建,便捷的交通条件和强大的中转能力使得它仍然是欧洲最先进的普货处理中心之一。目前该枢纽中心占地6万m^2,拥有作业空间5200m^2,装卸平台104个,每小时可处理货物250t。

该枢纽是联盟的中心设施,联盟安排专门人员通过信息网络中心负责联盟枢纽中心(豪内克货运中心)的转运工作,协调货物中转分拨流程:卸载、扫描、配备叉车到正确的装卸平台、快速临时停车、第二次扫描、小心装载、保护所载货物等,确保操作准确。每天晚上24加枢纽中心要分拨将近800t、超过4500件拼箱货,这些都必须在夜间10:00至凌晨02:00之间处理完成,02:00以后是运输时间。短短几个小时内,会有多达70辆货车抵达,卸货,重新装载其他货物后并驶出。24加的枢纽中心及辐射情况如图9-12所示。

图9-12　24Plus实现轴辐式运输示意图

为了缓解位于豪内克的中央枢纽的负载,24 加在德国设置了两个区域中心,以优化运输路线。南区域中心坐落在斯图加特附近的路德维希堡,是 24 加的企业成员 Kunzendorf Spedition 的子公司。北区域中心位于汉诺威附近的朗根哈根,是 24 加的企业成员 Ritter Logistik。每一个区域中心都有与中央枢纽相同的作业流程及 IT 设施,都为德国及欧洲的企业成员提供相同的服务。

在过去几年中,轴辐式运输比例为 20% 左右。2011 年通过联盟货运中心中转货物 31 万 t,约占 18%,平均每晚处理货物超过 800t。在朗根哈根和路德维希堡的两个区域中心平均每天分别处理约 200t。

2)直达运输

企业成员间的直达运输是处理 LCL 货物的最经济选择,24 加的企业成员使用彼此间物流设备完成大量的直达运输,平均 80% 货物运输量都是通过企业间直达运输实现的。2011 年联盟企业成员间通过直达运输完成货运量 144 万 t,占总货运量的 82%。

3. 资源配置

联盟内部通过资源共享的方式,使物流企业能够实现资源和信息共享,进行优势互补。24 加物流联盟优化资源配置的具体措施主要包括:通过设立国际性、地区性和区域性货物中转中心实现了储运资源共享;通过联盟成员间货物相互代为配送,实现配送资源共享;通过建立完善信息交换处理系统,使各成员企业之间利用其进行货运信息处理、交换和传递,实现物流信息系统共享等。

通过资源和信息共享使联盟企业成员的服务范围可以进行无限制的延伸,显著增加了业务量和市场占有率。

(二)联盟运作的支撑条件

24 加将所有的企业成员都集成在统一的信息网络上。通过联盟运作的每批货物均有电子记录,并且对包装的各个阶段进行监测,所有的装运数据都被实时的整合到 24 加数据库内。联盟还负责联盟企业的货物信息实时更新、货物运输管理和统计等,并能实现对货物运输的全程监控和实时追踪。另外,联盟给成员及客户提供了一个覆盖整个欧洲并且有零担运输固定时间表的网络,客户可以将货物信息发布到联盟在欧洲的每一个物流网络点,并且能够保证货物的交付时间。

24 加其他 IT 技术

(1)货物实时跟踪与追踪;

(2)管理信息系统;

(3)数字化货物损失记录;

(4)客户维护系统;

(5)移动化智能跟踪应用程序。

三、发展经验与启示

24 加联盟通过成立具有独立法人资格的实体机构,负责联盟的运作、发展、成员之间业务的合作以及纠纷的调解;通过设立国际性、地区性和区域性货物中转中心,实现了联盟内部储运资源共享;通过联盟成员间货物相互代为配送,实现了配送资源共享;通过建立完善信息交换处理系统,实现了物流信息系统共享等。上述做法,有效延伸了联盟成员的服务范围,使物流企业的业务量和市场占有率也得到了稳步提升。

中小物流企业不能像大型物流企业那样凭借雄厚的资金实力进行规模扩张,但通过组建物流企业联盟有效扩展了中小物流企业的业务种类和业务范围。联盟在帮助中小物流企业拓展市场,降低成本,提高物流效益的同时,也极大地提高了德国道路货运业的组织化、网络化、信息化、标准化程度,现已成为德国道路货运市场重要的组织形态。

从整体上看,我国物流企业的发展还处于初级阶段,整体规模比较小,按照物流企业分类与评估指标国家标准,90% 以上都属于中小型物流企业,主要靠传统市场和客户维持生存,在激烈的市场竞争中艰难挣扎。为了满足多样化的物流需求,应对激烈的市场竞争和经济全球化等市场外部环境的深刻变化,我国的物流企业也拥有建立联盟的根本动力,但作为市场主体的中小物流企业,成立的联盟却不多,成功的更少。

不可否认,联盟模式本质上是一种企业市场行为,但结合我国当前发展实际,同样需要政府采取综合措施加以有效引导,为建立完善以大型龙头企业为骨干、广大中小企业联盟为主体、小型个体运输业户为补充的物流市场格局,加快形成具有我国特色的中小企业联盟发展模式提供重要保障。目前亟待开展的具体举措包括:加强有关制度、运营模式及配套政策研究;加快物流信息平台建设;加快公共服务型物流园区建设;充分发挥行业协会作用;积极开展中小物流企业联盟试点工作等。

四、从加盟企业视角看联盟——Oetjen 物流公司

(一)Oetjen 简介

Oetjen 是 1954 年在德国成立的运输公司,业务主要集中在德国北部,服务半径 200km。公司在德国北部有 90 多辆冷藏车和其他 12 个承包商资源,是德国北部覆盖面最大的物流公司。

目前 Oetjen 公司拥有 90 多辆运输车辆,600 个物流客户,大部分是小型的生产企业,只有两家大企业(占营业额 5%)。其中 2/3 是固定客户,1/3 是变动客户,多数是在不莱梅生产和办公的中小企业,业务比较稳定。

(二)与 24 加的合作

Oetjen 物流公司 2008 年 1 月加入 24 加,并在 2010 年 11 月 18 日成为联盟的股东(股份制会员)。Oetjen 物流公司的典型业务是将当地的产品出口到国外,主要与联盟内其他企业合作,进行企业间直达运输,拥有 24 个直达运输线路,如图 9-13 所示。“合作”及“联盟”是公司的主要运作模式,通过与联盟其他企业成员之间采取货物转运的方式,扩展企业的运输服务网点和运输服务半径,达到优势互补的目的。通过企业之间的交流确定主要服务范围,解决更多领域的深层次合作。

Oetjen 通过 24 加的物流网络和全国的 25 个物流公司进行直接合作,是德国北部大部分地区分销及物流商的合作伙伴。基于这个全国性的分销和物流网络,Oetjen 物流公司形成了自己的分布结构。

国际货运方面,Oetjen 拥有 24 加所涉及的 16 个国际合作伙伴的通关服务。货物运输与分布在奥地利、意大利、波兰、瑞士和荷兰的合作企业保持直接联系。在欧洲其他国家的国际合作伙伴业务通过 24 加的网络进行解决。对于这些地区的零担和整车运输,Oetjen 物流公司拥有长期具体的合作伙伴关系和到达其他目的地的可靠运输通关服务。

(三)德国特色——同时加入两个联盟

早在 2000 年 Oetjen 物流公司就已经成为 Dialog 物流联盟的企业成员。Dialog 物流联盟是一个以品牌为导向的中小型物流企业联盟,专业运输巧克力产品,在国

内和国际上共有 49 个合作伙伴。所有合作企业均有特殊存储与运输车辆,从事纯净食品的运输服务。

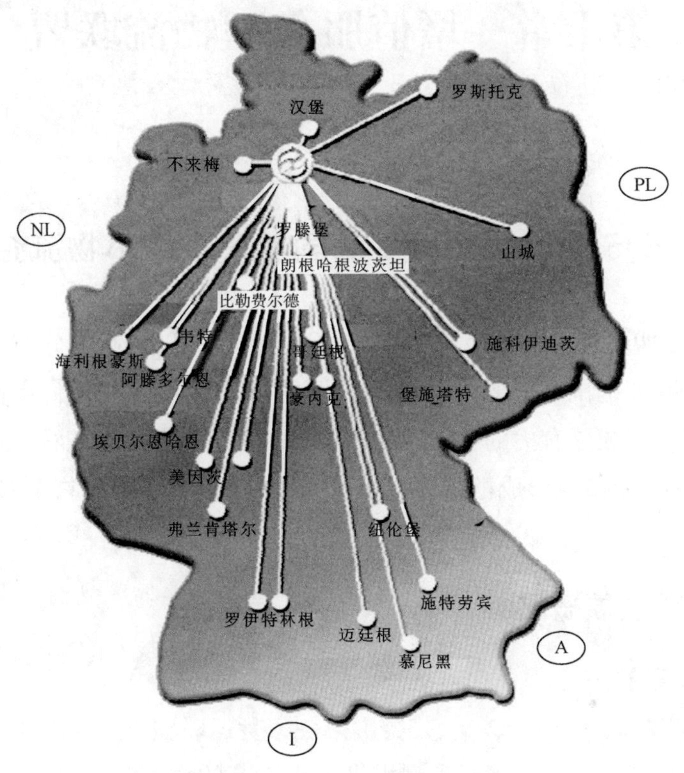

图 9-13 Oetjen 与联盟其他企业间的直达运输线路

在加入 24 加之前,Oetjen 物流公司共有包括 Dialog 物流联盟在内的 3 个联盟背景,这在德国是很普遍的情况,很多企业同时加入多个联盟,彼此间的业务不存在竞争关系。2007 年,Oetjen 物流公司为了加入 24 加放弃了另外两个有业务重叠的联盟合作背景,但其仍然是 Dialog 物流联盟的成员。

第十章　增值服务型物流联盟

案例25：IDS物流联盟——德国第一家中小物流企业联盟

IDS物流联盟是德国成立最早的中小物流企业联盟，其业务分布已覆盖全德国并辐射至整个欧洲范围。联盟采用由点成网的模式，即通过仓储、货物的收发点等节点和运输线路形成强有力的物流网络，提高物流服务覆盖面，缩短运输时间，降低成本；同时利用各个节点形成枢纽辐射系统，有效缓解地区间货物不对称状况，提高运输实载率。

一、联盟的发展概况

（一）联盟简介

IDS物流联盟成立于1982年，是德国第一家货运联盟，于1987年开始承担零担运输业务。其他各公司都按不同类型提供大小不等的物流基地，分布在德国不同部位。IDS物流联盟由10家股东组建，包括8个中等规模的货运代理公司和丹麦的德夫德斯国际货运公司（DSV）及瑞士的德迅物流集团，共同出资成立了具有法人地位的实体机构——IDS股份有限公司，这是联盟运营的协调机构，同时负责联盟信息系统的维护、公共服务规则的设计和维护。联盟总部位于德国中南部阿沙芬堡附近的小奥斯特海姆（Kleinostheim），截至2012年年底，联盟成员数量45个，在德国拥有10个大型货运中转中心和35个小型货运站。IDS物流联盟在德国具有强大的物流网络，在欧洲范围内也拥有最高的物流服务水平。IDS物流联盟标识如图10-1所示。

图10-1　IDS物流联盟标识

IDS 物流联盟的业务经营范围主要包括零担运输、快递运输、空运和海运、B2C 的物流服务等。在德国,30kg 以下的包裹运输是快件运输;31 ~2500kg 的货物运输是零担货运,零担货物平均质量 250kg,平均运距 300km,零担货运是联盟的主营业务;2501 ~6999kg 货物运输属于大宗运输;大于 7t 的货物运输为整车运输。

IDS 物流联盟 2012 年有 6181 位员工;挂车(可拆卸货箱)5025 辆,2526 辆牵引车,其中 13.6% 是自有车辆,其他是社会车辆。大型运载车辆 1001 辆,LRVS 小型舰船 2526 只;仓储中心 43 个,平均面积 6983m^2,转运中心 5025 个;出货 1120 万件,年运量 300 万 t,其中国内运量 250 万 t,在德国零担运输服务提供商中排名第二;营业收入 1.71 亿欧元,其中国内陆运 1.138 亿欧元,国际物流 0.513 亿欧元,其他活动收入 0.061 亿欧元,在德国零担运输服务供应商中排名第二。IDS 物流联盟 2012 年运营数据如表 10-1 所示。

2012 年 IDS 物流联盟运营的实际数据 表 10-1

项　目	数　据	备　注
员工	6181 名	
总运量	300 万 t	其中:国内 250 万 t
转运中心	5025 个	
大型运载车辆	1001 辆	
LRVS 小型舰船	2526 只	
营业收入	1.71 亿欧元	其中:国内陆运 1.138 亿欧元
		国际物流 0.513 亿欧元
		其他活动收入 0.061 亿欧元

IDS 物流联盟拥有创新的产品,统一的服务标准,全面的服务。无论是国内的还是欧洲范围的拼箱业务,都能为客户提供准确的交货服务,快递、配送或采购高品质的商品。所有的 IDS 物流联盟服务以及诸多产品都有明确的规定。

IDS 物流联盟的产品服务介绍

(1)IDS ONE DAY:普通货物,运输服务标准化程度达到 96%,所有包裹均依据条形码进行识别。

(2)IDS GARANTIE:严格交货时间,德国范围内的物流交付时间保证在收货后下 1 个工作日到达。

(3)IDS HIGH VALUE:最安全,进出口食品的损失率低于 0.009%,IDS 物流联盟仓库中的全部货架均进行视频监控。

(4)IDS BELOG:集中采购,运输信息透明化。

(5)IDS FIX:按照客户指定的日期交货,并通过 IDS 物流联盟的系统总部进行质量监控。

(6)IDS B2C:为零售客户提供可靠的货物交付,实时追踪货物。

(7)IDS DI Yund Gartencenter:全面而强大的物流信息网络,实时跟踪,污染排放减少。

(二)联盟发展的主要历程

自 1982 年以来,IDS 物流联盟逐渐发展为德国较为强大的物流联盟之一,在欧洲范围内也拥有最高的物流服务水平。30 多年来,IDS 物流联盟取得如下主要成就。

1982 年,在汉堡成立了物流联盟。

1987 年,在德国普货物流市场仍然是相关标准的制定者,IDS 物流联盟高品质产品 ID ONE DAY 开发成功。

1989 年,利和物流有限公司在商业注册处登记,开始运营,并在比勒费尔德设立了第一家物流中转站。

1990 年,IDS 物流联盟通过新合作伙伴的加入,打开了新联邦州物流网络。

1992 年,欧洲对东欧的 ILS 东航线开通,使物流网络延伸至东欧地区。

1993 年,IDS 物流联盟通过 DIN ISO 9001 IDS 质量保证体系认证。

1994 年,引进条码扫描技术。

1996 年,实现客户对货物运输全过程的实时跟踪。

2001 年,以互联网为基础的中央信息系统(IDS ZAS. DE)和发货扫描电台(Funkab Lieferscannung)启用。

2003 年,在新石启动了 IDS 物流联盟的转运中心。

2005 年,采用移动数据采集设备进行货物在线交付扫描和提交,运输车辆达到 2500 辆。

2007 年,IDS 物流联盟成立 25 周年,并开拓高价值货物运输业务。

IDS 物流联盟的组建是中型货运代理的创新,再加上联盟股东 DSV 和德迅物流集团的资金实力,在德国境内已具有强大的物流网络,在欧洲范围内物流服务拥有最高水平。

二、联盟发展策略

(一)联盟治理结构

1. 合作方式

IDS 物流联盟 10 家股东作为品牌所有者与加盟商,签约时非常注重联盟发展的稳定性,股东成员解约要提前 2.5 年提出申请,到目前为止还没有退出的联盟成员。合同非常注重货源保护,不能异地揽货,防止压价自相残杀。

IDS 物流联盟的企业成员在同 1 个地区只有 1 家,不允许异地揽货,从而达到充分的合作。为了维持联盟的运作,每个物流网点缴纳 3000 欧元/年。联盟还负责管理挂车,并对每辆挂车进行扫描,以确定破损责任。

IDS 物流联盟有效运作的根本原因在于利益:(1)单个企业无法维持大规模物流网络的正常运营;(2)企业有合作倾向;(3)联盟可花小钱办大事、保证车辆双程有货运输;(4)德国工业分布均匀,利益相对平衡,是维持联盟的有利条件。

2. 合作伙伴准入制度

德国物流企业联盟在成员的选择上有较强的针对性,企业加入联盟需要满足一系列的约束条件。

IDS 物流联盟要求成员必须拥有丰富的零担运输经验及完善的地方运输网络;每个地区只确定一个加盟企业,避免联盟内部竞争;加盟企业经营资质要通过 ISO 9001、ISO 14001 认证;同时要求加盟企业有强烈的合作意向。

3. 联盟的合作要求

IDS 物流联盟是非政府主导的企业自主联盟,通过联盟提升了企业竞争力。所有 IDS 物流联盟的合作伙伴均要求使用统一的系统。每个加盟企业每年缴纳 3000 欧元,作为联盟的维持费用。为了共同的品牌形象,要求所有股东企业旗下 50% 的车辆带有 IDS 物流联盟标志,50% 使用自有标志,加盟的企业车辆大多使用 IDS 物流联盟标志。如图 10-2 所示。

图 10-2　IDS 物流联盟的运输车辆及标志

4. IDS 物流联盟的合作伙伴

目前,IDS 物流联盟有 45 个伙伴成员,以及均匀分布于全德的 10 个大型货运中转中心和 35 个小型货运站,拥有强大的物流网络。IDS 物流联盟的区域分布如图 10-3 所示。

图 10-3　IDS 物流联盟的合作伙伴网络分布

(二)联盟运输组织

1. 转运工作流程

所有 IDS 物流联盟合作伙伴均使用统一的网络软件。主要包括订单处理(IDS-ORDER)和中央信息系统(ZAG)。ZAG 还可帮助客户自行打印投递证明。

客户网上下单,填写品种、地址、客户名,ZAG 通过手持终端派驾驶员上门取货,取货后进行信息扫描,按目的地分入仓库特定区域。装货时再次确认目的地并进行加封,确保中途不被打开。到达目的地区后,启封并再次扫描收货,最终通过载货汽车交付客户,并由客户在手持终端上扫描签字。系统给收件人和发件人提供运单号,客户可凭运单号在网上查看物流状态。

联盟还有3个为所有合伙伙伴服务的公共枢纽站,为货运量薄弱地区的合作伙伴提供转运服务。其中一个中央枢纽位于黑森州的新石(Neuenstein),另外两个是克赖尔斯海姆(Crailsheim)附近的萨特尔多尔夫(Satteldorf)南德转运站,和汉诺威附近的朗根哈根(Langenhagen)北德转运站,朗根哈根北德转运站还兼任斯堪的纳维亚地区的运输枢纽站。零担业务一般下午收货,夜间进行枢纽间的运送。所有满载车辆直达目的地货场,非满载车辆则行驶至枢纽站完成补货后直达目的地货场。

2. 德国的拼箱网络

IDS物流联盟货运网络采取特许经营制度,特许人是阿沙芬堡附近的小奥斯特海姆(Kleinostheim)——IDS物流联盟的总部,这是IDS物流联盟的核心。

IDS物流联盟总部的主要任务是:产品开发、关键客户管理、管理新石中央枢纽运行、质量管理、信息技术应用程序的开发和运行、开拓市场营销和公关网络、集中采购及公司间账目管理、发展战略和集疏运网络的扩张、员工教育与培训。

新石是IDS物流联盟的中心枢纽,成立于2003年,地理位置优越,位于多条高速公路的交叉点。目前拥有运载汽车75辆,每晚发送货物约650t,仓储面积5200m^2,办公用房800 m^2,雇员61名,包裹处理能力达每小时1000件,经过了国际食品标准(International Food Standard,IFS)认证。

为了缩短运输距离和保证交货时间,以及缓解新石中央枢纽的物流运输压力,IDS物流联盟设立了两个转运中心,即位于北朗根哈根的转运中心和马鞍村南部的转运中心。

3. 运行机制

联盟企业成员之间在进行业务合作时,按照联盟统一的内部结算价格,使用联盟内部的站场和车辆资源;零担业务按照自有网络覆盖区域优先获得运输业务的原则进行分配;在采购方面也可以获得优惠的价格;通过联盟的信息平台进行业务交流;托盘等设施可以相互交换,车辆可以相互租借;联盟作为一个整体进行市场营销活动。

(三)资源配置

对于同一联盟内的各企业来说,资源配置对于企业未来的发展尤为重要。在德国,联盟内部通过确定内部价格和合作协议的方式,使物流联盟企业成员能够实现资源和信息共享,进行优势互补,扩大服务范围和拓展服务内容。

IDS 物流联盟通过设立国际性和区域性的共计 45 个货物中转中心实现了储运资源共享;通过联盟成员代为配送货物,实现配送资源共享;通过建立完善信息交换处理系统,帮助各企业成员进行货运信息处理、交换和传递,实现物流信息共享等。通过资源和信息共享使联盟成员的服务范围可以进行无限制的延伸,显著增加了业务量和市场占有率。

(四)质量管理

当前物流服务的质量是更具竞争力的因素,它决定了公司的效率和服务品质。IDS 物流联盟要求的是高品质、可靠的和创新的物流服务。

对于 IDS 物流联盟,服务品质意味着对客户履行的承诺,在任何时候,可靠性、准时性是客户所关注的,对于这一点,IDS 物流联盟为每个客户提供精确到天的物流服务,用 3 个等级的内部质量概念进行解释,并获得德国 TÜV 的年度审计认证。

等级 1:定期测量。(1)根据货运数据,每日调查每个转运中心的交货服务;(2)对于所有相关的质量标准,联盟每月进行排名(如损坏,载运能力,交货服务)。

等级 2:活动策划。基于持续的质量保证行动计划,实施物流活动。

等级 3:培训和研讨会。通过专业研讨会以及个人技能、激励和质量培训,推广全体员工的责任和质量意识,进行如确保负载、危险材料的防损及客户服务的研讨会。

(五)联盟运作的支撑条件——信息技术服务

IDS 物流联盟的信息技术服务有利于方便地从事货物运输,确保了运输服务的透明度和灵活性。客户可以直接在系统中快速又安全地获取订单数据。

IDS 物流联盟的所有合作伙伴都集成到了联盟的信息技术系统中,每个联盟车辆配备了最新的技术和移动数据采集设备。每次出货前对所有货物的包装进行电子检测,准时发货。

IDS 物流联盟拥有业务数据集成中心,通过互联网可以进行订单录入,联盟还可以通过信息系统跟踪货物运输过程。

1. IDS 订单网页——订单的录入方便、安全、快捷

IDS 物流联盟拥有基于互联网的订单录入系统,可以方便、安全、准确地录入货物订单,订单信息完全透明。客户可以实时在线查看订单信息。

2. IDS 前端网页——网页上的所有信息均为最新信息

IDS 物流联盟的每辆车辆都配备录入和数据传输的移动数据采集设备。在运输

的每个环节,都会扫描货物上的条形码标签。这样,客户可以在互联网上随时查询货物状态,并实时了解目前货物的动态位置。

3. 智能数据传输的业务系统(BIC)——业务数据集成中心

IDS 物流联盟的业务系统将内部信息数据连接到信息技术系统。只要客户把订单数据发给公司,就可以实现在信息技术系统中的转换和保存。这样的电子数据交换避免了人工录入;消除了多重检测,能够有效预防错误。

三、发展经验与启示

IDS 物流联盟的发展经验,可以给我们多方面的启示。

1. 不断提高的市场需求是物流企业联盟产生发展的强大驱动力

随着现代企业运行方式的发展变革,德国生产企业对物流服务的需求已经从简单的“将货物从 A 运到 B”模式发展到了全方位的物流服务。如保障物流服务低成本高效率运作,以及安全环保等需求,单一的中小物流企业根本无法满足这些要求,只有通过物流联盟的建立才可以有效地满足现代企业对物流服务的各种要求。

2. 合理的加盟制度是物流企业联盟成立的基础

IDS 物流联盟对企业加盟设定准入门槛。它们认为一些企业由于管理水平和自身实力的限制,并不能给联盟的发展做出贡献,相反,低效率的生产运营和低水平的服务质量会降低联盟的整体物流服务品质,给企业联盟带来负面影响,损害联盟形象。从企业角度来看,门槛的设定在给优质企业更多发展空间的同时,会促使物流企业规范化运营,努力提高服务品质,对企业和整个行业的升级发展有一定的积极影响。

3. 治理结构是物流企业联盟运行的核心要素

在管理制度的制定上,IDS 物流联盟日常管理的主要精力集中于企业相互之间的业务往来、整个联盟的服务品质监控、客户关系维护和联盟发展导向上,并不对企业成员的日常业务进行过多干涉。

4. 信息网络平台是中小物流企业联盟的重要支撑

在 IDS 物流联盟内部,物流企业成员通过联盟内部的信息系统实行统一的物流调度。信息网络平台有效地支撑着企业成员间的业务往来和结算、整个服务网络的运力调配、服务过程的信息跟踪、品质控制以及损害赔偿等。同时信息平台也为联盟企业成员间的信息共享提供支持。

案例 26:VTL 物流联盟——以绿色促发展的环保型联盟

VTL 物流联盟是德国第一家也是唯一一家测定货运网络碳足迹的中小物流企业联盟。在整合联盟各个成员运输资源,扩大业务种类和服务范围的同时,坚持以绿色物流的发展理念提供运输服务,在物流作业中实行碳减排,成功地降低运输成本,提高货运效率,帮助实现客户的环保目标,使其在未来货运市场具有独特的竞争优势。

一、联盟的发展概况

(一)联盟简介

VTL 物流联盟的总部位于法兰克福附近富尔达市(Fulda)。联盟的标识如图 10-4所示。联盟创建于 1998 年,由 125 家中小型物流企业组建成立,其中有 94 家位于德国境内,其他联盟企业成员分布于欧盟其他国家,联盟成员主要经营业务为零担货物运输,服务范围覆盖全欧洲(如图 10-5 所示)。截至 2012 年年底 VTL 物流联盟有员工 13000 人,营业额达到 21 亿欧元(如表 10-2 所示)。企业的质量管理通过 ISO 9001 认证,环境管理通过 ISO 14001 认证。

图 10-4 VTL 物流联盟标识

VTL 物流联盟运输网络基本情况 表 10-2

基本情况 \ 范围	德国范围	欧洲范围(除德国以外)
员工人数(人)	>7000	>5000
网点总营业额(亿欧元)	>9	>5

续上表

基本情况 \ 范围	德国范围	欧洲范围(除德国以外)
仓库面积(万 m^2)	84.8	29.6
中转站面积(万 m^2)	20.3	26.3
货运车辆数量(辆)	>3000	>2500
年配送次数(万次)	>800	>800
年运输量(万 t)	>800	>400

VTL 物流联盟的企业成员，凭借自身的实力很难实现高效、低成本的全欧洲物流服务，需要借助联盟的力量，通过与联盟其他成员之间采取货物转运和网络资源共享的方式，实现全欧洲的 10h、12h、次日达等多种服务，拓展了服务范围和空间。

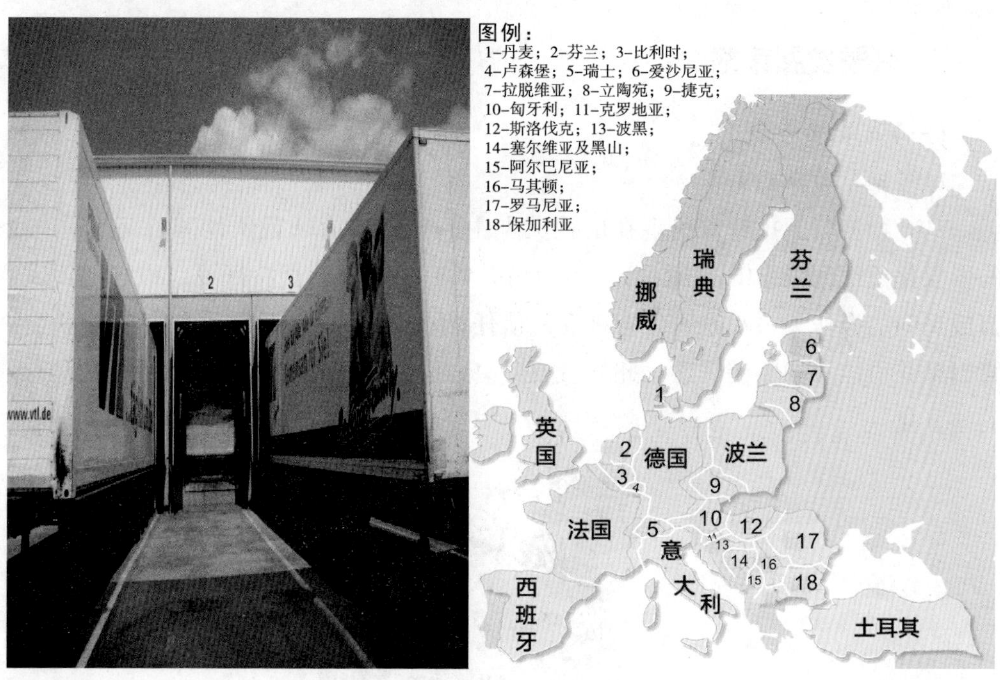

图 10-5　VTL 物流联盟总部场站及覆盖范围

（二）联盟发展

近几年，VTL 物流联盟发展良好，自 2006 年以来，VTL 物流联盟在欧洲范围的合作伙伴从 91 个增长到 124 个。VTL 物流联盟的成长离不开联盟各个部分的协调发展。近年来 VTL 物流联盟在“绿色物流”方面的发展对欧洲范围内的货运网络合作商具有借鉴意义。2006～2011 年 VTL 物流联盟发展情况如表 10-3 所示。

2006～2011 年 VTL 物流联盟的发展情况 表 10-3

指标＼年份	2006 年	2007 年	2008 年	2009 年	2010 年	2011 年	2006～2011 年增长率(%)
场站数(个)	91	100	112	110	118	122	34.1
股东人数(人)	44	45	46	47	46	47	68
发货量(件)	730424	894533	1048609	1068014	1282463	1431344	96.0
总吨数(t)	243917	297100	353804	354223	467555	537956	120.5
营业额(欧元)	26378931	33588846	40118284	39355822	48321860	55817894	111.6

二、联盟发展策略

(一)发展理念

1. 形象化的猫鼬象征

VTL 物流联盟把经常出现在电视荧屏中的猫鼬选为联盟伙伴间货运合作关系的形象化象征(如图 10-6 所示)。因为猫鼬具有的显著社会特征可以很好地代表联盟成员间的合作关系和联盟经营理念。信任、乐于助人和公平性是 VTL 物流联盟一直以来获得成功的关键因素。此外,这种形象还有助于联盟在货运市场中获得有效的差异化。

图 10-6 联盟的猫鼬象征

2. 经营方针

1）服务网络

VTL 物流联盟通过整合多家中型规模的物流企业，建立广泛的运输网络（轴辐式系统），在德国、欧盟及其他欧洲国家为客户提供高标准的普货物流服务。为了确保合作网络的成功，VTL 物流联盟坚持每个合作伙伴必须把自己的运营网络融入到联盟网络中，因此特别重视合作伙伴的选择和现有合作关系的维持。这些都是 VTL 物流联盟在德国高密度网络、生产平台及长期稳定发展的保证，因为每个伙伴的损失都会减弱整个网络的运营效率，提高生产成本的风险。

VTL 物流联盟的每个企业成员都始终如一地追求联盟共同的合作愿景和关键目标。联盟相关战略文件做出的相应规定和说明，对联盟企业成员具有一定的约束力。同时，联盟承担企业应尽的社会责任，支持慈善事业。

2）服务意识

VTL 物流联盟的每个企业成员都具有代表联盟的意识，努力兑现对客户的每个承诺。联盟的服务宗旨是保证物流作业每个环节产生额外的附加价值。VTL 物流联盟十分注重与长期合作伙伴及客户的关系，并能重视生态环境的保护，提供绿色物流服务。

3）重视员工

VTL 物流联盟及其合作伙伴旨在成为对社会有益的企业，十分重视员工工作的安全性、健康及幸福感。联盟秉持以人为本的原则，聘用技术精湛、积极进取且乐于奉献的员工，共同营造一个团结、积极的工作环境。

为提高员工技能，满足客户不断增长的需求，VTL 物流联盟对员工进行定期培训。联盟在其经营理念中特别强调员工的重要性，定期为员工提供培训和医疗服务，鼓励员工不断学习，组织其员工参加当地学校的职业教育培训。

4）互惠互利

互惠互利的信念是联盟企业成员真诚合作的基础，只有通过合作双赢才能保证联盟关系的持续发展。在一般竞争关系中，一方所得到的正是另一方所失去的，反之亦然。然而企业之间通过组建物流联盟，只要合作成功，各方都是赢家。因此，必须转变传统的思维方式，树立双赢的合作观念。

3. 质量管理

面对客户对高质量物流网络的需求和大型物流企业的竞争压力，VTL 物流联盟坚持通过严格的质量管理(如图10-7所示),以客户为导向,积极响应客户需求的方式,提供优质的运输服务。对于联盟的所有合作伙伴,除了实行ISO 9001:2008和ISO 14001:2004认证等基本的质量和环境管理外,VTL物流联盟还实行全面质量管理(Total Quality Management,TQM),这对于提高客户对VTL物流联盟的满意度和物流网络长期的成功运营来说是必不可少的。

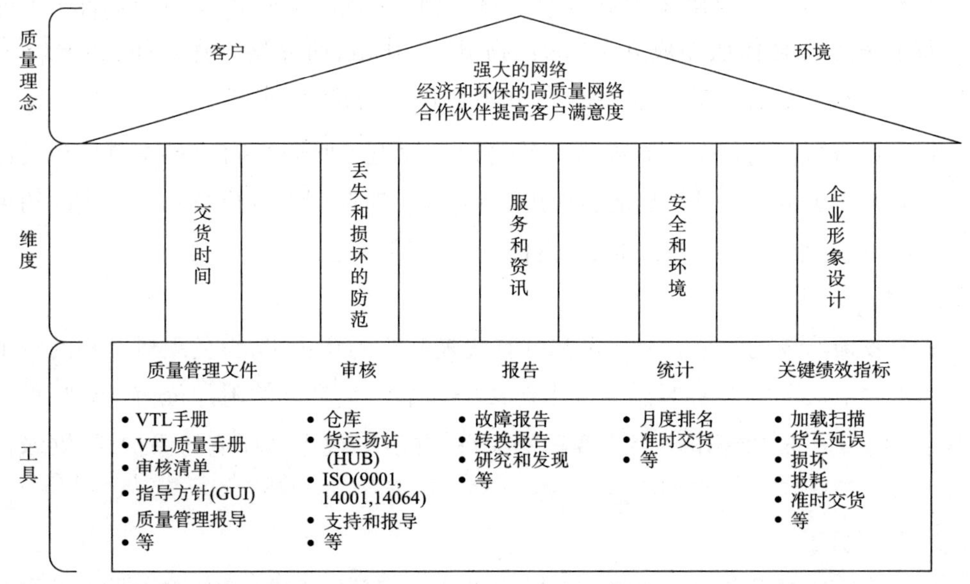

图10-7　VTL物流联盟质量屋

1)质量理念

常见的共同生活品质理念包括以客户为中心理念,环境问题和企业发展模式。减少二氧化碳排放量是当前的主题。VTL物流联盟认为这是一个可持续的发展理念,既可以优化运输业务,提高客户满意度;又可以保护环境,降低成本。

2)质量维度

质量管理上的可衡量性和透明度是VTL物流联盟作业流程和相关关键绩效指标(Key Performance Indicator KPI)的有效保证,例如"交货时间"。

(二)绿色物流

VTL物流联盟是德国物流企业联盟中唯一的一家计算出物流作业全过程中碳排放量并对外公布的联盟,同时获得了ISO 14064环保认证。

1. 环境友好的态度

VTL 物流联盟十分重视在作业过程中对自然环境造成的影响。特别是相对于其他行业,运输行业在温室气体排放方面占据了较大比重。VTL 物流联盟做出了巨大努力,减少对环境造成的负面影响。“绿色物流”在联盟中扮演着重要角色。它并不是盲目跟随潮流,对 VTL 物流联盟来说更多是代表其对未来责任的承担。环境与资源保护的意义不仅仅限于企业层面,还在于联盟的合作水平上。因此,VTL 物流联盟联合其系统合作伙伴成立了“绿色物流”工作组,研究物流相关环境问题及战略,特别是涉及碳足迹和减少温室气体排放制度的讨论、制定和实施。此外,VTL 物流联盟自 2009 年通过 ISO 14001 认证后,不断完善其环境管理体系。该活动范围虽然限于富尔达的联盟总部,但也鼓励企业成员采取同样环境友好的方式,减少环境影响。

2. 环境方针和目标

为了落实“绿色物流”,切实做到环境友好发展,VTL 物流联盟制定了一系列的环境方针。从方针中可以看出 VTL 物流联盟的环境目标,同时,它们总是尽可能地对其进行量化,以便做出客观的评价。方针如下:

(1)减少对环境的影响以及能源、资源的消耗,严格遵守相关环保法律和环境法规。

(2)环保意识是每个员工应承担的责任。环境责任意识有利于各领域的扩大和促进。

(3)公布相关物流作业对环境的危害以及相应的环保效果或绩效。例如,针对联盟每天的作业量。

(4)制定建立环保政策和各项环保目标以及对其监督和完善的程序。

VTL 物流联盟的环保计划和目标包括:每时每刻节约资源;节能办公;完善危险品的防范措施;鉴定和评估中心区域的环境影响因素;改善废弃物回收的中转中心;减少中转中心的资源使用和消费;减少二氧化碳排放量等。

3. VTL 物流联盟网络碳足迹

VTL 物流联盟致力于其货运系统的物流可持续发展问题,和海尔布隆大学的交通和物流可持续发展研究所开展合作,共同测定联盟货运网络的碳足迹(Network Carbon Footprint,NCF)。它们对碳排放数据进行分析,测定物流过程中每一环节的排放量,以便采取减排措施。根据客户运输货物质量和运距的碳排放表,让客户了解货物运输过程中的碳排放量。这个历时多月的合作项目使联盟成为碳敏感企业，其 NCF 的行动决心得到了合作伙伴和客户的认可，为其在货运市场上赢得了一定的竞争优势，更好地应对未来环境方面日益严苛的法律法规。VTL 物流联盟碳排放项目进程如图 10-8 所示。

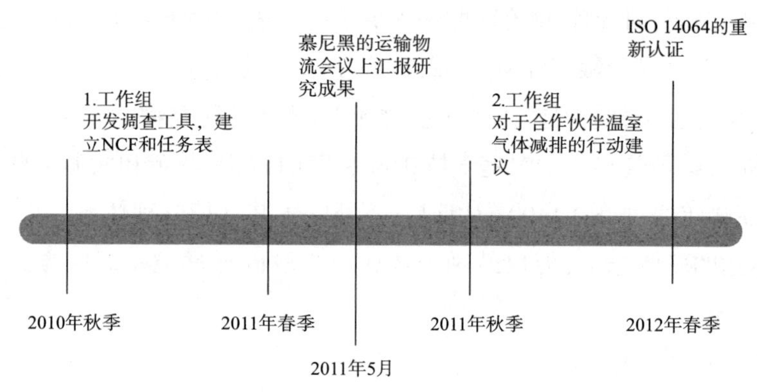

图 10-8　碳排放项目进程

2010 年 8 月，“绿色物流”项目在富尔达启动，10 个联盟成员伙伴作为研究对象积极参与到该项目中。

2010 年 9 月，海尔布隆大学交通和物流可持续发展研究所的 Lohre 教授向 VTL 物流联盟提供了 NCF 的计算方式并举例说明，所有成员决定依照该方法进行 NCF 计算。

2010 年 11 月，参与该项目的联盟成员再次举行会议讨论如何收集当地的交通、物流及仓储管理等方面的碳足迹数据。并对已收集的碳足迹数据进行分析。

2011 年 2 月，工作小组再次开会讨论最需要收集的碳排放数据，同时检查收集数据的真实性。在该次会议上，确定了碳足迹数据的调查问卷，而后在 3 月初分发到参与到该项目的企业成员。

2011 年 4 月，项目研究人员收集调查问卷数据，进行汇总并评估，并于 5 月在慕尼黑的交通物流大会上介绍其研究成果。

在 2010 年二氧化碳排放量清单的基础上，联盟于 2011 年成立了新的减排工作小组，确定了其逐步减排的第一步目标。工作小组成员包括来自 VTL 物流联盟的 7 个合作伙伴。其前期减排的内容主要是以下几方面：车队管理（车队组织和技术创新），运输、计划出货量以及行政管理和通信（组织和技术创新）。在该项目中，工作组成员制定了减少温室气体排放的具体措施。

2012 年 3 月,工作组给参与项目的合作伙伴提出关于减排的行动建议。VTL 物流联盟总部启动了试点项目,一些建议已在实践中取得了较好的效果。

VTL 物流联盟业务经理 Andreas Jäschke 指出"通过与海尔布隆大学交通物流可持续发展研究所的合作,我们希望可以实现运输网络的可持续发展"。

4. 联盟企业成员的绿色实践

VTL 物流联盟的许多合作伙伴秉承联盟的绿色物流理念,积极参与可持续发展,在资源保护和节能减排方面做出了一定的努力。企业成员的绿色实践对所有物流联盟的可持续发展具有一定的借鉴意义。

1) LOXX 集团

LOXX 集团是 VTL 物流联盟在西部货运中心盖尔森基兴(Gelsenkirchen)的运营商,该货运站场拥有盖尔森基兴最大的光伏发电系统之一,其上万平方米的屋顶表面装置有 1764 块收集太阳光的多晶硅太阳能组件(图 10-9),可带来 361.62kW·h 的额定功率,年发电量达 35 万 kW·h。2011 年,减少了 220.606kg 的二氧化碳排放量。

图 10-9　盖尔森基兴货运中心的光伏发电屋顶

此外,LOXX 集团还支持在埃姆歇合作的环保项目,将 3.8 万 m^2 土地上的雨水引入埃姆歇河流。

2) 巴特物流集团(Barth Logistikgruppe)

VTL 物流联盟合作伙伴巴特物流集团同样高度重视环保。2008 年,对医药物流中心的新建选择了一个绿色方案,即"绿色建筑",投资 450 万欧元,这是具有生态和环保综合效益的建筑方案:由安装在屋顶的 800 块太阳能电池板提供整个物流中心所需的电力,通过抽取地下水和热泵装备,利用地板内长达 12km 的水管,为整个建筑提供制冷或制热系统。这种环境友好型建筑的节能效果是较为显著的。全年制冷和制热的能源需求约为98071kW·h，其光伏发电系统每年约发电160200kW·h。经过换算，每年约减排二氧化碳198t。

3）Hintzen 物流公司

VTL 物流联盟合作伙伴 Hintzen 物流公司配备了具有发光二极管（LED）技术的荧光灯管和生态灯管，相比原先照明系统降低了37%的功耗。除此之外，还安装了光线感应器，在节约能源的同时，也保证了员工工作场所的照明。该公司同样安装了光伏系统，提供了38%的日常用电。通过这两项举措，其货运中心的能源成本减少了75%，每年减少了10170kg的二氧化碳排放量。

4）Müller 物流公司

自1997年以来，Müller 物流公司利用其约750m^{2}的车间屋顶收集雨水清洗货运车辆。清洗车辆的水是不断循环使用的，水箱里蒸发和损耗的水会自动从雨水中得到补充。只有在长时间的无雨期时，才会从市政水管网中输送自来水。2011年，该公司清洗1400辆车辆仅使用了392m^{3}的清水，相当于每辆货运车仅消耗了280L的新鲜水。该公司也同样安装有光伏发电系统，每年至少可以减少245700kg的二氧化碳排放量。

（三）治理机构

1. 组织模式

VTL 物流联盟由125家会员企业组成，其中有44个是股份制的正式会员，其余企业成员是契约式会员。联盟成立了具有法人地位的 VTL 公司作为实体机构，现有12名员工。44个股份制会员必须为其提供所需资源，契约式会员提供部分资源。各成员与 VTL 公司没有隶属关系，充分享有自主权，企业成员之间除相关业务按照契约进行合作之外，自身经营活动是完全独立的。

VTL 物流联盟的资金结算是通过联盟结算中心进行，各个地方的客户付款给联盟结算中心，由联盟结算中心根据作业量进行清算，保证大家的资金安全。开户银行为结算中心担保，确保联盟成员不用承担资金风险。

2. 组织结构

在 VTL 公司中，部门的负责人每隔两周举行一次会议，促进各部门之间的交流沟通。同时，各部门内部也会定期举行会议，除了商讨日常的工作内容和问题，还会针对一些新的想法进行探讨，并由 VTL 公司的监督委员会对其进行监管。VTL 公司的股东大会一年召开一次,商定影响联盟合作的重大决策。

VTL公司具体负责联盟的运作、发展、成员之间纠纷的调解,通过制定服务条款和条约来规范联盟企业成员间的合作。主要包括统筹中央枢纽的运转,产品开发,加盟企业的内部结算,联盟市场营销和通信,运输网络扩展和信息系统管理。公司制定了完整的联盟管理章程,对每家加盟企业每年至少进行一次审计监督,对业务情况和服务品质进行检查。同时还接受客户监督,对客户投诉的企业按不同性质罚款,投诉过多或情节严重的企业联盟可直接接管。在VTL物流联盟富尔达总部,设立服务品质管理,物流管理,销售/重点客户管理,财务核算,以及对客户提供咨询和建议等相关服务部门,如图10-10所示。

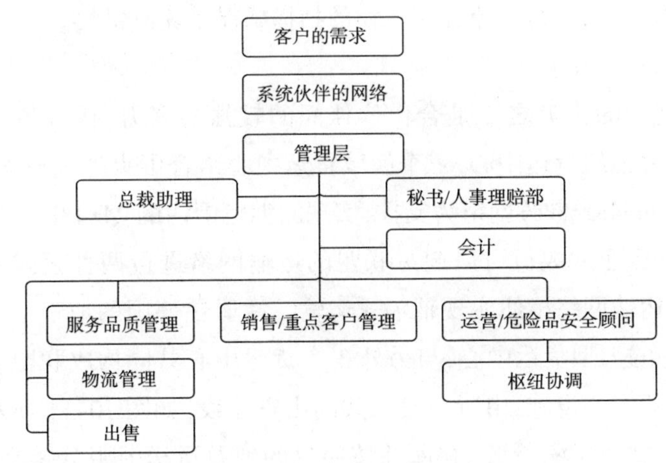

图10-10 VTL物流联盟公司组织架构

3. 准入制度

选择合适的合作伙伴对联盟成功的作用不可忽视。VTL物流联盟对每个合作关系都经过深思熟虑,因为组成联盟的每个成员的好坏直接影响着整个联盟系统的效益,建立一个可靠的战略合作伙伴关系非常重要。VTL物流联盟的准入制度如下:具有一定的零担运输经验;有资金实力,能够得到银行担保;符合管理、环保标准方面的条件;具有一定的业务量,每天至少保证一车货物交由VTL物流联盟运输;具有稳定的短途货运网络;还有针对具体业务的其他要求。

(四)运作条件

1. 信息网络

VTL物流联盟所有的企业成员都拥有自己的信息网络,但均与联盟的信息中心对接，并共享货物、车辆信息。94 个加盟企业会通过联盟信息系统向信息中心汇报。在运输的每个环节中，企业成员都会对货件进行扫描，并上传货物信息。通过条码扫描，企业成员可以登录到信息系统追踪货物，了解货物当前信息。通过联盟运输的每批货物均有电子记录，并且对包装的各个阶段进行监测，所有的装运数据都被实时地整合到 VTL 物流联盟的数据库内。

VTL 物流联盟还负责企业成员的货物信息实时更新、货运品质管理和统计等，同时实现对货物运输的全程监控和实时追踪。另外，联盟为企业成员及客户提供了一个覆盖整个欧洲的零担运输网络，这个网络具有固定的运行时间，客户可以将货运信息发布到联盟在欧洲的每一个网点，并且能够保证货物的交付时间。信息系统是联盟运作的关键，通过每个流程对货物的扫描确保了无缝链接。

2. 运输组织

VTL 物流联盟的优势之一是合作伙伴间的较强凝聚力，整合各合作伙伴的资源，通过一个中央枢纽货运中心，三个区域货运中心结合中央处理操作，以信息技术(Information Technology，IT)网络为支撑，实现欧洲范围内的 24/48h 送达。

VTL 物流联盟企业成员可以通过联盟的运输网络进行两种模式的运输。第一种模式，是通过运输网络枢纽实现轴辐式运输。联盟在德国的地理中心富尔达建立了占地 8000 m^2 的大型货运中心，与另外 3 个货运中心共同构成联盟 4 大货运中转中心，这是联盟的中心设施，由所有股东共同出资建设，如图 10-11 所示。由货运中心面向客户企业收取货物，卸入仓库并按照目的地及运送时限分拣到不同区域，换车运至合作伙伴的节点，再进行配送。车辆按联盟信息中心的指令运输，空车则由联盟给予一定补贴。

4 个货运中转中心每晚对 120 多辆货车进行装卸服务。每晚 20:00 ~ 4:00，8000 多件货物通过这 4 个中转中心中转分拨，4:00 以后进行长距离运输。联盟安排专门人员通过信息中心负责联盟中央枢纽的转运工作和货物的运输调度，合理安排每辆来往中转中心的车辆抵达时间，统筹每个地区货物到达时间，让联盟企业成员车辆按距离先后卸货，确保周边道路畅通。4 个货运中心的基本情况如表 10-4 所示。

另一种模式，是任意加盟企业之间的直达运输，企业成员 80% 的货物运输量都是通过企业间直达运输实现的。对于企业成员，VTL 物流联盟要求每天必须有一车货物通过 4 个中转中心进行中转，联盟统一调配并解决回程货物，否则以现金补贴作为回程空驶的补偿。有加盟企业分布的地区由加盟企业送达，没有的区域则由加盟企业的合作伙伴送达。

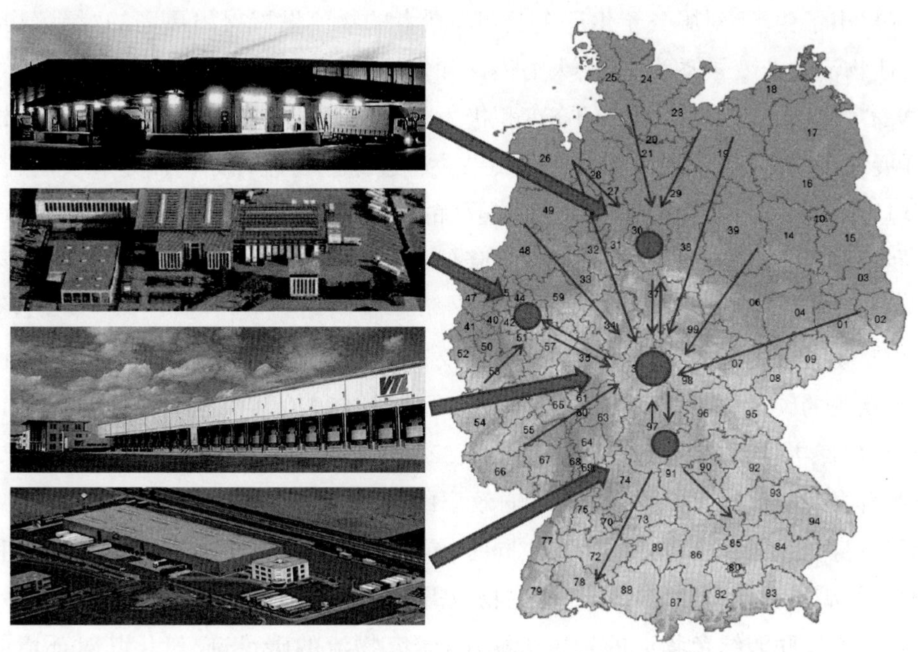

图 10-11　VTL 物流联盟货运中心分布示意图

VTL 物流联盟 4 大货运中心基本情况　　表 10-4

	中央货运中心	西部货运中心	北部货运中心	南部货运中心
土地面积(m^2)	37000	40000	37000	30000
仓库面积(m^2)	7400	2500	2400	5000
货位(个)	107	38	15	28
运输车辆(辆)	>120	>40	>20	>25
发货量(件)	>3200	>1100	>500	>400
总吨数(t)	>1200	>350	>200	>250

三、发展经验与启示

德国道路运输行业大力提倡“环保、绿色、节能”,政府对环保、能源问题规定严格。同时,对绿色物流理论和技术的研究及应用十分重视,政府对科研机构给予资助,通过推动科研机构与企业的合作来促进科研成果的应用,使行业获得全球竞争优势。德国人具有强烈的环境保护意识和健康消费观，使其对物流等流通环节的绿色环保提出了要求，对服务于生产企业和消费者的物流发展提出更高的“绿色物流”要求，使物流企业变被动为主动，大力倡导和发展“绿色物流”。

VTL物流联盟以环境友好的态度积极发展绿色物流，通过碳减排服务等具体措施，开展绿色物流计划，取得了显著的效果。通过绿色物流计划的制定和实施，在减少环境影响的同时，为企业发展带来了实际的效益：提高业务水平，保证公司的可持续发展；有助于减少对石化燃料的依赖，降低成本和提高效率；帮助实现客户的环保目标，帮助联盟在未来市场占据一定优势。

VTL物流联盟发展绿色物流的动力主要来自3个方面：一是德国联邦政府设定了高于欧盟的碳排放指标，在环保方面的目标是，到2020年温室气体排放要比1990年降低40%，并为此制定了多项政策标准；二是企业客户对绿色物流服务的要求，以及企业自身对降低运营成本、提高运输效率的目标追求；三是德国社会的节能减排理念和自身企业对社会责任的承担。同时，绿色物流还能提升企业的品牌形象和竞争能力，并满足有特殊环保要求地区的物流需求。

VTL物流联盟绿色物流的发展战略是：研究物流的碳足迹，量化其对环境的影响，从而对症下药；依靠科学技术，在作业流程中使用节能环保、环境友好型材料；宣传联盟的绿色物流理念。

结合我国国情，要迅速认识到实施绿色物流的迫切性，但也要准确定位，认识差距，避免盲目行动。尽管我国物流企业开展绿色物流取得了一些效果，但其积极性有待进一步提升，企业对绿色物流没有足够的认识，也缺乏有效的激励机制和自律机制。企业是一个以创造价值并追求利益为目的的经济主体，也是市场主体，物流企业的主要任务就是扩大市场占有率和保证企业利益的最大化。企业的社会责任问题，被赋予了道德的色彩，需要企业在经济利益和社会责任之间做出权衡和抉择，当企业的经济利益目标和所需要服从的社会责任目标相一致的时候，大部分企业是自愿、自发的，动力来自于对经济利益的追求，同时也完成了应该担负的社会责任。为此应从以下几个方面入手调动物流企业开展绿色物流的积极性：一是加大宣传力度，营造良好的社会氛围；二是建立绿色认证等工具，使企业在承担社会责任时增加自身的影响力，从而获得经济收益；三是通过补贴和税收减免手段，鼓励企业不断开展绿色物流创新；四是推进碳排放交易市场的建设，通过市场改变企业行为。

案例 27:莱比锡—哈勒物流网络联盟——服务区域经济发展的中小物流企业联盟

不同于其他物流企业联盟,莱比锡—哈勒物流网络的成立旨在服务于当地与物流行业有关的企业,为当地物流业发展提供更好的服务平台,并进一步推动当地经济圈的发展。

一、联盟的发展概况

联盟起源于莱比锡—哈勒地区物流行业的参与者,于 2008 年 9 月正式注册成立。网络联盟对区域内各行业 137 个不同规模的物流服务商、供应商和承运商、公共行政部门和商会、科研教学机构进行协调,以便产生协同效应,促进区域内的物流业务活力。

物流公司、行政管理及科研和教育机构与联盟内其他成员紧密合作,实现了更快速的决策,在相同时间内做出非凡成果。莱比锡—哈勒物流网络联盟为客户的工作进程提供了无法替代的速度优势,确保了时间优势。联盟提供的服务主要包括:促进交流、合作和创意;在政府面前作为利益代表;在国内、国际范围内进行市场推广;在本地区内帮助新物流经营者从事专业人才的培训、发展和保障。联盟成员主要包括:莱比锡大学信息系统研究所、莱比锡商学管理学院 IT 物流研究中心、马格德堡的德累斯顿研究所、莱比锡和哈勒以及周边城市、莱比锡—哈勒地区的商会及商务管理部门。

莱比锡—哈勒物流网络联盟是连接该地区产业集群与德国中部行业成员密切合作的重要举措。物流公司在很多情况下是不同地区间制造商和贸易公司的关联。莱比锡—哈勒物流网络联盟对该地区的经济发展起到了显著的作用,通过技术的汇集,替代区域内外部物流业利益参与者的宣传功能。联盟促成了许多重要事件、行动和国际贸易展览会等,进一步促进该地区成为欧洲范围内有吸引力的物流枢纽。

二、联盟发展策略

(一)联盟目标

莱比锡—哈勒物流网络联盟是莱比锡—哈勒地区物流公司和其他与物流业相

关的公司、机构的代表,联盟旨在为有共同的想法、概念和商业模式的公司提供一个平台。联盟的具体目标体现在四个方面,每个方面都成立有专案小组。

1. 物流营销:为提高企业成员和区域的知名度

物流网络联盟成员有各种各样的机会开辟营销网络,扩大营销领域,以便更好地推销它们的公司。联盟组织了例如营销晚会、联盟展览、俱乐部比赛等活动。为此,联盟与市场营销、公共关系管理、活动管理和平面设计等方面的公司建立了合作关系。

2. 物流合作:物流公司之间的合作以确保共同的成功

这一部分的目的是物流公司之间的经验交流与合作。此小组的指导原则使物流网络联盟成员能成功地与市场上其他物流公司合作,而不是单打独斗。因此各公司的经理、部门负责人、车队经理等参加了这一小组活动。

3. 物流人才:为物流行业招聘熟练的技术人才

通过物流网络联盟企业成员的合作提高本地区物流行业对人才需求的认识。通过与招聘会和求职网站的定期交流,实现对空缺职位的快速浏览。为此,联盟与就业辅导机构、招聘机构、健康保险公司以及教育培训机构合作,进行职业教育和培训。此外,物流网络联盟的业务还包括与联邦和地区物流行业协会及企业工会合作,并与区域内制造业及贸易业公司合作,更好地为莱比锡—哈勒地区的物流客户提供服务。

4. 物流创新:信息技术是21世纪物流业的先锋

中小型物流企业已经难以跟上物流市场的技术要求,通过物流网络联盟“资讯科技及物流”项目的研究和发展,企业能够获得有针对性的技术支持。因此物流网络联盟包括了软件企业在内的技术服务供应商。

(二)服务重点

物流网络联盟最根本的宗旨是为物流公司提供全面服务,服务对象其实是整个物流行业。其中一个目标是尽可能为该地区的物流企业提供“所有的日常需要”。物流公司几乎可以从联盟其他企业成员得到所有需要的“资源”——人员、技术服务、房地产、物流地产、软件、咨询服务、设备等。

物流网络联盟对任何物流企业开放,但国外物流企业受到一定限制,服务对象最多只能拥有2~3家国外物流企业。国外物流服务供应商提出申请时,需要得到管理委员会的批准,并努力避免物流网络联盟内部的过度竞争。

（三）区域优势

莱比锡—哈勒地区是德国顶级物流区域之一。物流业相关基础设施建设以及现有物流企业数量的平均水平都高于德国其他地区。为进一步推进区域内物流公司的发展，物流网络联盟需要可靠的数据和信息，来显示当前的形势以及未来发展的机会。于是莱比锡—哈勒物流网络联盟于2012年1月完成了一项关于区域内物流发展的考核研究。研究从政治、经济、物流网络以及“外部”公司、协会、潜在设置这两大领域评价该地区的“内部”利益，形成莱比锡—哈勒物流网络联盟的优势。

1. 基础设施

莱比锡—哈勒地区处于欧洲的中心位置，靠近德国东部和捷克的人口中心，并且10h车程内可抵达欧洲多数重要的经济区，如德国全境、比荷卢经济联盟（包括所有港口）、捷克共和国、奥地利、斯洛伐克西部、波兰华沙、意大利维罗纳、瑞士东部、丹麦的大部分地区。该区域拥有萨克森州最大的工业及物流园区莱比锡货运中心，空间宽敞，结构先进，并与高速公路、铁路和机场等基础设施紧密相连。

该区域拥有莱比锡—哈勒机场、哈勒—萨勒集装箱码头和大量的高速公路、铁路等基础设施，地理位置优越。

2. 就业环境

莱比锡—哈勒地区的物流业就业水平体现在：员工所拥有的社会保险额高于平均水平；继卫生健康、社会服务、批发和零售业后，物流业是最大的就业领域之一；物流职业员工经历最近几年持续不断的增长；高失业率显示了该地区的结构问题，同时也提供了潜在的可招募员工；大量物流专家对此区域的物流人员再就业积极倡议。

3. 商业环境

2004年DHL决定将莱比锡—哈勒机场作为自己的中心枢纽，将此区域视为欧洲的心脏，充满劳动力，以及具有完善的公路、铁路网络和基础设施建设的潜力。

4. 中央配送网点

中央分销策略是非常符合成本效益的，员工和业务操作只存在于一个位置，并能发挥规模效益。涉足这一领域的常见实体是批发和零售企业，以及非食品领域的工业企业，具体优势包括：位于供应区域的中心；良好的高速公路连接，可快速可靠地交付给客户；与附近的四个主要方向跨地区交界；高可用性的大型中央仓库建设用地；实惠的楼价；对于大型物流投资的支持。

5. 其他举措

莱比锡—哈勒物流网络联盟出版了大量图书及数字出版物，详细介绍和分析此经济区域的各方面有利条件，用以吸引投资，开拓市场，推动区域内物流业及社会经济的发展。

莱比锡—哈勒物流区在过去20年实现了巨大的发展，在国际上已占有重要的地位，吸引了众多知名企业如DHL、亚马逊、宝马和保时捷等。为了能够保持欧洲顶级物流区域的位置，需要企业与政府之间的密切合作。物流网络联盟将承担这一任务，只有在这样的地位才能有更好的吸引力，从而促进区域发展。

(四)组织结构

物流网络联盟工作的主要部分是在工作组完成的。各工作组组长为负责人，并充当联络人，负责启动工作组会议。图10-12表示联盟内部各功能结构的关系，以工作队为中心，以会员企业的各项专题合作为主要平台。每个工作队不仅可以共同工作，还可能被分配为“外部目标群体”。

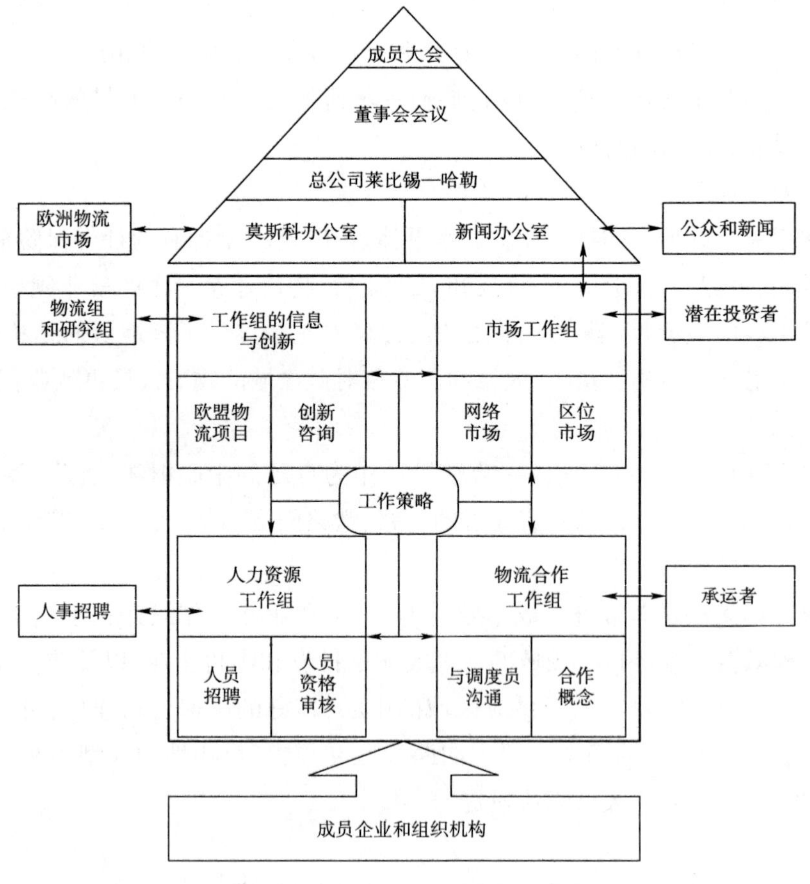

图10-12　莱比锡组织架构

三、发展经验与启示

莱比锡—哈勒物流网络联盟是德国典型的区域物流联盟，主要服务于当地与物流行业有关的企业，如物流服务商、供应商、承运商等。它为当地物流业发展提供更好的服务平台；进行市场推广；在本地区内帮助新物流从业者；为该地区的物流企业尽可能提供“所有的日常需要”，物流网络联盟推动了当地经济圈的发展。

参考文献

[1]徐剑. 中小物流企业联盟物流服务整合模式研究[J]. 中国科技产业，2006(06):67－68.

[2]胡勇军. 我国物流企业战略联盟模式研究[J]. 商业时代,2011(14):30－32.

[3]交通运输部运输司. 我国道路货物运输中小企业联盟发展专题调研报告[R]. 北京,2013.

[4]Donald J Bowersox，等. 供应链物流管理[M]. 李习文,等译. 北京:机械工业出版社,2006.

[5]Kevin R Moore. Trust and relationship commitment in logistics alliances:A buyer perspective[J]. International Journal of Purchasing and Materials Management，1998.

[6]方静. 企业物流战略联盟构建与管理研究[D]. 西安:长安大学，2009.

[7]孙永波. 中小物流企业发展战略联盟模式研究[J]. 商场现代化,2007(9).

[8]Leonard Barton Dorothy. Core Capability and Core Rigidities：A paradox in Managing New Product Development[J]. Strategic Management Journal，1992(13):111－125.

[9]王之泰. 现代物流管理[M]. 北京:中国工人出版社,2001.

[10]王佐. 物流到底是什么——兼论物流理念研究[J]. 中国物流与采购,2003(02):16－21.

[11]陈书明. 中国大型制造企业物流资源整合研究[D]. 武汉:华中科技大学，2013.

[12]董千里. 区域物流信息平台与资源整合[J]. 交通运输工程学报，2002，2(4):58－62.

[13]Jayaraman V，Ross A. A simulated annealing methodology to distribution network design and management[J]. European Journal of Operational Research，2003，144(3):629－645.

[14]Thomas Huth，Dirk C Mattfeld. Integration of vehicle routing and resource allocation

in a dynamic logistics network[J]. Transportation Research Part C, 2009(17): 149-162.

[15] S S Syam. A model and methodologies for the location problem with logistical components[J]. Computers and Operations Research, 2002, 29(9):1173-1193.

[16] 夏伟怀,陈治亚,李燕群. 基于多目标决策模型的物流资源整合效率研究[J]. 铁道科学与工程学报, 2009, 6(6):86-90.

[17] 王晓立, 马士华. 多级供应链服务时间窗下物流资源整合优化[J]. 系统工程, 2010,28(12):1-5.

[18] 黄玉杰,张国梅,张义娟. 联盟治理结构的理论演进[J]. 公司治理评论, 2009(03).

[19] 万俊毅,彭斯曼. 企业与市场的联盟组织机制:文献综述及其引申[J]. 改革, 2009,09:99-104.

[20] UzziB. The sources and consequences of embeddedness for the economic performance of organizations: the network effect[J]. American Sociologist,1996.

[21] Chen H M, Chen T J. Asymmetricstrategic alliances: A net-workview[J]. Journal of Business, 2002.

[22] Lisa M Ellra. The Supplier Selection Decision in Strategies Partnerships[J]. International Journal Purchasing and Materials Management, 1990,26(4).

[23] 周宏. 物流战略联盟的组建及运营管理[J]. 商业研究,2006,04:163-165.

[24] 徐向艺,王彦红. 企业动态联盟的构建研究[J]. 山东大学学报(哲学社会科学版),2005,04:104-109.

[25] 刘圆圆. 中小物流企业联盟形成机理及运行机制研究[D]. 西安:长安大学, 2013.

[26] 胡姝婕. 对建设虚拟物流企业关键性问题的探讨[J]. 经济师, 2005(9): 164-229.

[27] 王雄. 动态物流联盟运作管理理论与方法研究[D]. 长沙:中南大学,2008.

[28] Das T K, B S Teng. The dynamics of alliance conditions in the alliance development process[J]. Journal of Management Studies, 2002,39(5):725-746.

[29] Hennart J F. A transaction costs theory of equity joint ventures[J]. Strategic Management Journal. 1988.

[30]Khanna T, Gulati R, Nohria N. The dynamics of learning alliances[J]. Strategic Management Journal. 1998.

[31]郭军强. 物流企业战略联盟中的风险分析[J]. 中国集体经济, 2008, 16:27 -29.

[32]张岩昆. 中小物流企业联盟风险防控与评价[D]. 西安:长安大学, 2014.

[33]Martijn R Hoogeweegen, Wim J M. Modular Network Design:Using Information and Communication Technology to Allocate Production Tasks in a Virtual Organization [J]. Decision Sciences, 1999.

[34]戴勇,陆俊强. 基于 Internet 的虚拟物流企业联盟信息技术平台[J]. 物流技术, 2001,05:11 -13.

[35]何世明. 我国电子商务物流配送模式的运作设计[J]. 广东商学院学报, 2003, 02:82 -86.

[36]田帅辉. 面向物流任务的动态物流联盟资源配置管理研究[D]. 重庆:重庆大学, 2012.

[37]曹振鹏. 中小物流企业联盟的物流信息标准体系构建研究[D]. 沈阳:沈阳工业大学, 2008.

[38]管晓勇. 中小企业界定的理论标准与实践标准[J]. 经济学家, 2002(4): 64 -69.

[39]蒋伏心. 中小企业问题:定义、借鉴与对策[J]. 江海学刊, 1999,6.

[40]包锡妹. 中小企业法律界定标准初探[J]. 中国青年政治学院学报, 2000(6).

[41]余惠芬. 中小企业标准的理论分析[J]. 湖北大学学报, 2000(4).

[42]林民书. 中小企业的界定标准研究[J]. 云南财贸学院学报, 2000(6).

[43]吴敬琏. 发展中小企业是中国的大战略[J]. 宏观经济研究, 1999,07:3 -7.

[44] Anoop Madhok. Crossroads—The Organization of Economic Activity: Transaction Costs, Firm Capabilities, and the Nature of Governance[J]. Organization Science, 1996(5).

[45]Das T K, Teng B S. A Resource - based Theory of Strategic Alliances[J]. Journal of Management, 2000, 26(1):31 -62.

[46]Gulati R. Alliance and Networks[J]. Strategic Management Journal, 1998.

[47]Tyebjee T T, Bruno A V. A Model of Venture Capitalist Investment Activity[J].

Management science, 1984,30(9):1051 – 1066.

[48]Osland G E, Yaprak A. Learning through Strategic Alliances: Processes and Factors that Enhance Marketing Effectiveness[J]. European Journal of Marketing, 1995,29(3):52 – 66.

[49]迈克尔 E 波特. 竞争优势[M]. 北京:中国财政经济出版社, 1988.

[50]Bowersox D J. The Strategy Benefits of Logistics Alliances[J]. Harvard Business Review, 1990(8): 36 – 42.

[51]Bagchi P K, Virum H. Logistical alliances: trends and prospects in integrating Europe[J]. Journal of Business, 1998.

[52]Paul R Murphy, Richard FPoist. Third – Party Logistics: Some User Versus Provider Perspectives[J]. Journal of Business, 2000.

[53]刘伟华,骆艳江,何兴国. 论传统储运企业向现代物流企业成功转型的关键:基于核心竞争能力的物流企业资源整合[J]. 物流技术, 2003(05).

[54]石磊,关志民,孙永丽. 供应链环境下建立虚拟物流企业的博弈研究[J]. 物流技术, 2005,10:67 – 70.

[55]蔡进. 多元化发展模式[N]. 现代物流报, 2010.

[56]黄志斌. 中小物流企业联盟成员的选择研究[J]. 中国商贸, 2010, 22: 172 – 173.

[57]王宏伟. 中小物流企业物流联盟模式优化研究[J]. 价格月刊, 2013(05).

[58]吴朗. 产出分享模式下动态物流联盟利益分配方法[J]. 系统工程, 2009(05).

[59]N X Jia, R Yokoyama. Profit allocation of independent power producers based on cooperative Game theory[J]. International Journal of Electrical Power and Energy Systems, 2003(8).

[60]Kaj Holmberg. Exact solution methods for uncapacitated location problems with convex transportation costs[J]. European Journal of Operational Research, 1998(1).

[61]陈飞儿,张仁颐. 物流企业联盟伙伴的选择[J]. 上海海事大学学报, 2004(03).

[62]甘家华,王建伟,陈卓,赵京. 质量导向下的中小物流企业联盟收益分配策略[J]. 技术经济与管理研究, 2014,10:38 – 43.

[63]侯向辉. 物流企业集约化发展模式研究[D]. 西安:长安大学, 2014.

[64]徐扬,申金升,王传涛. 物流联盟的形成机理与协作博弈研究[J]. 交通运输系

统工程与信息, 2011(02).
[65]闫黎,赵艳萍,罗建强. 中小物流企业联盟的收益分配策略研究[J]. 工业工程, 2010(05).
[66]易伟义. 物流联盟的组建运作及推动策略探讨[J]. 物流技术, 2009(04).
[67]李松,王五祥. 基于交易费用理论的虚拟物流企业形成机理研究[J]. 物流科技, 2006(09).
[68]陈群. 虚拟企业的运作机制及其动态联盟问题研究[J]. 江苏科技大学学报(社会科学版), 2005(02).
[69]廖馨. 浅析我国第三方物流企业战略联盟[J]. 企业家天地, 2005(05).
[70]郭晓林,贺盛瑜. 囚徒困境情形下物流联盟的稳定性分析[J]. 软科学, 2005(01).
[71]埃德·瑞格斯比. 发展战略联盟[M]. 贺痴,雷小兵,译. 北京:机械工业出版社, 2003.
[72]T. K. Das, Bing ShengTeng. RISK TYPES AND INTERFIRM ALLIANCE STRUCTURES[J]. Journal of Management Studies, 2007(6).
[73]Keith WGlaister, Peter J Buckley. Strategic Motives For International Alliance Formation[J]. Journal of Management Studies, 2007(3).
[74]Chung Jen Chen. The effects of environment and partner characteristics on the choice of alliance forms[J]. International Journal of Project Management, 2002(2).
[75]T. K. Das, Bing Sheng Teng. Instabilities of Strategic Alliances: An Internal Tensions Perspective[J]. Organization Science, 2000(1).
[76]Anoop Madhok, Stephen B. Tallman. Resources, Transactions and Rents: Managing Value Through Interfirm Collaborative Relationships[J]. Organization Science, 1998(3).
[77]傅同军. 一体化供应链管理服务模式的探讨[J]. 交通建设与管理,2012(06).
[78]赵向阳. 越海国际:一体化供应链转型之考[N]. 中国经营报,2010.
[79]马士华,林勇. 供应链管理[M]. 北京:高等教育出版社,2003.
[80]杨之雷. 物流产业集群的竞争优势分析[J]. 产业经济,2007(03):14-15.
[81]翟丽丽,赵聚洁. 第三方中小型物流企业资源整合模式[J]. 商业研究,2010(02):163-165.

[82] Cargo Line. Cargo Line 物流企业联盟官方网站[OL]. http://www.cargoline.de.
[83]Cargo Line. Cargo Time[J/ OL]. 2008/2009/2010/2011/2012.
[84]张行安. 德国货代联盟发展模式分析[J]. 运输经理世界,2008(7).
[85]黄玉杰. 关系契约视角下的联盟治理结构及其绩效研究[M]. 北京:经济管理出版社,2012.
[86]浙江千一物流有限公司官方网站[OL]. http://qianyiwuliu.jdzj.com.
[87]专线宝官方网站[OL]. http://www.56123.com.
[88]卡行天下官方网站[OL]. http://www.kxtx.cn.
[89]安能物流官方网站[OL]. http://www.ane56.com.
[90]好友汇物流官方网站[OL]. http://www.haoyou56.com.
[91]众盟物流有限公司官方网站[OL]. http://www.zhongmengjituan.com.
[92]浙江陆通物流有限公司官方网站[OL]. http://www.zjltwl.com.
[93]大件联盟(Big Move)官方网站[OL]. http://www.big move.net.
[94]系统联盟(System Alliance)官方网站[OL]. http://www.systemalliance.de.
[95]VTL 物流联盟官方网站[OL]. http://www.vtl.de.
[96]CTL 物流联盟官方网站[OL]. http://www.cargo－trans－logistic.de.
[97]24Plus. 24Plus 物流企业联盟官方网站[OL]. http://www.24plus.de.
[98]24Plus. 24Pluspunkte[J/ OL]. 2012, (1/2/3/4).
[99]国家发展改革委赴德国现代物流考察团. 德国现代物流业发展考察报告[R]. 2008.
[100]甘家华. 中小物流企业联盟协同机制研究[D]. 西安:长安大学, 2015.
[101]白鹏霞. 中小物流企业联盟绩效评价研究[D]. 西安:长安大学, 2015.